Windows 10 – Auf einen Blick

Über die Autorin

Nancy Muir Boysen ist Autorin von mehr als 100 Fachbüchern über Technologie. Vor ihrer Karriere als Autorin war sie sowohl Senior Managerin in verschiedenen Fachbuchverlagen als auch Manager für Trainings bei Symantec. Sie ist von der University of Washington im Bereich Distance Learning Design zertifiziert und hat über Internetsicherheit und technisches Dokumentieren auf Universitätsniveau Vorlesungen gehalten. Ihre Werke wurden in Dutzende von Sprachen übersetzt.

Nancy Muir Boysen

Windows 10 – Auf einen Blick

2., aktualisierte Auflage

dpunkt.verlag

Microsoft

Nancy Muir Boysen

Übersetzung: Petra Alm
Lektorat: Sandra Bollenbacher
Copy-Editing: Sandra Bollenbacher
Herstellung: Susanne Bröckelmann
Satz: Gerhard Alfes, mediaService, Siegen, www.mediaservice.tv
Umschlaggestaltung: Marco Lindenbeck, www.webwo.de
Druck und Bindung: M. P. Media-Print Informationstechnologie GmbH, 33100 Paderborn

Bibliografische Information der Deutschen Nationalbibliothek
Die Deutsche Nationalbibliothek verzeichnet diese Publikation in der Deutschen Nationalbibliografie; detaillierte bibliografische Daten sind im Internet über http://dnb.d-nb.de abrufbar.

ISBN:

Print	978-3-86490-422-6
PDF	978-3-96088-092-9
ePub	978-3-96088-093-6
mobi	978-3-96088-094-3

5 4 3 2 1 0

Inhaltsverzeichnis

14

15

Zu diesem Buch

1

In diesem Kapitel:

- Ein kurzer Überblick
- Einige Annahmen über den Leser
- Was gibt es Neues in Windows 10?
- Ein letztes Wort

Mit Windows 10 hat Microsoft ein gänzlich neues Computer-Erlebnis geschaffen – Gipfel einer langjährigen Tätigkeit als Schmiede unterschiedlichster Software-Produkte. Vermutlich haben Sie bereits mit diversen Vorgängerversionen wie Windows 8.1, Windows 8, Windows 7 oder Windows Vista gearbeitet. Dann wird Ihnen dieses Buch den Umstieg erleichtern und Ihnen dabei helfen, sich im neuen Betriebssystem zurechtzufinden und Ihre Arbeit am Computer schnell und effizient zu erledigen.

Wie Ihnen beim Durchblättern dieses Buchs bereits aufgefallen sein dürfte, wird der Lehrstoff vor allem visuell vermittelt. Schritt-für-Schritt-Anleitungen gepaart mit Abbildungen der zugehörigen Windows-Bildschirme erläutern auf leicht verständliche Weise die durchzuführenden Aufgaben. Nummern an den Abbildungen erleichtern die Zuordnung der Schritte zu den Elementen der Windows 10-Oberfläche, sodass Sie immer sofort wissen, was Sie in den Apps, im Startmenü, auf dem Windows-10-Desktop und so weiter auswählen oder anklicken müssen.

Wenn Sie im Umgang mit Windows-PCs, -Tablets oder -Smartphones noch nicht so erfahrend sind, wird dieses Buch Ihr Türöffner in eine neue Welt sein. Wenn Sie bereits über Windows-Kenntnisse verfügen, freuen Sie sich auf ein leistungsstarkes Betriebssystem mit großem Funktionsumfang, das viele Möglichkeiten bietet, Spaß zu haben und sich mit anderen zu verbinden.

Ein kurzer Überblick

Jedes Kapitel in *Windows 10 – Auf einen Blick* ist einem bestimmten Thema gewidmet. Die Seiten der einzelnen Kapitel sind am oberen Rand farblich unterschiedlich gekennzeichnet, in der gleichen Farbe wie die Kapitelüberschriften im Inhaltsverzeichnis. Damit Sie sich besser zurechtfinden, geben Ihnen die folgenden Absätze einen kurzen Überblick über den Inhalt der einzelnen Kapitel.

In Kapitel 2 werden die wichtigsten Benutzerschnittstellen wie Desktop, Startmenü, Taskansicht und Info-Center vorgestellt. Außerdem erfahren Sie, wie Sie Windows 10 starten, sich bei Ihrem Konto anmelden und Windows wieder herunterfahren.

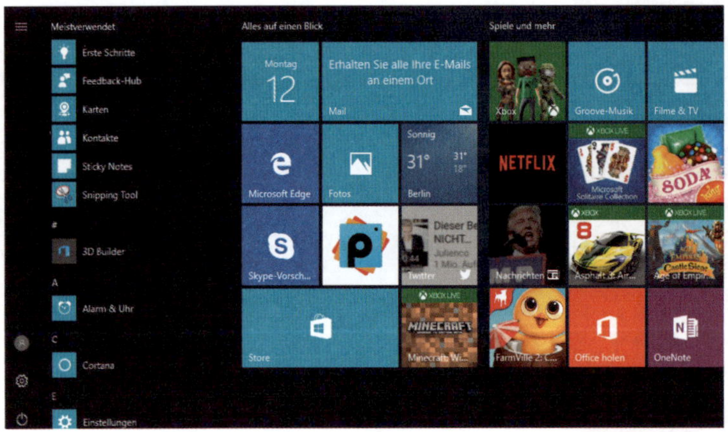

Kapitel 3 verrät Ihnen, wie Sie weitere Benutzerkonten anlegen, wenn Sie Ihren Computer mit anderen teilen müssen, wie Sie Kennwörter vergeben und die Systemeinstellungen öffnen, über die Sie eine Vielzahl von Funktionen steuern können. Außerdem erhalten Sie eine Einführung in Cortana – Ihre persönliche Assistentin, die Ihnen bei der Suche in Windows 10 zur Seite steht – sowie in die Elemente des Startmenüs, über die Sie auf die Apps und Einstellungen zugreifen. Nebenbei erfahren Sie, wie Sie mit Taskleiste und Taskansicht arbeiten, Datum und Uhrzeit ändern und die Energie- und Speicheroptionen verwalten.

In Kapitel 4 dreht sich alles um die Anpassung von Windows 10 an Ihre Vorlieben und Anforderungen. Hier erfahren Sie, wie Sie mit Designs, Farben und Hintergrundbildern den Desktop umgestalten. Sie wechseln Ihren Bildschirmschoner, die Bildschirmauflösung und passen die Taskleiste an Ihre Bedürfnisse an. Außerdem ändern Sie das Startmenü, indem Sie die Kacheln anders anordnen oder ihre Größe verändern.

Kapitel 5 ist Produktivitätsanwendungen wie Microsoft Word, Excel und PowerPoint gewidmet. Sie erfahren, wie Sie Apps öffnen, schließen und deinstallieren und mit Menüs und Symbolleisten arbeiten. Darüber hinaus lernen Sie, wie Sie Dateien speichern, teilen und ausdrucken.

Kapitel 6 beschäftigt sich mit der Suche von Inhalten auf Ihrem Computer und im Web. Sie werden den Windows-Explorer kennenlernen, mit dessen Hilfe Sie sich durch die Hierarchie von Dateien und Ordnern auf Ihrem Computer und den angeschlossenen Speichermedien bewegen können. Und Sie erfahren, wie Sie mit Cortana nach Dateien, Apps oder Einstellungen auf Ihrem Computer und nach allem Möglichen im Internet suchen.

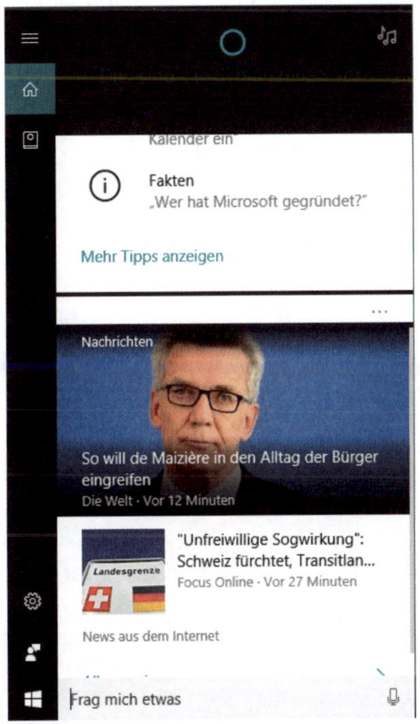

In Kapitel 7 dreht sich alles um die Funktionen, mit denen nicht nur Seh-, Hör- oder Körperbehinderte die Bedienung ihres Computers besser an ihre Bedürfnisse anpassen können. Sie lernen, wie Sie Bildschirmkontrast und -helligkeit regeln, Maus- und Tastatureinstellungen bedienungsfreundlich konfigurieren, wie Sie mit Windows Ink auch den Stift zur Eingabe nutzen können und wie Sie sich mit Spracherkennung, Sprachausgabe und vielem mehr ein stressfreies Arbeiten am Computer ermöglichen.

Kapitel 8 bringt Sie auf den neuesten Stand der Netzwerkgrundlagen. Sie erfahren, wie Sie ein eigenes Netzwerk einrichten und eine Verbindung zu einem öffentlichen Netz herstellen. Dazu gehört auch, dass Sie wissen, wie Sie Ihr Netzwerk vor ungewolltem Zugriff schützen und wie Sie den Flugzeugmodus ein- und ausschalten, damit Ihr Laptop während eines Flugs nicht nach einer Netzwerkverbindung sucht.

In Kapitel 9 wird Microsoft Edge, der neue Internetbrowser von Microsoft, vorgestellt. Es wird gezeigt, wie Sie von Website zu Website navigieren und die Leseansicht und andere Funktionen des Browsers nutzen. Da Surfen im Internet immer auch mit Risiken verbunden ist, sollten Sie wissen, wie Sie InPrivate-Browsing einschalten, Ihren Browserverlauf löschen und Ihre Sicherheitseinstellungen konfigurieren. Zum Schluss erfahren Sie, wie Sie mittels Web Note Ihre Webseiten mit Notizen versehen und mit anderen teilen.

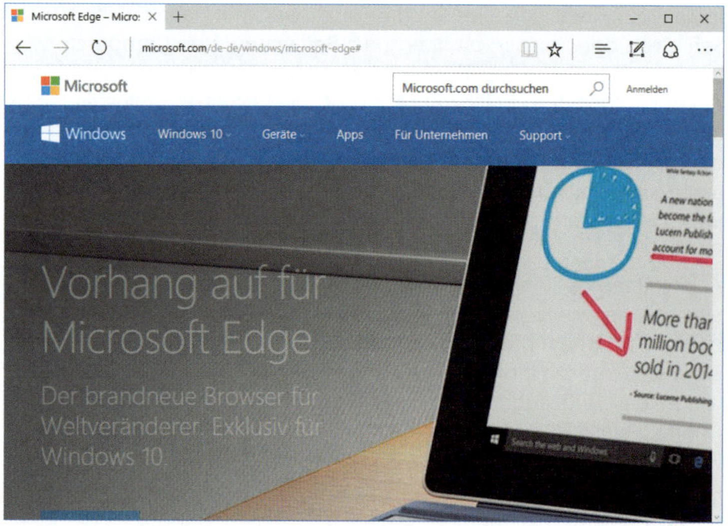

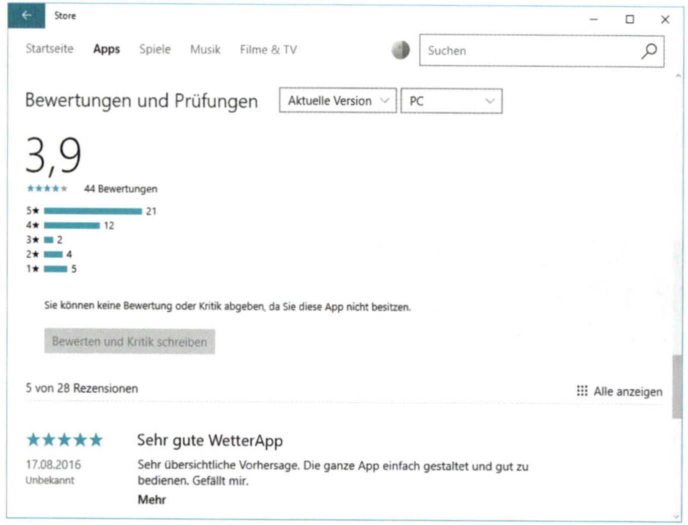

Kapitel 10 konzentriert sich auf die Kontakte-App, die für Ihre Kommunikation mit anderen überaus nützlich ist. Sie verfügt über eine Datenbank, in der Sie Daten von Freunden, Bekannten und Behörden speichern und bei Bedarf wieder abfragen können.

In Kapitel 11 wird die in Windows 10 integrierte Mail-App vorgestellt. Nachdem Sie Ihre E-Mail-Konten unter Mail eingerichtet haben, können Sie die Nachrichten von verschiedenen E-Mail-Konten lesen, neue Nachrichten erstellen, formatieren und senden und Ihre E-Mails in Ordnern organisieren.

Kapitel 12 geht auf den Windows Store ein und zeigt Ihnen, wie Sie Bewertungen anderer Nutzer einsehen und Apps ausprobieren, bevor Sie sie kaufen. Außerdem erfahren Sie, wie Sie die gewünschte App kaufen und dafür bezahlen.

Kapitel 13 ist gänzlich der Windows 10-App gewidmet, mit der Sie Musik kaufen und abspielen und eigene Abspiellisten zusammenstellen können. Sie lernen, dass Cortana in der Lage ist, die gerade abgespielte Musik zu identifizieren. Zum Schluss zeigt das Kapitel, wie Sie die Lautstärke so einstellen, dass Sie ein optimales Hörerlebnis haben.

Kapitel 14 beschreibt, wie Sie Videos aufnehmen und abspielen. Dabei lernen Sie, wie Sie mit der Kamera-App und Ihrer Computer-Kamera Videos erstellen. Außerdem suchen Sie in der Filme & TV-App nach Filmen und spielen diese mit der App ab. Zum Schluss wird ein Überblick über die Funktionen des Windows Media Players gegeben.

Kapitel 15 führt Sie in die Arbeit mit den Apps Kamera und Fotos ein. Es zeigt Ihnen, wie Sie Fotos erstellen, organisieren und bearbeiten. Sie erfahren, wie Sie die Fotos mit anderen teilen, eine Diashow aus Ihren Fotos erstellen und ein Foto für Ihren Sperrbildschirm verwenden.

Kapitel 16 zeigt Ihnen, wie Sie die Kalender-App für Ihr Zeitmanagement einsetzen. Sie lernen verschiedene Kalenderansichten kennen, erzeugen und bearbeiten ein Ereignis und zeigen Ferien- und Geburtstagskalender an. Sie können sogar von Cortana, der persönlichen Assistentin von Windows 10, ein neues Ereignis eintragen lassen.

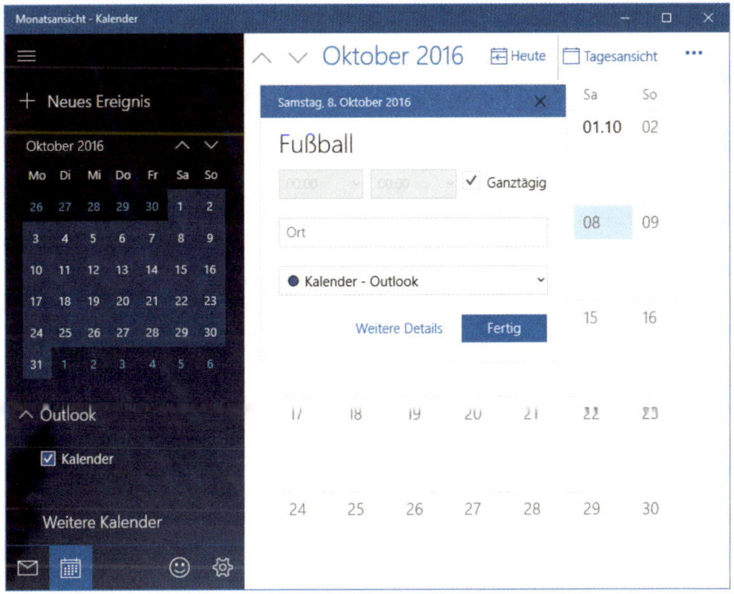

In Kapitel 17 werden einige der populärsten Apps von Windows 10 vorgestellt. Sie erfahren unter anderem, wie Sie sich über die neuesten Nachrichten oder Ihren Lieblingsverein auf dem Laufenden halten und wie Sie Ihre Aktien und den aktuellen Aktienkurs immer im Blick haben.

Kapitel 18 stellt die Wetter-App von Windows 10 mit ihren Funktionen vor. Sie erfahren, wie Sie die Position und den Positionsverlauf ein- und ausstellen, welche verschiedenen Wetterkartenansichten es gibt und wie Sie dort hinein- und herauszoomen.

Kapitel 19 beschreibt die Karten-App. Mit dieser App können Sie nach Orten suchen und sich Wegbeschreibungen anzeigen lassen. So erfahren Sie, wo Sie langfahren oder langgehen müssen beziehungsweise welche öffentlichen Verkehrsmittel Sie nutzen können, um an Ihr Ziel zu gelangen. Wenn Sie der Karten-App erlauben, Ihre Positionsangaben zu verwenden, können Sie sich genaue Angaben von und zu Ihrem Standort anzeigen lassen. Außerdem bietet die App 3D-Ansichten von ausgewählten Städten der Welt.

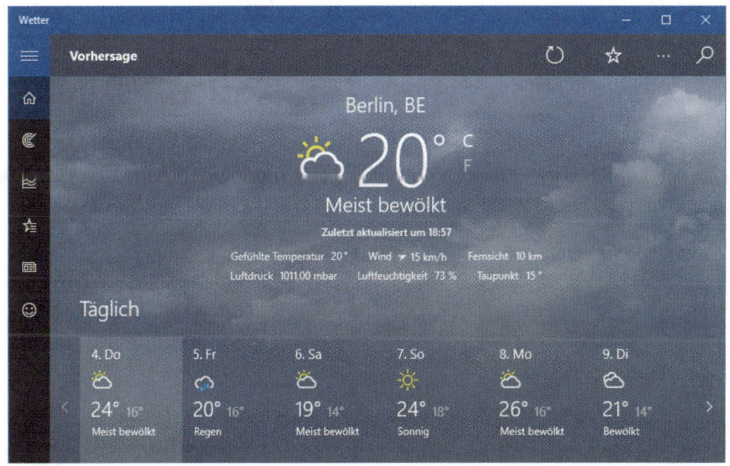

Kapitel 20 ist den Xbox-Spielen in Windows 10 gewidmet. Mit der Xbox-App können Sie Spiele kaufen, Freunde hinzufügen, einen Avatar erzeugen und sich einen Spielernamen geben. Nachdem Sie mit dem

Spielen begonnen haben, können Sie Ihre Erfolge einsehen und Nachrichten an Ihre Freunde senden.

In Kapitel 21 wird beschrieben, wie Sie Geräte wie Drucker und Scanner hinzufügen. Sie erfahren, wie Sie eine Verbindung zu Bluetooth-Geräten herstellen (die nur auf kurze Distanz funktionieren) und wie Sie Geräte wieder trennen. Zum Schluss wird der Geräte-Manager vorgestellt und Sie lernen, wie Sie Geräteeigenschaften ändern und die aktuellsten Gerätetreiber herunterladen.

In Kapitel 22 werden die Grundlagen von OneDrive, der App zum Teilen von Dateien in der Cloud, beschrieben. Sie erfahren, wie Sie Ordner anlegen, Dateien hochladen, nach Dateien suchen, Dateien oder Ordner teilen, und Inhalte in OneDrive umbenennen oder löschen.

Im Mittelpunkt von Kapitel 23 stehen Wartung und Sicherheit Ihres Computers. Es werden verschiedene Verfahren erläutert, die Ihnen helfen, Ihre Daten und Ihren PC zu schützen sowie Ihre Systeme zu warten. Sie erfahren, wie Sie Updates von Windows 10 „von Hand" einleiten. Sie lernen Hilfsmittel kennen, mit denen Sie nicht benötigte Dateien löschen oder Ihre Festplatte aufräumen können, um sie schneller zu machen. Darüber hinaus machen Sie Bekanntschaft mit einigen Sicherheitsfeatures, einschließlich Windows Defender und Windows Firewall.

Das abschließende Kapitel 24 ist der Fehlerbehandlung gewidmet, damit Sie wissen, was Sie tun müssen, wenn Ihr Computer nicht wie gewünscht funktioniert oder sich aufgehängt hat. Hierfür gibt es Funktionen, mit denen Sie Ihren Computer zurücksetzen und wiederherstellen beziehungsweise Fernunterstützung anfordern können. Sie können die Hilfe nutzen oder die Start-Optionen ändern, um Ihren Computer von einem USB-Stick oder einem DVD-Laufwerk neu zu starten. Im schlimmsten Fall installieren Sie einfach Windows neu.

Einige Annahmen über den Leser

Um Ihnen alles Wissenswerte zu vermitteln, ohne Sie mit bereits bekannten Informationen zu langweilen, habe ich einige Annahmen über Sie, den Leser, angestellt. Ich gehe zum Beispiel davon aus, dass Sie bereits mit einem Computer gearbeitet haben und wissen, wie Sie Maus und Tastatur bedienen. Da ich nicht erwarte, dass Sie einen Computer mit Touchscreen haben und nutzen, habe ich in Kapitel 3 kurz die wichtigsten Gesten für die Gestensteuerung in Windows 10 zusammengefasst. Die meisten Schritt-für-Schritt-Anleitungen sind aber für die Nutzung von Maus und Tastatur beschrieben.

Ich gehe außerdem davon aus, dass Sie bereits mit dem einen oder anderen Programm gearbeitet haben und Menüs, Symbolleisten und Dialogfelder kennen. Für die optimale Nutzung von Windows 10 zusammen mit diesem Buch sollten Sie über eine Internetverbindung verfügen und bereits einige Erfahrungen im Internetsurfen gesammelt haben.

Im Idealfall sind Sie der visuelle Lerntyp, der seine Informationen möglichst kompakt und in leicht verständlicher Form oder als Tipps präsentiert bekommen möchte. Unabhängig von Ihrem technischen Verständnis gehe ich davon aus, dass Sie sich Ihre Windows-Kenntnisse möglichst schnell und ohne große Anstrengung aneignen wollen.

Was gibt es Neues in Windows 10?

Wenn Sie bereits ein versierter Nutzer von Windows 8.1 oder 8 sind, wird Ihnen etliches in Windows 10 vertraut vorkommen, z. B. die Kacheln für den Zugriff auf die Apps und die verbesserte Unterstützung für Touchscreen-Bildschirme. Wenn Sie von einer früheren Version auf Windows 10 umsteigen, wird es Sie sicher freuen, das alte Startmenü wiederzufinden, das grafisch etwas überarbeitet wurde.

Neu für alle Nutzer vorheriger Windows-Systeme ist, dass die Funktionen der Systemsteuerung und viele andere Einstellungen jetzt in der Einstellungen-App untergebracht sind. Außerdem gibt es eine Taskansicht, die alle offenen Apps anzeigt und das Multitasking erleichtert. In der Taskansicht können Sie weitere Desktops mit verschiedenen App-Kombinationen einrichten. Anschließend können Sie in der Taskansicht schnell zwischen den verschiedenen Desktops wechseln, sodass Sie jederzeit genau auf die Kombination von Apps zugreifen können, mit der Sie arbeiten möchten.

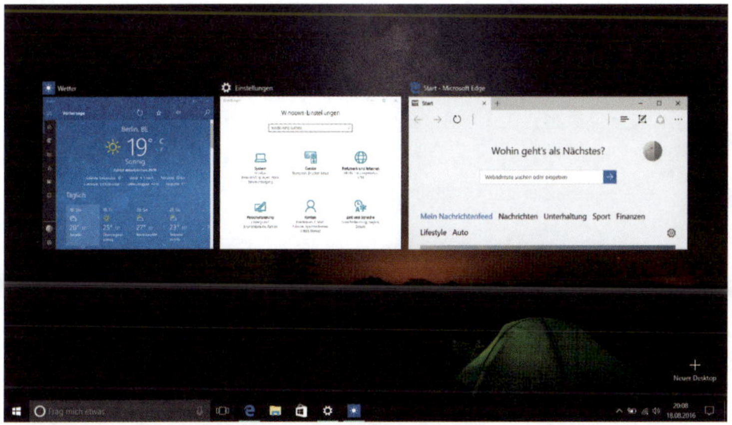

Das Info-Center enthält Benachrichtigungen sowie Schnellzugriff auf häufig benötigte Einstellungen, mit denen Sie zum Beispiel eine Netzwerkverbindung aufbauen, die Helligkeit des Bildschirms regeln oder den Positionsdienst oder Flugzeugmodus ein- und ausschalten können.

Die vielleicht größte Neuerung in Windows 10 ist die sprachgesteuerte persönliche Assistentin Cortana – eine Suchfunktion, die Daten über Ihre Aktivitäten und Präferenzen speichert und bei Abfrage Informationen, Suchergebnisse und sogar Witze zurückliefert. Sie können mit Cortana mittels natürlicher Sprache kommunizieren oder indem Sie ein Wort oder Satz in das dazugehörige Suchfeld eingeben. Sie können Cortana sogar auffordern, Apps zu öffnen, Musik abzuspielen, eine E-Mail zu senden, einen Termin einzutragen und vieles mehr.

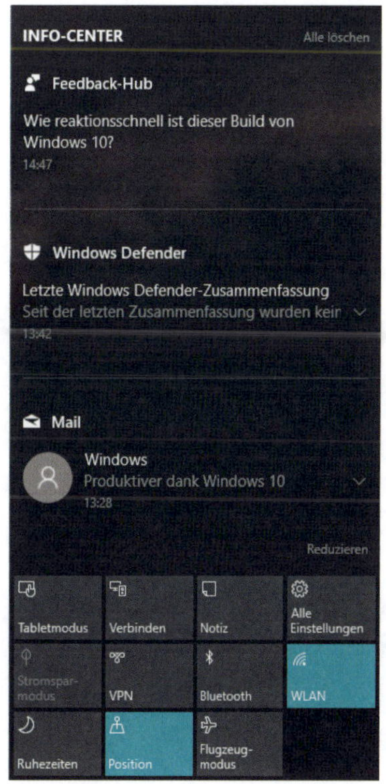

Die aufregendste Neuerung für Anwender, die lieber mit dem Stift als mit Maus oder Tastatur arbeiten, ist aber zweifelsohne die vielfältige Unterstützung für Stifteingaben, zusammengefasst unter dem Schlagwort *Windows Ink*. In der Anniversary-Version von Windows 10 vom September 2016 wurde für Windows Ink sogar ein eigener Desktop-Arbeitsbereich eingerichtet.

Ein letztes Wort

Computer und Internet bieten eine Fülle an Möglichkeiten für Arbeit und Unterhaltung. Mit Windows 10 und seinen vielen Apps verfügen Sie über ein Betriebssystem, das Funktionalität, Kreativität und Teilen auf ganz neue Weise zu einem Ganzen integriert. Egal, ob Sie Ihren Computer nutzen, um Musik zu hören, im Internet zu surfen, Berichte zu schreiben oder sich über die neuesten Sportereignisse zu informieren – Windows 10 wird es zu einem Erlebnis machen. Mit diesem abbildungsreichen und gut strukturierten Buch möchte ich Ihnen ein benutzerfreundliches Lehrbuch an die Hand geben, das Sie auf eine Entdeckungstour durch Windows 10 einlädt.

Ich hoffe, dass Sie dieses Buch gern zur Hand nehmen und Gestaltung und Aufbau Ihnen das Lernen erleichtern, ohne dass der Spaß dabei zu kurz kommt.

Windows 10 im Überblick

2

In diesem Kapitel:

- Windows 10 zum ersten Mal starten
- Sich mit dem eigenen Benutzerkonto anmelden
- Sich mit einem anderen Benutzerkonto anmelden
- Der Desktop
- Der Tabletmodus
- Das Startmenü
- Die alphabetische App-Liste
- Die Taskansicht
- Mehrere Desktops
- Das Info-Center
- Die Einstellungen im Info-Center
- Windows 10 herunterfahren

Um den großen Entwicklungssprung seines neuen Betriebssystems zu demonstrieren, ist Microsoft bei der Benennung seines neuen Betriebssystems gleich von Windows 8.1 zu Windows 10 übergegangen und hat auf Version 9 verzichtet. Windows 10 vereinigt in sich nahezu alles, was Anwender sich von einem modernen Betriebssystem wünschen, und stellt vielleicht die beste Benutzeroberfläche dar, die Microsoft je entwickelt hat.

In Windows 10 gibt es neben traditionellem Desktop und Startmenü neue Features wie die Taskansicht, mit der Sie alle geöffneten Apps einsehen und zwischen ihnen wechseln können, oder das Info-Center, über das Sie auf häufig benötigte Einstellungen und Benachrichtigungen zugreifen können. Außerdem besteht die Möglichkeit, mehrere Desktops einzurichten, sodass Sie nach Gusto Programme und Apps Ihrer Wahl zu »Ökosystemen« zusammenstellen können. Windows 10 trägt der zunehmenden Verbreitung von Touchscreen-Geräten wie Smartphones und Tablets oder Desktop-PCs mit angeschlossenem Touchscreen Rechnung, um die Arbeit mit dem Computer zu einem natürlichen Erlebnis zu machen. Und falls Sie sich jetzt sorgen, was mit Besitzern von traditionellen Desktop-PCs ohne Touchscreen ist: Natürlich können Sie jede Aufgabe auch mit Maus und Tastatur ausführen.

Windows 10 zum ersten Mal starten

Wenn Sie das erste Mal den Netzschalter drücken, um Ihren Computer mit dem installierten Windows 10 zu starten, werden Ihnen mehrere Optionen zur Einrichtung von Windows angeboten. Am besten fahren Sie, wenn Sie einfach den Anweisungen auf Ihrem Bildschirm folgen und sich für die Express-Einstellungen entscheiden. Ihr System wird dann so konfiguriert, wie es für die meisten Anwender am sinnvollsten ist.

Nachdem Sie den Netzschalter gedrückt haben, meldet sich der Bildschirm beim ersten Mal mit einem freundlichen „Hallo". Wenn Sie mit **Weiter** fortfahren, haben Sie die Wahl zwischen den Express-Einstellungen und der Option, die Einstellungen an Ihre Bedürfnisse anzupassen. Klicken Sie in diesem Fall auf **Express-Einstellungen** und kurz darauf wird der Windows-Desktop angezeigt.

TIPP Sie können die von Windows 10 implementierten Express-Einstellungen wie Datum, Uhrzeit oder Sprache ändern, bevor Sie Ihre Arbeit mit Windows aufnehmen. Klicken Sie dazu auf die Startschaltfläche, dann auf **Einstellungen** und anschließend auf **Zeit und Sprache**.

Sich mit dem eigenen Benutzerkonto anmelden

Wenn Sie Windows 10 das erste Mal ausführen, wird automatisch ein Benutzerkonto für Sie eingerichtet. Sie können bei Bedarf weitere Benutzerkonten hinzufügen, sodass die verschiedenen Benutzer Ihres Computers ihre individuellen Dateien und Einstellungen speichern können. Wenn Sie Ihren Computer manuell sperren oder er nach einer Zeit der Inaktivität in den Energiesparmodus versetzt wird, wird Ihr aktuell aktives Benutzerkonto abgemeldet und ein Sperrbildschirm angezeigt. Sie müssen ein Kennwort eingeben, um sich bei Windows als letzter aktiver oder als neuer Benutzer anzumelden. Wenn Sie in den **Einstellungen** eine PIN (ein alternativer vierstelliger Zahlencode zu Ihrem Kennwort) eingerichtet haben, können Sie anstelle Ihres Kennwortes die PIN eingeben.

Anmelden

1 Klicken Sie auf eine beliebige Stelle im Sperrbildschirm.

2 Geben Sie Ihr Kennwort oder Ihre PIN ein.

Sich mit einem anderen Benutzerkonto anmelden

Wenn Sie mehr als ein Benutzerkonto angelegt haben (siehe Kapitel 3, „Streifzug durch Windows 10“ auf Seite 23), können Sie sich auch bei einem anderen Benutzerkonto anmelden. Windows 10 fährt dann mit den individuellen Einstellungen dieses Benutzers hoch und gewährt Zugriff auf dessen Dateien. Der Weg führt Sie über den gleichen Anmeldebildschirm, den Sie schon aus der vorangehenden Aufgabe kennen.

Sich als anderer Benutzer anmelden

1 Klicken Sie auf den Sperrbildschirm, um zum Anmeldebildschirm zu gelangen.

2 Klicken Sie auf den Benutzernamen, bei dessen Konto Sie sich anmelden möchten.

3 Geben Sie das Kennwort dieses Benutzers ein.

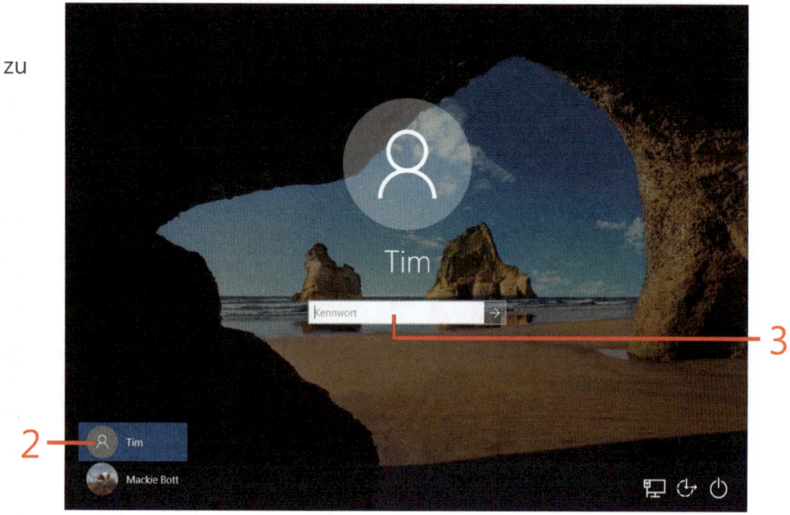

TIPP Um weitere Benutzerkonten anzulegen, klicken Sie zuerst auf die Startschaltfläche des Desktops, dann auf **Einstellungen** und in der Einstellungen-App auf **Konten**. Sie können beliebig viele Benutzerkonten anlegen, für die jeweils benutzerspezifische Einstellungen gespeichert werden und eine eigene Ordnerstruktur angelegt wird. Sie können auch ein Kennwort oder, wer es noch kürzer mag, eine PIN zum Anmelden einrichten. Nähere Angaben hierzu finden Sie in Kapitel 3 im Abschnitt „Konten einrichten“ auf Seite 26.

Der Desktop

Windows 7 besaß einen einzigen Desktop mit einem Startmenü. Windows 8 hatte einen Desktop und einen gleichberechtigten Startbildschirm, aber kein Startmenü. Mit Windows 10 wurde jetzt der goldene Mittelweg eingeschlagen: ein einziger Desktop mit einem Startmenü, das im Vollbildmodus angezeigt werden kann. Wenn Sie es vorziehen mit dem Desktop zu arbeiten, können Sie auf häufig benutzte Befehle und Apps über das neu gestaltete Startmenü zugreifen.

Neben klassischen Elementen wie der bekannten Taskleiste am unteren Rand oder den Desktopsymbolen für den direkten Zugriff z. B. auf den Papierkorb weist Windows 10 einige zusätzliche Features auf: z. B. Cortana, die neue persönliche Assistentin, mit deren Hilfe Sie viele Aufgaben erledigen können. Wenn Cortana eingerichtet ist, übernimmt sie das Suchfeld links in der Taskleiste, in das Sie Suchbegriffe eingeben können, um nach Dateien auf Ihrem Computer oder nach Inhalten im Web zu suchen. Doch Cortana kann noch viel mehr. Sie können Cortana mit den Worten „Hey, Cortana!" aufwecken oder indem Sie auf das Mikrofon-Symbol rechts vom Cortana-Suchfeld klicken. Sie können auch eine Frage oder einen Begriff in das Feld eingeben und Cortana sucht nach passenden Ergebnissen. Wenn Sie Cortana ausschalten, fungiert das Feld einfach als Suchfunktion.

Rechts vom Cortana-Suchfeld befindet sich die Taskansicht-Schaltfläche, mit der Sie sich einen Überblick über alle geöffneten Apps auf dem Desktop verschaffen können. In der Taskansicht können Sie schnell zwischen den nebeneinander angezeigten offenen Apps hin und her wechseln. Die Schaltfläche für das neue Info-Center befindet sich auf der rechten Seite der Taskleiste und öffnet das Info-Center, das sich von rechts in den Bildschirm schiebt und Benachrichtigungen über Elemente wie neue E-Mails oder bevorstehende Termine anzeigt. Unten im Info-Center befinden sich mehrere Schaltflächen, über die Sie Schnellzugriff auf bestimmte, häufig benötigte Windows-Einstellungen haben.

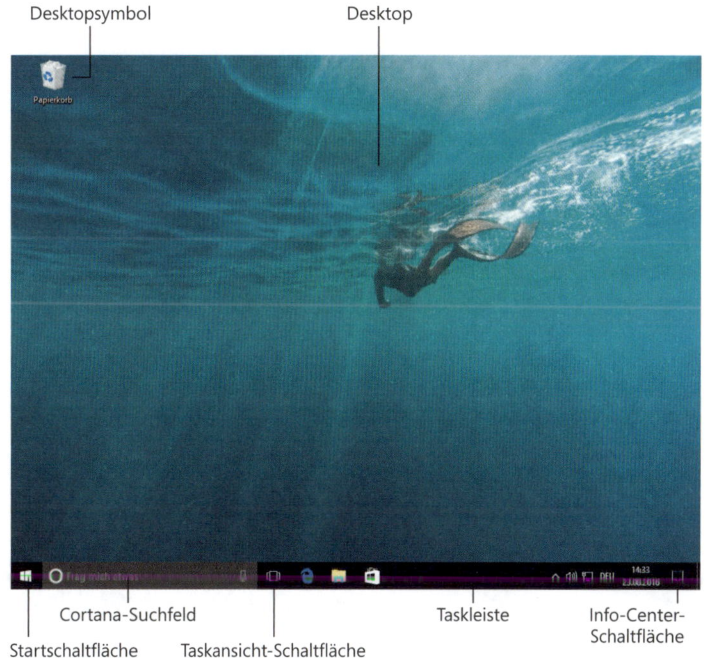

Der Tabletmodus

Eine der Einstellungen, auf die Sie über das Info-Center zugreifen, ist der Tabletmodus. Im Tabletmodus können Sie mit Touchscreen-Geräten arbeiten und auf Tastatur und Maus verzichten. Im Tabletmodus nehmen die geöffneten Apps jeweils den vollen Bildschirm ein und werden nicht in Fenstern angezeigt. Außerdem wird beim Anklicken der Startschaltfläche im Tabletmodus das erweiterte Startmenü angezeigt.

Sie können auf jedem Computer, nicht nur auf Tablets, in den Tabletmodus wechseln. Wenn Sie mit einem Windows-Tablet wie Microsoft Surface arbeiten oder einen Laptop nutzen, der sich als Tablet konfigurieren lässt (ein 2-in-1-Modell, in dem der Bildschirm von der Tastatur abgekoppelt wird), ist dieser Modus sehr hilfreich.

Wenn Sie die Tastaturfunktionalität von einem Tablet oder Laptop entfernen, schaltet Windows 10 automatisch alle geöffneten Apps in den Tabletmodus um.

Vollbildversion des Startmenüs

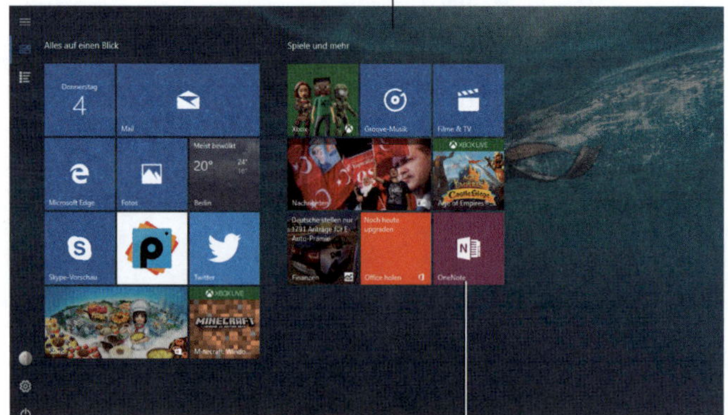

App-Kachel

Tabletmodus-Schaltfläche

Vollbildversion einer App im Tabletmodus

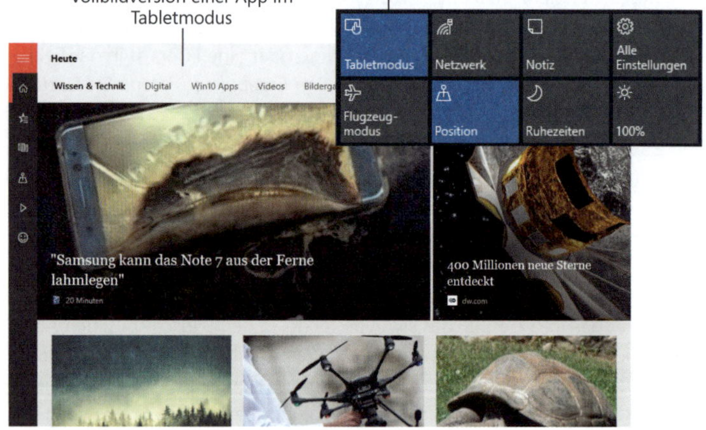

Das Startmenü

Das Startmenü bietet schnellen Zugriff auf die wichtigsten Verwaltungsfunktionen sowie alle installierten Apps. Das Auffälligste am Startmenü sind die großen Kacheln, die Benutzern des Startbildschirms von Windows 8 und Windows 8.1 bekannt sein dürften. Mit nur einem Klick auf die entsprechende Kachel öffnen Sie Apps wie **Nachrichten**, **Fotos**, **Musik**, **Mail** und **Kalender**.

Ganz links in der vertikalen Seitenleiste finden Sie die häufig benötigten Windows-Funktionen **Konto**, **Einstellungen** und **Ein/Aus**.

Zwischen der Seitenleiste und den Kacheln wird seit dem Anniversary-Update von Windows 10 eine scrollbare Liste aller installierten Apps eingeblendet, unterteilt in: die **zuletzt hinzugefügten** (soweit vorhanden), dann die **meistverwendeten**, manchmal auch **vorgeschlagene** und als letztes **alle Apps in alphabetischer Reihenfolge**. (Denken Sie daran, dass sich das Startmenü im Tabletmodus – wie oben beschrieben – standardmäßig in der Vollbildansicht öffnet. Die folgenden Schritte gehen davon aus, dass der Tabletmodus ausgeschaltet ist.)

Das Startmenü anzeigen

1 Klicken Sie auf die Startschaltfläche.

2 Klicken Sie in der App-Liste auf eine der meistverwendeten Apps.

3 Klicken Sie erneut auf die Startschaltfläche.

4 Klicken Sie auf eine App-Kachel.

TIPP Wenn Ihnen die Auswahl an Windowsfunktionen in der vertikalen Seitenleiste nicht ausreichen, können Sie über ***Einstellungen*** unter ***Personalisierung*** und ***Start*** zusätzliche Ordner auswählen, die im Startmenü angezeigt werden sollen.

PROBIER'S AUS Klicken Sie oben links auf das Hamburgermenü (die drei waagerechten Striche), um sich in der Seitenleiste nicht nur die Symbole, sondern auch den zugehörigen Titel anzeigen zu lassen.

TIPP Zur besseren Verwaltung der Apps können Sie Kachelgruppen mit Beschriftungen versehen. Klicken Sie dazu über eine Kachelgruppe und geben Sie in das dann eingeblendete Textfeld einen Titel wie ***Online-Inhalte*** oder ***Lifestyle-Apps*** ein. Klicken Sie anschließend auf eine beliebige Stelle außerhalb des Textfeldes, um den Titel zu akzeptieren.

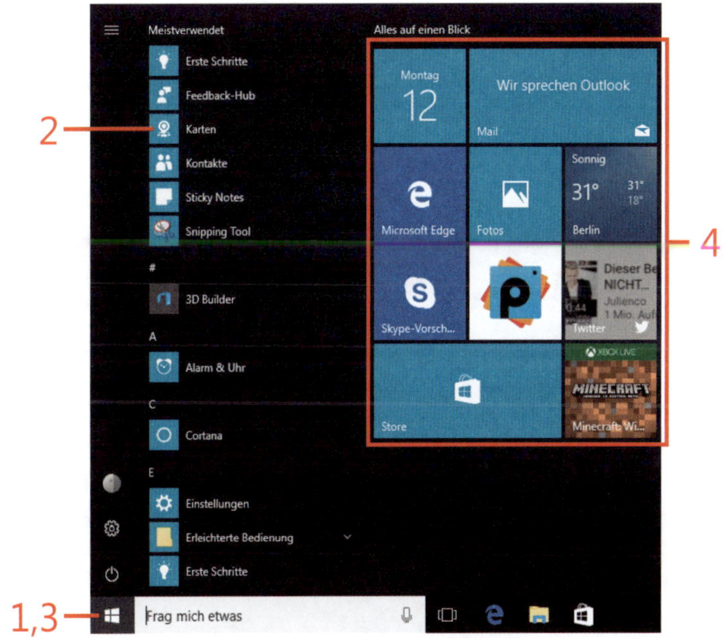

Die alphabetische App-Liste

In der App-Liste des Startmenüs folgt unter den variablen Themenlisten die alphabetisch geordnete Auflistung aller Apps. Um eine bestimmte App schneller zu finden, können Sie, anstatt die lange Liste der Apps herunter zu scrollen, auch einfach auf eine Zwischenüberschrift klicken, um das Buchstabenregister einzublenden.

Das Buchstabenregister öffnen

1 Klicken Sie auf die Startschaltfläche.

2 Klicken Sie auf **Meistverwendet** oder auf eine andere Zwischenüberschrift.

3 Klicken Sie auf einen Buchstaben des Alphabets, um sich alle Apps anzeigen zu lassen, deren Titel mit dem ausgewählten Buchstaben beginnen.

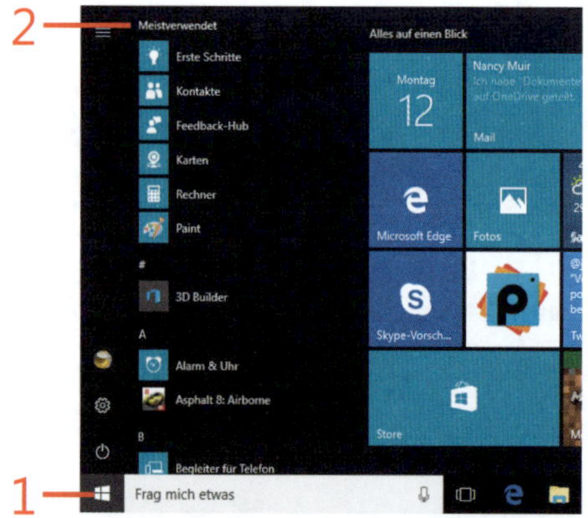

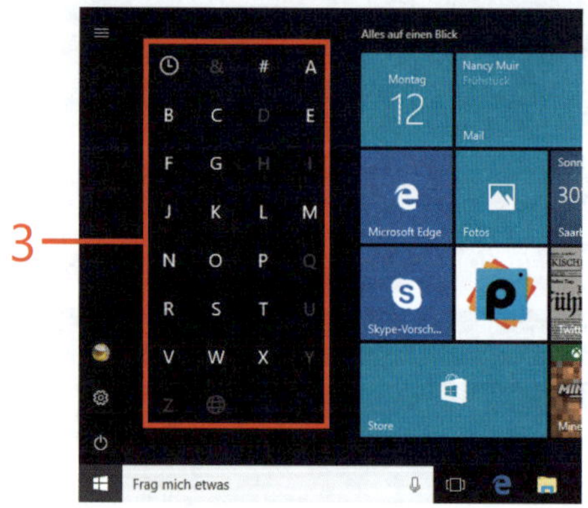

Die Taskansicht

Die Taskansicht erlaubt es Ihnen, alle geöffneten Apps nebeneinander in Miniaturansicht anzuzeigen, sodass Sie schnell zwischen ihnen hin und her wechseln können. Wenn Sie zum Beispiel Microsoft Word benutzen und einen Anruf mit der bereits geöffneten Skype-App tätigen wollen, können Sie die Taskansicht aufrufen, ohne Word zu schließen, und dort auf die Skype-App klicken. Wenn Sie Ihren Anruf getätigt haben, können Sie erneut über die Taskansicht zurück zur immer noch geöffneten Word-App springen.

Die Taskansicht öffnen und zwischen den offenen Apps wechseln

1 Klicken Sie in der Taskleiste auf die **Taskansicht**-Schaltfläche.

2 Klicken Sie auf eine der offenen Apps, um sie zur aktiven App zu machen.

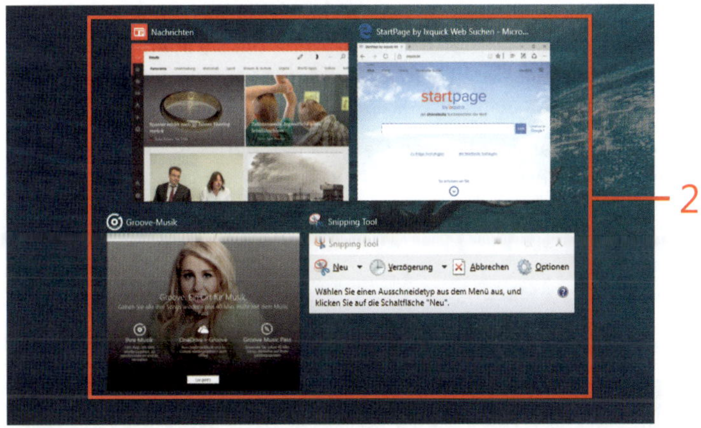

TIPP Alternativ zur Taskansicht-Schaltfläche können Sie auch Alt + Tab auf Ihrer Tastatur drücken. Damit blenden Sie ein Feld ein, das alle offenen Apps anzeigt. Sie scrollen durch die geöffneten Apps, indem Sie die Alt-Taste gedrückt halten, während Sie wiederholt die Tab-Taste drücken.

Mehrere Desktops benutzen

Ein neues Feature in Windows 10 bietet die Möglichkeit, mehrere Desktops einzurichten. Möglicherweise möchten Sie die Apps, die Sie für Ihre Arbeit nutzen, von den Apps, die Sie für Ihr Hobby benötigen, getrennt halten. Alles kein Problem: unter Windows 10 können Sie einen Desktop erzeugen, der die Apps für Ihre Arbeit anzeigt, und einen weiteren Desktop für Ihr Hobby. Und bei Bedarf können Sie noch weitere Desktops einrichten. Anschließend können Sie jederzeit mühelos zwischen den Desktops hin und her wechseln.

Einen Desktop erzeugen und anzeigen

1 Klicken Sie in der Taskleiste auf die **Taskansicht**-Schaltfläche.

2 Klicken Sie rechts unten auf **Neuer Desktop**.

3 Öffnen Sie über das Startmenü alle Apps, die Sie auf diesem Desktop anzeigen wollen. (Klicken Sie dazu auf die kleinen oder großen App-Kacheln.)

4 Über die Taskansicht können Sie zwischen den verschiedenen Desktops wechseln.

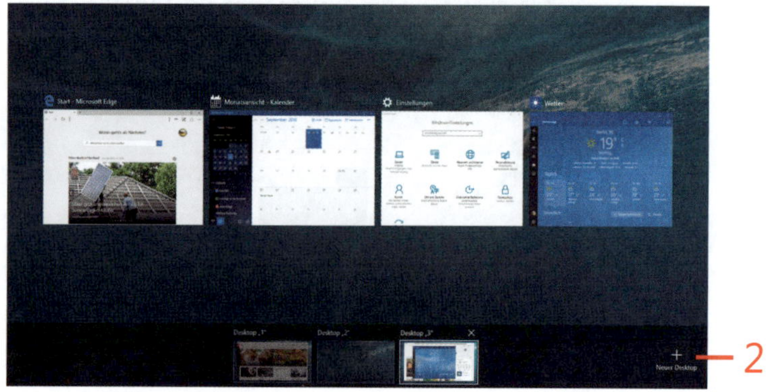

TIPP Um ein Programm oder eine App auf allen Desktop-Oberflächen anzupinnen, müssen Sie zuerst auf die **Taskansicht**-Schaltfläche klicken, dann mit der rechten Maustaste auf das ausgewählte Programm klicken und die Option **Dieses Fenster auf allen Desktops anzeigen** auswählen.

TIPP Um einen Desktop zu löschen, klicken Sie auf die **Taskansicht**-Schaltfläche und dann in der oberen rechten Ecke eines jeden Desktops auf den **Schließen**-Schalter.

PROBIER'S AUS Erzeugen Sie wie oben beschrieben einen Desktop für Apps, die Sie für Ihre Arbeit benötigen, einen weiteren für Familienaktivitäten und einen dritten für ein Hobby wie z. B. Genealogie oder Briefmarken-Sammeln. Zeigen Sie Ihrer Familie oder Freunden, wie sie zwischen diesen Desktops hin und her wechseln können.

Das Info-Center

Das Info-Center ist eine nützliche Neuerung in Windows 10. Im Info-Center sehen Sie Benachrichtigungen, die Sie z. B. über neue E-Mails oder bevorstehende Termine informieren, und eine Reihe von gerätespezifischen Schaltflächen, über die Sie auf alle Windows-Einstellungen zugreifen und diverse häufig benötigte Einstellungen wie Tabletmodus, Flugzeugmodus und Bluetooth-Verbindungen ein- und ausschalten können. Wenn Sie ein akkubetriebenes Gerät nutzen, finden Sie hier auch eine Schaltfläche zur Regelung der Helligkeit.

Das Info-Center öffnen

1 Klicken Sie in der Taskleiste auf die **Info-Center**-Schaltfläche.

2 Klicken Sie auf eine Benachrichtigung, um Details einzusehen.

3 Klicken Sie auf eine Einstellung.

Was Sie dann erhalten, hängt davon ab, welche Einstellung Sie angeklickt haben:

- Manche Einstellungen lassen sich ein- und ausschalten (z. B. **Tabletmodus**, **Bluetooth**, **Flugzeugmodus**, **WLAN** und **Position**).
- Andere Einstellungen rufen ein weiteres Dialogfeld auf (z. B. **Verbinden**, **Alle Einstellungen** und **VPN**).
- Die Helligkeitsfunktion erhöht die Helligkeit Ihres Bildschirms mit jedem Klick. Klicken Sie mit der rechten Maustaste auf die Schaltfläche **Helligkeit** und dann auf **Zu Einstellungen wechseln**, um ein Fenster mit den Anzeigeeinstellungen des Bildschirms zu öffnen. Dort finden Sie einen Schieberegler, der Ihnen eine genauere Kontrolle über die Bildschirmhelligkeit gibt.

Die Einstellungen im Info-Center

Wenn Sie nur die am häufigsten benötigten Schaltflächen im Info-Center anzeigen lassen wollen, können Sie die Anzeige reduzieren. Sie können diesen Bereich des Info-Centers danach jederzeit wieder erweitern, um alle Schaltflächen anzuzeigen.

Einstellungen erweitern und auswählen

1 Klicken Sie in der Taskleiste auf die Schaltfläche für das Info-Center.

2 Wenn nur eine einzelne Reihe von Schaltflächen angezeigt wird, klicken Sie auf die Schaltfläche **Erweitern**, um alle Einstellungen anzuzeigen.

3 Klicken Sie Sie auf die Schaltfläche **Reduzieren**, um nur die oberste Reihe der Einstellungen anzuzeigen.

TIPP Sie können selbst entscheiden, welche Schaltflächen Sie im Info-Center angezeigt bekommen möchten und welche nicht. Klicken Sie hierfür in den **Einstellungen** auf **System** und dort auf **Benachrichtigungen und Aktionen**. Hier klicken Sie die Option **Schnelle Aktionen hinzu/entfernen** an und können nun aus einer Liste verschiedener Aktionen auswählen, welche im Info-Center angezeigt werden sollen und welche Sie nicht brauchen.

TIPP Die Schaltfläche **Alle Einstellungen** ist Ihre Eintrittskarte zu den Windows-Einstellungen. In Kapitel 3 im Abschnitt „Auf die Windows-Einstellungen zugreifen" ab Seite 25 erfahren Sie mehr über die Möglichkeiten, die Ihnen diese Schaltfläche bietet.

Windows 10 herunterfahren

Wenn Sie die Arbeit an Ihrem Computer beendet haben, gibt es mehrere Möglichkeiten. Sie können Ihren Computer über die Schaltfläche **Ein/Aus** im Startmenü ausschalten, neu starten (nützlich, wenn Sie neue Software installieren oder Software-Updates implementieren) oder in den Energiesparmodus versetzen. Mit letztgenannter Option sparen Sie Energie, wenn Sie Ihren Computer eine Zeit lang nicht verwenden, können aber jederzeit Ihre Arbeit schnell wieder aufnehmen.

Die Ein/Aus-Schaltfläche

1 Klicken Sie auf die Startschaltfläche.

2 Klicken Sie auf **Ein/Aus**.

3 Klicken Sie auf die gewünschte Option: **Energie sparen** (um Ihren Computer vorübergehend in den Energiesparmodus zu versetzen), **Herunterfahren** (um Ihren Computer auszuschalten) oder **Neu starten** (um Ihren Computer aus- und dann gleich wieder einzuschalten, z. B. um die Implementierung von Updates zu ermöglichen).

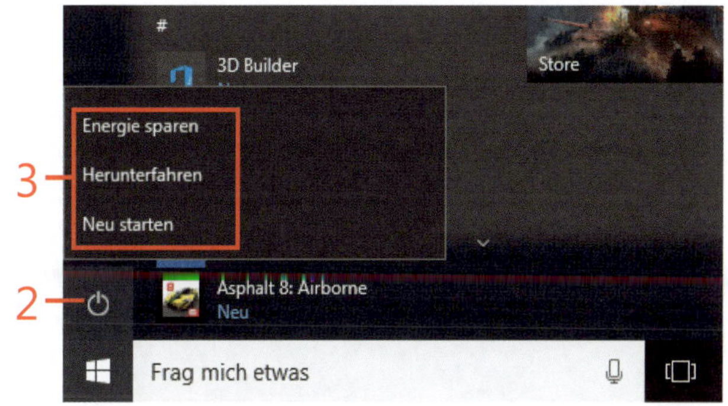

TIPP Die Option **Neu starten** ist ganz nützlich, wenn Ihr Computer sich aufgehängt hat. Der Neustart zwingt Windows dazu, das Betriebssystem neu hochzufahren, was Performanceprobleme oft lösen kann. Auf das Thema Fehlerbehebung gehen wir in Kapitel 24 ab Seite 269 näher ein.

Streifzug durch Windows 10

3

Die Arbeit mit einem neuen Betriebssystem wie Windows 10 ist am Anfang wie eine neue Arbeitsstelle anzutreten: Sie müssen sich erst einmal orientieren und herausfinden, wo Ihr Schreibtisch, der Kopierer und die Kaffeemaschine stehen und welcher Kollege wo sitzt. In Windows müssen Sie lernen, wie Sie Anwendungen öffnen und schließen, wie Sie Benutzerkonten und Kennwörter einrichten, sodass mehrere Personen auf Ihren Computer zugreifen können, wie Sie Eingaben über Maus, Tastatur und Touchscreen tätigen und wo sich die wichtigsten Einstellungen und Hilfsmittel befinden.

Nachdem Sie die Aufgaben in diesem Kapitel nachvollzogen haben, werden Sie sich in Windows 10 gut zurecht finden, Einstellungen und Eingaben vornehmen können und wissen, wie Sie mit der aufregenden neuen persönlichen Assistentin Cortana nach Informationen suchen. Sie werden sich mit der Taskleiste vertraut gemacht haben, über die Sie auf bestimmte Elemente schneller zugreifen können, und das Startmenü beherrschen, über das Sie alle Ihre Apps erreichen.

In diesem Kapitel:

- Fenster öffnen und schließen
- Auf die Windows-Einstellungen zugreifen
- Konten einrichten
- Kennwörter verwalten
- Einen Bildcode hinzufügen
- Eine PIN vergeben
- Windows 10 auf einem Touchscreen-Computer
- Das Startmenü
- Das Startmenü erweitern
- Die Taskleiste
- Cortana
- Die Lautstärke regeln
- Datum und Uhrzeit setzen
- Die Energieoptionen verwalten

Fenster öffnen und schließen

Es liegt klar auf der Hand, woher das Betriebssystem Windows seinen Namen hat, denn wer damit arbeitet, öffnet Anwendungen wie Microsoft Word, Media Player, Internet Browser, Dateien und Ordner, Einstellungen und vieles mehr in *Fenstern* (englisch windows). Wenn Sie ein Fenster öffnen, können Sie alle in dem Fenster zur Verfügung gestellten Werkzeuge und Funktionen nutzen. Sie können Fenster als Vollbild oder verkleinert anzeigen lassen (was Ihnen hilft, mit mehreren Apps gleichzeitig zu arbeiten) und Sie können Fenster schließen, wodurch auch die zugehörige Anwendung beendet wird.

Mit Fenstern arbeiten

1 Klicken Sie auf die Startschaltfläche.

2 Klicken Sie auf die Kachel **Kalender**.

3 Klicken Sie auf die **Maximieren**-Schaltfläche.

4 Klicken Sie auf die **Minimieren**-Schaltfläche.

5 Klicken Sie auf die **Schließen**-Schaltfläche.

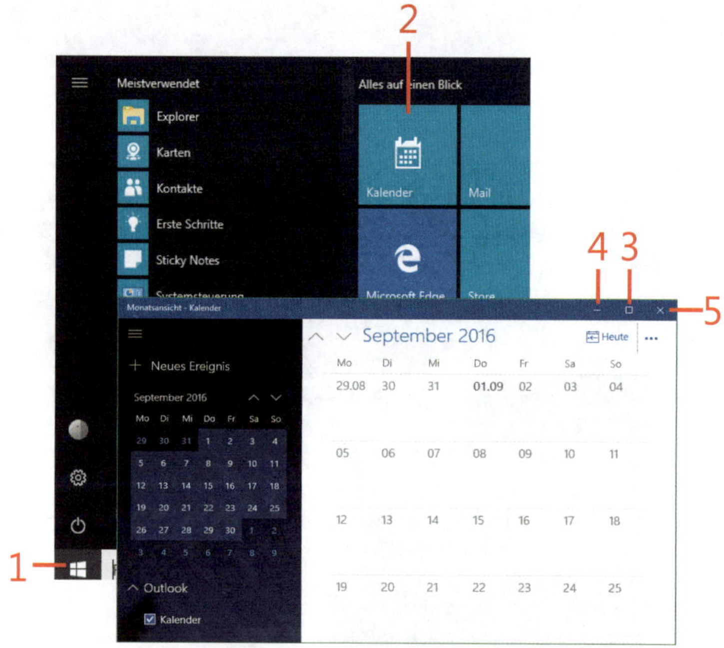

TIPP Sie können mehrere Fenster auf Ihrem Desktop anzeigen. Wenn Sie sich einen Überblick über alle offenen Apps verschaffen möchten, klicken Sie in der Taskleiste auf die **Taskansicht**-Schaltfläche, was alle geöffneten Apps in Miniaturansicht anzeigt und zwar unabhängig davon, ob sie zuvor den ganzen Bildschirm einnahmen oder minimiert wurden.

PROBIER´S AUS Klicken Sie in einem geöffneten Fenster auf die **Minimieren**-Schaltfläche (die Schaltfläche mit dem Strich links der **Maximieren/Verkleinern**-Schaltfläche oben rechts im Fenster). Dadurch schließen Sie die App nicht, sondern entfernen nur das Fenster vom Desktop und legen dafür ein Symbol in der Taskleiste ab, über das Sie die App jederzeit wieder auf dem Bildschirm zur Anzeige bringen können.

Auf die Windows-Einstellungen zugreifen

Neben seinen Anwendungen verfügt Windows 10 über eine App, in der Sie Windows-interne Einstellungen vornehmen können, wie neue Benutzerkonten einzurichten, Hilfsmittel zur erleichterten Bedienung wie die Sprachausgabe zu öffnen, System, Netzwerk und Geräte zu verwalten und das Erscheinungsbild Ihres Desktops und der Fenster zu ändern. Von diesem Einstellungen-Fenster aus können Sie außerdem Sicherheitsvorkehrungen für Ihren Computer treffen, Datum, Uhrzeit und Sprache ändern und Windows-Updates durchführen. Betrachten Sie dieses Fenster als Kommandozentrale für Ihr Windows 10.

Das Einstellungen-Fenster öffnen und schließen

1 Klicken Sie auf die Startschaltfläche.

2 Klicken Sie auf **Einstellungen**.

3 Klicken Sie auf eine beliebige Einstellungen-Kategorie, um ein Unterfenster für diese Kategorie aufzurufen.

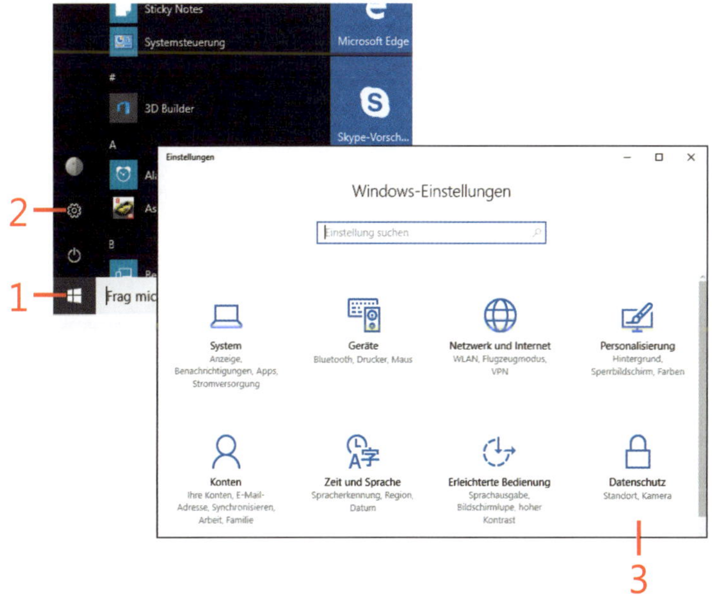

TIPP Sie können das Einstellungen-Fenster auch über eine Tastenkombination aufrufen. Sie müssen auf Ihrer Tastatur nur die Tasten ⊞ + I gleichzeitig drücken.

TIPP Wenn Sie bereits mit Vorgängerversionen von Windows gearbeitet haben, werden Sie die Systemsteuerung wahrscheinlich kennen. Die Einstellungen, die Ihnen dort zur Verfügung standen, erreichen Sie jetzt über das Einstellungen-Fenster und seinen untergeordneten Fenstern.

Konten einrichten

Häufig nutzen mehrere Personen einen Computer. Oder Sie möchten Ihren Computer für verschiedene Zwecke nutzen. In solchen Fällen können Sie mehrere Benutzerkonten einrichten, für die Windows 10 jeweils eine eigene Ordnerstruktur anlegt und individuelle Einstellungen (wie den Desktophintergrund), Anwendungen und Dateien speichert. So können Sie zum Beispiel ein Konto zur privaten Nutzung und eines zur beruflichen Nutzung einrichten oder eines für Sie und eines für Ihren Ehepartner. Sie können die Konten mit Kennwörtern schützen, sodass jeder Nutzer nur auf sein Konto zugreifen kann. So schützen Sie sich davor, dass Ihr Kind oder Ihr Schwager auf Ihre wichtigen Daten zugreift und sie löscht. Wenn Sie Windows 10 installieren, wird automatisch ein Benutzerkonto für Sie eingerichtet. Sie können jederzeit Konten hinzufügen, vorausgesetzt, Sie sind bei einem Konto mit Administratorrechten angemeldet.

Ein neues Benutzerkonto hinzufügen

1 Rufen Sie die Einstellungen auf.

2 Klicken Sie auf **Konten**.

3 Klicken Sie auf **Familie & weitere Kontakte**.

4 Klicken Sie auf **Diesem PC eine andere Person hinzufügen**.

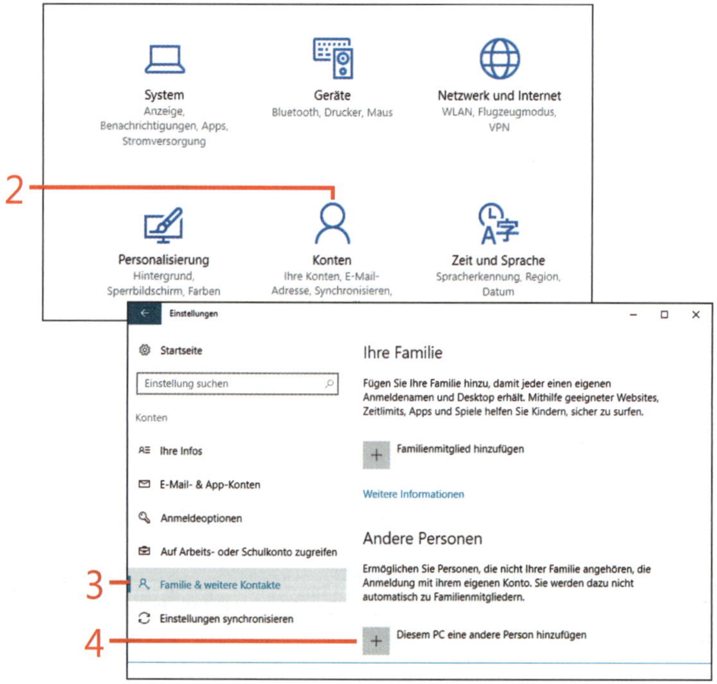

Ein neues Benutzerkonto hinzufügen *(Fortsetzung)*

5 Geben Sie die E-Mail-Adresse an, mit der sich diese neue Person bei Windows 10 anmelden wird (sofern diese Ihnen bekannt ist).

6 Klicken Sie auf **Weiter**.

7 Klicken Sie auf **Fertig stellen**.

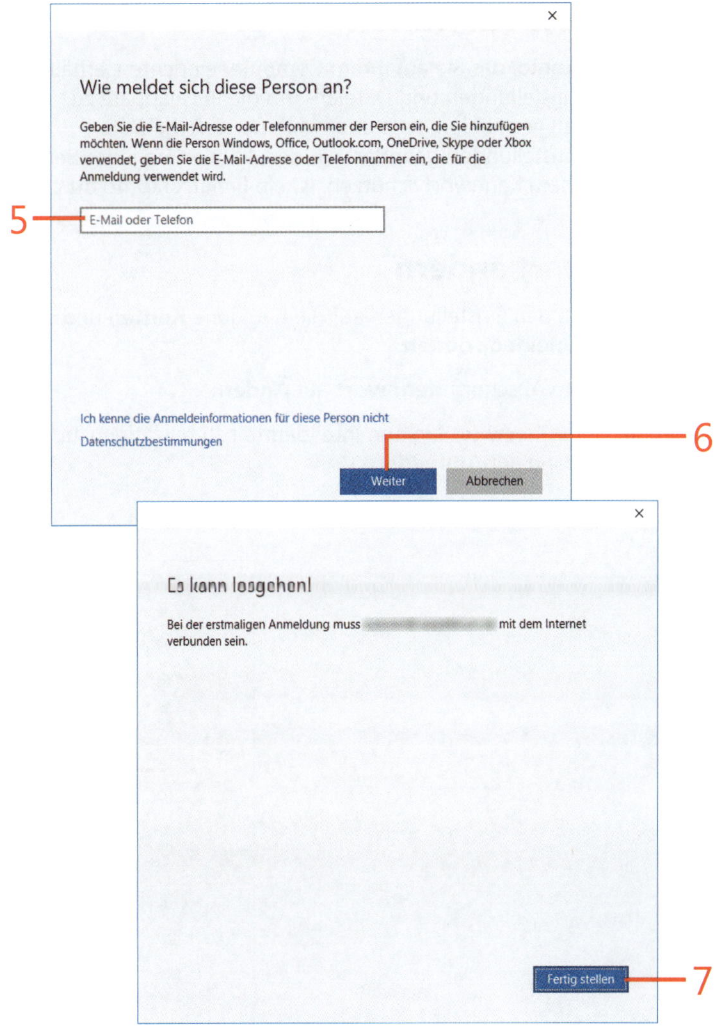

TIPP Wenn Sie ein Konto für ein Kind anlegen und die Familieneinstellungen nutzen wollen, um sich regelmäßig einen Bericht über die Aktivitäten Ihres Kindes auf dem Computer ausgeben zu lassen, klicken Sie in Schritt 4 auf **Familienmitglied hinzufügen**.

Kennwörter verwalten

Jedes Benutzerkonto, das Sie auf Ihrem Computer einrichten, erhält seine eigenen Einstellungen und Dateien. Um die Privatsphäre zu gewähren und zu vermeiden, dass ungewollt persönliche Daten gelöscht oder Einstellungen geändert werden, können Sie jedes Benutzerkonto mit einem Kennwort schützen. Ist ein Benutzerkonto durch ein Kennwort geschützt, können nur Personen darauf zugreifen, die das Kennwort kennen. Die folgenden Schritte beschreiben, wie Sie das Kennwort ändern. Die Anweisungen beziehen sich auf das Konto, bei dem Sie gerade angemeldet sind.

Ein Kennwort ändern

1 Klicken Sie in den Einstellungen auf die Kategorie **Konten** und dort links auf **Anmeldeoptionen**.

2 Klicken Sie im Abschnitt **Kennwort** auf **Ändern**.

3 Geben Sie Ihr Kennwort ein, um Ihre Identität zu bestätigen, und klicken Sie dann auf **Anmelden**.

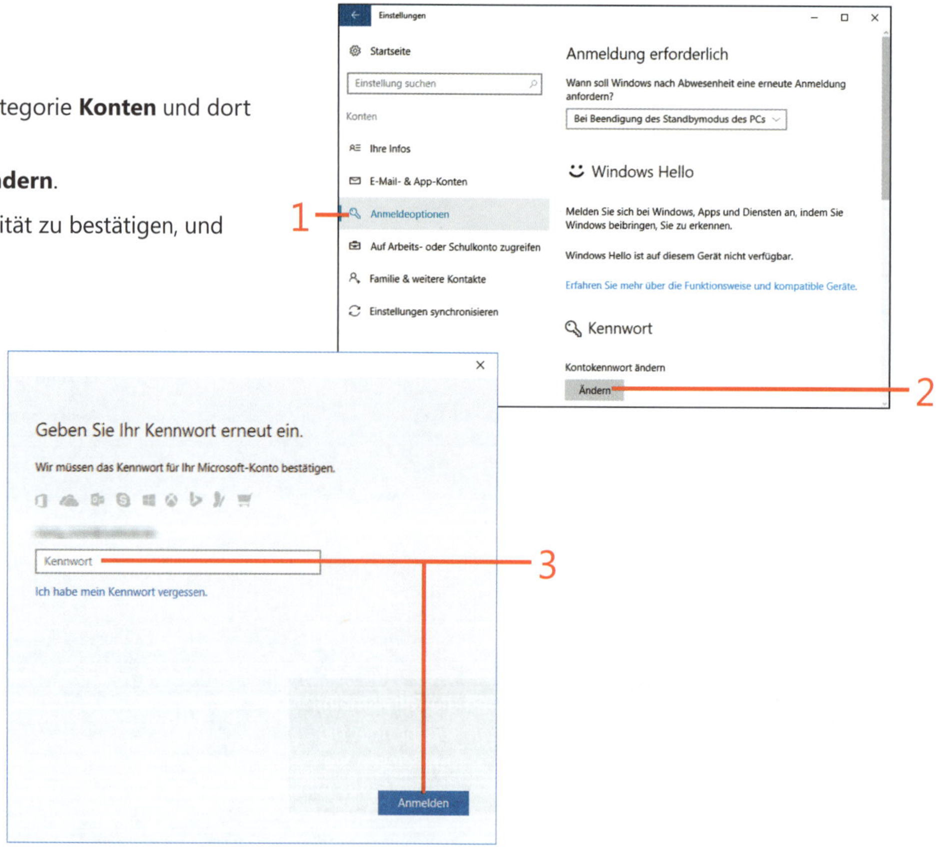

Ein Kennwort ändern *(Fortsetzung)*

4 Geben Sie Ihr altes Kennwort ein.

5 Geben Sie Ihr neues Kennwort ein und bestätigen Sie es. Klicken Sie dann auf **Weiter**.

6 Klicken Sie auf **Fertig stellen**.

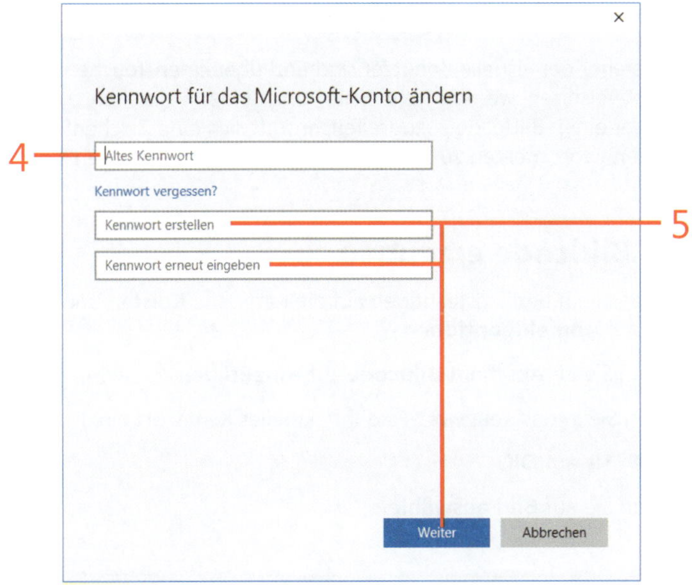

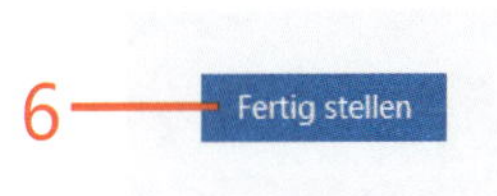

TIPP Denken Sie daran, dass die Änderung des Kennworts für Ihr Microsoft-Konto auf Ihrem Windows-Computer auch das Kennwort ändert, über das Sie online auf das Microsoft-Konto zugreifen, zum Beispiel, um auf Ihr E-Mail-Konto bei Microsoft zuzugreifen.

Einen Bildcode definieren

Wenn Sie eher der visuelle Benutzer sind und über einen Touchscreen-Computer verfügen, werden Sie es unter Umständen vorziehen, auf Ihr Konto über einen Bildcode zuzugreifen, anstatt sich eine Zeichenfolge für das Kennwort merken zu müssen. Bei einem Bildcode wählen Sie zuerst ein Bild aus und definieren dafür dann eine Geste, die aus drei Einzelgesten besteht. Wenn Sie zum Beispiel das Bild einer Person verwenden, könnten Sie ein Lächeln als Lippen malen und Ringe als Augen. Die Kombination aus Bild und Gesten wird zu Ihrem Kennwort.

Einen Bildcode erzeugen

1 Klicken Sie in den Einstellungen auf die Kategorie **Konten** und dort links auf **Anmeldeoptionen**.

2 Klicken Sie im Abschnitt **Bildcode** auf **Hinzufügen**.

3 Geben Sie in das Kennwort-Feld Ihr aktuelles Kennwort ein.

4 Klicken Sie auf **OK**.

5 Klicken Sie auf **Bild auswählen**.

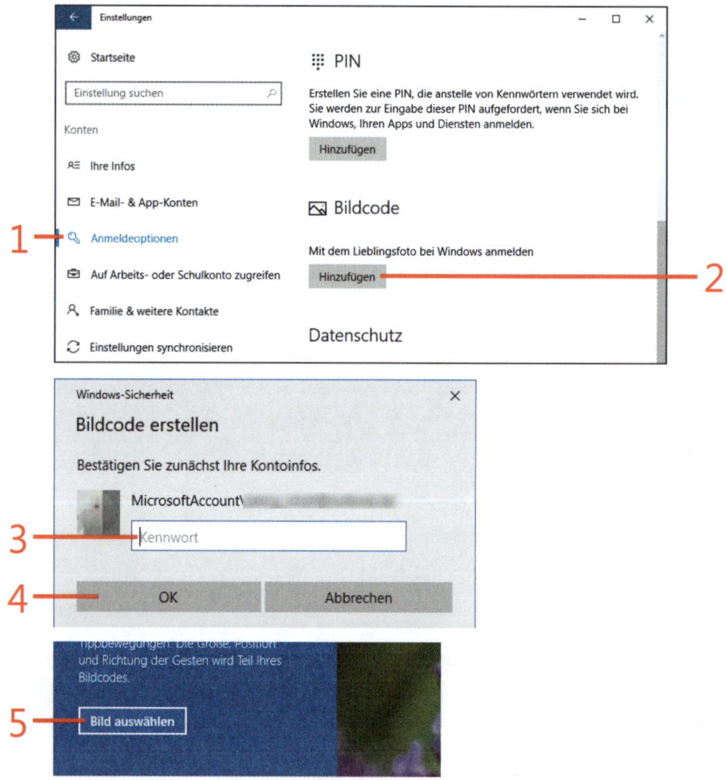

Einen Bildcode erzeugen *(Fortsetzung)*

6 Geben Sie in das Dateiname-Feld einen Name ein oder navigieren Sie zu der Datei, die Sie als Bild verwenden wollen.

7 Klicken Sie auf **Öffnen**.

8 Klicken Sie auf **Dieses Bild verwenden**.

9 Zeichnen Sie mit Ihrem Finger die Gesten auf den Bildschirm.

10 Wiederholen Sie die Gesten, um sie zu bestätigen.

11 Klicken Sie auf **Fertig stellen**.

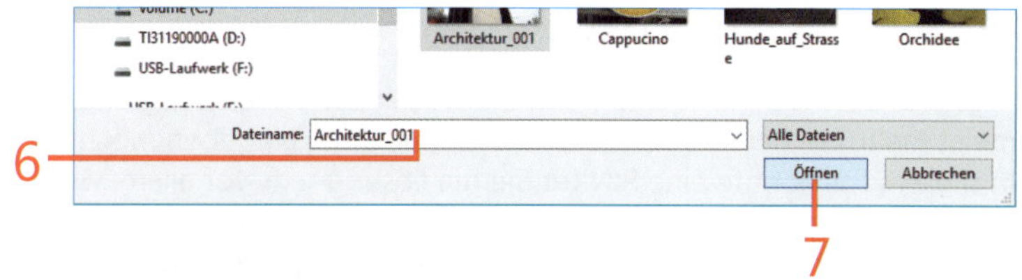

TIPP Wenn Sie der Meinung sind, dass Sie Ihren Bildcode nicht länger benötigen, klicken Sie im **Konten**-Fenster auf **Anmeldeoptionen** und dann im Abschnitt **Bildcode** auf **Entfernen**.

ACHTUNG Sie müssen sich die Gesten für Ihren Bildcode gut merken, einschließlich der Anfangs- und Endpunkte sowie der Wischrichtung. Wenn Sie Ihre Gesten vergessen haben, können Sie darüber nicht mehr auf Ihr Konto zugreifen.

Eine PIN vergeben

Kennwörter sind sehr nützlich, enthalten aber aus Sicherheitsgründen meist mehr Zeichen, als man bei jeder Anmeldung eingeben möchte. In diesem Fall könnte eine PIN für Sie die Lösung sein, vor allem, wenn es sich um einen PC handelt, der für Fremde nicht zugänglich ist. Eine PIN ist ein vierstelliger Zahlencode, der normalerweise viel kürzer und leichter einzutippen ist als ein Kennwort, das aus acht oder mehr Zahlen, Symbolen und Buchstaben in Groß- und Kleinschreibung besteht. Sicher wird die PIN dadurch, dass Microsoft sie mit einer Kennung für den aktuellen Rechner kombiniert.

Eine PIN erzeugen

1 Rufen Sie die Einstellungen auf.

2 Klicken Sie auf **Konten**.

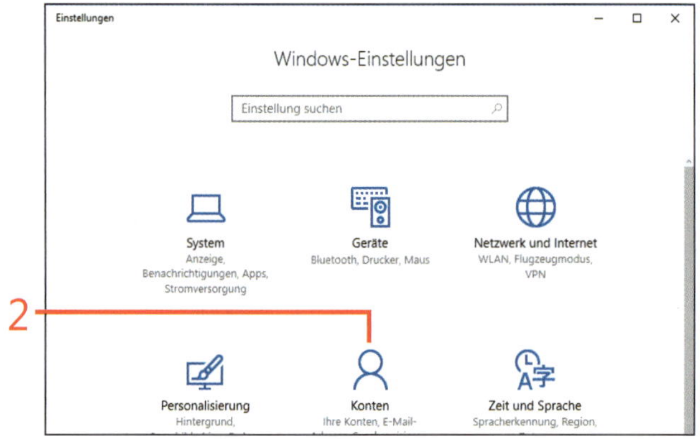

Eine PIN erzeugen *(Fortsetzung)*

3 Klicken Sie auf **Anmeldeoptionen**.

4 Klicken Sie im **PIN**-Abschnitt auf **Hinzufügen**.

5 Geben Sie ggf. Ihr Kennwort ein, um Ihre Identität zu bestätigen, und klicken Sie dann auf **Anmelden**.

6 Geben Sie eine vierstellige PIN ein.

7 Bestätigen Sie Ihre PIN.

8 Klicken Sie auf **OK**.

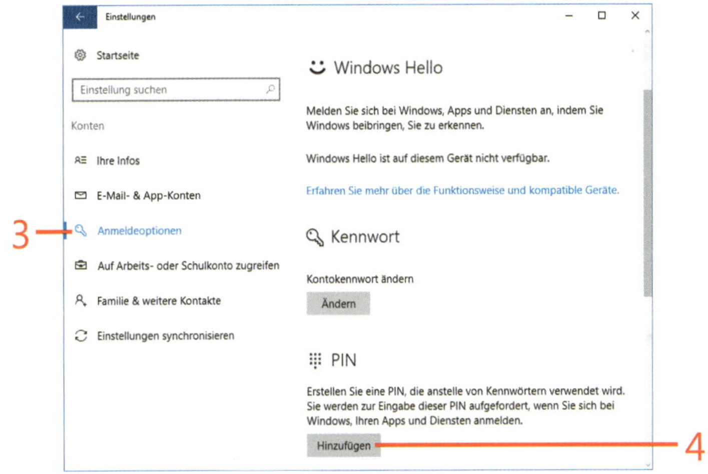

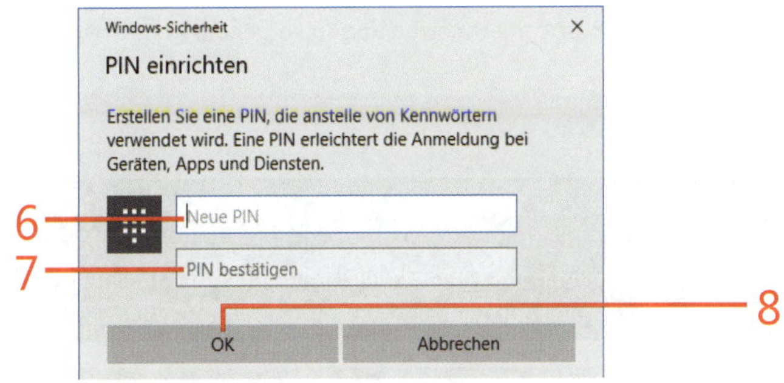

Windows 10 auf einem Touchscreen-Computer

Besitzer eines Touchscreen-Computers können es sich zunutze machen, dass Windows 10 in vielerlei Hinsicht für die Touch-Eingabe optimiert wurde. Anstelle einer Maus oder Tastatur können Sie Finger und Gesten verwenden, um zu scrollen, eine Auswahl zu treffen, einen Befehl oder ein Kontrollkästchen auszuwählen und mit der Bildschirmtastatur Text einzugeben. Diese natürliche Art der Interaktion mit einem Touchscreen-Computer ist durchaus effizient – und erfordert keine lästigen Batterien oder Kabel.

Nachstehend werden einige der geläufigsten Bildschirmgesten aufgelistet, die Sie auf Ihrem Windows 10-Computer verwenden können:

- Durch Tippen wählen Sie ein Element, das Sie sonst mit einer Maus angeklickt hätten, z. B. ein Kontrollkästchen, eine Dropdownliste, ein Ein/Aus-Schalter oder ein Textfeld. Sie können durch Tippen auch einen Einfügepunkt in ein Dokument setzen und so vorgeben, wo die nächste Aktion stattfindet.

TIPP Mit Windows 10 wurden mehrere Mehrfingergesten für die Verwendung auf Laptops mit integriertem Touchpad eingeführt. Wenn Sie zum Beispiel mit drei Fingern gleichzeitig über das Touchpad wischen, rufen Sie Cortana auf. Vier Finger öffnen das Info-Center.

TIPP Da nicht jeder Leser über einen Touchscreen-Computer verfügt, gehen die meisten Schritte in diesem Buch davon aus, dass Sie eine Maus und Tastatur verwenden. Doch wenn Sie stolzer Besitzer eines solchen Computers sind, steht es Ihnen frei, Ihren Computer über Gesten zu bedienen. Finden Sie selbst heraus, was für Sie am angenehmsten und effizientesten ist!

- Durch Wischen mit dem Finger vom linken Rand nach innen rufen Sie die Taskansicht auf.
- Durch Wischen mit dem Finger vom rechten Rand nach innen rufen Sie das Info-Center auf.
- Durch Spreizen der Finger auf dem Bildschirm vergrößern Sie ein Dokument oder eine Webseite.
- Durch Zusammenführen der Finger auf dem Bildschirm verkleinern Sie ein Dokument oder eine Webseite

Von links wischen, um Taskansicht anzuzeigen

Finger spreizen, um eine Seite zu vergrößern

Auf eine Schaltfläche tippen, um ein Fenster zu schließen

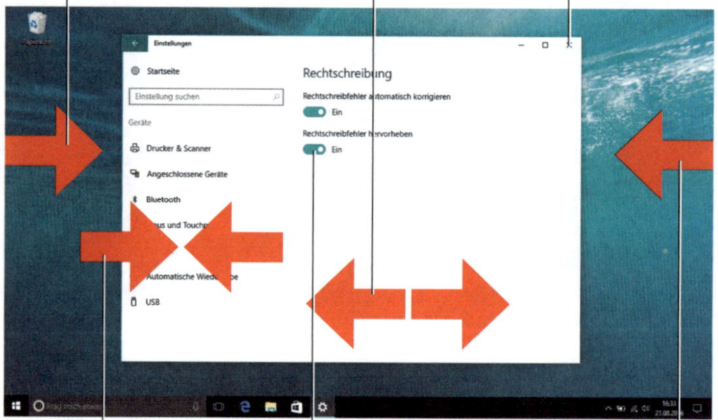

Finger zusammenführen, um eine Seite zu verkleinern

Tippen, um eine Ein/Aus-Option auszuwählen

Von rechts wischen, um Info-Center anzuzeigen

Das Startmenü

Über das Startmenü haben Sie Zugriff auf alle Apps und Einstellungen, die Ihnen auf Ihrem Windows 10-Computer zur Verfügung stehen. Unten links im Startmenü befinden sich drei häufig benötigte Elemente, die immer angezeigt werden: **Konto**, **Einstellungen** und **Ein/Aus**. Zwischen der Seitenleiste und den Kacheln wird ab der Anniversary-Edition von Windows 10 eine scrollbare Liste aller installierten Apps eingeblendet, unterteilt in: die **zuletzt hinzugefügten** (soweit vorhanden), dann die **meistverwendeten**, manchmal auch **vorgeschlagene** und als Letztes **alle Apps in alphabetischer Reihenfolge**. Den größten Teil des Startmenüs nehmen allerdings die Kacheln für die Apps wie Musik, Nachrichten und Mail ein, die Sie durch Anklicken öffnen.

Das Startmenü öffnen und Optionen wählen

1 Klicken Sie auf die Startschaltfläche.

2 Wählen Sie aus der scrollbaren Liste eine App, um sie zu öffnen.

3 Klicken Sie erneut auf die Startschaltfläche.

4 Klicken Sie auf eine App-Kachel, z. B. Wetter.

5 Klicken Sie erneut auf die Startschaltfläche.

6 Klicken Sie auf **Ein/Aus**, um ein Menü der Optionen einzublenden.

7 Klicken Sie außerhalb des **Ein/Aus**-Menüs, um es zu schließen.

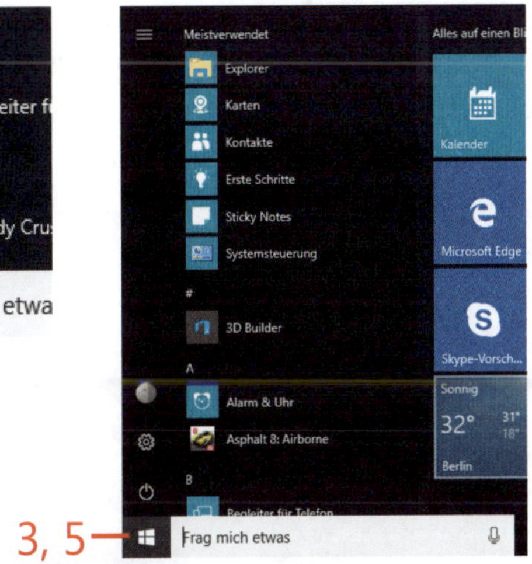

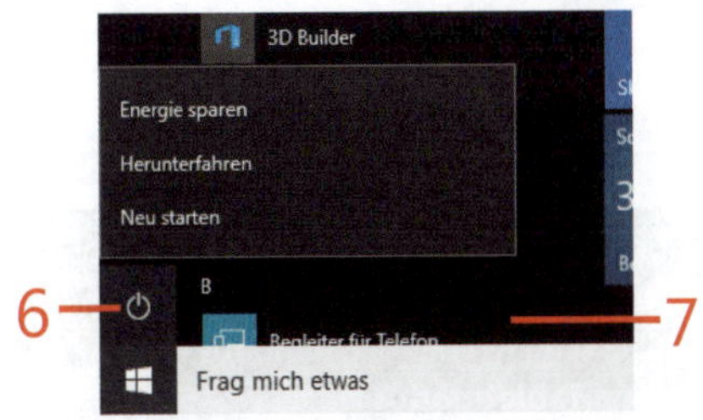

PROBIER'S AUS Die Kacheln im Startmenü sind in Gruppen angeordnet, unter anderem die Gruppe mit dem Namen **Alles auf einen Blick**. Wenn Sie eine Gruppe umbenennen wollen, klicken Sie auf den Titel über den Kacheln, um das Titel-Eingabefeld zu öffnen, und geben Sie dort einen neuen Namen für die Kachelgruppe ein.

Das Startmenü erweitern

Sie können das Startmenü als Vollbild anzeigen lassen. Auf diese Weise sehen Sie mehr App-Kacheln auf dem Bildschirm und können die Kacheln leichter umordnen oder in der Größe verändern. Die Vollbildanzeige bleibt, bis Sie wieder zur kleineren Ansicht zurückkehren.

Das Startmenü als Vollbild anzeigen

1 Klicken Sie in den Einstellungen auf **Personalisierung**.

2 Klicken Sie auf **Start**.

3 Klicken Sie auf **Menü „Start" im Vollbildmodus verwenden**.

4 Klicken Sie auf die **Schließen**-Schaltfläche.

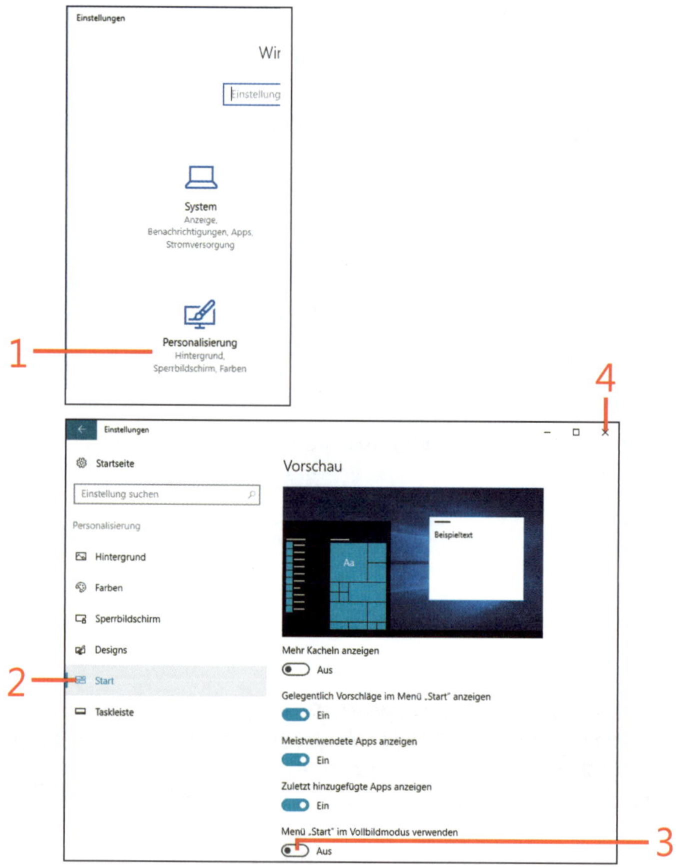

TIPP Wenn Sie auf Ihrem Computer in den Tabletmdous wechseln – zum Beispiel, wenn Sie ein Touchscreen-Gerät verwenden – wird nur das erweiterte Startmenü angezeigt. Sie schalten den Tabletmodus ein, indem Sie im Info-Center auf die Option **Tabletmodus** klicken.

Die Taskleiste

Die Taskleiste verläuft standardmäßig am unteren Rand des Windows-Desktops (wie Sie diese Position ändern, erfahren Sie in Kapitel 4, Abschnitt „Die Taskleiste anpassen" auf Seite 55). Diese schmale Leiste bietet leichten Zugriff auf eine Fülle von Einstellungen. Außerdem zeigt sie die Symbole der geöffneten Apps an, unabhängig davon, ob diese gerade auf dem Bildschirm zu sehen sind oder minimiert sind. Im letzteren Fall reicht ein einfacher Klick auf das Symbol, um die App einzublenden. Wenn die Taskleiste nicht zu sehen ist, bewegen Sie den Mauszeiger an den unteren Rand des Desktops, um sie einzublenden.

Ganz links in der Taskleiste befindet sich die Startschaltfläche, über die Sie das Startmenü aufrufen und Zugriff auf alle Apps haben, die auf Ihrem Computer installiert sind. Gleich daneben finden Sie Cortana, die neue persönliche Assistentin und Suchfunktion von Windows 10 (wir werden im nächsten Abschnitt näher auf Cortana eingehen).

TIPP Tipp Wenn Sie mehr Platz im Tabletmodus benötigen, können Sie jetzt auch die Taskleiste ausblenden und sie durch Wischen mit dem Finger vom unteren Rand nach innen wieder aufrufen.

TIPP Wenn Sie wollen, dass die Taskleiste immer auf dem Bildschirm angezeigt wird, klicken Sie mit der rechten Maustaste auf die Taskleiste und wählen Sie aus dem Kontextmenü den Befehl **Taskleiste fixieren**.

Mit den Schaltflächen in der Mitte der Taskleiste öffnen Sie die Taskansicht, um alle geöffneten Apps anzuzeigen, und maximieren minimierte Apps beziehungsweise machen eine App zur aktiven App.

Die Symbole rechts auf der Taskleiste bieten Einstellungsmöglichkeiten für Features wie Energieverwaltung, Netzwerkverbindungen, Lautstärkeregelung, Info-Center und Bildschirmtastatur. Über das Symbol **Ausgeblendete Symbole einblenden** haben Sie Zugriff auf weitere Symbole, die Sie auf der Taskleiste anzeigen lassen können. Einige dieser Elemente werden weiter hinten in diesem Kapitel noch besprochen. Das Info-Center wird in Kapitel 2 im Abschnitt „Das Info-Center" auf Seite 19 behandelt und Netzwerkeinstellungen sind Thema von Kapitel 8 „Netzwerke einrichten und verwalten".

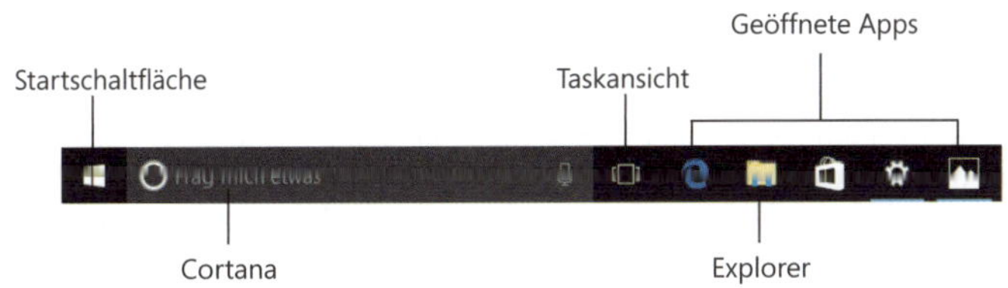

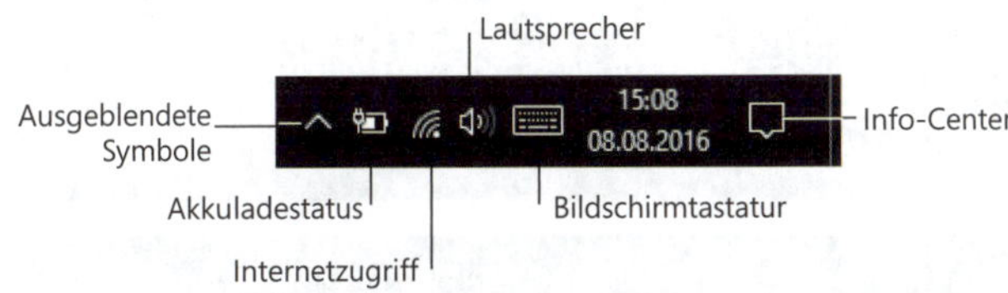

Cortana

Cortana ist die neue persönliche Assistentin von Windows 10, die Ihnen viele Aufgaben abnimmt. Mit Cortana können Sie nach allem Möglichen suchen, einschließlich Dateien auf Ihrem Computer, Online-Informationen und Medien. Außerdem bietet Ihnen Cortana einen Überblick über den Tag und zeigt aktuelle Schlagzeilen sowie lokale Veranstaltungen an. Sie kann Sie aber auch an Termine erinnern oder ein Restaurant vorschlagen. Diese Informationen kann sie, wenn gewollt, auch auf dem Sperrbildschirm anzeigen lassen, sodass man sich nicht anmelden muss, um von Cortana an einen Termin erinnert zu werden. Je häufiger Sie mit Ihrem Computer interagieren, desto mehr erfährt Cortana über Sie und kann ihre Vorschläge immer genauer Ihren Vorlieben anpassen. Sie können Cortana auffordern, eine E-Mail zu senden oder zum Beispiel Skype aufzurufen, um einen Anruf zu tätigen. Cortana unterstützt zwei Möglichkeiten der Eingabe: Sie können ein Wort, einen Satz oder eine Frage in das Cortana-Suchfeld eingeben oder mit Cortana sprechen. Und in Abhängigkeit von dem, was Sie eingeben oder sagen, wird die Antwort entweder angezeigt oder Ihnen per Sprachausgabe mitgeteilt. Wenn Sie Cortana das erste Mal öffnen, werden Sie aufgefordert, ihr Zugriff auf Ihren Computer zu gewähren und Ihren Namen anzugeben, damit Cortana Sie mit Namen begrüßen kann.

TIPP Sie können Cortana auffordern, einen gerade abgespielten Musiktitel für Sie zu recherchieren. Fragen Sie einfach „Hey Cortana, wie heißt dieser Song?" und Cortana wird Ihnen den Titel mitteilen und einen Link zum Windows Store anbieten, für den Fall, dass Sie den Song kaufen wollen.

TIPP Sie finden die Einstellungen von Cortana, wenn Sie in das Cortana-Suchfeld klicken und dann auf der linken Seite das **Einstellungen**-Symbol auswählen.

Wenn Sie Cortana etwas fragen, erscheint ein Bereich mit den gefundenen Ergebnissen sowie einer Reihe von Schaltflächen wie z. B.:

- **Notizbuch**: Sie können die Startseite Ihres Notizbuches anpassen, sodass sie oft verwendete Elemente zeigt, wie Reiseinformationen, Schlagzeilen und Wetter.
- **Erinnerungen**: Sie können auf gespeicherte Erinnerungen zugreifen und neue Erinnerungen erzeugen.

PROBIER'S AUS In den Einstellungen von Cortana gibt es jetzt die Option, dass Cortana auch dann verwendet werden kann, wenn das Gerät gerade gesperrt ist. Klicken Sie dafür einfach in das Cortana-Suchfeld, dann auf das **Einstellungen**-Symbol und aktivieren Sie die Schaltfläche **Sperrbildschirm**. Dies funktioniert aber nur, wenn in den Einstellungen für den Sperrbildschirm **Bild** oder **Diashow** als Hintergrund ausgewählt worden ist.

Sprach- und Texteingabe bei Cortana

1 Klicken Sie in das Cortana-Suchfeld.

2 Geben Sie ein Wort, einen Satz oder eine Frage ein.

3 Klicken Sie in der Cortana-Anzeige entweder auf das Symbol für **Apps**, **Dokumente** oder **Web**, um Ihre Suche einzugrenzen.

4 Klicken Sie auf das Ergebnis, das Cortana anzeigen soll.

5 Klicken Sie auf das Mikrofon rechts vom Cortana-Suchfeld.

6 Wenn die Cortana-Anzeige eingeblendet wird, sagen Sie ein Wort, einen Satz oder eine Frage.

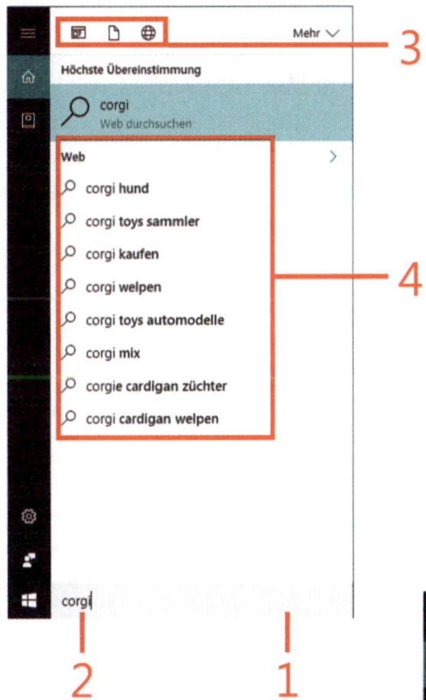

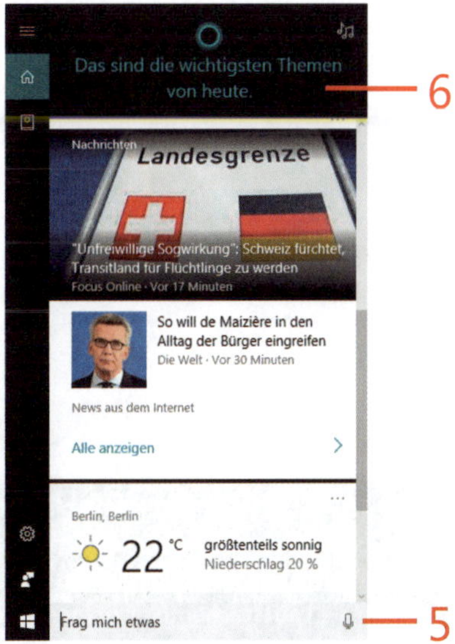

PROBIER'S AUS Anstatt das Mikrofon neben dem Suchfeld anzuklicken, können Sie Cortana mit „Hey Cortana" wecken und die Suche initiieren, indem Sie z. B. „Wann ist mein nächster Termin?" fragen. Je länger Sie Cortana nutzen, desto besser wird Cortana Ihre Stimme erkennen und mit den Elementen vertraut sein, auf die Sie häufig zugreifen.

TIPP Sie können Cortana auf vielfältige Weise nutzen. So können Sie über die Notizbuch-Funktion nach nahegelegenen Banken suchen, Cortana auffordern, einen Termin in Ihren Kalender einzutragen und Musiktitel für Sie zu identifizieren. Auf Cortana wird im Zusammenhang mit anderen Themen noch näher eingegangen, zum Beispiel in Kapitel 13, Abschnitt „Mit Cortana Musik identifizieren" auf Seite 169, „Mit Cortana einen Termin eintragen" auf Seite 199 und „Mit Cortana nach Hilfe suchen" auf Seite Seite 270.

Die Lautstärke regeln

Sicher haben Sie Ihren Computer schon einmal benutzt, um Musik zu hören oder einen Film zu sehen. Dann wissen Sie sicherlich, dass sich unter den Bedienelementen entsprechender Abspielprogramme in der Regel ein eigener Lautstärkeregler befindet. Doch auch Ihr Computer weist einen Lautstärkeregler auf und dieser fungiert als Master. Das heißt, wenn Sie die Lautstärke des Abspielprogramms auf 50 Prozent festsetzen, dann sind dies 50 Prozent von der Lautstärkeeinstellung Ihres Systems. Die Lautstärke Ihres Systems regeln Sie über ein leicht zugängliches Symbol auf der Taskleiste.

Die Lautsprecher leiser oder lauter stellen

1 Klicken Sie rechts in der Taskleiste auf das **Lautsprecher**-Symbol.

2 Ziehen Sie den Schieberegler nach rechts, um die Lautsprecher lauter zu stellen.

3 Ziehen Sie den Schieberegler nach links, um die Lautsprecher leiser zu stellen.

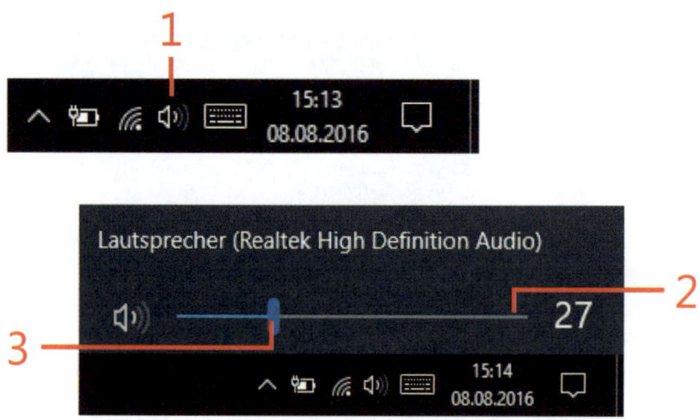

TIPP Um auf spezielle Regler für Ihre Lautsprecher und Systemsounds (wie Alarm bei neuen Benachrichtigungen) zuzugreifen, klicken Sie mit der rechten Maustaste auf das **Lautsprecher**-Symbol und wählen Sie **Lautstärkemixer öffnen**.

Datum und Uhrzeit setzen

Für viele Aufgaben muss der Computer Datum und Uhrzeit Ihrer Position kennen. Wenn Sie zum Beispiel bestimmte Wartungsaufgaben wie das Herunterladen von System-Updates automatisch jeden Tag zu einer bestimmten Uhrzeit ausführen lassen, dann geht der Computer bei den Zeitangaben von den Einstellungen aus, die Sie für Datum und Uhrzeit festgesetzt haben. Auch Ihr Kalender basiert für Benachrichtigungen und Alarm auf Ihren Datums- und Uhrzeiteinstellungen. Wenn Sie Ihren Computer mit auf Reisen nehmen oder umziehen, wollen Sie unter Umständen für Ihre Einstellungen die neue Uhrzeit bzw. das neue Datum übernehmen.

Datum und Uhrzeit ändern

1 Klicken Sie in der Taskleiste mit der rechten Maustaste auf die **Datum/Uhrzeit**-Schaltfläche.

2 Klicken Sie auf **Datum/Uhrzeit ändern**.

3 Schalten Sie gegebenenfalls die Einstellung **Uhrzeit automatisch festlegen** aus und klicken Sie dann unter **Datum und Uhrzeit ändern** auf **Ändern**.

4 Bedienen Sie sich der Dropdownlistenfelder unter **Datum**, um ein neues Datum auszuwählen.

5 Bedienen Sie sich der Dropdownlistenfelder unter **Uhrzeit**, um eine neue Uhrzeit auszuwählen.

6 Klicken Sie auf **Ändern**, um das Dialogfeld **Datum und Uhrzeit ändern** zu schließen und Ihre Auswahl zu übernehmen.

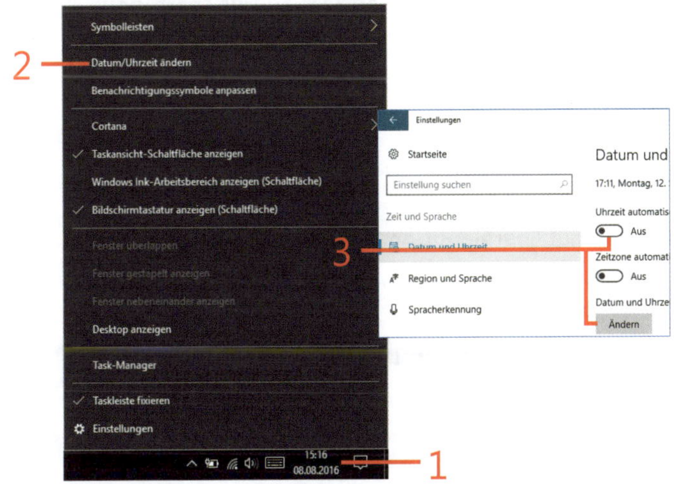

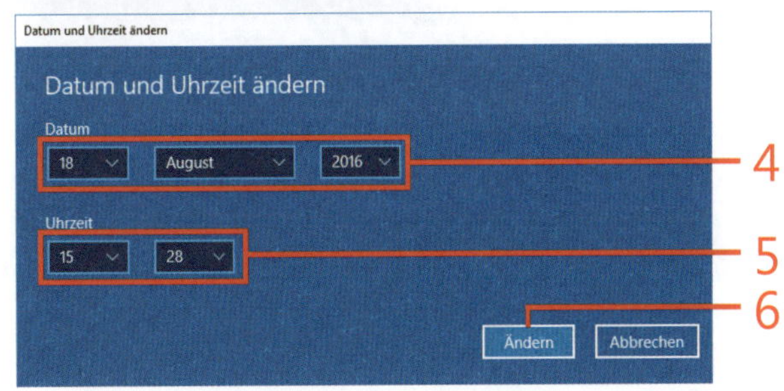

PROBIER'S AUS Wenn Sie nur Ihre Zeitzone ändern möchten, schalten Sie in Schritt 3 die Einstellung **Uhrzeit automatisch festlegen** ein, damit der Computer Datum und Uhrzeit selbst anpasst.

Die Energieoptionen verwalten

Wenn Sie an einem Laptop oder Tablet arbeiten, sollten Sie immer den Ladezustand Ihres Akkus im Auge behalten. Unter Windows 10 können Sie über die angebotenen Energiesparpläne und -optionen den Computer anweisen, durch Anpassung seiner Leistung Energie zu sparen – beispielsweise indem bereits nach kurzer Zeit der Inaktivität der Bildschirm ausgeschaltet wird. Sie können unter den folgenden Energiesparplänen wählen: **Ausbalanciert**, **Energiesparmodus** und **Höchstleistung**. Beim Energiesparplan **Energiesparmodus** liegt der Fokus auf der Reduzierung des Stromverbrauchs und die Leistung des Computers ist von sekundärer Bedeutung. Wenn Sie den Energiesparplan **Höchstleistung** aktiviert haben, hat die Leistung des Computers Vorrang, was allerdings zu Lasten des Akkus geht, der sich schneller entleert. Sie können in allen Energiesparplänen getrennt für Netz- und Akkubetrieb vorgeben, nach welchem Zeitraum der Computer in den Energiesparmodus wechselt.

Energieoptionen ändern

1 Klicken Sie in der Taskleiste mit der rechten Maustaste auf das Symbol für den Ladestatus.

2 Klicken Sie auf **Energieoptionen**.

3 Klicken Sie auf den Energiesparplan **Energiesparmodus**, sofern er nicht schon aktiviert ist.

4 Klicken Sie auf **Energiesparplaneinstellungen ändern**.

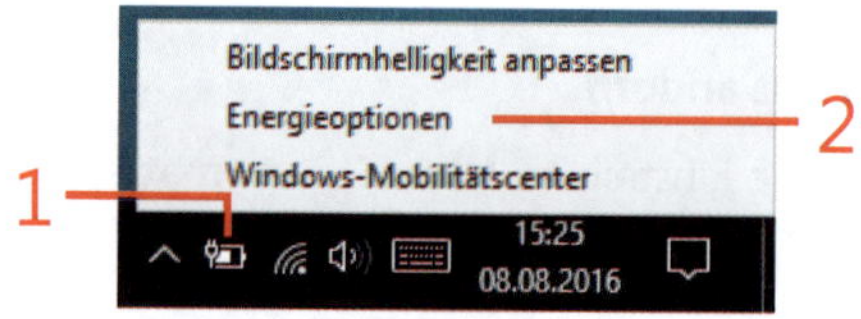

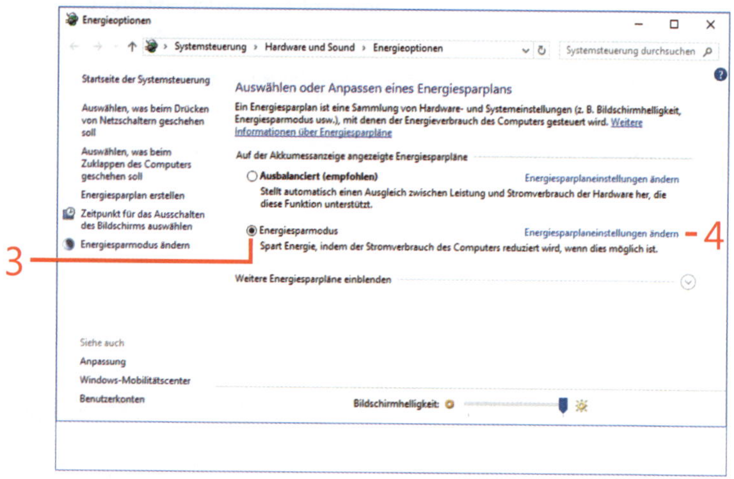

Energieoptionen ändern *(Fortsetzung)*

5 Öffnen Sie unter **Akku** das Dropdownlistenfeld und wählen Sie, nach wie vielen Minuten der Bildschirm ausgeschaltet beziehungsweise der Computer in den Energiesparmodus versetzt werden soll, wenn der Computer im Batteriebetrieb läuft.

6 Öffnen Sie unter **Netzbetrieb** das Dropdownlistenfeld und wählen Sie, nach wie vielen Minuten der Bildschirm ausgeschaltet beziehungsweise der Computer in den Energiesparmodus versetzt werden soll, wenn der Computer im Netzbetrieb läuft.

7 Klicken Sie auf **Änderungen speichern**.

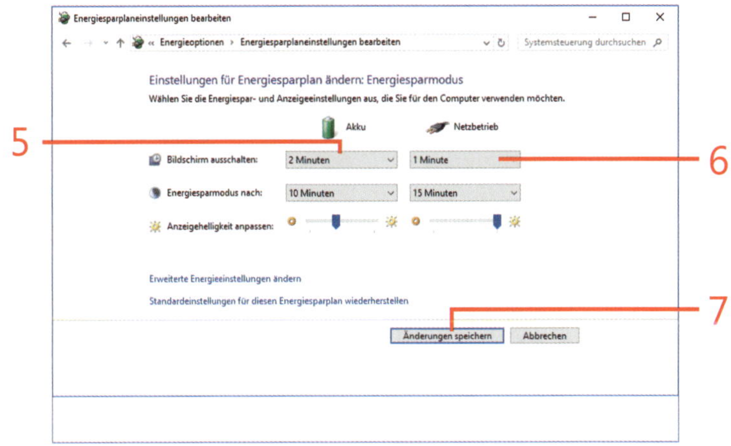

Das Erscheinungsbild von Windows 10 anpassen

4

In diesem Kapitel:

- Den Desktophintergrund ändern
- Den Sperrbildschirm anpassen
- Farben und Transparenz
- Designs
- Den Bildschirmschoner ändern
- Timeout-Einstellungen festlegen
- Text vergrößern
- Die Bildschirmauflösung ändern
- Die Taskleiste anpassen
- Kacheln zum Startmenü hinzufügen
- Kacheln verschieben
- Die Snap-Funktion
- Die Größe der Kacheln verändern

Da Sie in Windows 10 vermutlich viel Zeit verbringen werden, ist es erfreulich, dass Sie so viele Elemente von Windows verändern und an Ihre Bedürfnisse anpassen können. Das Hintergrundbild für den Desktop gefällt Ihnen nicht mehr? Dann wählen Sie doch einfach ein neues! Dasselbe gilt für Farben, Textgröße und vieles mehr; ja Sie können sogar die Größe der Kacheln im Startmenü verändern, die Kacheln verschieben und so zusammenstellen, wie es für Sie am sinnvollsten ist.

Einige dieser Einstellungen betreffen das Erscheinungsbild des Desktops, während andere die Arbeit mit den Apps erleichtern. So können Sie zum Beispiel im Tabletmodus offene Fenster auf dem Desktop so anordnen, dass Sie mehrere Apps gleichzeitig betrachten können – was von Vorteil ist, wenn Sie Inhalte von einer App in eine andere kopieren wollen oder auf Informationen in einem Dokument verweisen, während Sie in einem anderen arbeiten. Oder Sie passen die Taskleiste so an, dass Sie die Symbole, die für Sie am wichtigsten sind, immer schnell zur Hand haben.

Den Desktophintergrund ändern

Wir alle schätzen einen individuellen Arbeitsplatz – egal ob Zuhause oder im Büro. Wir dekorieren um und hängen Fotos und Bilder auf, damit wir uns so richtig heimisch fühlen. Windows 10 stellt Ihnen bereits eine Auswahl an Bildern für den Desktophintergrund zur Verfügung und Sie entscheiden, ob Sie eines dieser Bilder oder lieber ein eigenes Foto als Hintergrund verwenden wollen.

Ein neues Hintergrundbild wählen

1 Klicken Sie auf die Startschaltfläche.

2 Klicken Sie auf **Einstellungen**.

3 Klicken Sie auf **Personalisierung**.

4 Klicken Sie auf **Hintergrund**.

5 Wählen Sie in dem Bereich **Bild auswählen** eine Option.

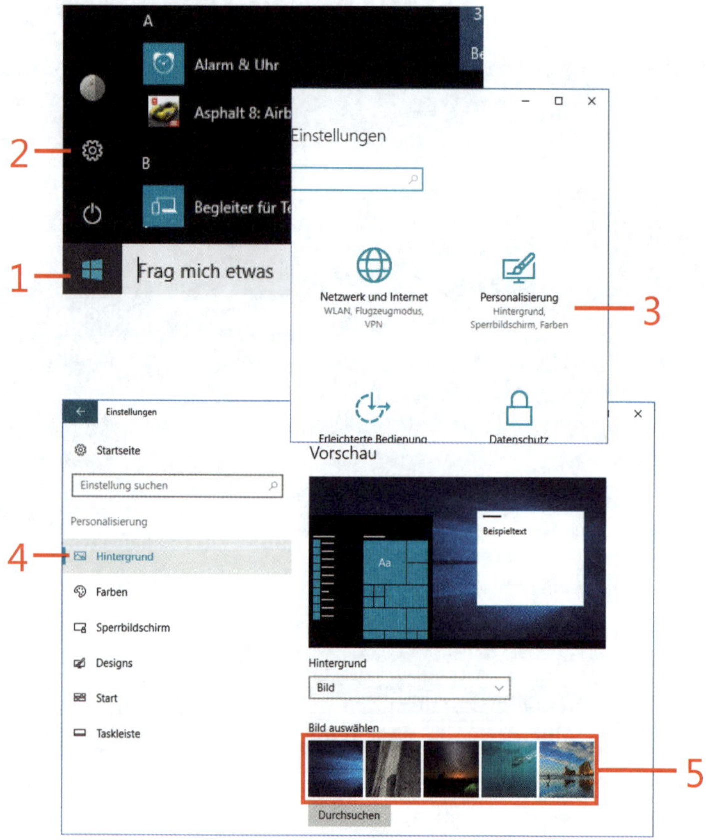

TIPP Um ein eigenes Bild als Hintergrund zu definieren, klicken Sie in Schritt 5 auf **Durchsuchen** und navigieren im Explorer zu der von Ihnen favorisierten Bilddatei, wählen sie aus und klicken dann im Explorer auf die Schaltfläche **Bild auswählen**.

TIPP Wenn Sie sich von einem Bild abgelenkt fühlen und lieber eine einheitliche Farbe für den Bildschirm hätten, klicken Sie in dem Dropdownlistenfeld unter **Hintergrund** auf die Option **Volltonfarbe** und wählen Sie dann eine Farbe.

Den Sperrbildschirm anpassen

Immer, wenn Ihr Computer in den Energiesparmodus versetzt wurde und wieder geweckt wird, kommt der Sperrbildschirm zum Einsatz. Durch Anklicken des Sperrbildschirms rufen Sie den Anmeldebildschirm auf und können wieder auf Windows 10 zugreifen. Sie können frei wählen, welches Bild für den Sperrbildschirm verwendet werden soll. Zur Verfügung stehen Bilder von Windows-Blickpunkt, die aus der Suchmaschine Bing gezogen werden, und Bilder, die Ihnen Microsoft bereits auf den Rechner geladen hat. Sie können aber jederzeit auch ein eigenes Bild wählen oder eine Diashow Ihrer Urlaubsfotos oder der Windows-Blickpunkt-Bilder einrichten.

Einen neuen Sperrbildschirm wählen

1 Klicken Sie in den Einstellungen auf **Personalisierung** und dann auf **Sperrbildschirm**.

2 Öffnen Sie das Dropdownlistenfeld für den **Hintergrund**.

3 Klicken Sie auf **Bild**.

4 Klicken Sie im Bereich **Bild auswählen** auf ein Bild.

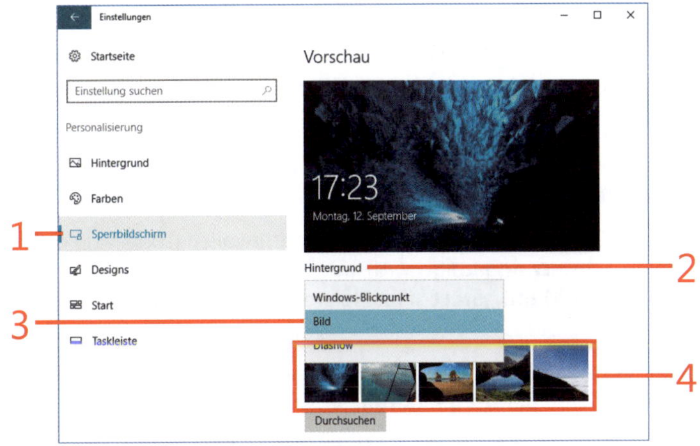

TIPP Sie haben Einfluss darauf, welche Bilder Windows-Blickpunkt für Sie als Sperrbildschirm in Schritt 3 auswählt. Oben rechts im Windows-Blickpunkt-Sperrbildschirm wird die Frage **Gefällt Ihnen, was Sie sehen?** eingeblendet. Wenn Sie mit der Maus darüber fahren, erscheinen die beiden Optionen **Mir gefällt es!** und **Kein Fan**. Je häufiger Sie hier eine Entscheidung treffen, desto besser kann Windows-Blickpunkt die bei Ihnen angezeigten Bilder Ihrem Geschmack anpassen. Windows-Blickpunkt merkt sich auch, welche Dienste und Feature Sie in Windows 10 nutzen, um Ihnen auf dem Sperrbildschirm Vorschläge für Features oder Apps zu machen, die Ihnen auch gefallen könnten.

Farben und Transparenz

Die Farben der verschiedenen Bildschirmelemente (z. B. die Taskleiste und die Ränder geöffneter Fenster) haben zwei Funktionen. Zum einen sollen sie Ihrem persönlichen Farbempfinden entsprechen und Ihre Arbeitsumgebung auf den Computer attraktiver machen. Und zum anderen sollen sie den Bildschirminhalt deutlicher hervorheben. Sie können Windows 10 so konfigurieren, dass es ein Farbschema wählt, das zu dem von Ihnen gewählten Desktophintergrund passt, und Sie können das Startmenü transparent machen. Außerdem haben Sie die Wahl zwischen mehreren kontrastreichen Designs, die vor allem für Sehbehinderte eine wertvolle Hilfe sind. Sie können diese kontrastreichen Designs sogar an Ihren Farbgeschmack anpassen und speichern.

Farben und Transparenz verändern

1 Klicken Sie in den Einstellungen auf **Personalisierung** und dann auf **Farben**.

2 Schalten Sie die Option **Automatisch eine Akzentfarbe aus meinem Hintergrund auswählen** ein.

3 Wenn Sie die Farbe der Taskleiste ändern wollen (sodass sie nicht mehr Schwarz angezeigt wird), achten Sie darauf, dass die Option **Farbe auf Menü „Start", Taskleiste und Info-Center anzeigen** eingeschaltet ist.

4 Klicken Sie auf die Option **Menü „Start", Taskleiste und Info-Center transparent gestalten**, um sie ein- bzw. auszuschalten.

5 Klicken Sie im Bereich **App-Modus auswählen** auf **Dunkel**, um alle Apps (nicht aber Produktivitätsanwendungen) in dunkler Optik erscheinen zu lassen.

6 Klicken Sie auf **Einstellungen für hohen Kontrast**, um dann in der Kategorie **Erleichterte Bedienung** ein Design zu wählen.

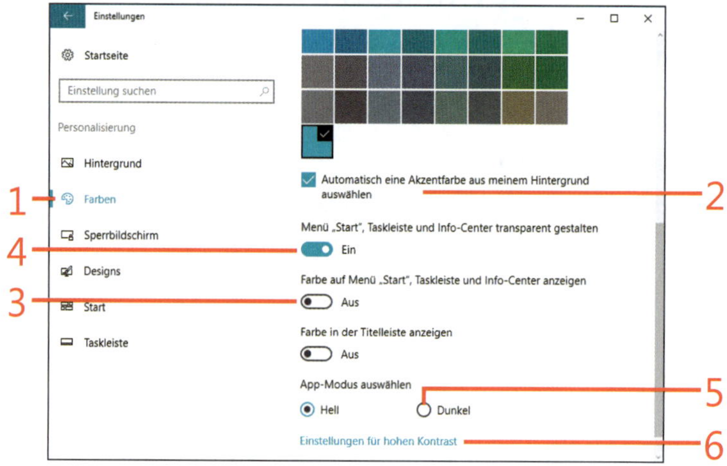

TIPP Gerade abends kann die dunkle Optik angenehmer sein, da die Augen zur späten Stunde empfindlicher auf Helligkeit reagieren.

Farben und Transparenz verändern *(Fortsetzung)*

7 Öffnen Sie das Dropdownlistenfeld, um die zur Verfügung stehenden Design anzuzeigen.

8 Klicken Sie auf ein Design.

9 Für ein individuelles Design klicken Sie auf ein beliebiges Bildschirmelement und wählen Sie aus der eingeblendeten Farbpalette eine Farbe Ihrer Wahl.

10 Klicken Sie auf **Anwenden**.

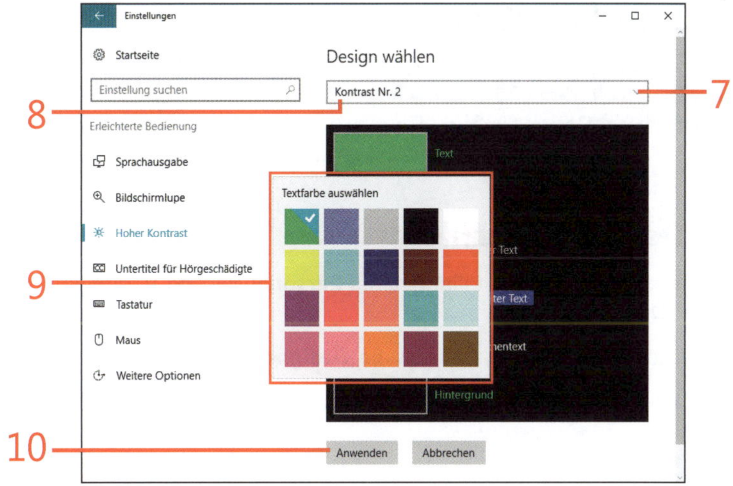

Designs benutzen

Windows 10 hält bereits mehrere vordefinierte Designs für Sie parat, mit denen Sie Ihrem Bildschirm ein ganz neues Gesicht geben können. Mithilfe dieser Designs können Sie gleich mehrere Einstellungen wie Farben, Schriftart und Hintergrundbilder auf einmal vornehmen. Es gibt sogar Designs mit hohem Kontrast, die das Erkennen des Bildschirminhalts erleichtern und für Benutzer mit einer Sehbehinderung konzipiert wurden.

Ein Design auswählen

1 Klicken Sie in den Einstellungen auf **Personalisierung** und dann auf **Designs**.

2 Klicken Sie im Bereich **Designs** auf **Designeinstellungen**.

3 Wählen Sie ein Design aus.

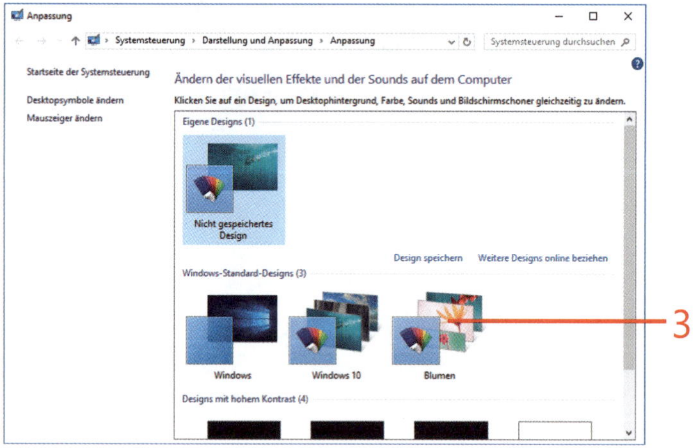

TIPP Sie können sogar eigene Designs entwerfen. Nehmen Sie einfach alle gewünschten Änderungen an der Anzeige vor, bevor Sie über **Designeinstellungen** in das Fenster **Anpassung** wechseln. Klicken Sie dort auf **Design speichern**. Damit öffnen Sie ein Dialogfeld, in das Sie einen Namen für Ihr Design eingeben können, um alle Änderungen als Ihr spezielles benutzerdefiniertes Design zu speichern.

Den Bildschirmschoner ändern

Sie können vorgeben, dass nach einer bestimmten Zeit der Inaktivität auf Ihrem Computer ein Bildschirmschoner angezeigt wird. Der Bildschirmschoner besteht aus einer animierten Anzeige, die den ganzen Bildschirm des Computers einnimmt. So können Sie Ihre Bildschirmanzeige privat halten und müssen nicht jedes Mal den Sperrbildschirm aufheben und Ihr Kennwort oder Ihre PIN eingeben. Stattdessen klicken Sie einfach mit der Maus auf den Bildschirm und kehren direkt zu den Programmen oder Dateien zurück, mit denen Sie gearbeitet haben, bevor der Bildschirmschoner aktiv wurde.

Einen Bildschirmschoner auswählen

1 Geben Sie in das Cortana-Suchfeld den Begriff ***Bildschirmschoner*** ein.

2 Klicken Sie auf das Suchergebnis **Bildschirmschoner ändern**.

3 Wählen Sie aus dem Dropdownlistenfeld zu **Bildschirmschoner** einen der Vorschläge.

4 Geben im Eingabefeld **Wartezeit** an, wie lange gewartet werden soll, bis der Bildschirmschoner aktiv wird. (Sie können die Auf- und Ab-Pfeiltasten verwenden oder die Zahl direkt eingeben.)

5 Klicken Sie auf **Übernehmen**.

6 Schließen Sie das Dialogfeld mit **OK**.

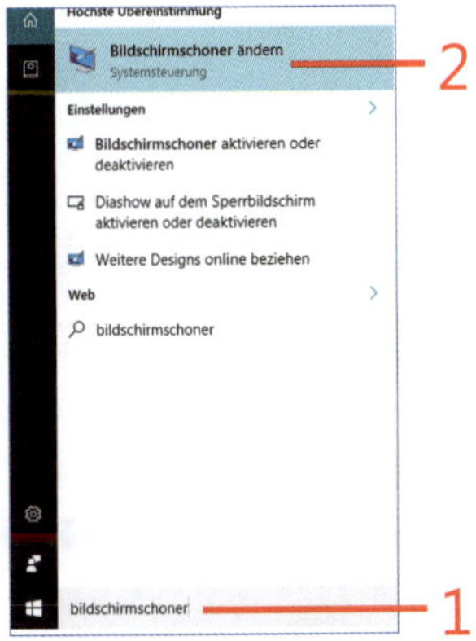

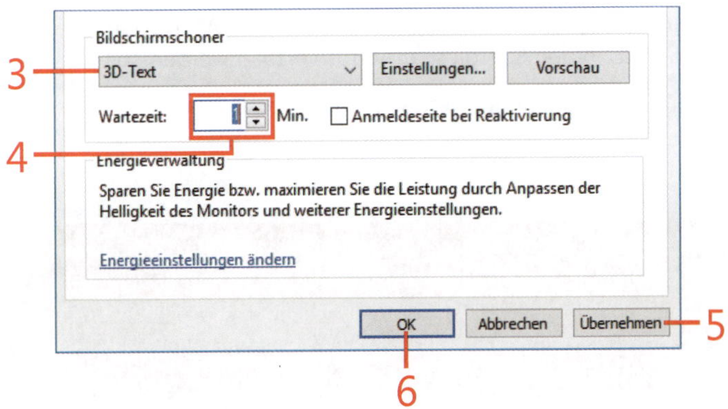

TIPP In dem kleinen Vorschaufenster wird angezeigt, wie der Bildschirmschoner aussieht. Wenn Ihnen das nicht anschaulich genug ist, können Sie auf die Schaltfläche **Vorschau** klicken, um einen Eindruck davon zu erhalten, wie der Bildschirmschoner auf dem ganzen Bildschirm wirkt. Über die Esc-Taste auf Ihrer Tastatur kehren Sie zurück zum Dialogfeld.

Timeout-Einstellungen festlegen

Nach einer bestimmten Zeit der Inaktivität wird Windows in den Energiesparmodus versetzt (auch Standbymodus genannt). Wenn Sie Ihren „schlafenden" Computer wecken wollen, müssen Sie auf den Sperrbildschirm klicken und dann im Anmeldebildschirm Ihr Kennwort oder Ihre PIN eingeben, um wieder auf Ihren Computer zugreifen zu können. Wenn dieses Intervall sehr kurz ist, kann das ständige Anmelden schon recht lästig sein. Wenn aber andererseits der Computer zu lange wartet, bis er sich „schlafen legt", wird Ihr Akku nicht lange halten.

Zum Glück können Sie vorgeben, wie schnell Ihr Computer in den Energiesparmodus wechselt oder sich abschaltet. Dabei können die Einstellungen getrennt für Akkubetrieb und Netzbetrieb festgelegt werden. Eine weitere Möglichkeit, Energie zu sparen, besteht darin, den Bildschirm auszuschalten, während der Computer an bleibt. Das spart zwar nicht ganz so viel Energie, hat aber den Vorteil, dass geöffnete Apps wie Musik weiterlaufen. Wenn der Computer sich im Energiesparmodus befindet, sind die Apps nicht mehr aktiv und erfordern eine Neuanmeldung.

Bildschirmtimeout wählen

1 Klicken Sie in den Einstellungen auf **Personalisierung** und dann auf **Sperrbildschirm**.

2 Scrollen Sie nach unten und klicken Sie auf **Einstellungen für Bildschirmtimeout**.

3 Legen Sie in den beiden Dropdownlistenfeldern unter **Bildschirm** fest, nach wie viel Minuten Ihr Bildschirm im Akku- oder im Netzbetrieb ausgeschaltet werden soll.

4 Legen Sie in den beiden Dropdownlistenfeldern unter **Standbymodus** fest, nach wie viel Minuten Ihr PC im Akku- oder im Netzbetrieb in den Energiesparmodus versetzt werden soll.

5 Klicken Sie auf die **Schließen**-Schaltfläche.

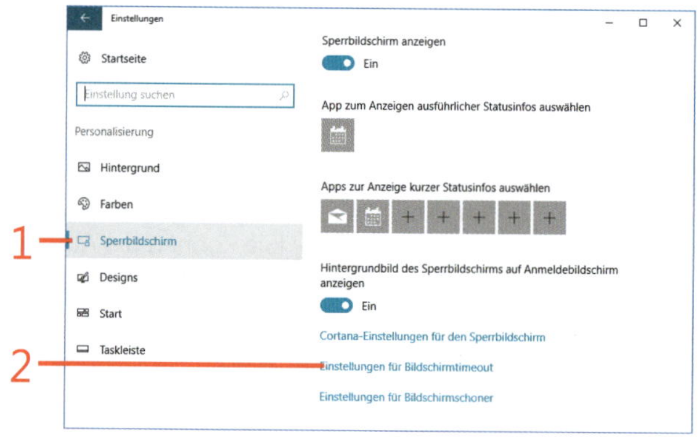

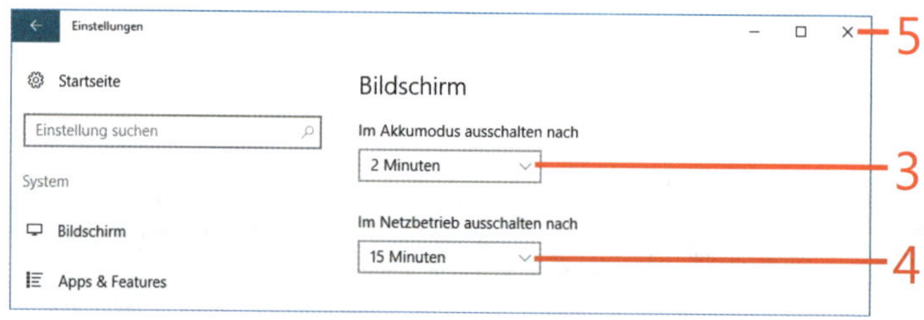

ACHTUNG Wenn das Intervall zum Ausschalten von Computer oder Bildschirm zu lang ist, kann dies zu Lasten der Laptop-Batterie gehen. Für die meisten Nutzer sind die Standardeinstellungen ausreichend. Doch wenn Sie ein längeres Intervall wählen, sollten Sie dies in dem Bewusstsein machen, dass die Einstellung Energie kosten kann.

Text vergrößern

Wenn Sie den Text der Windows-Oberfläche größer darstellen wollen, um den Inhalt besser lesen zu können, gibt es auch hierfür eine Lösung. Denn die Größe lässt sich über die Einstellungen stufenlos verstellen. Diese Einstellung gilt jedoch nicht für die Textgröße in den Apps, sondern nur für Text in Windows-Elementen wie Dialogfelder, Einstellungen-Fenster, Taskleiste, Startmenü und so weiter.

Text größer machen

1 Klicken Sie in den Einstellungen auf **System** und dann auf **Bildschirm**.

2 Ziehen Sie den Schieberegler **Größe von Text, Apps und anderen Elementen ändern** auf die gewünschte Größe.

3 Klicken Sie auf **Anwenden**.

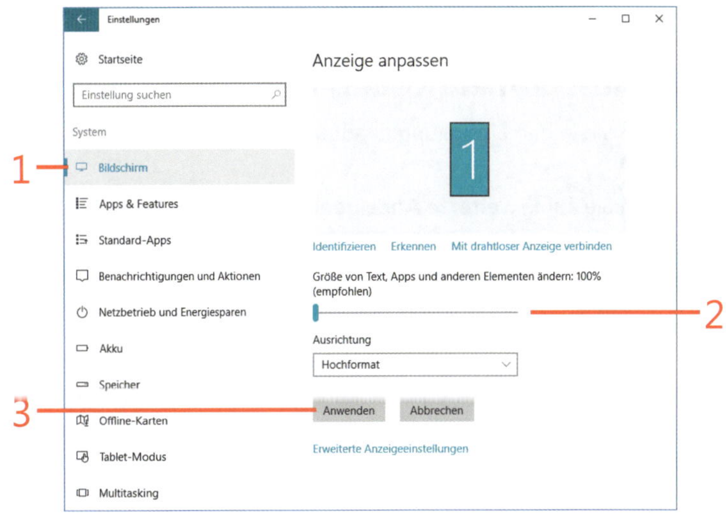

PROBIER'S AUS Wenn Sie über einen Touchscreen-Computer verfügen, können Sie die Anzeige vieler Apps, einschließlich die des Microsoft Edge-Browsers mit Ihren Fingern vergrößern und verkleinern. Um den Bildschirm zu vergrößern, setzen Sie zwei zusammengeführte Finger auf den Bildschirm und spreizen Sie sie. Durch Zusammenführen der Finger auf dem Bildschirm verkleinern Sie die Anzeige wieder.

TIPP Für Nutzer mit einer Sehbehinderung gibt es in den Einstellungen für die erleichterte Bedienung noch die Möglichkeit der Bildschirmlupe, die es dem Nutzer erlaubt, auf Ihrem Bildschirm in Bereiche hineinzuzoomen. Siehe hierzu auch Kapitel 7, Abschnitt „Die Bildschirmlupe" auf Seite 88.

Die Bildschirmauflösung ändern

Der Monitor Ihres Computers oder Laptops zeigt den Inhalt Ihres Desktops mit einer bestimmten Auflösung an, die das Breiten-/Höhenverhältnis in Pixeln angibt (z. B. 1024×768 Pixel). Höhere Auflösungen liefern ein schärferes Bild, zeigen aber die Elemente kleiner an, während eine niedrigere Auflösung Objekte weniger scharf, dafür aber größer darstellt, was für manche die Lesbarkeit des Bildschirms erhöht. Wenn Sie mal Screenshots von Ihrem Desktop mit anderen teilen wollen, werden Sie unter Umständen gebeten, diese Screenshots mit einer bestimmten Auflösung zu erstellen. In diesem Fall ist es ganz nützlich zu wissen, wie man die Einstellungen ändert.

Eine Bildschirmauflösung wählen

1 Klicken Sie in den Einstellungen auf **System** und dann auf **Bildschirm**.

2 Klicken Sie auf **Erweiterte Anzeigeeinstellungen**.

3 Wählen Sie aus dem Dropdownlistenfeld die gewünschte Auflösung.

4 Klicken Sie auf **Anwenden**.

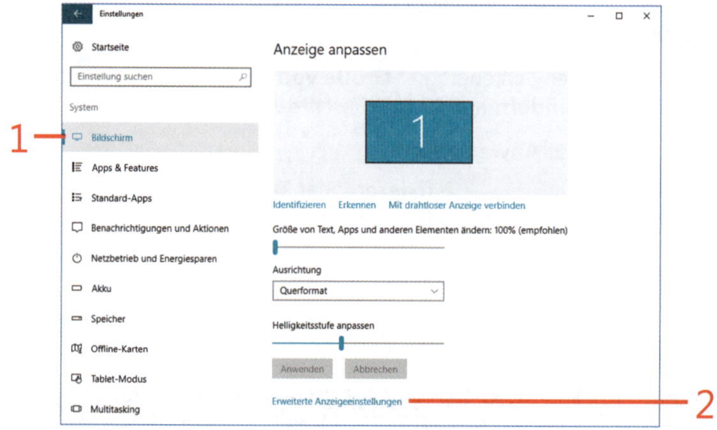

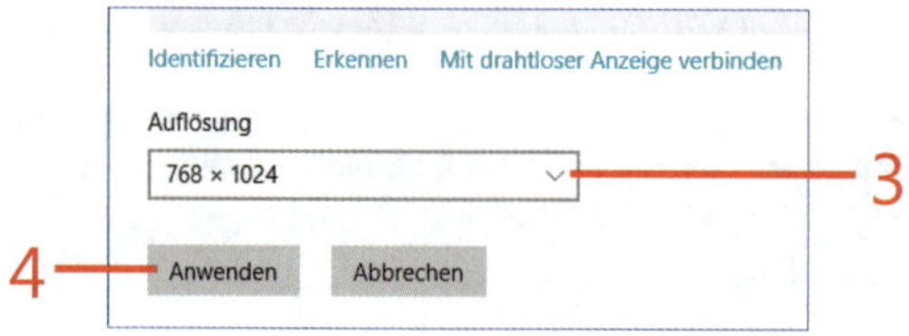

TIPP Nicht alle Computer bieten die gleichen Auflösungsoptionen, weil die Optionen, die Ihnen angeboten werden, von der Qualität Ihres Monitors abhängen. Neuere Computer mit höherwertigen Monitoren und besseren Grafikkarten bieten in der Regel höhere Auflösungseinstellungen.

Die Taskleiste anpassen

Sie können die Taskleiste am unteren Rand des Windows-Desktops auf verschiedene Weisen anpassen. Zum einen können Sie festlegen, wo die Taskleiste angezeigt werden soll, ob am oberen, unteren, rechten und linken Rand, und Sie können die Leiste fixieren. Sie können auch vorgeben, ob Ihre Taskleiste automatisch ausgeblendet werden soll, sodass Sie den vollen Bildschirm zur Anzeige zur Verfügung haben.

Die Taskleiste wird wieder eingeblendet, wenn Sie mit der Maus an den Rand fahren, wo die Taskleiste verborgen ist. Außerdem können Sie ändern, welche Symbole für schnelle Aktionen rechts in der Taskleiste angezeigt werden sollen. Standardmäßig finden Sie hier unter anderem die Symbole Lautstärke, Stromversorgung, Netzwerk usw.

Die Einstellungen für die Taskleiste wählen

1. Klicken Sie mit der rechten Maustaste auf die Taskleiste.
2. Klicken Sie auf **Einstellungen**.
3. Aktivieren Sie **Taskleiste fixieren** oder **Taskleiste im Desktopmodus automatisch ausblenden**, um diese Einstellungen wirksam zu machen.
4. Öffnen Sie das Dropdownlistenfeld zu **Position der Taskleiste auf dem Bildschirm**.
5. Wählen Sie eine Position.
6. Klicken Sie unter **Infobereich** auf **Symbole für die Anzeige auf der Taskleiste auswählen**.
7. Aktivieren Sie jetzt alle Schaltflächen, die Sie auf Ihrer Taskleiste angezeigt bekommen wollen.

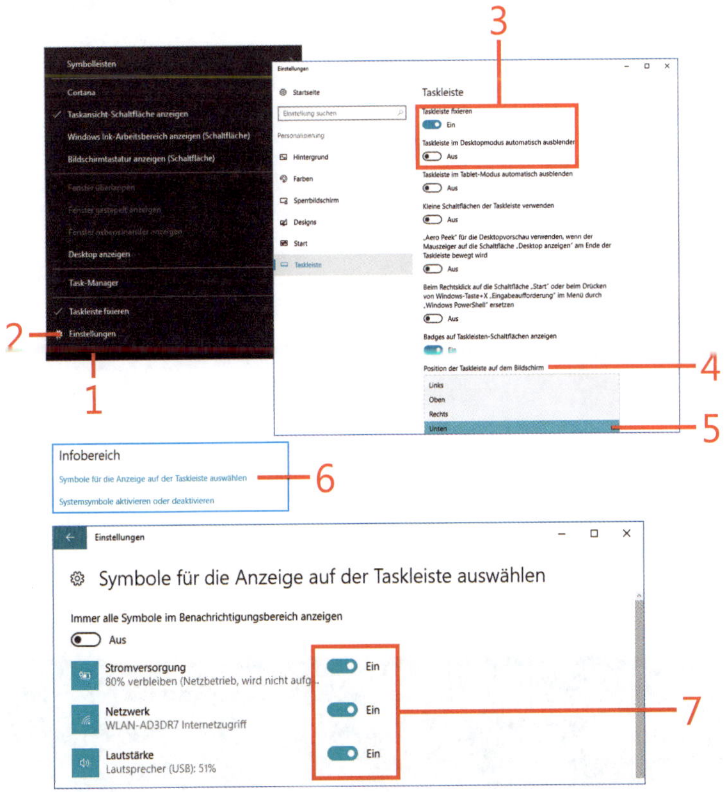

TIPP Wenn Ihre Taskleiste so voll mit Symbolen ist, dass Sie den Überblick verlieren, können Sie die Beschriftungen, die neben einigen Schaltflächen angezeigt werden, ausblenden, um etwas Platz zu schaffen. Öffnen Sie dazu im Dialogfeld **Eigenschaften von Taskleiste und Startmenü** auf der Registerkarte **Taskleiste** das Dropdownlistenfeld **Schaltflächen der Taskleiste** und legen Sie dort fest, wie verfahren werden soll, wenn die Taskleiste voll ist.

Kacheln zum Startmenü hinzufügen

Ihr Windows 10-Computer präsentiert Ihnen beim ersten Mal bereits ein Standard-Startmenü mit vorgegebenen App-Kacheln. Bei den Kacheln handelt es sich um die Apps, die Microsoft zufolge am populärsten und für Sie am nützlichsten sind. Dies können Sie natürlich ändern. So können Sie die Kacheln, die Sie selten benötigen, entfernen und/oder Kacheln für Apps hinzufügen, mit denen Sie häufig arbeiten oder die Sie häufig aufrufen.

Eine neue Kachel zum Startmenü hinzufügen

1 Klicken Sie auf die Startschaltfläche.

2 Klicken Sie links in der App-Liste mit der rechten Maustaste auf eine App.

3 Klicken Sie auf **An „Start" anheften**.

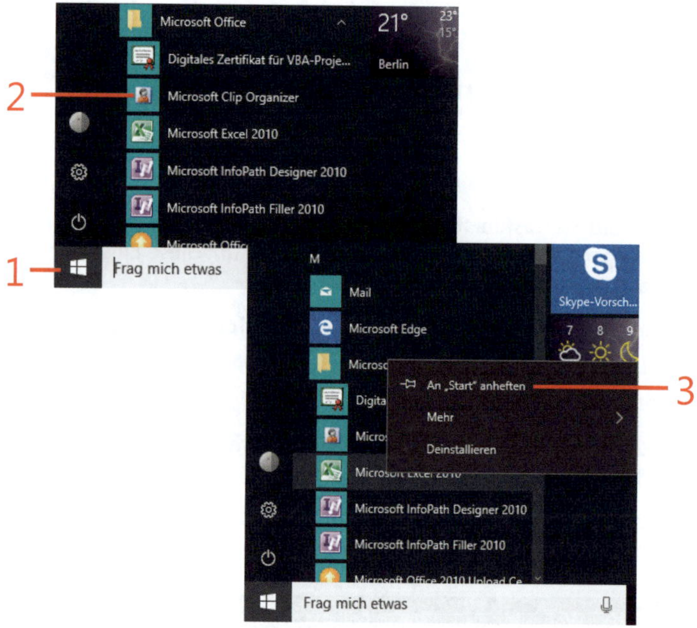

TIPP Sie wollen eine App aus Ihrem Startmenü entfernen? Dann klicken Sie mit der rechten Maustaste auf die zu entfernende Kachel im Startmenü und wählen Sie im Kontextmenü den Befehl **Von „Start" lösen**.

Kacheln verschieben

Die Position einer Kachel im Startmenü entscheidet darüber, wie schnell Sie diese finden. Vielleicht möchten Sie ja die App-Kacheln, die Sie häufig verwenden, am oberen Rand ablegen und die seltener aufgerufenen Kacheln am unteren Rand. Oder Sie sind der Meinung, dass eine Kachel besser einer anderen Gruppe zugeordnet werden sollte. Das Verschieben von Kacheln im Startmenü ist ganz einfach: Sie ziehen die Kachel mit der Maus von der alten Position an die neue.

Eine Kachel verschieben

1 Klicken Sie auf die Startschaltfläche.

2 Ziehen Sie eine Kachel an eine neue Position im Startmenü.

3 Lassen Sie die Maustaste los.

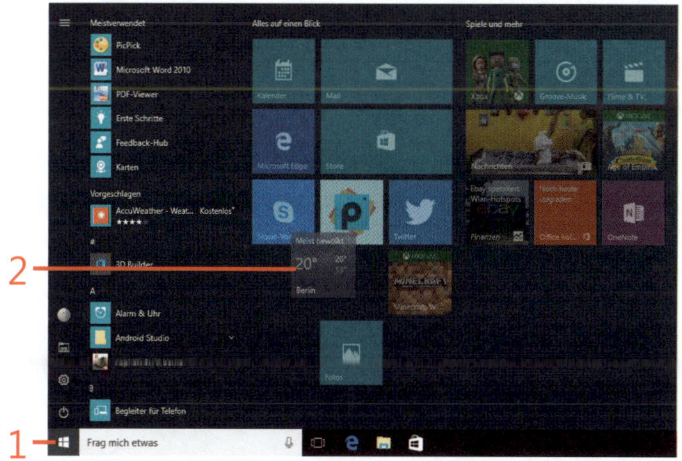

PROBIER´S AUS Wenn Sie Kacheln dem Startmenü hinzufügen, werden diese in einer neuen Gruppe abgelegt. Fügen Sie mehrere Kacheln hinzu und klicken Sie dann oberhalb der Gruppe und geben Sie einen Namen für die neue Gruppe ein. Versuchen Sie mit der oben beschriebenen Methode eine Kachel von einer Gruppe in eine andere zu ziehen.

Die Snap-Funktion

Die Snap-Funktion gibt es bereits seit mehreren Windows-Versionen. Mit Snap können Sie offene Fenster schnell an den linken oder rechten Bildschirmrand andocken. Windows 10 wurde sogar um eine vertikale Snap-Funktionalität ergänzt, sodass sich jetzt auch ein offenes, aber nicht maximiertes App-Fenster an den oberen oder unteren Rand Ihres Bildschirms andocken lässt. Für die Snap-Funktion müssen Sie eine App auswählen und dann mithilfe einer Tastenkombination, oder im Falle eines Touchscreens durch Wischen mit dem Finger, an die gewünschte Position ziehen.

Mit der Snap-Funktion Apps auf dem Bildschirm anordnen

1 Öffnen Sie über das Startmenü mehrere Apps auf Ihrem Desktop.

2 Klicken Sie auf eine geöffnete App und ziehen Sie sie schnell an den linken Bildschirmrand.

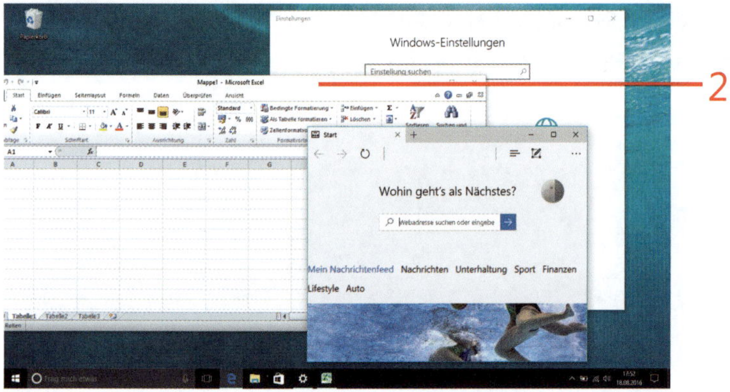

Mit der Snap-Funktion Apps auf dem Bildschirm anordnen *(Fortsetzung)*

3 Klicken Sie auf eine andere App.

4 Drücken Sie die Tasten ⊞+↑, um eine ausgewählte App in dem oberen Quadranten des Desktops anzudocken.

5 Drücken Sie die Tasten ⊞+↓, um eine ausgewählte App in dem unteren Quadranten des Desktops anzudocken.

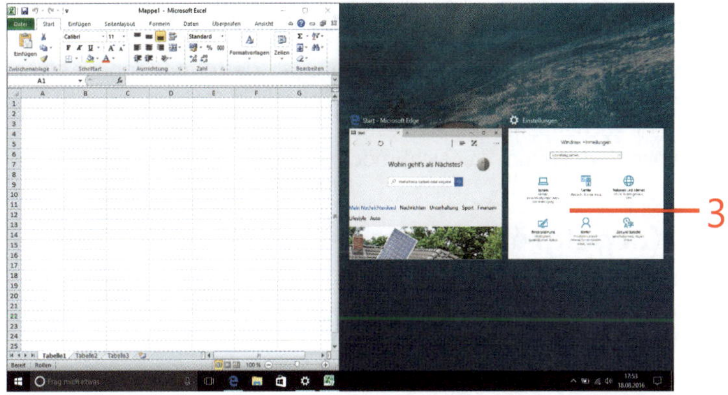

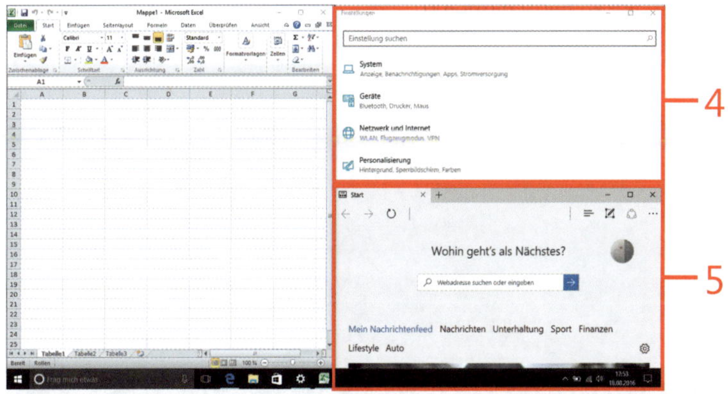

TIPP Wenn Sie über einen Touchscreen verfügen, müssen Sie daran denken, dass Sie eine geöffnete App maximieren, wenn Sie an deren Titelleiste ziehen. Verwenden Sie stattdessen lieber die Tasten ⊞+↑.

Die Größe der Kacheln verändern

Je mehr Apps Sie dem Startmenü hinzufügen, desto größer die Gefahr, dass Sie die Übersicht verlieren. Eine Möglichkeit, Ordnung zu schaffen und mehr Kacheln anzuzeigen, besteht darin, die Größe einiger Kacheln zu reduzieren. Vielleicht möchten Sie auch eine Kachel vergrößern, um sie schneller zu finden. Es gibt vier Kachelgrößen: **Klein**, **Mittel**, **Breit** und **Groß**. Standardmäßig werden Kacheln in der Größe **Mittel** oder **Breit** angezeigt.

Die Kachelgröße ändern

1 Klicken Sie auf die Startschaltfläche.

2 Klicken Sie mit der rechten Maustaste auf eine Kachel.

3 Klicken Sie auf **Größe ändern**.

4 Klicken Sie auf **Klein**, **Mittel**, **Breit** oder **Groß**.

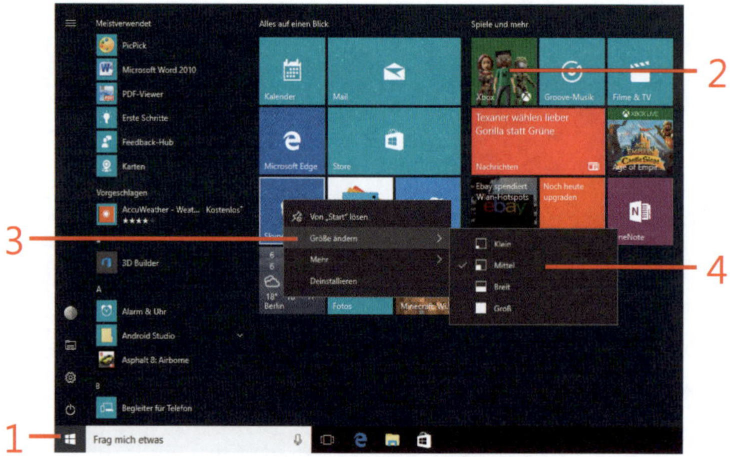

> **TIPP** Sicher ist Ihnen aufgefallen, dass einige Kacheln bestimmte Inhalte anzeigen, während andere nur eine Vollbildfarbe und ein Symbol aufweisen. Kacheln mit Inhalt werden *Live-Kacheln* genannt. Wenn Sie dieser Live-Inhalt ablenkt, klicken Sie im Startmenü mit der rechten Maustaste auf die App und wählen Sie dann im Kontextmenü unter dem Befehl **Mehr** die Option **Live-Kachel deaktivieren**.

5

Produktivitäts-anwendungen

Heutzutage gibt es praktisch für jedes Problem eine App. Bei vielen dieser Apps handelt es sich um kleine Programme mit begrenzter Funktionalität wie eine Aufgaben- oder Rechner-App. Komplexere Anwendungen, wie sie häufig beruflich genutzt werden, zum Beispiel Textverarbeitungs- oder Datenbankprogramme, zeichnen sich durch eine größere Funktionalität aus. So gibt es Anwendungen, die nicht nur die Eingabe und Verarbeitung von Text, Zahlen und Bildern erlauben, sondern gleichzeitig die Erstellung von Diagrammen, Berichten oder Präsentationen unterstützen.

Multifunktionale Programme dieser Art werden *Produktivitätsanwendungen* genannt. Wenn Sie solche Anwendungen öffnen, werden Sie feststellen, dass viele die gleichen Funktionen aufweisen, um zum Beispiel Text auf verschiedene Art zu formatieren oder Elemente zu kopieren oder zu verschieben, sei es innerhalb eines Dokuments oder von einem Dokument zum anderen. Außerdem können Sie fertige Dokumente speichern, ausdrucken oder teilen. Viele dieser Aktionen werden über Symbolleisten und Menüs ausgeführt. Wer mit Produktivitätsanwendungen von Microsoft arbeiten möchte, kann diese auf seinem Computer installieren oder die Anwendungen nutzen, die Microsoft in der Cloud zur Verfügung stellt, wie z. B. Microsoft Office 365. Wer die grundlegenden Funktionen von Produktivitätsanwendungen unter Windows 10 kennt, kann sich in ähnliche Anwendungen schneller einarbeiten.

In diesem Kapitel:

- Anwendungen im Startmenü suchen und öffnen
- Anwendungen mithilfe von Cortana öffnen
- Symbolleisten und Menüs
- Inhalte ausschneiden, kopieren und einfügen
- Text formatieren
- Absätze formatieren
- Dateien speichern
- Dokumente drucken
- Dateien teilen
- Anwendungen schließen
- Anwendungen deinstallieren

Anwendungen im Startmenü suchen und öffnen

Der beste Weg, in Windows 10 Anwendungen zu suchen und zu öffnen, führt über das Startmenü. Wenn die gesuchte Anwendung dort nicht als große Kachel abgelegt wurde, können Sie sie finden, indem Sie die App-Liste hinunterscrollen. Die Kacheln bieten einen visuellen Zugang zu den Anwendungen. Sie können aktuelle Live-Inhalte aus dem Internet anzeigen, wie dies bei den Apps Nachrichten oder Wetter möglich ist, oder sie können statisch sein, wie die Kontakte-App.

Eine Anwendung im Startmenü öffnen

1 Klicken Sie auf die Startschaltfläche.

2 Scrollen Sie in der App-Liste zu der gewünschten App (sofern notwendig) und öffnen Sie sie durch Anklicken.

3 Klicken Sie erneut auf die Startschaltfläche.

4 Klicken Sie auf die Wetter-Kachel.

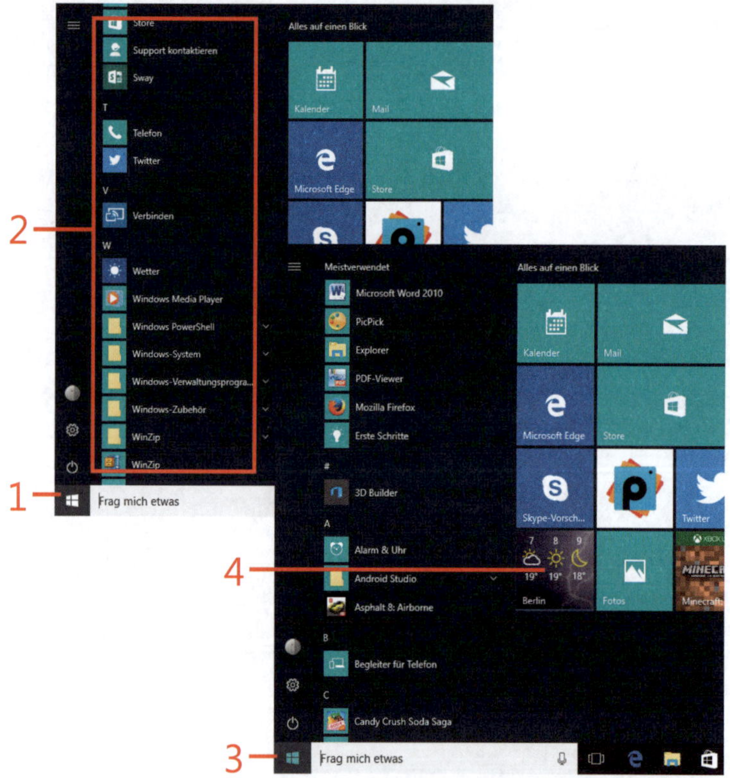

TIPP Beachten Sie auch die Schaltflächen **Konto**, **Einstellungen** und **Ein/Aus** unten links im Startmenü, die Ihnen einen noch leichteren Zugriff auf diese häufig benötigten Funktionen bieten.

Anwendungen mithilfe von Cortana öffnen

Cortana kann mehr als nur Informationen suchen. Sie führt auf Befehl auch Aktionen aus, wie Musik abzuspielen oder eine Erinnerung zu notieren. Besonders nützlich ist, dass Cortana auf Befehl Anwendungen öffnen kann. Dieser Befehl kann gesprochen (***<Anwendungsname> öffnen***) oder eingetippt (***<Anwendungsname>***) werden.

Fordern Sie Cortana auf, eine Anwendung zu öffnen

1 Klicken Sie in das Cortana-Suchfeld.

2 Geben Sie ***WordPad*** ein.

3 Betätigen Sie die Eingabetaste.

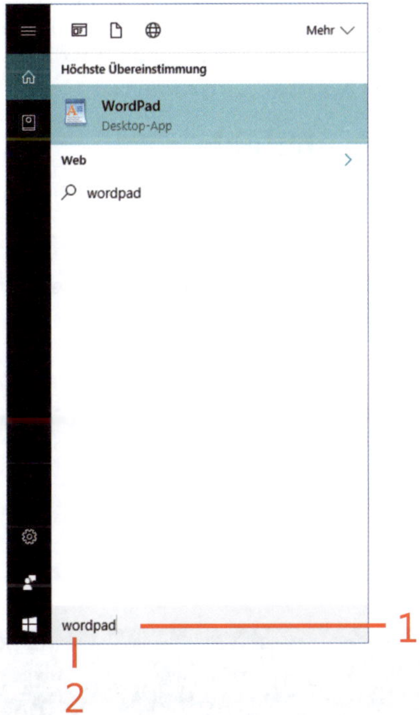

TIPP Sie können stattdessen auch auf das Mikrofonsymbol rechts im Cortana-Suchfeld klicken und die App öffnen, indem Sie laut und verständlich ***WordPad öffnen*** sagen.

Symbolleisten und Menüs

Den meisten Produktivitätsanwendungen gemein sind die Tools und Menüs. Tools sind Symbole, die auf einer Symbolleiste oder, im Falle von Microsoft-Produktivitätsanwendungen, auf einem *Menüband* angeordnet sind. Symbolleisten weisen oft mehrere Registerkarten mit jeweils themenspezifischen Symbolen auf. In Microsoft Word umfasst das Standard-Menüband unter anderem die Registerkarten **Start**, **Einfügen**, **Ansicht** und **Seitenlayout**. Auf diesen Registerkarten sind die Symbole in logischen Gruppen angeordnet, damit Sie den gesuchten Befehl schnell finden. Produktivitätsanwendungen verfügen oft auch über Menüs, die über Dropdownlistenfelder eine Reihe von Optionen anbieten. In Word gibt es links von den Registerkarten der Symbolleiste das Menü **Datei**, in dem Sie unter anderem die Befehle **Speichern** und **Drucken** finden.

Tools und Menübefehle

1 Öffnen Sie WordPad (siehe vorherige Aufgabe).

2 Öffnen Sie auf dem Menüband die Registerkarte **Ansicht**.

3 Entfernen Sie das Häkchen vor der Option **Lineal**, um das Lineal nicht mehr auf dem Bildschirm anzuzeigen.

4 Öffnen Sie das Menü **Datei**.

5 Klicken Sie auf **Seite einrichten**.

6 Klicken Sie auf die Option **Querformat**.

7 Klicken Sie auf **OK**.

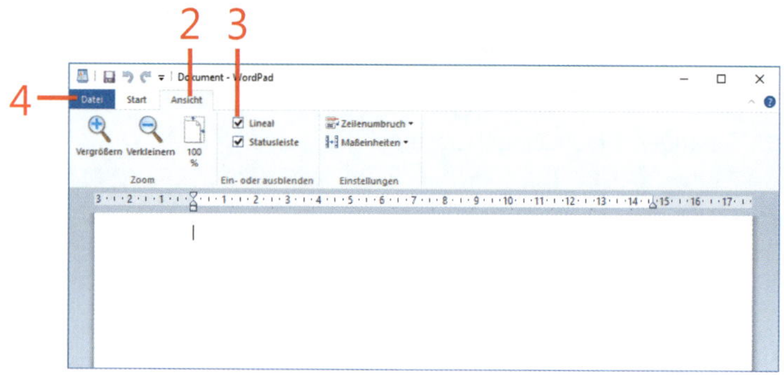

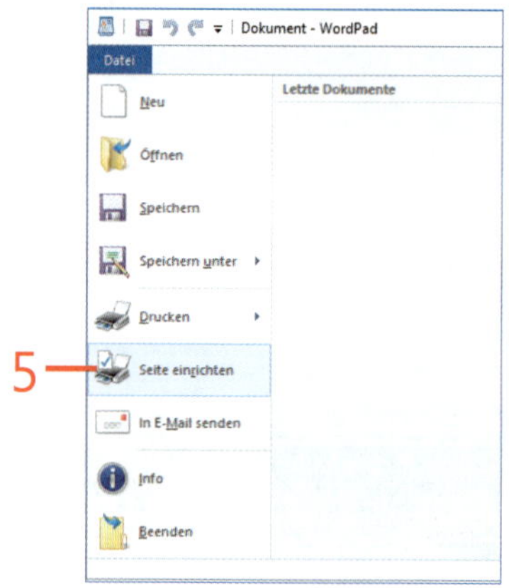

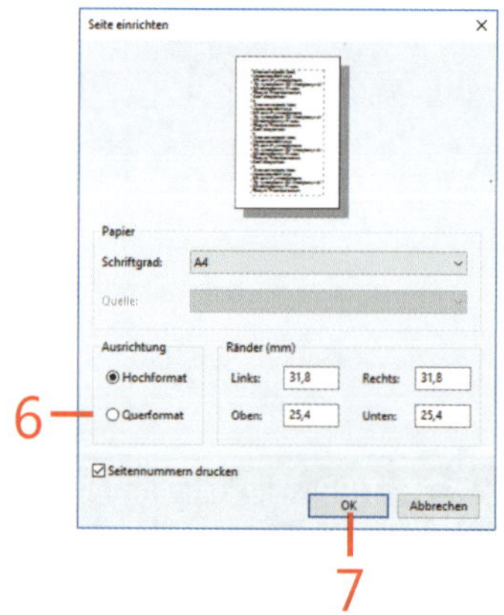

> **TIPP** In Microsoft-Produktivitätsanwendungen wie Word oder Excel weist das Menüband manchmal unten rechts einer Symbolgruppe einen kleinen Pfeil auf, z. B. in der **Schriftart**-Gruppe auf der Registerkarte **Start** in Word. Über diesen Pfeil öffnen Sie ein Dialogfeld, in dem Sie mehrere Schriftarteinstellungen auf einmal vornehmen können. Dialogfelder bieten oft erweiterte Einstellungen, wie sie nicht in den Symbolleisten zu finden sind.

Inhalte ausschneiden, kopieren und einfügen

Eine nützliche Funktion, die Sie nicht nur in Produktivitätsanwendungen, sondern auch in vielen anderen Programmen finden, ist die Möglichkeit, Texte und Objekte zu kopieren oder auszuschneiden und dann einzufügen. Sie können diese Aktionen innerhalb eines Dokuments ausführen oder Inhalt in einem Dokument kopieren bzw. ausschneiden und in einem anderen Dokument einfügen. Durch Ausschneiden entfernen Sie den Inhalt von seiner ursprünglichen Position, während Sie beim Kopieren ein Duplikat des Inhalts erstellen und das Original unverändert lassen. Die Funktionen Ausschneiden, Kopieren und Einfügen nutzen die Windows-Zwischenablage, in der die ausgeschnittenen oder kopierten Inhalte zwischengespeichert werden.

Kopieren und verschieben

1 Öffnen Sie WordPad und geben Sie einen Satz ein.

2 Ziehen Sie Ihren Mauszeiger mit gedrückt gehaltener linker Maustaste über den Satz, um ihn zu markieren.

3 Klicken Sie in der Registerkarte **Start** auf die Schaltfläche **Ausschneiden** oder **Kopieren**.

4 Klicken Sie an das Ende des Originalsatzes und drücken Sie die Eingabetaste.

5 Klicken Sie auf die Schaltfläche **Einfügen**.

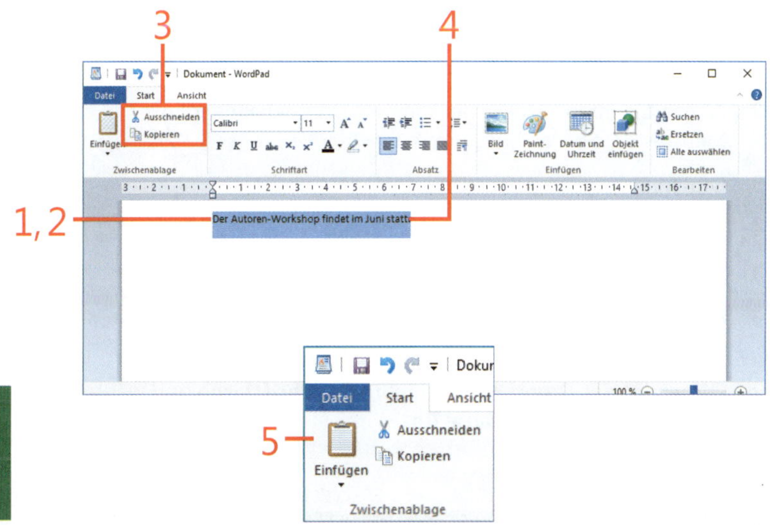

TIPP Wenn Sie etwas kopieren oder ausschneiden, bleibt es in der Zwischenablage, bis Sie etwas anderes ausgeschnitten oder kopiert haben. Sie können den aktuellen Inhalt der Zwischenablage beliebig oft einfügen, bis Sie neuen Inhalt in der Zwischenablage ablegen.

TIPP Wenn Sie Inhalt einfügen, wird manchmal am Ende des eingefügten Elements ein kleines Symbol angezeigt. Wenn Sie dieses Symbol anklicken, werden Ihnen mehrere Einfügeoptionen angeboten. So können Sie hier zum Beispiel festlegen, ob Sie die Originalformatierung beibehalten oder den eingefügten Text an die Formatierung des neuen Dokuments anpassen wollen.

Text formatieren

Egal, ob Sie in einem Datenbank-, Tabellen-, Präsentations- oder Textverarbeitungsprogramm arbeiten, Sie werden es mit Text zu tun haben. Diesen Text können Sie auf verschiedene Art und Weise formatieren. Sie können zum Beispiel eine andere Schriftart wählen, die Textfarbe wechseln oder den Text fett oder kursiv darstellen. Durch Formatieren können Sie einen Text hervorheben oder ihm einen professionellen oder künstlerischen Look verpassen, je nachdem welche Art von Dokument Sie gerade erstellen. Für Formatänderungen dieser Art stehen Ihnen in den meisten Anwendungen diverse Schriftarten-Funktionen zur Verfügung.

Formatierungen auf Text anwenden

1 Öffnen Sie WordPad und geben Sie folgenden Satz ein: ***Der kommende Sommer wird ungewöhnlich heiß werden***.

2 Ziehen Sie Ihren Mauszeiger mit gedrückt gehaltener linker Maustaste über den Satz, um ihn zu markieren.

3 Öffnen Sie das Dropdownlistenfeld von **Schriftart**.

4 Wählen Sie die Schriftart **Book Antiqua**.

5 Markieren Sie das Wort ***ungewöhnlich***.

6 Klicken Sie in der Registerkarte **Start** auf die Schaltfläche **Unterstreichen**.

7 Öffnen Sie das Dropdownlistenfeld von **Schriftfarbe** und wählen sie aus der Palette die Farbe **Rot**.

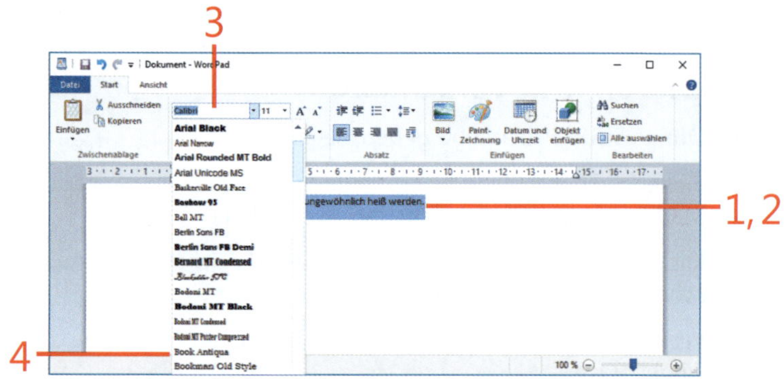

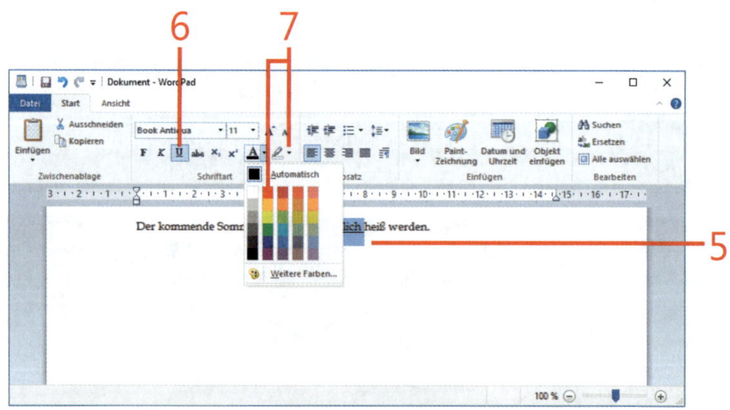

TIPP Einige Programme bieten Formatvorlagen wie Standard, Überschrift 1 oder Aufzählung. Diese sind Teil der Dokumentvorlage, auf die Ihr Dokument basiert. Formatvorlagen umfassen in der Regel mehrere Formateinstellungen wie Schriftart, Schriftschnitt etc. und lassen sich genauso einfach auf einen Text übertragen wie einzelne Textauszeichnungen. Rufen Sie die Hilfe Ihrer Anwendung auf, um sich darüber zu informieren, wie Sie selbst Formatvorlagen erzeugen und anwenden.

Absätze formatieren

Die meisten Texte bestehen aus Sätzen, die in Absätzen organisiert sind. Durch Formatierung können Sie den Zeilenabstand oder den Abstand zwischen den Absätzen verändern. Sie können die erste Zeile eines Absatzes einrücken oder auch den ganzen Absatz, z. B. bei einem langen Zitat. Außerdem lässt sich der Absatztext zentrieren oder links- bzw. rechtsbündig ausrichten. Und schließlich können Sie einen Absatz als Aufzählung wahlweise mit Nummerierung oder Listenzeichen formatieren.

Formatierungen auf Absätze anwenden

1 Öffnen Sie ein Dokument in WordPad oder erzeugen Sie ein neues Dokument und geben Sie einen Absatz ein.

2 Markieren Sie den Absatz.

3 Klicken Sie auf den Pfeil rechts neben dem Symbol **Zeilenabstand** und wählen Sie **2**.

4 Klicken Sie auf das Symbol **Einzug vergrößern**.

5 Klicken Sie auf das Symbol **Liste starten**.

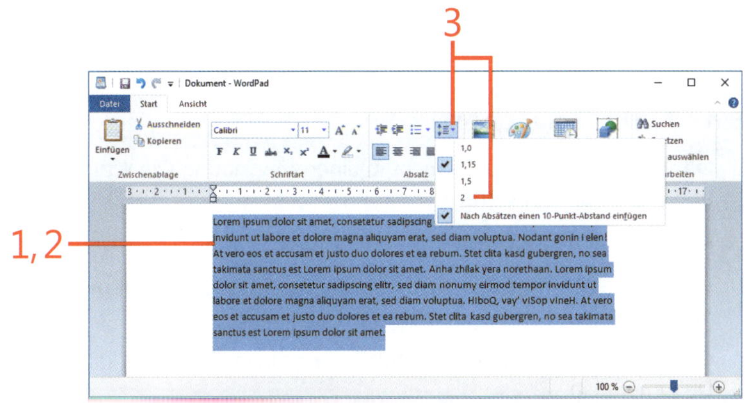

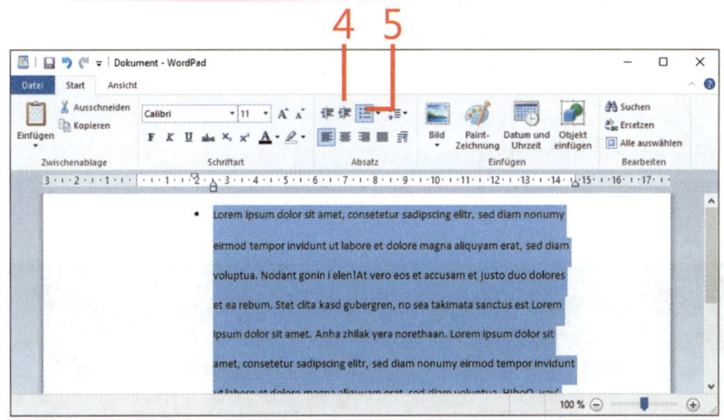

PROBIER´S AUS Viele Standard-Brief- und Berichtformate erfordern, dass die erste Zeile eines Absatzes eingerückt ist. Klicken Sie dazu in WordPad in der Registerkarte **Start** auf das Symbol **Absatz**. Damit rufen Sie das gleichnamige Dialogfeld auf. Geben Sie in dem Eingabefeld neben **Erste Zeile** an, um wie viel Zentimeter die erste Zeile eingerückt werden soll.

Dateien speichern

Wer ein Dokument erstellt, will es in den meisten Fällen auch speichern – sei es, um später daran weiterzuarbeiten, es zu korrigieren oder mit anderen zu teilen. Beim Speichern geben Sie Ihrem Dokument einen Namen, über den Sie das Dokument wieder aufrufen können. Dokumente lassen sich von der Anwendung aus öffnen, in der sie erstellt wurden, oder vom Explorer aus. Sie können gespeicherte Dateien in Ordnern ablegen, deren Namen Sie so wählen sollten, dass Sie die Dateien später leicht finden. Wenn Sie eine Datei das erste Mal speichern, verwenden Sie den Befehl **Speichern**. Wollen Sie hingegen eine Datei unter einem neuen Namen speichern, verwenden Sie den Befehl **Speichern unter**.

Eine Datei speichern

1 Öffnen Sie ein neues Dokument in einer Anwendung wie WordPad und klicken Sie auf **Datei**.

2 Klicken Sie auf **Speichern**.

3 Wählen Sie auf der linken Seite des Dialogfeldes **Speichern unter** den Ordner, in dem Sie die Datei ablegen wollen.

4 Geben Sie in das Eingabefeld **Dateiname** einen Namen für Ihr Dokument ein.

5 Wenn Sie die Datei in einem bestimmten Format speichern wollen, öffnen Sie das Dropdownlistenfeld zu **Dateityp** und wählen Sie ein Format.

6 Klicken Sie auf **Speichern**.

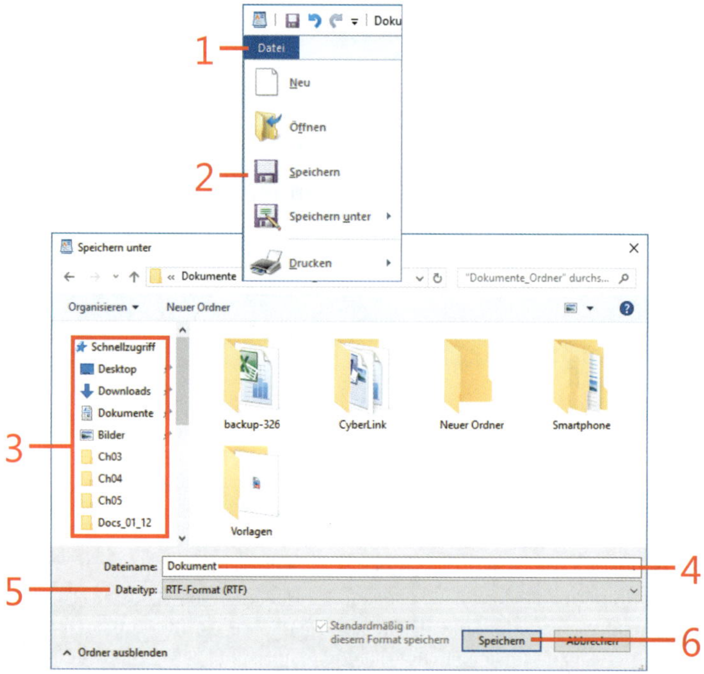

TIPP Warten Sie mit dem Speichern nicht, bis Sie die Arbeit am Dokument abgeschlossen haben. Wenn Sie Ihre Änderungen nicht ab und zu speichern, riskieren Sie, Ihre Arbeit zu verlieren. Auch wenn viele Anwendungen über eine automatische Speicherfunktion verfügen, sollten Sie, um absolut sicherzugehen, Ihre Arbeit alle fünf bis zehn Minuten von Hand speichern.

Dokumente drucken

Auch, wenn wir in einer Welt leben, die eigentlich „papierlos" sein sollte, sieht die Realität so aus, dass wir oft Dokumente oder Bilder ausdrucken müssen. Die Vorgehensweise ist dabei in den meisten Produktivitätsanwendungen ziemlich ähnlich, auch wenn die zur Auswahl stehenden Optionen sich in Abhängigkeit von Ihrem Drucker und dessen Hersteller etwas unterscheiden. So sind zum Beispiel die Optionen für Farbausdruck nicht verfügbar, wenn Ihr Gerät nur ein Schwarz/Weiß-Drucker ist. Die gängigsten Druckoptionen sind Anzahl der Exemplare, Sortierung der Exemplare, Ausrichtung und Papiergröße, Druck in Schwarz/Weiß, Farbe oder in Graustufen, Seitenbereich usw.

Ein Dokument drucken

1 Öffnen Sie ein neues Dokument in einer Anwendung wie WordPad und klicken Sie auf **Datei**.

2 Klicken Sie auf **Drucken**.

3 Klicken Sie in der Liste rechts auf **Drucken**.

4 Wählen Sie den Drucker aus, an den Sie die auszudruckenden Seiten schicken wollen.

5 Wählen Sie die **Anzahl der Exemplare**.

6 Wählen Sie den auszudruckenden **Seitenbereich**.

7 Klicken Sie auf **Drucken**.

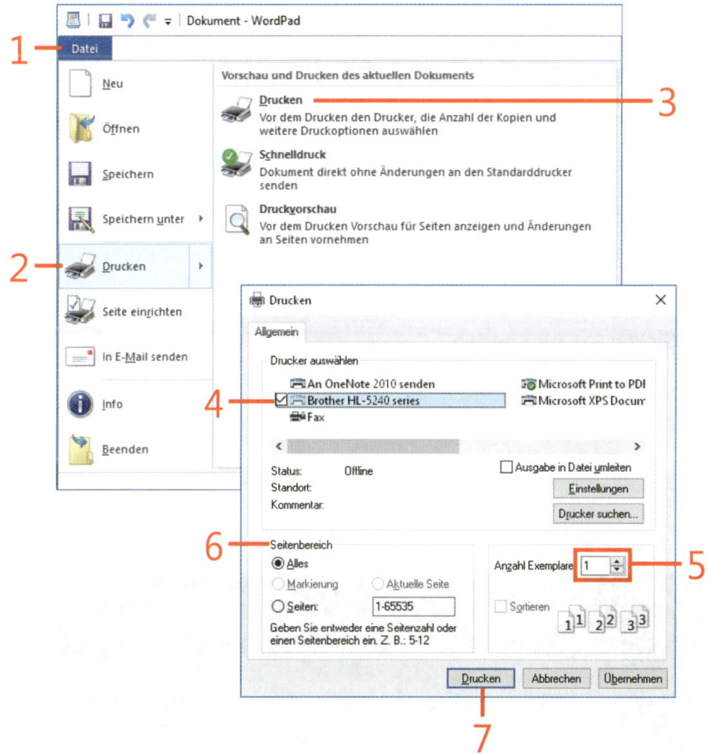

> **TIPP** Sie können den **Drucken**-Dialog auch mit der Tastenkombination Strg+P aufrufen. Es kommt immer mal wieder vor, dass ein formaler Druckbefehl nicht einfach zu finden ist (z. B. auf einigen Webseiten). In diesen Fällen ist sehr nützlich, die Tastenkombination zu kennen.

Dateien teilen

Dank Internet gibt es heutzutage eine Reihe von Möglichkeiten, Dokumente mit anderen zu teilen – vom Versenden via E-Mail bis zur Online-Erstellung von Präsentationen. Welche Optionen Ihnen angeboten werden, hängt davon ab, mit welcher Anwendung Sie arbeiten. Bei Microsoft PowerPoint können Sie zum Beispiel Folien als Online-Präsentation veröffentlichen und bei Word ein Dokument auf einem Blog posten. Für alle Anwendungen auf einem Windows-Computer gilt jedoch, dass Sie die damit erstellten Dateien in OneDrive speichern können, einem Online-Dienst zum Teilen von Dateien und Ordnern. WordPad bietet vergleichsweise wenig Unterstützung für das Teilen, aber immerhin können Sie, wie nachfolgend beschrieben, ein Dokument via Outlook als E-Mail senden. (Um diese Schritte durchführen zu können, müssen Sie über ein E-Mail-Konto bei Outlook verfügen oder eines einrichten.)

Ein Dokument über E-Mail teilen

1 Öffnen Sie ein Dokument in WordPad und klicken Sie auf **Datei**.

2 Klicken Sie auf **In E-Mail senden**.

3 Geben Sie in das **An**-Feld eine E-Mail-Adresse ein.

4 Geben Sie in das **Betreff**-Feld eine Bezeichnung für Ihre E-Mail ein.

5 Geben Sie einen Nachrichtentext ein.

6 Klicken Sie auf **Senden**.

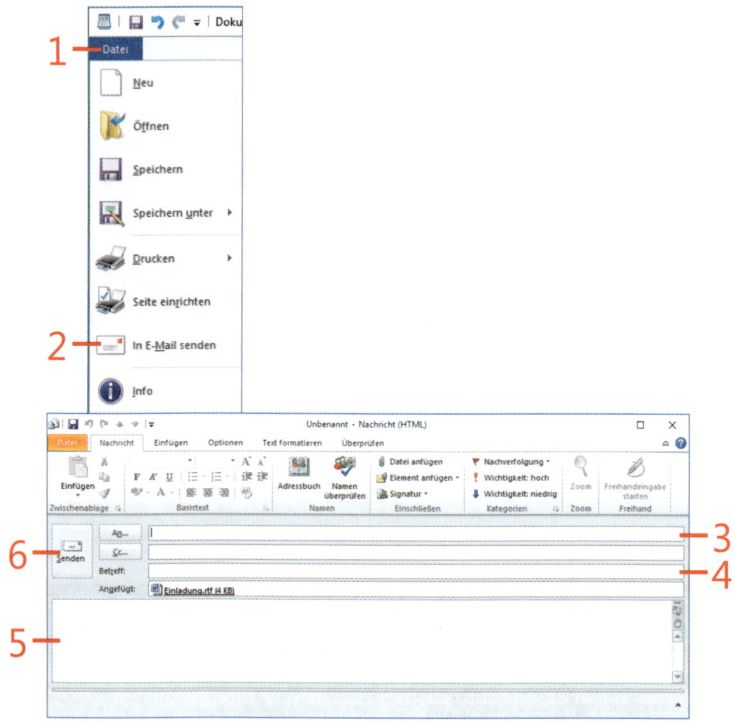

TIPP Um eine Datei auf OneDrive zu speichern, öffnen Sie einfach das **Datei**-Menü, klicken auf **Speichern unter** und navigieren zu **OneDrive** auf Ihrem Computer. Damit speichern Sie eine Kopie des Dokuments in Ihrem lokalen OneDrive-Ordner, der in regelmäßigen Abständen mit dem OneDrive-Dienst synchronisiert wird. Danach können Sie diese Dokumente von OneDrive aus mit anderen teilen.

Anwendungen schließen

Wenn Sie die Arbeit an einem Dokument abgeschlossen haben und die Anwendung nicht länger benötigen, können Sie die Anwendung zwar weiterhin geöffnet lassen, aber besser ist es, wenn Sie diese schließen. Je weniger Anwendungen zeitgleich ausgeführt werden, desto weniger Arbeitsspeicher wird belegt und desto schneller ist Ihr Computer. Ein Anwendung zu schließen und so Arbeitsspeicher wieder freizugeben. ist ganz einfach.

Eine Anwendung schließen

1 Speichern Sie erst alle geöffneten Dokumente in einer Anwendung.

2 Klicken Sie auf das **Schließen**-Symbol.

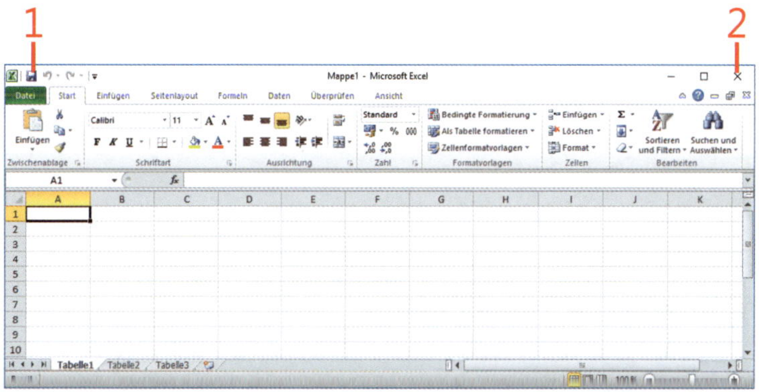

TIPP Die meisten Anwendungen können Sie auch über die Befehle **Schließen** oder **Beenden** im **Datei**-Menü schließen.

Anwendungen deinstallieren

Wenn Sie eine Anwendung auf Ihrem Computer nicht länger benötigen, können Sie diese deinstallieren. Wenn jedoch die Möglichkeit besteht, dass Sie die Anwendung eines Tages wieder nutzen wollen, sollten Sie sicherstellen, dass Sie die Anwendung auf einem externen Medium gespeichert haben oder über einen Produktschlüssel verfügen, um die Anwendung später noch einmal aus dem Internet herunterzuladen.

Eine Anwendung vom Computer entfernen

1 Klicken Sie auf die Startschaltfläche.

2 Klicken Sie auf **Einstellungen**.

3 Klicken Sie auf **System**.

4 Klicken Sie auf **Apps & Features**.

5 Klicken Sie auf ein Programm in der Liste.

6 Klicken Sie auf **Deinstallieren**.

Wenn Sie gefragt werden, ob Sie die Erlaubnis erteilen, Änderungen vorzunehmen, geben Sie Ihr Kennwort ein und klicken Sie auf **Ja**.

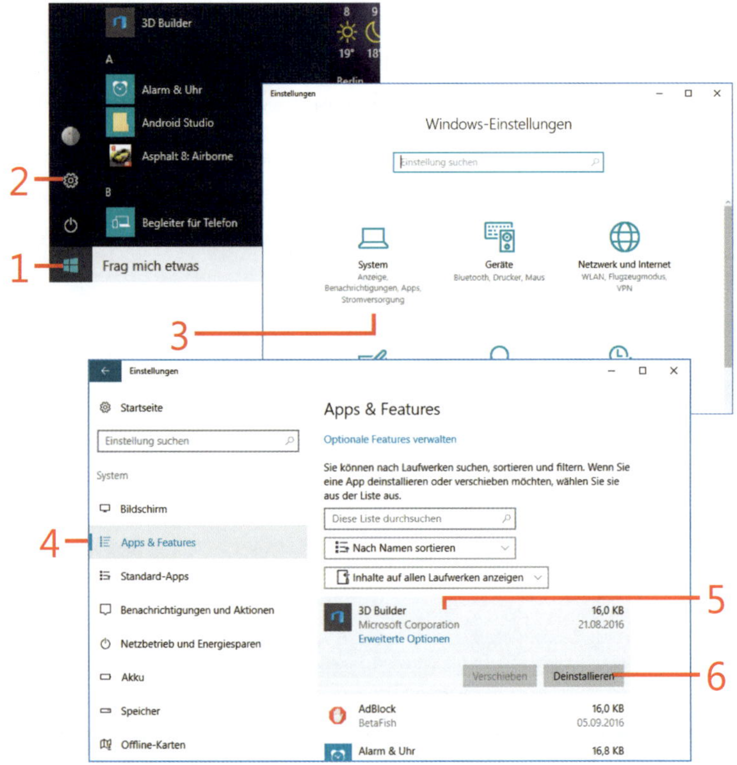

TIPP Je nachdem, welche Anwendung Sie deinstallieren, sind Sie nach diesen Schritten schon fertig. Es kann aber auch sein, dass Windows Sie auffordert, die Deinstallation z. B. durch Drücken von **Fertig stellen** zu bestätigen. Einige Anwendungs-Suiten wie Office enthalten beispielsweise mehrere Anwendungen, und fragen, welche Anwendung entfernt werden soll. Folgen Sie einfach den Anweisungen, um den Deinstallationsprozess zu beenden.

Mit Explorer und Cortana suchen

6

Der Explorer ist die Windows-App, mit der Sie auf Ihrem Computer und angeschlossenen externen Medien, wie USB-Sticks oder DVD-Laufwerken, nach Dateien suchen und diese verwalten können. Der Explorer organisiert Inhalte in Form von Dateien, die in einer Hierarchie von Ordnern und Unterordnern abgelegt sind.

Sie können sich aber auch der neuen persönlichen Assistentin Cortana bedienen, mit der Sie sowohl nach Dateien und Ordnern auf Ihrem Rechner als auch nach Informationen und Inhalten im Web suchen können. Mit Explorer und Cortana können Sie alles finden – sei es eine bestimmte auf Ihrem Computer abgespeicherte Datei oder irgendeine Information aus dem schier unerschöpflichen Fundus des Internets.

In diesem Kapitel:

- Mit dem Explorer Dateien suchen
- Explorer-Ansichten ändern
- Dateien sortieren
- Ordner erstellen
- Dateien verschieben oder kopieren
- Dateien und Ordner umbenennen
- Dateien und Ordner löschen
- Dateien komprimieren
- Dateien via E-Mail teilen
- Mit Cortana suchen
- Nach Lieblingsorten suchen
- Den Papierkorb verwalten

Mit dem Explorer Dateien suchen

Zur effizienteren Verwaltung Ihrer Dateien empfiehlt es sich, vor der Speicherung von Dateien in Windows Ordner anzulegen, in denen Sie die Dateien thematisch geordnet abspeichern können. Mit dem Explorer verfügen Sie über ein Werkzeug, das als Inhaltsverzeichnis fungiert und Ihnen die Hierarchiestruktur der Dateien und Ordner auf Ihrem Computer anzeigt. Nachdem Sie den Explorer geöffnet haben, können Sie ein Laufwerk, z. B. den lokalen Datenträger Ihres Computers oder einen USB-Stick, auswählen und dann durch dessen Inhalt navigieren, in dem Sie einen Ordner, unter Umständen einen Unterordner und dann die gewünschte(n) Datei(en) auswählen. Sie finden im Explorer eine Fülle an Informationen zu den Dateien, z. B. das letzte Änderungsdatum, den Autor oder die Dateigröße.

Nach Dateien und Ordnern suchen

1 Klicken Sie in der Taskleiste auf das Explorersymbol.

2 Klicken Sie links im Navigationsbereich auf einen Ordner.

3 Doppelklicken Sie gegebenenfalls auf einen Unterordner.

4 Doppelklicken Sie auf eine Datei, um diese zu öffnen.

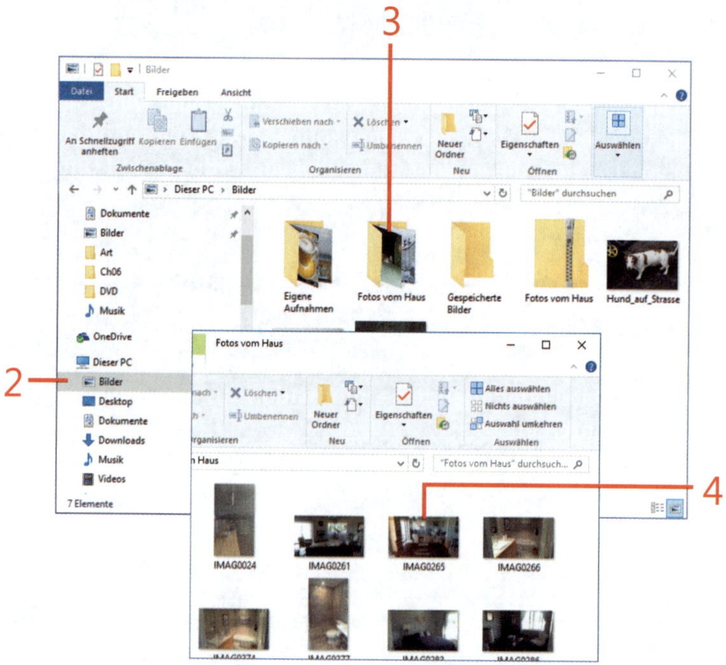

PROBIER'S AUS Sie können mit der Suchfunktion des Explorers nach einer Datei suchen. Klicken Sie im Explorer in das Suchfeld und geben Sie dort einen Datei- oder Ordnernamen ein. Doppelklicken Sie auf ein Element der Ergebnisliste, um es zu öffnen.

Explorer-Ansichten ändern

Im Explorer können Sie unter verschiedenen Ansichten wählen. Sie können sich die Dateien und Ordner als Liste anzeigen lassen oder als Symbole vorher auswählbarer Größe. Sie können zu der markierten Datei sogar eine Vorschau oder Detailinformationen wie beispielsweise Autor, Größe und Änderungsdatum einblenden.

Ansichten ändern

1 Klicken Sie in der Taskleiste auf das Explorersymbol.

2 Doppelklicken Sie auf einen Ordner, z. B. **Bilder**, um ihn zu öffnen.

3 Klicken Sie im Menüband auf die Registerkarte **Ansicht**.

4 Klicken Sie in der Gruppe **Layout** auf **Liste**.

5 Klicken Sie in der Gruppe **Bereiche** auf **Detailbereich**.

6 Klicken Sie auf eine Datei, um rechts eine Miniaturansicht und Details dazu einzublenden.

7 Klicken Sie in der Gruppe **Bereiche** auf **Vorschaufenster**.

8 Klicken Sie in der Gruppe **Layout** auf **Mittelgroße Symbole**.

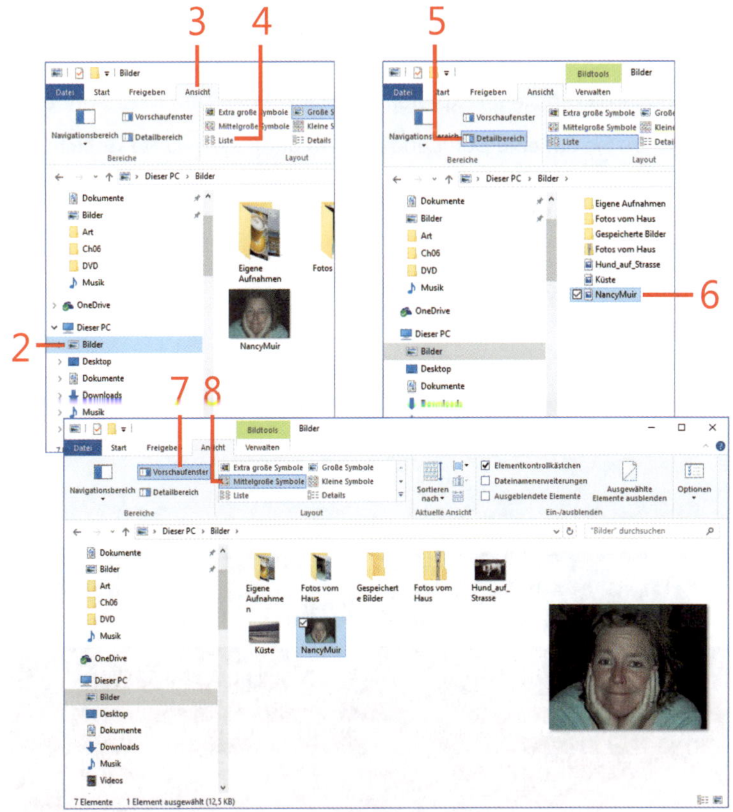

TIPP Sie können in der Gruppe **Ein-/ausblenden** der Registerkarte **Ansicht** durch Anklicken von Kontrollkästchen festlegen, welche Elemente oder Informationen Sie anzeigen oder verbergen wollen. So können Sie links von den Dateien und Ordnern in der Listenansicht Kontrollkästchen anzeigen lassen sowie Dateinamenerweiterungen (wie .exe) und ausgeblendete Dateien sichtbar machen. Außerdem können Sie markierte Dateien durch Ausblenden verschwinden lassen.

Dateien sortieren

Die Möglichkeit, Dateien nach verschiedenen Kriterien zu sortieren, hilft Ihnen bei der Dateisuche. Wenn zum Beispiel zwei Dateien namens ***Urlaub-Mai*** und ***Urlaub-Inseln*** den gleichen Inhalt haben, sind Sie vielleicht an der zuletzt gespeicherten Dateiversion interessiert oder Sie suchen nach einer Datei eines bestimmten Dateityps. Im Explorer können Sie die Dateien nach verschiedenen Kriterien sortieren, damit Sie auch garantiert das finden, was Sie suchen.

Dateien sortieren

1 Doppelklicken Sie im Explorer auf einen Ordner, um ihn zu öffnen.

2 Klicken Sie auf eine Datei und dann in der Registerkarte **Ansicht** auf **Detailbereich**.

3 Klicken Sie auf **Sortieren nach**.

4 Wählen Sie aus der aufklappenden Kriterienliste eine Option wie **Datum** oder **Größe**.

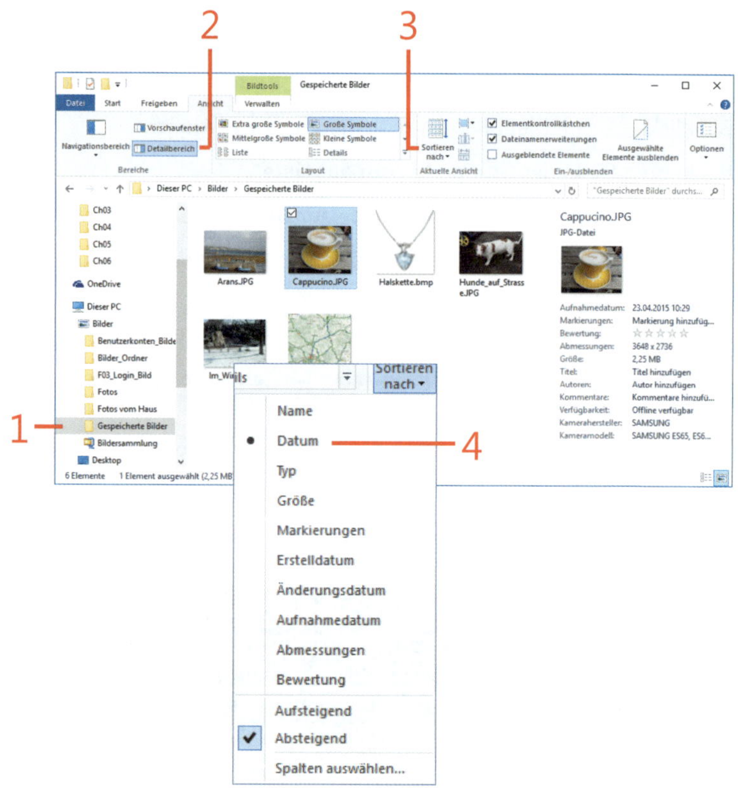

TIPP Um Dateien alphabetisch zu sortieren, wählen Sie in der Kriterienliste die Option **Aufsteigend** (A-Z) oder **Absteigend** (Z-A).

PROBIER´S AUS Wenn Sie in der Kriterienliste der Schaltfläche **Sortieren nach** Zugriff auf weitere Kriterien wünschen, z. B. **Album** für Musik oder **Postleitzahl** für Dateien, die nach Adressen benannt wurden, klicken Sie auf **Spalten auswählen**, um eine Liste weiterer Optionen anzuzeigen. Wählen Sie eine Option durch Anklicken eines Kontrollkästchens und klicken Sie dann auf **OK**.

Ordner erstellen

Windows verwaltet Ihre Dateien in Form von Ordnern, wie Sie es auch im Alltag machen, wenn Sie die Dokumente zu einem bestimmten Projekt in einem Ordner abheften. Sie können die von Windows vorgegebenen Standardordner wie **Dokumente** und **Bilder** verwenden oder eigene Ordner erstellen. Außerdem können Sie Unterordner anlegen. So könnte zum Beispiel ein Bauprojekt-Ordner Unterordner für Kostenvoranschläge, Baupläne und Korrespondenz beinhalten.

Einen neuen Ordner anlegen

1 Klicken Sie im Explorer auf den Ordner, in dem Sie einen neuen Unterordner erstellen möchten.

Sie könnten z. B. auf den Ordner **Dokumente** klicken, um darin einen neuen Unterordner anzulegen.

2 Klicken Sie im Menüband auf die Registerkarte **Start**.

3 Klicken Sie auf die Schaltfläche **Neuer Ordner**.

4 Geben Sie einen Namen für den neuen Ordner ein.

5 Klicken Sie auf eine beliebige Stelle außerhalb des Eingabefeldes, um den neuen Ordnernamen zu speichern.

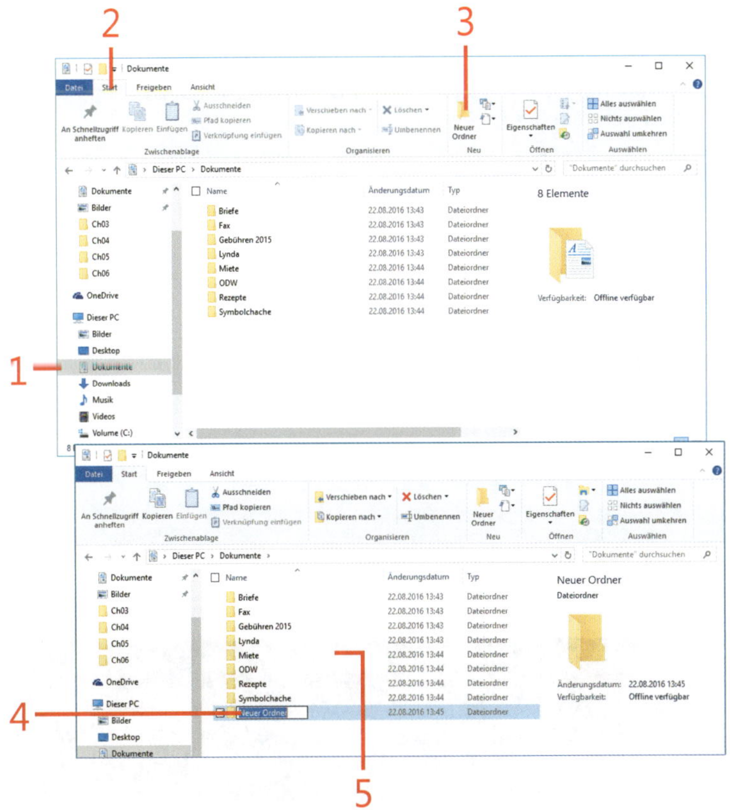

TIPP Sie können den Namen des Ordners nach seiner Erstellung jederzeit ändern. Wie Sie dabei vorgehen, erfahren Sie im Abschnitt „Dateien und Ordner umbenennen" weiter hinten in diesem Kapitel.

Dateien verschieben oder kopieren

Sie werden häufiger vor dem Problem stehen, dass Sie eine Datei von einem Ordner in einen anderen verschieben möchten. Oder Sie wollen eine Kopie von einer Datei in einem anderen Ordner erstellen. Vielleicht speichern Sie ja eine Datei mit dem Menüangebot eines lokalen Partyservices in Ihrem Ordner ***Restaurants*** und hätten jetzt gern eine Kopie davon in dem Ordner ***Hochzeitspläne_Tochter***. Sie haben die Möglichkeit, entweder eine Datei durch Ausschneiden von einem Ordner in einen anderen zu verschieben oder durch Kopieren am neuen Ort eine Kopie davon zu erstellen.

Dateien ausschneiden oder kopieren

1 Navigieren Sie im Explorer zu der Datei, die Sie verschieben oder kopieren möchten.

2 Klicken Sie auf die Datei, um sie zu markieren.

3 Klicken Sie in der Registerkarte **Start** auf **Kopieren** oder **Ausschneiden**.

4 Navigieren Sie zu dem Ordner, an den Sie die Datei verschieben oder kopieren wollen und öffnen Sie ihn durch Doppelklick.

5 Klicken Sie auf die Schaltfläche **Einfügen**.

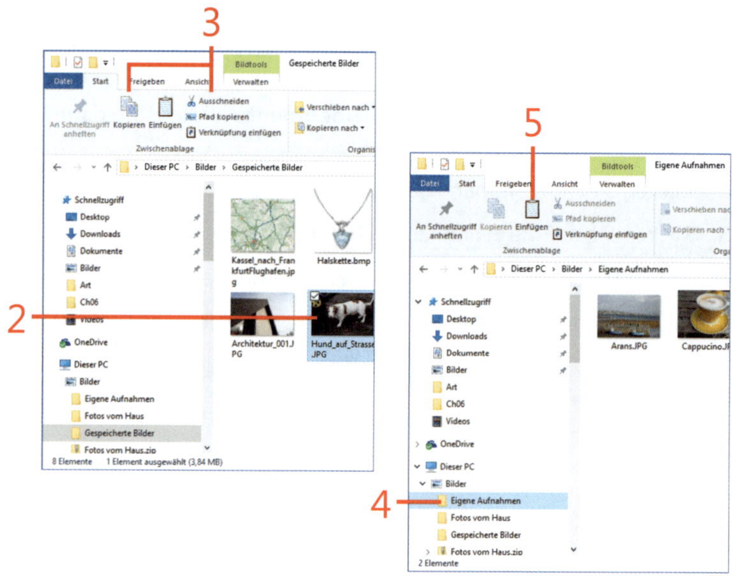

TIPP Sie können eine Datei oder einen Ordner aus einem angezeigten Ordner auch mit der Maus zu einem Ordner im Navigationsbereich des Explorers ziehen. Doch denken Sie daran, dass Sie damit die Datei oder den Ordner an die neue Position verschieben und von seinem ursprünglichen Speicherort entfernen.

Dateien und Ordner umbenennen

Wir neigen dazu, Datei- und Ordnernamen auf die Schnelle zu vergeben, wobei uns nicht immer der günstigste Name einfällt. Deshalb werden Sie gelegentlich nicht umhinkommen, eine Datei oder einen Ordner umzubenennen und mit einem präziseren Namen zu versehen, um das Element schneller zu finden oder leichter von anderen Elementen zu unterscheiden. Sie können Dateien und Ordner beliebig oft umbenennen.

Eine Datei oder einen Ordner umbenennen

1 Navigieren Sie im Explorer zu der Datei oder dem Ordner, die bzw. den Sie anders benennen möchten.

2 Klicken Sie mit der rechten Maustaste auf das Element.

3 Klicken Sie im eingeblendeten Kontextmenü auf den Befehl **Umbenennen**.

4 Geben Sie in das sich öffnende Eingabefeld einen Namen für die Datei ein.

5 Klicken Sie auf eine beliebige Stelle außerhalb des Eingabefeldes, um den neuen Namen zu speichern.

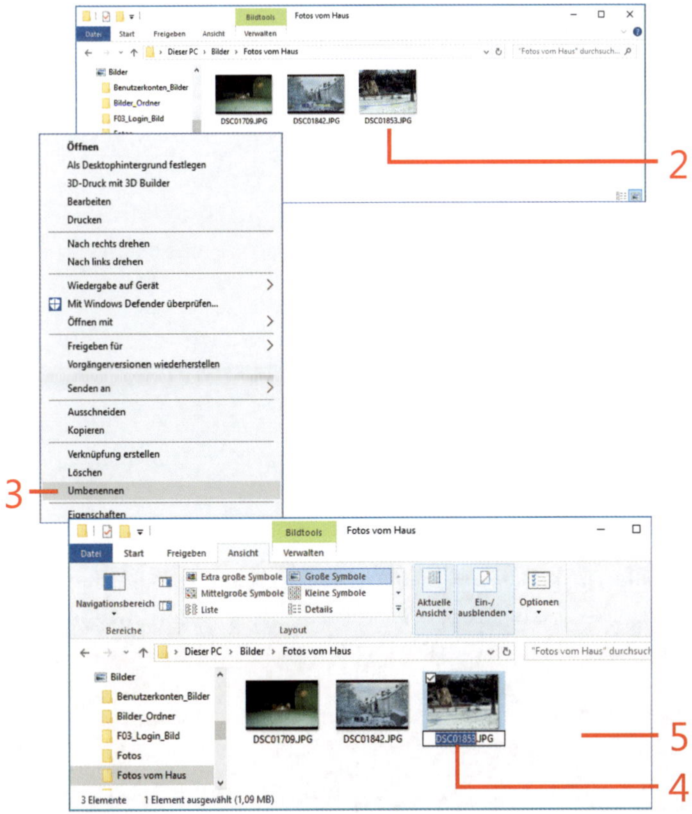

ACHTUNG Im Windows können Sie keine zwei Dateien oder Ordner mit dem gleichen Namen am gleichen Speicherort verwalten. Sollten Sie beim Umbenennen eines Ordners einen dort bereits vorhandenen Ordnernamen eingegeben haben, werden Sie gefragt, ob Sie die beiden Ordner zusammenführen möchten. Das könnte bei unbedachter Bestätigung zu Verwirrung führen. Auch zwei gleiche Dateinamen in einem Ordner sind nicht zulässig, In diesem Fall werden Sie darüber informiert, dass bereits eine Datei gleichen Namens existiert, und gefragt, ob der von Ihnen gewählte Name mit dem Anhang (2) am Ende versehen werden soll.

Dateien und Ordner löschen

Wenn Sie eine ältere Datei oder einen älteren Ordner auf einem anderen Speichermedium archiviert haben oder einfach ein Element nicht länger benötigen, können Sie es löschen. Das Löschen alter Dateien verschafft Ihnen wieder Speicherplatz auf Ihrem Computer und erleichtert das Navigieren im Explorer.

Eine Datei oder einen Ordner löschen

1 Klicken Sie im Explorer auf die Registerkarte **Start**.

2 Klicken Sie auf das zu löschende Element.

3 Klicken Sie in der Gruppe **Organisieren** auf die Schaltfläche **Löschen**.

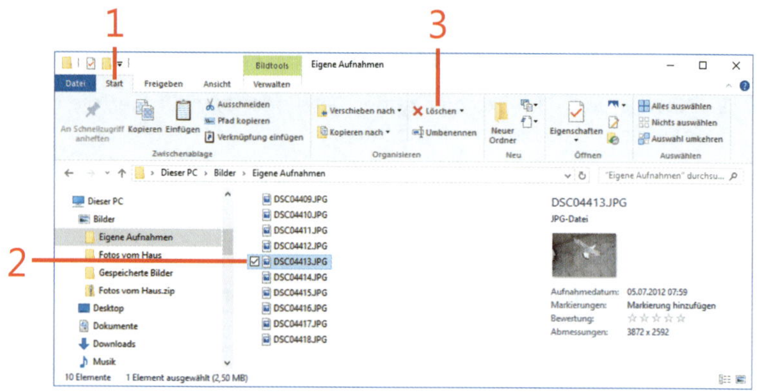

> **ACHTUNG** Windows fordert Sie nicht auf, das Löschen einer Datei oder eines Ordners zu bestätigen. Deshalb sollten Sie sich sicher sein, dass Sie das Element tatsächlich löschen wollen, bevor Sie auf **Löschen** klicken. Sollte die Möglichkeit bestehen, dass Sie es sich anders überlegen, speichern Sie am besten sicherheitshalber eine Kopie der Datei(en) auf einen USB-Stick oder einer DVD, bevor Sie sie löschen. Notfalls können Sie gelöschte Dateien und Ordner aus dem Papierkorb wiederherstellen, siehe den Abschnitt „Den Papierkorb verwalten" weiter unten in diesem Kapitel.

Dateien komprimieren

Auch wenn Sie mit einem Cloud-Dienst wie OneDrive sogar große Dateien problemlos speichern und mit anderen teilen können, werden Sie manchmal vor dem Problem stehen, eine Datei komprimieren (d.h. *zippen*) zu müssen, sei es, um sie per E-Mail zu versenden oder einfach, um Platz zu sparen. Dateikomprimierung reduziert die Dateigröße, was die Übertragungszeit verkürzt. Der Empfänger der E-Mail kann dann die Datei auf seinem Computer *entpacken*.

Dateien in einem Zip-Ordner komprimieren

1. Navigieren Sie im Explorer zu den Dateien, die Sie komprimieren möchten.
2. Klicken Sie auf die erste Datei und dann mit gedrückt gehaltener ⇧-Taste auf die letzte Datei einer Gruppe aufeinander folgender Dateien.
3. Klicken Sie im Menüband auf die Registerkarte **Freigeben**.
4. Klicken Sie in der Gruppe **Senden** auf **ZIP**.
5. Überschreiben Sie im sich öffnenden Eingabefeld den für die komprimierte Datei vorgegebenen Namen mit einem Namen Ihrer Wahl.
6. Klicken Sie auf eine beliebige Stelle außerhalb des Eingabefeldes, um den Dateinamen zu speichern.

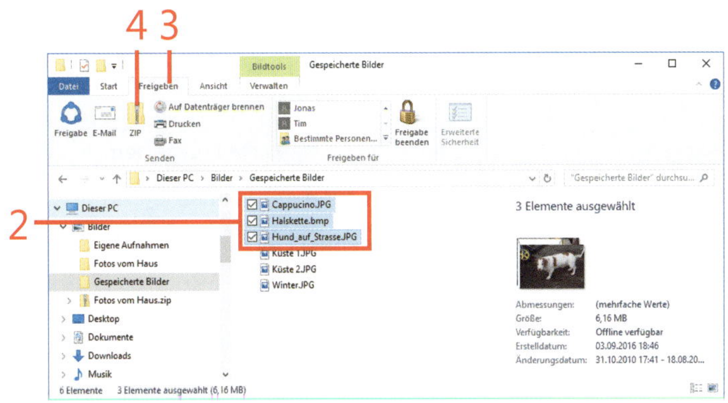

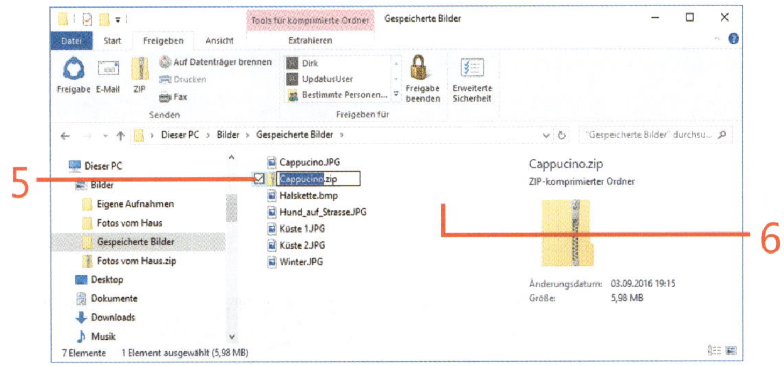

TIPP Am günstigsten ist es, wenn alle Dateien, die Sie komprimieren wollen, im selben Ordner liegen. Wenn die Dateien im selben Ordner liegen aber nicht aufeinanderfolgen, klicken Sie auf die erste Datei und dann mit gedrückt gehaltener Strg-Taste auf die einzelnen Dateien, um sie auszuwählen. Wenn alle Dateien ausgewählt sind, fahren Sie mit Schritt 3 fort.

Dateien via E-Mail teilen

Wer kennt das nicht? Man hat ein Foto gemacht oder einen Bericht geschrieben und möchte sein Werk direkt mit anderen teilen. Zum Glück bietet Ihnen Windows 10 viele Möglichkeiten, um Inhalte zu teilen, einschließlich E-Mail, Fax und Fresh Paint (ein Grafikprogramm von Microsoft). Der Explorer verfügt im Menüband über eine eigene **Freigeben**-Registerkarte, in der Sie Schaltflächen finden, um Ihre Inhalte mit anderen zu teilen, per E-Mail zu versenden, auszudrucken und zu faxen.

Eine Datei via E-Mail versenden

1 Navigieren Sie im Explorer zu einer Datei, die Sie teilen möchten, und markieren Sie sie.

2 Klicken Sie im Menüband auf die Registerkarte **Freigeben**.

3 Klicken Sie in der Gruppe **Senden** auf die Schaltfläche **E-Mail**.

4 Geben Sie in das E-Mail-Formular einen Empfänger, den Betreff und die Nachricht ein.

5 Klicken Sie auf **Senden**.

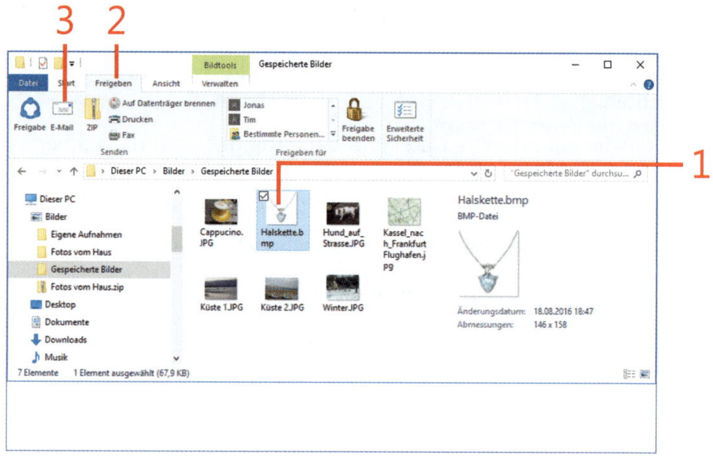

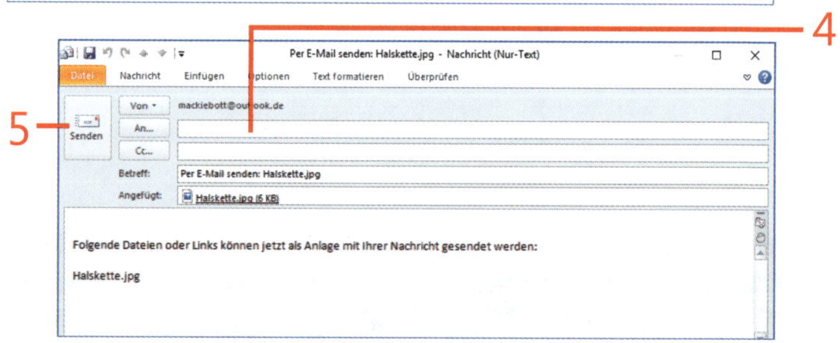

TIPP Um eine Datei zu faxen, gehen Sie analog vor. Sie müssen sich jedoch zuvor mit einem Faxmodem verbinden. Dann füllen Sie ein Faxformular aus und senden es mit der Datei als Anhang.

Mit Cortana suchen

Cortana, die viel gepriesene persönliche Assistentin von Windows 10, kann Ihnen in der Tat eine Reihe von Aufgaben abnehmen. Eine der Hauptfunktionen von Cortana ist jedoch die Suche sowohl nach Elementen auf Ihrem Computer als auch nach Elementen im Internet.

Mit Cortana suchen

1 Klicken Sie auf der Taskleiste in das Suchfeld von Cortana.

2 Geben Sie einen Suchbegriff oder eine Frage ein.

3 Klicken Sie auf eine der Kategorien-Überschriften, um Ihre Suchergebnisse einzugrenzen.

4 Klicken Sie auf ein Ergebnis, um diese Datei zu öffnen.

Sie finden Cortana in der Taskleiste und können sie auf zwei Wegen bedienen: über die Sprachsteuerung und über die Tastatur durch Eingabe eines Suchbegriffs.

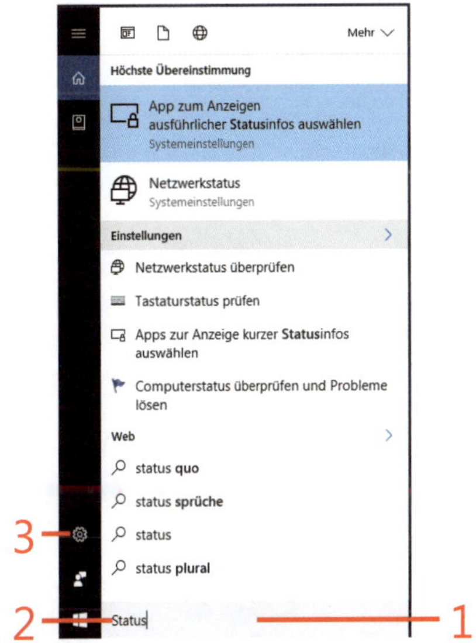

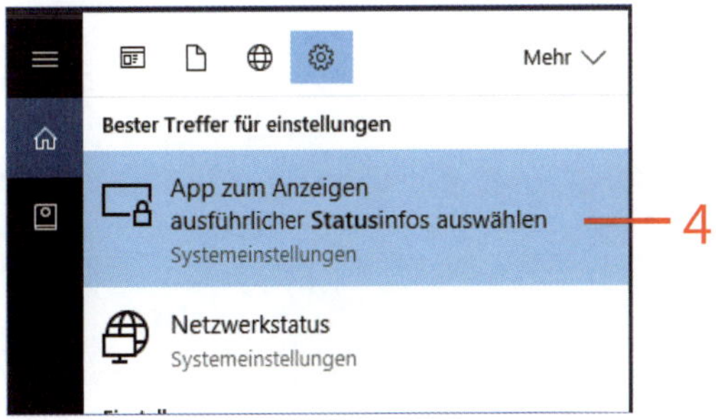

TIPP Sie können die Suche auch mithilfe der Symbole (***apps***, ***dokumente***, ***web***) am oberen Rand eingrenzen. Die vollständige Liste aller Kategorien, auf die Sie die Suche eingrenzen können, wird nach einem Klick auf die **Erweitern**-Schaltfläche angezeigt.

Nach Lieblingsorten suchen

Sie können das Cortana-Feature **Lieblingsorte** nutzen, um nach Orten wie nahe gelegenen Restaurants, Kinos etc. zu suchen und diese Orte dann zu speichern. Cortana verwaltet eine Liste von Lieblingsorten, die Sie beliebig erweitern können. Denken Sie daran, dass Sie das **Position**-Feature im Info-Center einschalten müssen, um möglichst genaue Ergebnisse für lokale Einrichtungen zu erhalten.

Lieblingsorte suchen und hinzufügen

1 Klicken Sie in das Suchfeld von Cortana.

2 Klicken Sie auf die Schaltfläche **Notizbuch**.

3 Klicken Sie auf **Über mich**.

4 Klicken Sie auf **Favoriten bearbeiten**.

5 Klicken Sie auf die **Hinzufügen**-Schaltfläche.

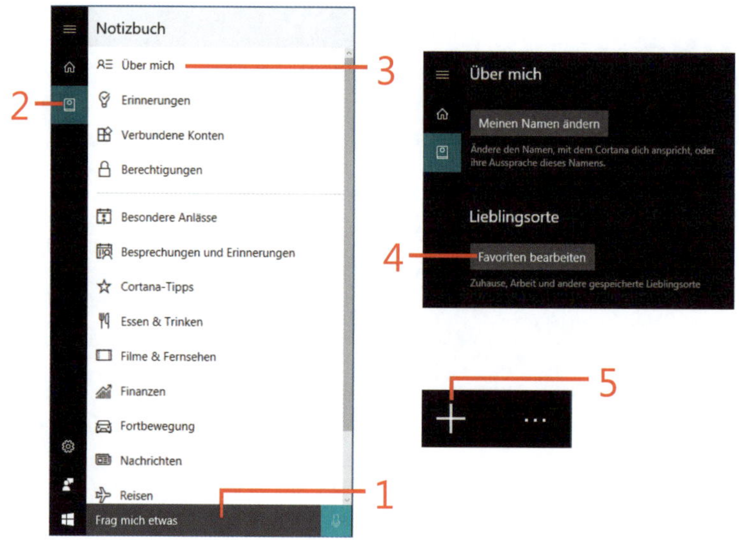

Lieblingsorte suchen und hinzufügen *(Fortsetzung)*

6 Geben Sie in das Eingabefeld **Favoriten hinzufügen** einen Begriff ein.

7 Klicken Sie auf ein Ergebnis.

8 Geben Sie nach Belieben einen Spitznamen ein.

9 Klicken Sie auf **Privatadresse einrichten** oder **Geschäftsadresse einrichten**, um eine dieser Einstellungen anzuschalten, damit Wegbeschreibungs- und Wetteranfragen bei Cortana auf der richtigen Position basieren.

10 Klicken Sie auf **Speichern**.

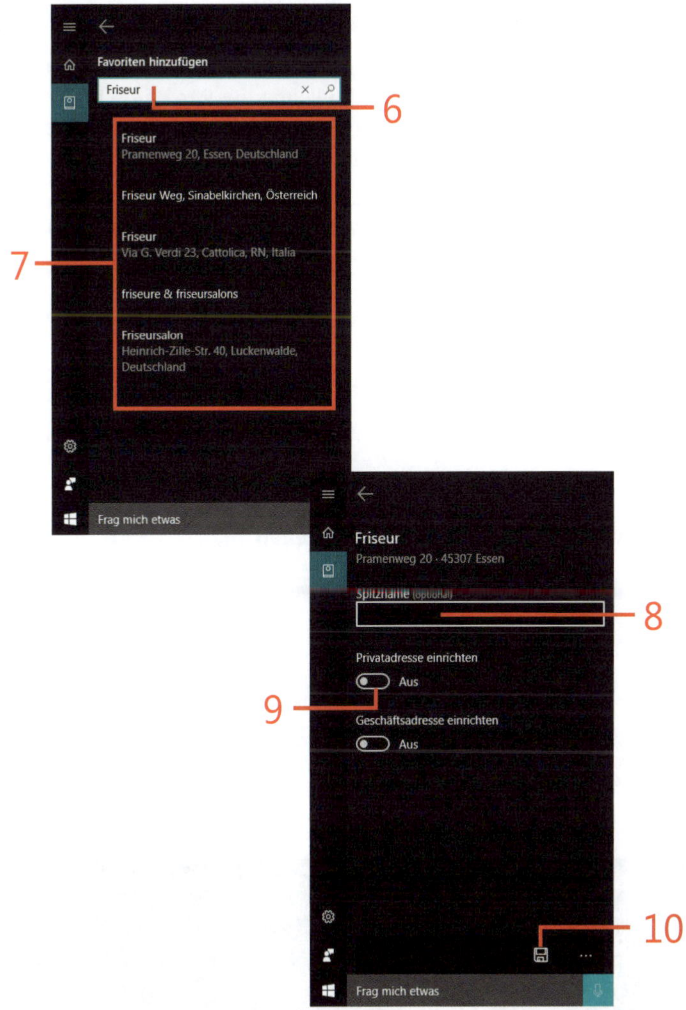

TIPP Um eine Karte zu einem Ort zu erhalten, öffnen Sie in Cortana die Lieblingsorte und klicken unter einem der gespeicherten Orte auf **Wegbeschreibung**. Vorher werden Sie eventuell aufgefordert, Cortana den Zugriff auf Ihre aktuelle Position zu gewähren. Erst dann öffnet Cortana die Karten-App und zeigt Ihnen den Streckenverlauf an. Weitere Informationen zu der Karten-App finden Sie in Kapitel 19, „Die Karten-App“.

Den Papierkorb verwalten

Wenn Sie eine Datei oder einen Ordner löschen, landet das Element erst einmal im Papierkorb – eine Art Mülleimer für Ihre gelöschten Inhalte. Wenn dieser voll ist, wird der älteste Inhalt endgültig gelöscht. Der Papierkorb bietet Ihnen die Möglichkeit, auf aktuell gelöschte Elemente zuzugreifen und diese auf Ihrem Computer wiederherzustellen. Der Papierkorb ist nichts anderes als ein Ordner im Explorer, der über eine besondere **Verwalten**-Registerkarte verfügt, über die der Inhalt dieses Ordners gerettet werden kann.

Ein gelöschtes Element aus dem Papierkorb retten

1 Doppelklicken Sie auf das Papierkorbsymbol oben links auf dem Desktop.

2 Klicken Sie gegebenenfalls auf die Registerkarte **Verwalten**.

3 Klicken Sie auf ein Element in dem Ordner, das Sie wiederherstellen möchten.

4 Klicken Sie in der Registerkarte **Verwalten** auf die Schaltfläche **Ausgewählte Elemente wiederherstellen**.

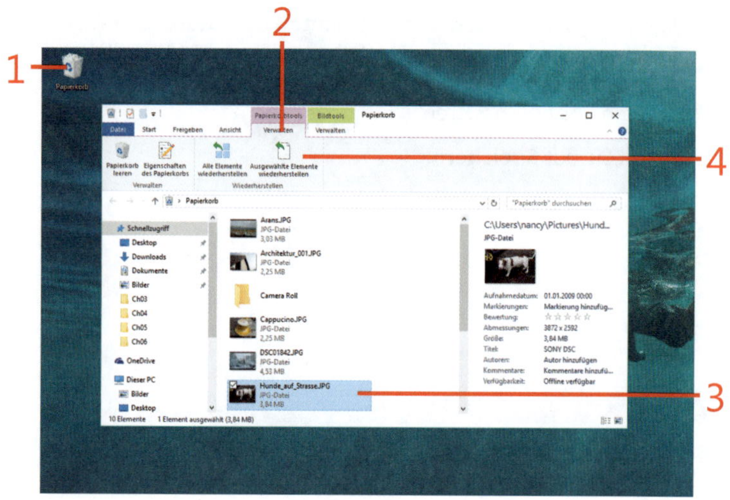

✓ **TIPP** Wenn Sie den gesamten Inhalt des Papierkorbs wiederherstellen möchten, klicken Sie im Explorer mit dem geöffneten Papierkorb auf die Schaltfläche **Alle Elemente wiederherstellen**. Durch Anklicken von **Papierkorb leeren** können Sie alle Elemente dieses Ordners in einem Rutsch endgültig loswerden.

Die Arbeit mit Windows erleichtern

7

In diesem Kapitel:

- Die Bildschirmlupe
- Hohen Kontrast einstellen
- Bildschirmhelligkeit regeln
- Elemente auf dem Bildschirm besser sichtbar machen
- Die Mauseinstellungen andern
- Die Tastatureinstellungen ändern
- Das Berührungsfeedback
- Die Sprachausgabe
- Die Spracherkennung
- Untertitel einblenden
- Visuelle Alternativen für Sounds
- Windows Ink
- Kurznotizen, Skizzenblock und Bildschirmskizzen

Windows wird weltweit von Millionen von Menschen genutzt. Jeder dieser Menschen hat dabei persönliche Vorlieben, wie er seinen PC bedienen möchte. Einige sind zudem aufgrund unterschiedlicher körperlicher Handicaps auf bestimmte Einstellungen und Hilfsmittel angewiesen. Menschen mit Karpaltunnelsyndroms oder Arthritis müssen z. B. andere Maus- und Tastatureinstellungen wählen oder bevorzugen die Spracheingabe. Andere leiden unter verminderter Sehkraft und haben Schwierigkeiten, Bildschirminhalte zu erkennen. Wieder andere hören schlecht oder benötigen eine Alternative zur Audiowiedergabe von Videos, zum Beispiel in Form von Untertiteln.

Windows 10 bietet verschiedene Hilfsmittel, um den Menschen die Arbeit mit dem Betriebssystem und seinen Apps zu erleichtern, zum Beispiel die Bildschirmlupe, um den Bildschirminhalt zu vergrößern, die Sprachausgabe, die dem Nutzer den Inhalt vorliest, die Möglichkeit, Kontrast und Helligkeit zu regeln, die Spracheingabe mit Hilfe der Spracherkennung oder das Zeichen mit dem Stift auf berührungsempfindlichen Bildschirmen. Alle diese Hilfsmittel machen die Nutzung von Windows 10 wesentlich einfacher.

Die Bildschirmlupe

Auch wenn es in vielen Fällen möglich ist, Inhalte größer oder kleiner darzustellen (z. B. auf einer Webseite oder in einem Textdokument), kann die Windows-Umgebung selbst nicht vergrößert werden. So gibt es zum Beispiel keine Möglichkeit, den Desktop als Ganzes zu vergrößern (lediglich die Größe der Desktopsymbole lässt sich einstellen). Um den Desktop dennoch um einen signifikanten Faktor vergrößert betrachten zu können, gibt es die Bildschirmlupe. Die Bildschirmlupe wurde für Windows-Nutzer mit Sehbeeinträchtigungen konzipiert.

Die Bildschirmlupe einschalten

1. Klicken Sie auf die Startschaltfläche.
2. Klicken Sie auf **Einstellungen**.
3. Klicken Sie auf **Erleichterte Bedienung**.
4. Klicken Sie auf **Bildschirmlupe**.
5. Schalten Sie die Bildschirmlupe ein.
6. Klicken Sie in dem Bedienfeld der Bildschirmlupe auf die **Plus**-Schaltfläche, um die Anzeige zu vergrößern.
7. Klicken Sie auf die **Minus**-Schaltfläche, um die Anzeige zu verkleinern.
8. Klicken Sie auf die **Schließen**-Schaltfläche, um die Bildschirmlupe zu schließen.

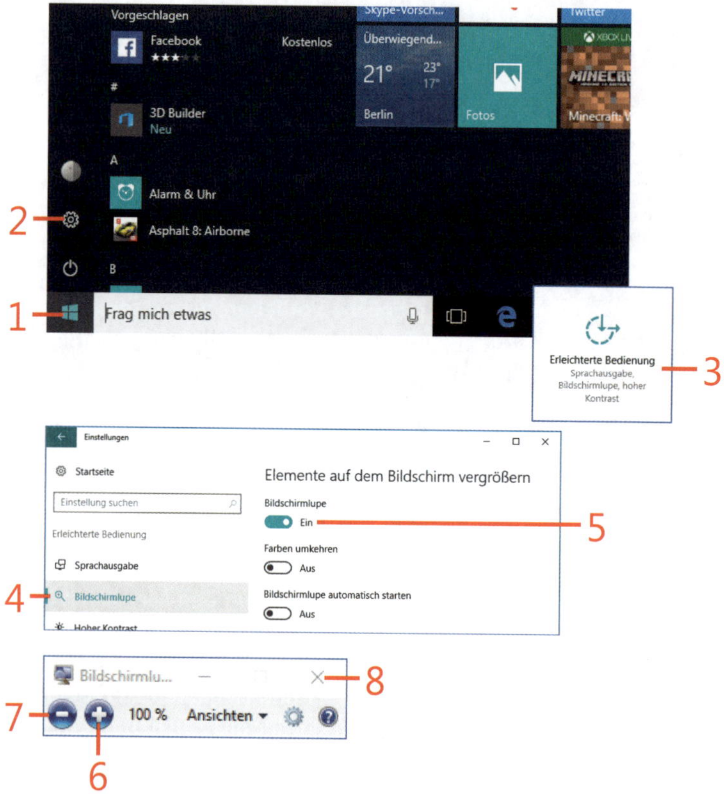

PROBIER'S AUS Einigen Nutzern fällt das Lesen leichter, wenn der Hintergrund schwarz und der Text weiß ist. Um die Farben umzukehren, klicken Sie auf den Schalter **Farben umkehren**.

TIPP Das Bedienfeld der Bildschirmlupe verschwindet nach einigen Sekunden und stattdessen wird eine Lupe angezeigt. Durch Anklicken dieser Lupe machen Sie das Bedienfeld wieder sichtbar.

Hohen Kontrast einstellen

Die Elemente auf Ihrem Bildschirm sind leichter zu erkennen, wenn Sie den Kontrast zwischen hell und dunkel erhöhen. Hierfür stehen Ihnen vier vordefinierte Designs zur Verfügung. In diesen Designs ist die Farbe für Hintergrund, ausgewählten Text, Hyperlinks usw. festgelegt.

Kontrasteinstellungen ändern

1 Klicken Sie im Fenster **Erleichterte Bedienung** auf **Hoher Kontrast**.

2 Öffnen Sie die Dropdownliste zu **Design wählen**.

3 Klicken Sie auf ein Design.

4 Klicken Sie auf **Anwenden**.

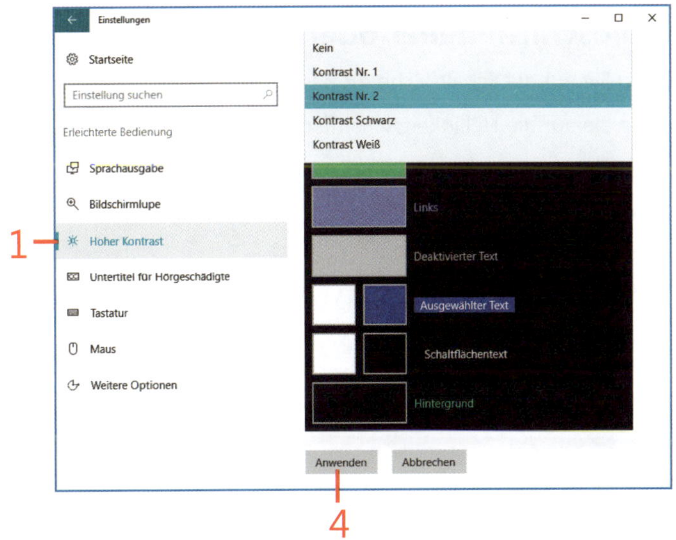

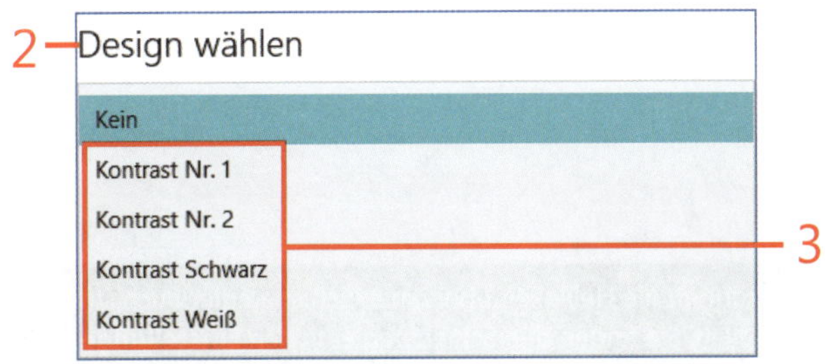

TIPP Wenn Sie Schwierigkeiten haben, bestimmte Farben zu erkennen, wählen Sie ein Kontrast-Design, bei dem Sie die Farben gut unterscheiden können.

Bildschirmhelligkeit regeln

Durch Heraufsetzen der Helligkeit Ihres Laptop-Bildschirms können Sie die angezeigten Elemente besser sehen. Denken Sie jedoch daran, dass bei Laptops oder anderen akkubetriebenen Computern eine höhere Helligkeit den Akku stark belastet.

Den Bildschirm heller oder dunkler machen

1 Klicken Sie auf die Schaltfläche für das Info-Center.

2 Klicken Sie auf die Helligkeitsschaltfläche.

3 Klicken Sie erneut auf die Schaltfläche, um in 25%-Schritten die nächste Helligkeitsstufe einzustellen.

TIPP Sie können die Helligkeit über einen Schieberegler auch stufenlos einstellen. Sie finden den Schieberegler in den **Einstellungen** unter **Bildschirm**.

Elemente auf dem Bildschirm besser sichtbar machen

Windows 10 bietet diverse visuelle Optionen an, mit denen die Sichtbarkeit bestimmter Elemente auf dem Bildschirm gesteuert werden kann. So können Sie zum Beispiel den Mauszeiger, auch Cursor genannt (der kleine Pfeil, der auf dem Bildschirm die Position der Maus anzeigt), breiter machen. Oder Sie legen fest, wie lange Benachrichtigungen auf Ihrem Computer angezeigt werden. So haben Sie ausreichend Zeit, um zu lesen, wie Sie z. B. mit einem angeschlossenen USB-Stick verfahren können.

Cursorbreite und Anzeigedauer der Benachrichtigungen einstellen

1 Klicken Sie im Fenster **Erleichterte Bedienung** auf **Weitere Optionen**.

2 Öffnen Sie das Dropdownlistenfeld der Option **Benachrichtigungen anzeigen für** und wählen Sie eines der Zeitintervalle, die von 5 Sekunden bis 5 Minuten reichen.

3 Klicken Sie unter **Cursorbreite** auf den Schieberegler und ziehen Sie ihn an die gewünschte Position. Diese Einstellung bezieht sich nur auf den strichförmigen Cursor für die Textverarbeitung.

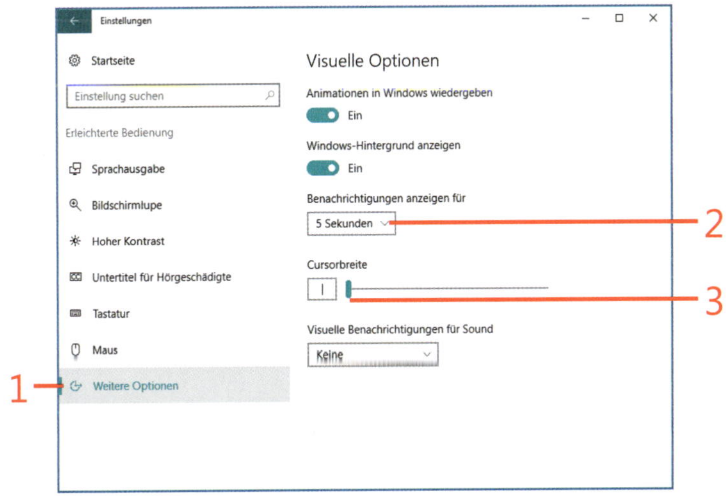

TIPP Wenn es Ihnen leichter fällt, Elemente auf einem Desktop zu erkennen, bei dem kein Hintergrund angezeigt wird, können Sie die Einstellung **Windows-Hintergrund anzeigen** in dem Fenster **Visuelle Optionen** ausschalten. Dadurch wird der Bildschirmhintergrund schwarz.

Die Mauseinstellungen ändern

Unabhängig davon, ob Sie Ihren Mauszeiger, oft auch *Cursor* genannt, auf dem Bildschirm über ein Touchpad oder eine bewegliche Maus steuern, kann er eine Reihe von verschiedenen Symbolen annehmen. Sie können die Größe und Farbe Ihres Mauszeigers in den Einstellungen zur erleichterten Bedienung ändern und den Mauszeiger sogar so konfigurieren, dass Sie ihn über den Zahlenblock steuern können, was ganz praktisch ist, wenn Sie in der Motorik eingeschränkt sind. Wenn diese Funktion eingeschaltet ist, können Sie mit den Tasten auf der Zehnertastatur den Mauszeiger nach oben, unten, rechts und links bewegen sowie aufwärts und abwärts blättern.

Funktionsweise Ihrer Maus ändern

1 Klicken Sie im Fenster **Erleichterte Bedienung** auf **Maus**.

2 Wählen Sie eine **Zeigergröße**.

3 Wählen Sie eine **Zeigerfarbe** (weiß, schwarz oder weiß und schwarz).

4 Schalten Sie die Option **Maus mithilfe der Zehnertastatur über den Bildschirm bewegen** ein oder aus.

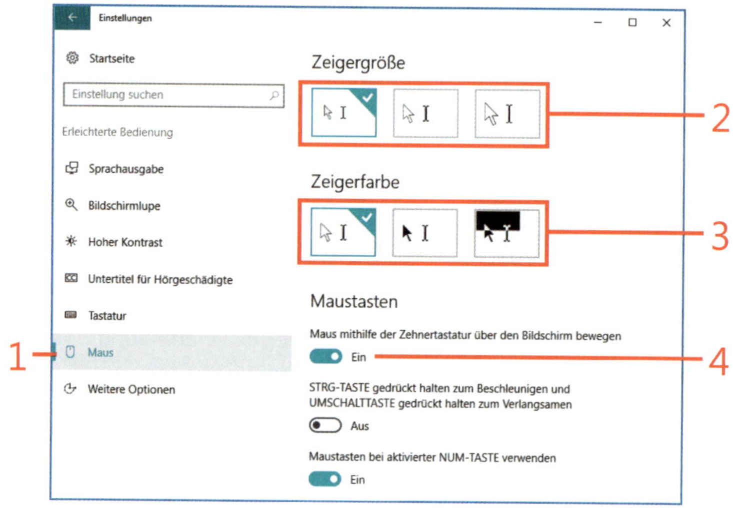

TIPP Wenn Sie die Maus so konfigurieren, dass Sie sie mithilfe der Tasten des Zahlenblocks bewegen, stehen Ihnen zwei weitere Einstellungen zu Verfügung. So können Sie vorgeben, ob bei gedrückt gehaltener Strg-Taste die Mausbewegung beschleunigt werden soll, und einstellen, dass die Tasten des Zahlenblocks nur dann die Maus bewegen, wenn zuvor die Num-Taste gedrückt wurde.

Die Tastatureinstellungen ändern

Die Nutzung der Tastatur kann für einen bestimmten Personenkreis mit Schwierigkeiten verbunden sein. Wenn Sie körperlich beeinträchtigt sind, z. B. Arthritis haben, kann das gleichzeitige Drücken von Tastenkombinationen schwierig sein. In diesem Fall können Sie die **Einrastfunktion** einschalten, die es Ihnen erlaubt, bei einer Tastenkombination die Tasten nacheinander zu drücken. Und ist es Ihnen nicht schon einmal passiert, dass Sie ungewollt die Feststelltaste drückten? Wenn ja, möchten Sie das Drücken der Feststell-, der Num-Taste oder der Rollen-Taste vielleicht mit einem Signalton verbinden. Oder Sie nutzen die Möglichkeit, die Anschlagverzögerung zu aktivieren, sodass kurze oder wiederholte Tastenanschläge von Windows 10 ignoriert werden. Dies kann für körperlich beeinträchtigte Benutzer sehr nützlich sein, um unbeabsichtigte Eingaben zu verhindern.

Die Interaktion mit Ihrer Tastatur vorgeben

1. Klicken Sie im Fenster **Erleichterte Bedienung** auf **Tastatur**.
2. Schalten Sie die **Einrastfunktion** ein.
3. Schalten Sie die **Umschalttasten** ein.
4. Schalten Sie die **Anschlagverzögerung** ein.

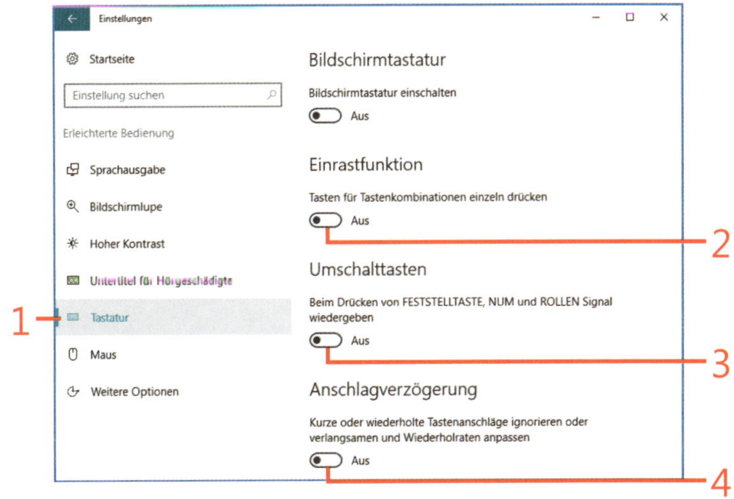

TIPP Möchten Sie informiert werden, wenn Sie eine Einstellung aus Versehen durch Drücken einer Tastenkombination ein- oder ausgeschaltet haben? Dann finden Sie unter **Andere Einstellungen** die beiden Schalter **Warnmeldung anzeigen, wenn eine Einstellung mit einer Tastenkombination eingeschaltet wird** und **Sound wiedergeben, wenn eine Einstellung mit einer Tastenkombination ein- oder ausgeschaltet wird**.

Das Berührungsfeedback

Wenn Sie mit einem Touchscreen-Computer arbeiten, werden Sie oft den Bildschirm berühren, um eine Funktion auszuführen oder sogar, um zu zeichnen. Das Berührungsfeedback zeigt durch einen blassen Kreis an, wo Sie den Bildschirm berührt haben, sodass Sie wissen, dass Ihr Anklicken erkannt wurde. Sie können diese Funktion ein- und ausschalten oder sich sogar ein optisch auffälligeres Feedback anzeigen lassen.

Feedback von Ihrem Touchscreen

1 Klicken Sie im Fenster **Erleichterte Bedienung** auf **Weitere Optionen**.

2 Die Option **Optisches Feedback beim Berühren des Bildschirms** ist standardmäßig eingeschaltet. Klicken Sie auf diesen Schalter, wenn Sie den Status ändern wollen.

3 Schalten Sie die Option **Dunkleres, größeres optisches Feedback** ein.

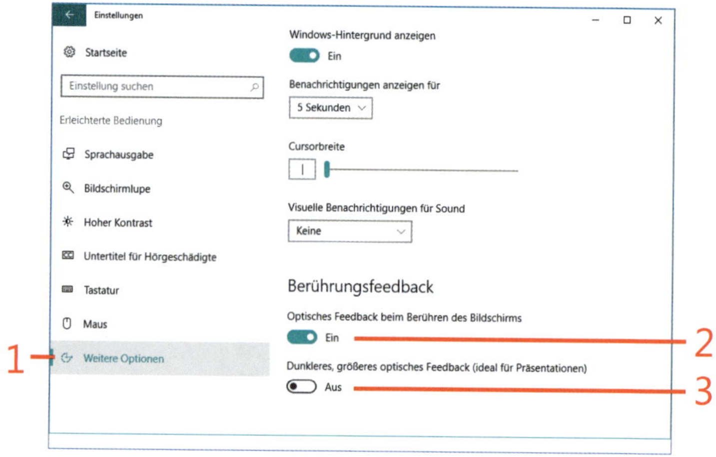

TIPP Die Option zur Einstellung eines dunkleren Feedbacks wird erst nach dem Einschalten der Option **Optisches Feedback beim Berühren des Bildschirms** eingeblendet.

Die Sprachausgabe

Die Sprachausgabe wurde speziell für Windows-Nutzer mit Sehbehinderungen entwickelt, die Schwierigkeiten haben, den Inhalt auf dem Bildschirm zu erkennen. Wenn Sie die Sprachausgabe eingeschaltet haben, „spricht" Windows mit Ihnen und teilt Ihnen mit, was gerade auf dem Bildschirm angezeigt wird, d.h., es beschreibt Elemente wie Text und Schaltflächen. Bei eingeschalteter Sprachausgabe gehen Sie so vor, dass Sie ein Element auf dem Bildschirm, beispielsweise eine Option unter Einstellungen, einmal anklicken, um die Beschreibung zu hören, und ein zweites Mal, um das Element zu aktivieren.

Die Sprachausgabe einschalten

1. Klicken Sie im Fenster **Erleichterte Bedienung** auf **Weitere Optionen**.
2. Schalten Sie die **Sprachausgabe** ein.
3. Klicken Sie auf **Sprachausgabe automatisch starten**, damit Ihnen diese Funktion, wenn Sie sich bei Windows 10 anmelden, immer direkt zur Verfügung steht.
4. Öffnen Sie das Dropdownlistenfeld für **Stimme auswählen**, um eine männliche oder weibliche auszuwählen.
5. Klicken Sie auf eine beliebige Stelle des **Geschwindigkeit**-Schiebereglers, um die Sprechgeschwindigkeit zu verändern.
6. Klicken Sie auf eine beliebige Stelle des **Tonhöhe**-Schiebereglers, um die Tonhöhe der Stimme zu verändern.

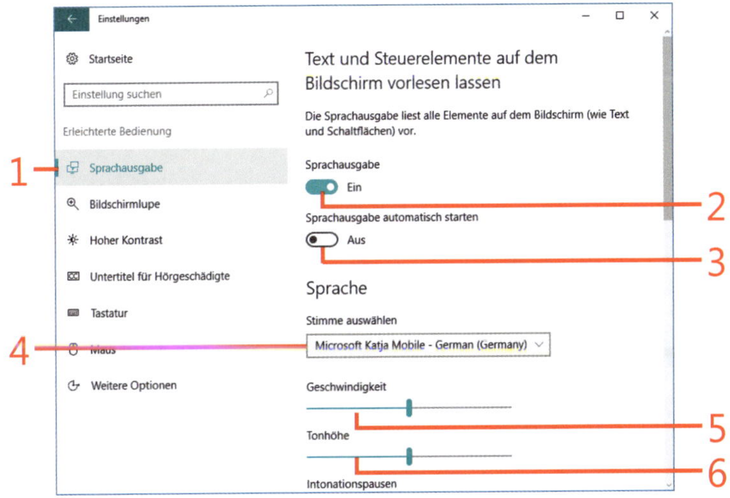

TIPP Sie können in der **Sprachausgabe** der **Erleichterten Bedienung** weitere Einstellungen vornehmen. So können Sie vorgeben, welche Elemente die Sprachausgabe vorlesen soll, z.B. die Wörter, die Sie eingeben und Hinweise für Schaltflächen. Sie haben außerdem die Möglichkeit, Mauszeiger und Einfügemarken hervorzuheben und Tasten der Bildschirmtastatur zu aktivieren, wenn Sie Ihren Finger anheben.

Die Spracherkennung

Stellen Sie sich einmal vor, Sie haben Ihr Handgelenk gebrochen und können die Tastatur nicht mehr bedienen, um Text in die Apps auf Ihrem Computer einzugeben. In diesem Fall werden Sie sich über die in Windows integrierte Spracherkennung freuen, die Sie alternativ zur Eingabe von Text und Befehlen nutzen können. Wenn Sie zum Beispiel ein Textverarbeitungsprogramm verwenden, überlassen Sie dem Computer die Eingabe des gesprochenen Textes. Bevor Sie die Spracherkennung aktivieren, müssen Sie allerdings sicherstellen, dass Ihr Mikrofon eingeschaltet ist und dass die App auf Ihre Sprache trainiert ist. Wenn Sie die grundlegenden vorbereitenden Schritte erledigt haben, können Sie diese App für die Computereingabe nutzen.

Die Spracherkennung einrichten

1 Geben Sie in dem Cortana-Suchfeld ***Spracherkennung*** ein.

2 Klicken Sie in den Ergebnissen auf **Windows-Spracherkennung Desktop-App**.

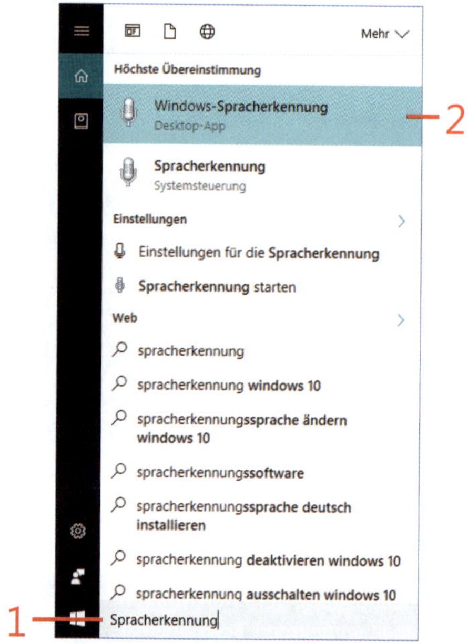

Die Spracherkennung einrichten *(Fortsetzung)*

3 Klicken Sie auf **Weiter**.

4 Wählen Sie den Typ des verwendeten Mikrofons und klicken Sie dann auf **Weiter**.

5 Folgen Sie den weiteren Anweisungen des Assistenten, um Ihre Angaben zu vervollständigen.

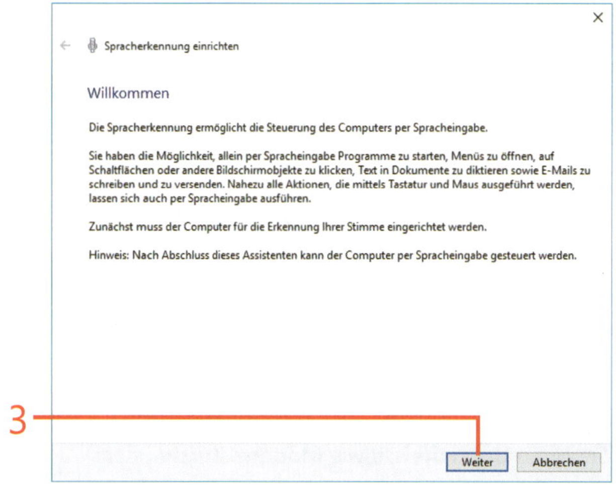

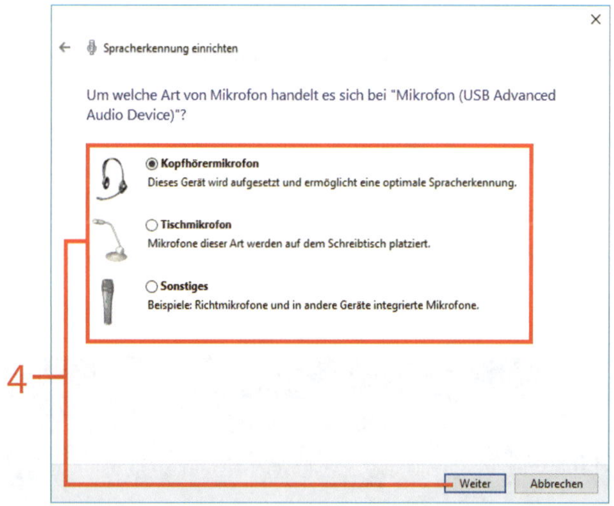

ACHTUNG Die Spracherkennungstechnik hat seit ihrer Entwicklung zwar große Fortschritte gemacht, funktioniert aber nicht immer fehlerfrei. Deshalb sollten Sie nach dem Diktat Ihres Textes und Ihrer Befehle die Eingaben immer auf Rechtschreibfehler Korrektur lesen, damit nicht irgendwo „mehr" steht, wo Sie „Meer" sagen wollten, oder in einem Satz irgendwelche Wörter fehlen.

TIPP Nachdem Sie die Spracherkennung eingerichtet haben, können Sie in das Cortana-Suchfeld ***Spracherkennung*** eingeben und die Eingabetaste drücken. Dadurch öffnen Sie die Spracherkennung im Zuhören-Modus. Erteilen Sie einen Befehl wie „Excel öffnen" oder geben Sie in einem Programm die gewünschten Wörter, Zahlen oder Zeichensetzung ein. Sie schließen das Feature über die **X**-Schaltfläche im Bedienfeld der Spracherkennung, das oben auf dem Bildschirm angezeigt wird. Über das –-Symbol können Sie es minimieren.

Untertitel einblenden

Wenn Sie schwerhörig sind, haben Sie vielleicht schon einmal die Untertitelfunktion Ihres Fernsehers genutzt, um mitlesen zu können, was gesagt wird. Ihr Windows-Betriebssystem verfügt ebenfalls über eine Untertitelfunktion und Sie können Farbe, Transparenz, Stil und Größe der Untertitel in dem Fenster **Erleichterte Bedienung** einstellen.

Untertiteloptionen einschalten

1 Klicken Sie in dem Fenster **Erleichterte Bedienung** links auf **Untertitel für Hörgeschädigte**.

2 Wählen Sie eine **Untertitelfarbe**.

3 Wählen Sie einen Wert für die **Untertiteltransparenz** (**Nicht transparent**, **Durchscheinend**, **Halbtransparent**, **Transparent**).

4 Wählen Sie einen **Untertitelstil** wie **Modern**, **Kursiv** oder **Kapitälchen**.

5 Wählen Sie eine **Untertitelgröße**.

6 Wählen Sie einen **Untertiteleffekt** wie **Schlagschatten** oder **Erhöht**.

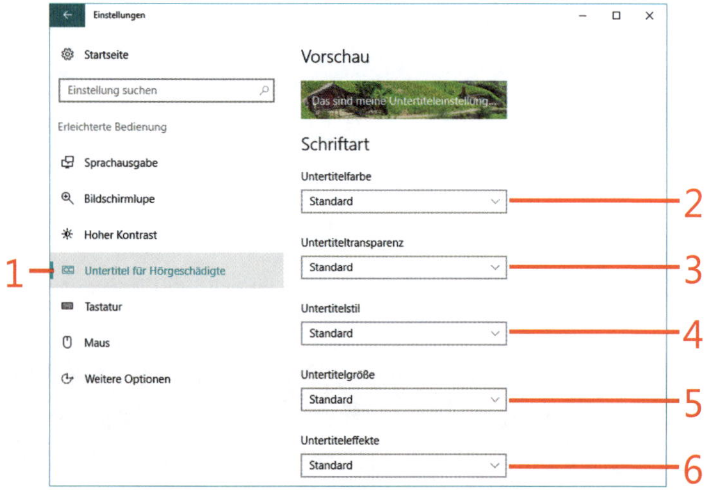

TIPP Den Effekt Ihrer Einstellungen sehen Sie in der Vorschau oberhalb der Untertitel-Einstellungen. Einige Einstellungen können dazu führen, dass die Untertitel vor unruhigen Hintergründen nur schwer zu lesen sind. Sie müssen also möglicherweise ein wenig herumexperimentieren.

Visuelle Alternativen für Sounds

Windows informiert Sie mit Sounds über verschiedene Ereignisse, wie **Alarm bei kritischem Akkustand** oder **Kalendererinnerung**. Wenn Sie Schwierigkeiten haben, das Audio-Feedback von Windows zu hören, schalten Sie einfach auf visuelle Benachrichtigungen um und entscheiden Sie, ob Windows 10, statt ein akustisches Signal auszugeben, mit der aktiven Titelleiste, mit dem aktiven Fenster oder dem ganzen Display blinken soll.

Visuelle Benachrichtigungen für Sound einrichten

1 Klicken Sie in dem Fenster **Erleichterte Bedienung** links auf **Weitere Optionen**.

2 Öffnen Sie das Dropdownlistenfeld für **Visuelle Benachrichtigungen für Sound**.

3 Wählen Sie in der Liste eine der drei Benachrichtigungsoptionen, um sie einzuschalten.

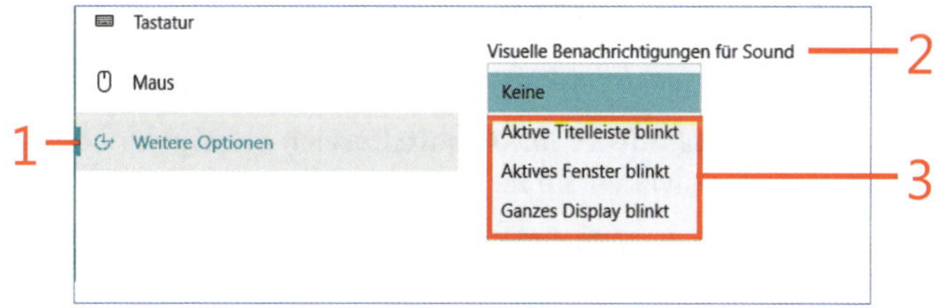

TIPP Sie schalten die visuellen Benachrichtigungen aus, indem Sie im Dropdownlistenfeld die Option **Keine** wählen.

Windows Ink

Viele Windows 10-Geräte können heutzutage einen Touchscreen vorweisen und somit auch mit einem Digitalstift bedient werden. Windows Ink unterstützt diese Stifteingabe und ermöglicht mit den drei Funktionen **Kurznotizen**, **Skizzenblock** und **Bildschirmskizze** eine vereinfachte Bedienung, die sich nicht mehr auf einzelne Apps beschränken muss. Aber auch ohne Touchscreen und Digitalstift können Sie Windows Ink benutzen.

Windows Ink aktivieren

1 Klicken Sie mit der rechten Maustaste auf die Taskleiste.

2 Wenn die Option **Windows Ink-Arbeitsbereich anzeigen** noch nicht gesetzt ist, aktivieren Sie sie.

3 Klicken Sie nun auf die **Windows Ink-Arbeitsbereich**-Schaltfläche, die in der Taskleiste neu erschienen ist.

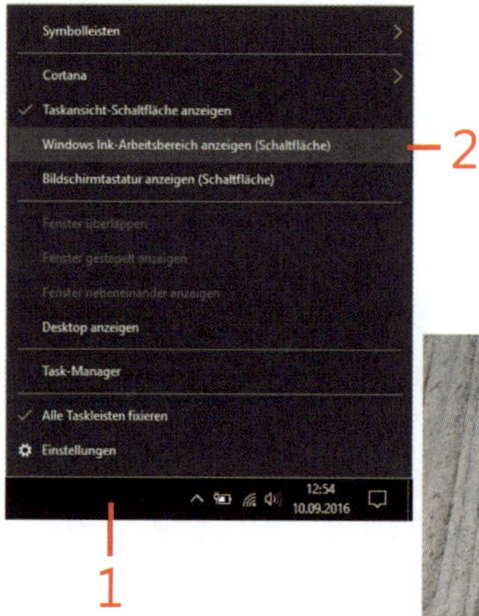

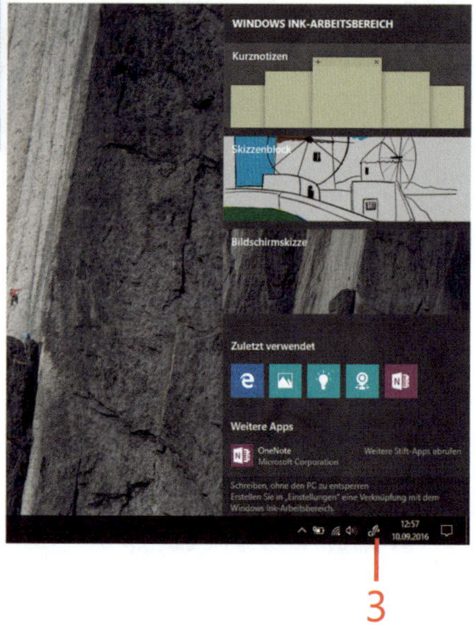

TIPP Sie können Ihren Stift auch in vielen anderen Apps nutzen. Um eine Auswahl dieser Apps einzusehen, klicken Sie einfach auf **Windows Ink-Arbeitsbereich** und dort in der rechten unteren Ecke auf die Schaltfläche **Weitere Stift-Apps abrufen**. Sofort werden Sie zum Store weitergeleitet und Ihnen wird eine Auflistung der Stifte-Apps präsentiert.

TIPP Um Einstellungen wie **Schreibhand auswählen**, **Visuelle Effekte** und **Stiftabkürzungen** zu bearbeiten, klicken Sie im **Einstellungen**-Fenster auf **Geräte** und dann auf **Stift & Windows Ink**. Wenn **Stift & Windows Ink** nicht aufgelistet sein sollte, so ist kein Stifttreiber installiert. Die meisten Funktionen von Windows Ink sind trotz fehlendem Stift mit der Maus möglich.

Die Kurznotizen

Die Kurznotizen-Funktion von Windows Ink ermöglicht es Ihnen, Haftnotizen auf Ihrem Desktop anzulegen. Die Kurznotizen unterstützen sowohl Tastatur als auch die Stifteingabe.

Kurznotizen aufsetzen

1 Klicken Sie im **Windows Ink-Arbeitsbereich** auf **Kurznotizen**.

2 Geben Sie nun mit Hilfe der Tastatur oder dem Stift Ihre Notiz ein.

3 Klicken Sie auf das **Menü**-Symbol, um die Farbe der Kurznotiz zu verändern.

4 Klicken Sie auf das Papierkorb-Symbol, um die Notiz zu löschen.

5 Klicken Sie auf das Pluszeichen, um eine weitere Notiz hinzuzufügen.

6 Klicken Sie auf die **Schließen**-Schaltfläche, um Windows Ink zu beenden.

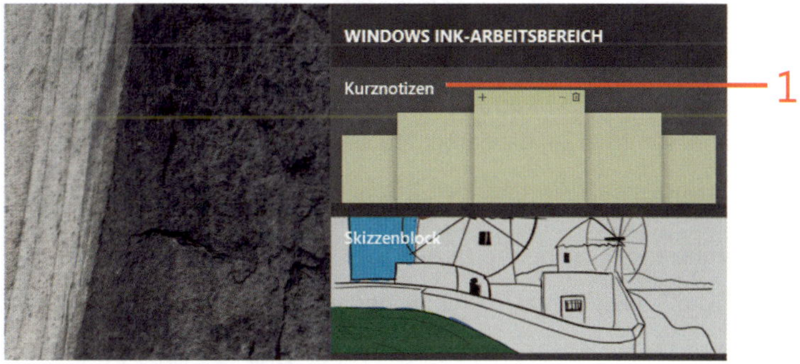

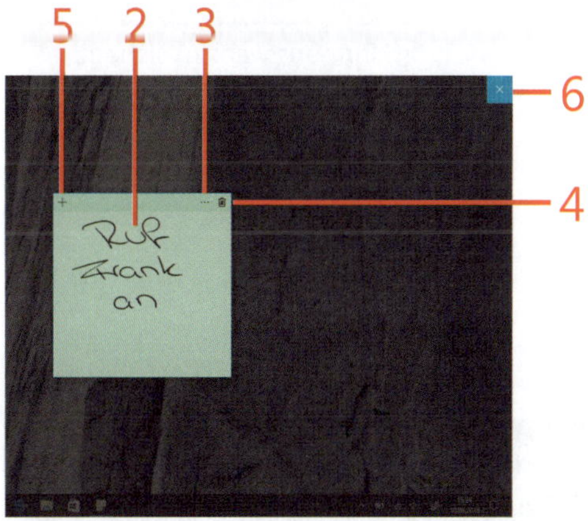

Der Skizzenblock

Im Skizzenblock können Sie Ihrer künstlerlischen Ader freien Lauf lassen. Hier können Sie malen, zeichnen und das Ergebnis abspeichern oder auch sofort per E-Mail an Freunde und Verwandte verschicken.

Im Skizzenblock zeichnen

1 Klicken Sie im **Windows Ink-Arbeitsbereich** auf **Skizzenblock**.

2 Wählen Sie zwischen **Kugelschreiber**, **Stift** und **Textmarker** aus und bestimmen Sie die Farbe und Größe.

3 Sie können entweder auf den **Rückgängig**-Pfeil klicken, um den zuletzt gemalten Strich verschwinden zulassen, oder Sie wählen **Radierer** und können so gezielt Striche löschen.

4 Klicken Sie auf **Lineal**, damit Sie gerade Linien zeichnen können.

5 Indem Sie auf das Papierkorb-Symbol klicken, löschen Sie alles und können von Neuem starten.

6 Klicken Sie auf **Speichern unter**, um Ihr Kunstwerk zu sichern.

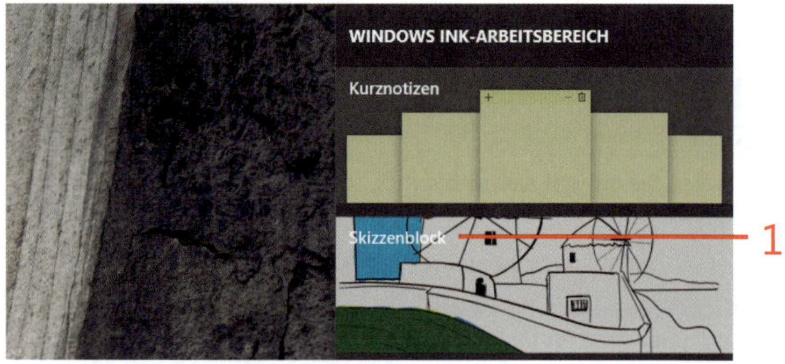

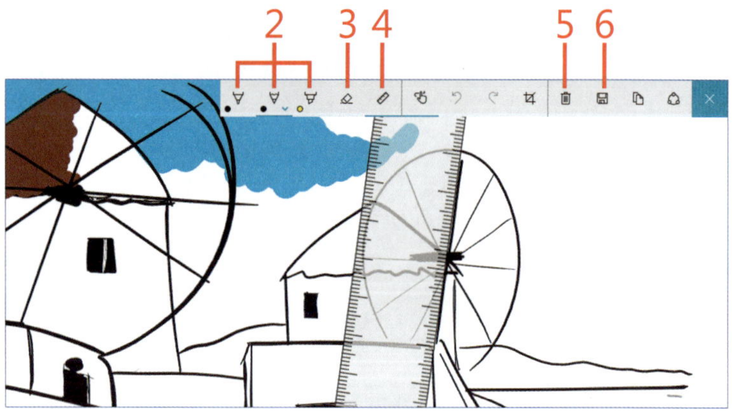

TIPP Klicken Sie auf die **Teilen**-Schaltfläche, um Ihr Bild an Freunde und Verwandte weiterzuleiten. Sie können es entweder als E-Mail verschicken, es zu einer Erinnerung von Cortana machen oder es auf Socialmedia-Seiten wie Facebook und Twitter teilen.

Die Bildschirmskizze

Die dritte Funktion von Windows Ink erstellt einen Screenshot von Ihrem Desktop, den Sie dann mit dem gleichen Werkzeug wie im Skizzenblock beliebig bearbeiten können. So können Sie wichtige Merkmale und Informationen hervorheben oder auch Kommentare einfügen. Den bearbeitete Screenshot können Sie dann per E-Mail oder Nachrichten-App an Freunde oder Kollegen weiterleiten.

Bildschirmskizzen teilen

1 Klicken Sie im **Windows Ink-Arbeitsbereich** auf **Bildschirmskizze**.

2 Wählen Sie **Stift** oder **Textmarker**, um die gewünschten Stellen zu markieren und gegebenenfalls einen Kommentar an den Rand zu schreiben.

3 Klicken Sie nun auf die **Teilen**-Schaltfläche und verschicken Sie den bearbeiteten Screenshot per E-Mail an Ihre Arbeitskollegen oder Freunde, um ihn mit ihnen zu besprechen.

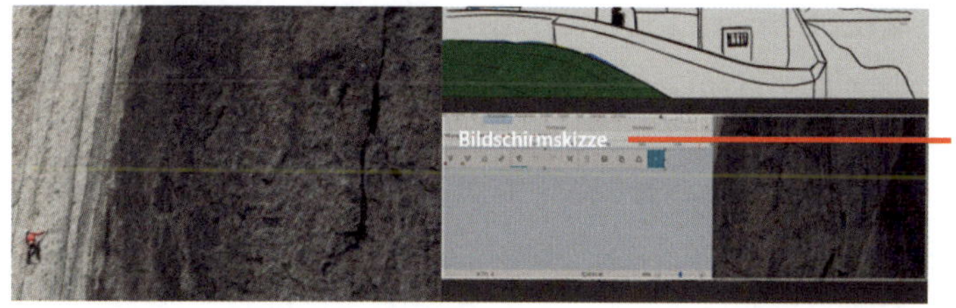

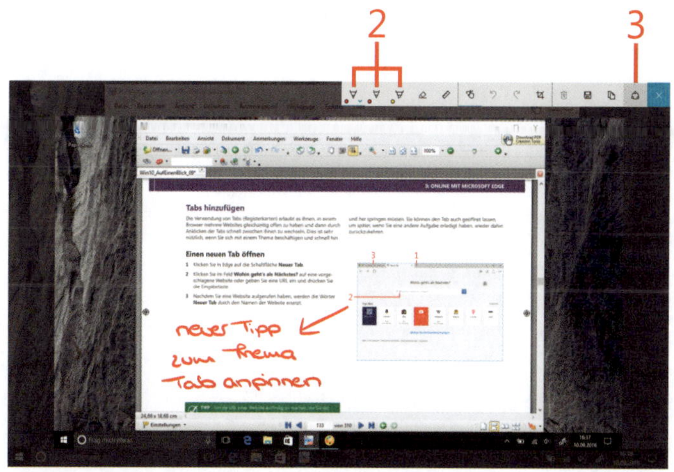

Netzwerke einrichten und verwalten

8

Kleinere Unternehmen oder Privathaushalte, die über mehrere Computer verfügen, können diese zu einem Netzwerk zusammenschließen und Ressourcen wie Internetanschluss, Drucker oder auch Dokumente untereinander teilen. Mit Windows 10 können Sie selbst ein neues Netzwerk einrichten oder sich mit einem bestehenden Netzwerk verbinden (einschließlich den öffentlichen Netzwerken wie sie in Restaurants oder Flughäfen angeboten werden). Heimnetzwerke wie auch jedes öffentliche Netzwerk, auf das Sie mit Ihrem Laptop oder Tablet unterwegs zugreifen, basiert auf der sogenannten *WLAN*-Technologie.

Mit dem Beitritt zu einem Netzwerk ist es aber nicht getan. Wichtig ist auch, dass Sie die Sicherheits- und Privatsphäre-Einstellungen kennen, damit niemand von außerhalb des Netzwerks auf Ihre Daten und Einstellungen zugreifen kann.

In diesem Kapitel:

- WLAN-Netzwerke
- Eine Verbindung zu einem Netzwerk herstellen
- Einer Heimnetzgruppe beitreten
- Der Laptop als mobiler Hotspot
- Ihren Computer für andere auffindbar machen
- Optionen für die Freigabe von Dateien und Drucker
- Der Flugzeugmodus
- Einen Computer vom Netzwerk trennen

WLAN-Netzwerke

Drahtlosnetzwerke gibt es praktisch überall. Über diese Netzwerke können Computer auf das Internet zugreifen. Das heißt, wer im Internet surfen möchte, muss sich mit einem Netz verbinden und ein Kennwort eingeben. Netze können öffentlich oder privat sein. In der Regel ist ein privates Netzwerk sicher, da nur diejenigen, die dem Netzwerk beigetreten sind, sich damit verbinden können. Darüber hinaus gibt es an vielen öffentlichen Orten wie Hotels, Cafés oder Bibliotheken ein öffentliches Netzwerk. Auf diese Netzwerke kann jeder zugreifen, der das Kennwort vom Netzwerkbesitzer erhalten hat. Deshalb sind solche Netzwerke weniger sicher.

Wie funktioniert ein WLAN-Netzwerk?

Für ein einfaches Heimnetzwerk benötigen Sie ein sogenanntes *Modem/ Router*, das über Ihren Provider (z. B. eine Kabel- oder Telefongesellschaft) an eine eingehende Internetverbindung angeschlossen ist. Dieses Modem/ Router ist über ein Kabel mit einem *Drahtlosrouter* verbunden. Computer und andere Geräte wie Smartphones und Tablets können über das Funksignal vom Drahtlosrouter auf die Internetverbindung zugreifen und Ressourcen freigeben.

Wer ein Heimnetzwerk erstellen möchte, muss jeden beitretenden Computer in der *Heimnetzgruppe* einrichten. Er kann ihm die Möglichkeit einräumen, auf freigegebene Inhalte und Funktionen wie eine Internetverbindung zuzugreifen. Sind Peripheriegeräte wie Drucker mit dem Netzwerk verbunden, können diese ebenfalls freigegeben werden.

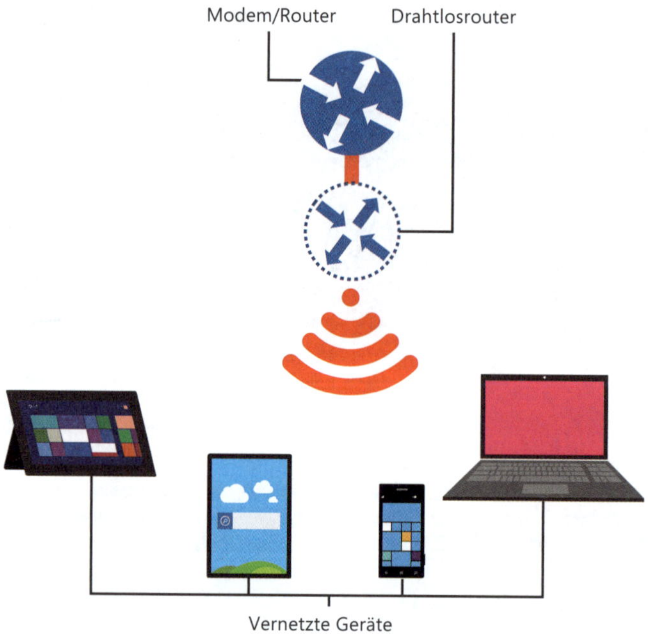

TIPP Wenn Sie nur einen einzigen Computer mit dem Internet verbinden wollen, reichen ein Modem/Router und ein Kabel, das zu Ihrer Providerverbindung in der Wand führt (normalerweise ein Telefon- oder Kabelanbieter). Zusätzlich benötigen Sie ein Ethernetkabel für die Verbindung von Ihrem Computer zum Modem/Router. Bei nur einem Computer ist es nicht notwendig, die Verbindung drahtlos auszulegen (es sei denn, Sie wollen Ihren Computer an mehreren Orten in Ihrem Haus nutzen), d. h. ein Drahtlosrouter wird nicht benötigt.

TIPP Praktisch alle modernen Computer sind heutzutage WLAN-fähig. Wenn Sie jedoch mit einem älteren Modell arbeiten, können Sie einen WLAN-Adapter kaufen, der über die USB-Schnittstelle an Ihren Computer angeschlossen wird. Sie können auch einen mobilen WLAN-Hotspot kaufen (*MiFi*), um Ihren Computer an Ihre Mobilfunkverbindung anzuschließen.

Eine Verbindung zu einem Netzwerk herstellen

Es müssen einige Voraussetzungen erfüllt sein, bevor Sie sich mit einem Netzwerk verbinden können. Zum einen muss Ihr Computer WLAN-fähig sein und das WLAN muss in den WLAN-Einstellungen eingeschaltet sein (klicken Sie dazu im Info-Center einfach auf die **WLAN**-Schaltfläche). Zum anderen müssen Sie sich im Empfangsbereich des Netzwerks befinden, was je nach Netzwerkstärke bei ungefähr 100 m liegt. Schließlich müssen Sie das gewünschte Netzwerk auswählen und ein Kennwort eingeben. Damit treten Sie dem Netzwerk bei und werden verbunden. Wenn Sie sich später erneut verbinden, müssen Sie in der Regel kein Kennwort mehr angeben.

Sich mit einem Netzwerk verbinden

1 Klicken Sie in der Taskleiste auf das Netzwerksymbol.

2 Wählen Sie aus der Liste der verfügbaren Netzwerke das gewünschte Netzwerk aus.

3 Wenn Sie sich bei jedem Einloggen in Windows 10 mit diesem Netzwerk verbinden wollen, markieren Sie das Kontrollkästchen **Automatisch verbinden**.

4 Klicken Sie auf **Verbinden**.

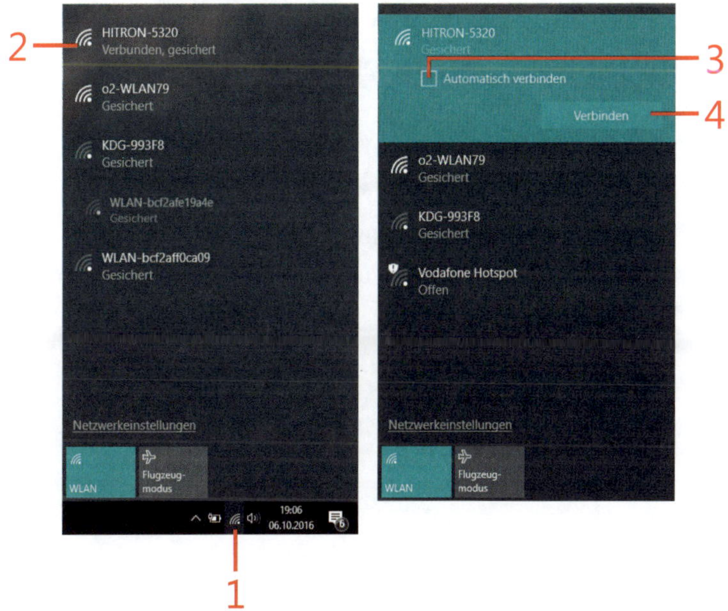

TIPP Wenn Sie Probleme mit dem Netzwerk haben, klicken Sie mit der rechten Maustaste auf das Netzwerksymbol in der Taskleiste und dann auf **Problembehandlung**. Daraufhin öffnet sich ein Assistent, der unter Umständen auf mehreren Seiten Eingaben von Ihnen erwartet, die Sie beantworten müssen, um festzustellen, ob Windows Ihre Netzwerkprobleme entdecken und beheben kann.

Einer Heimnetzgruppe beitreten

In einem Heimnetzwerk richten Sie eine Heimnetzgruppe ein. Jeder Computer, der dieser Heimnetzgruppe beigetreten ist, kann u.a. Dateien, Drucker, Musik und Videos für andere freigeben. Mithilfe der Windows-Einstellungen können Sie steuern, was Sie für andere freigeben (siehe Abschnitt „Optionen für die Freigabe von Dateien und Drucker" weiter hinten in diesem Kapitel). Um einer Heimnetzgruppe beizutreten, benötigen Sie das Kennwort, das Ihnen der Netzadministrator geben kann. Denken Sie jedoch daran, dass es sich hierbei um ein anderes Kennwort handelt als das, welches für die Netzwerkverbindung erforderlich ist.

Einer Heimnetzgruppe in einem Heimnetzwerk beitreten

1 Klicken Sie in der Taskleiste mit der rechten Maustaste auf das Netzwerksymbol.

2 Klicken Sie auf **Netzwerk- und Freigabecenter öffnen**.

3 Klicken Sie auf **Heimnetzgruppe**.

4 Klicken Sie auf **Jetzt beitreten** und dann im folgenden Bildschirm auf **Weiter**.

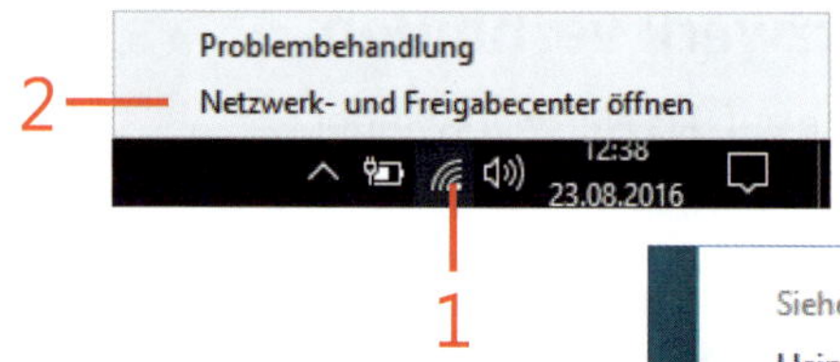

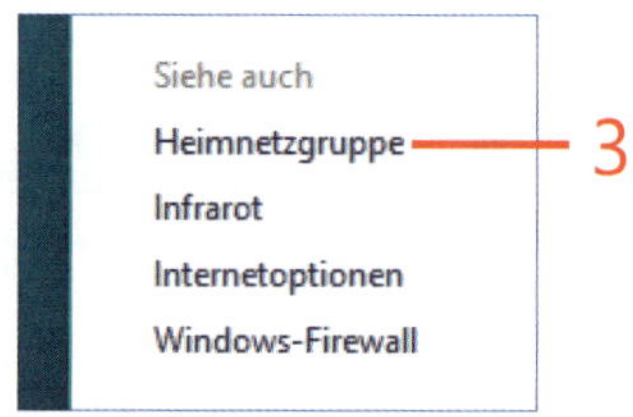

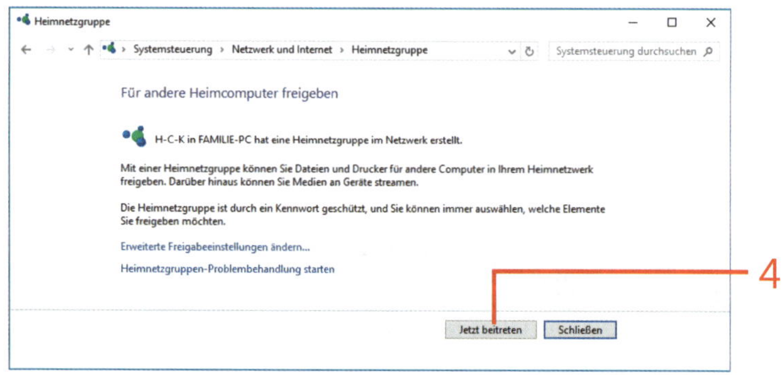

Einer Heimnetzgruppe in einem Heimnetzwerk beitreten *(Fortsetzung)*

5 Klicken Sie auf ein Element und ändern Sie dessen Status auf **Freigegeben** oder **Nicht freigegeben**.

6 Klicken Sie auf **Weiter**.

7 Geben Sie Ihr Heimnetzgruppen-Kennwort ein.

8 Klicken Sie auf **Weiter**.

9 Klicken Sie auf **Fertig stellen**.

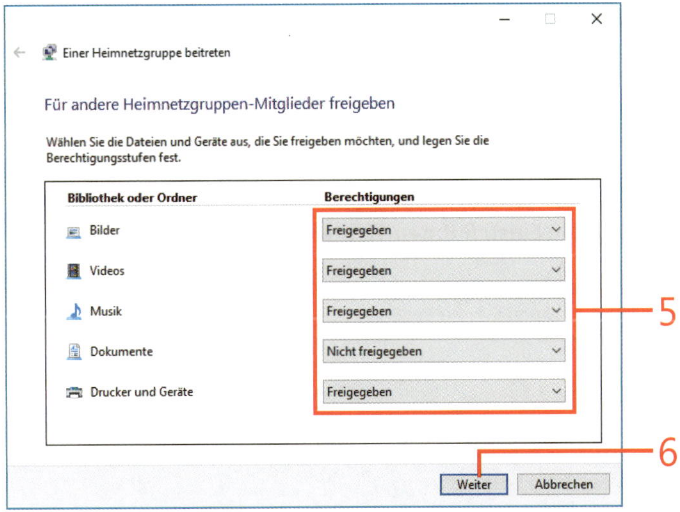

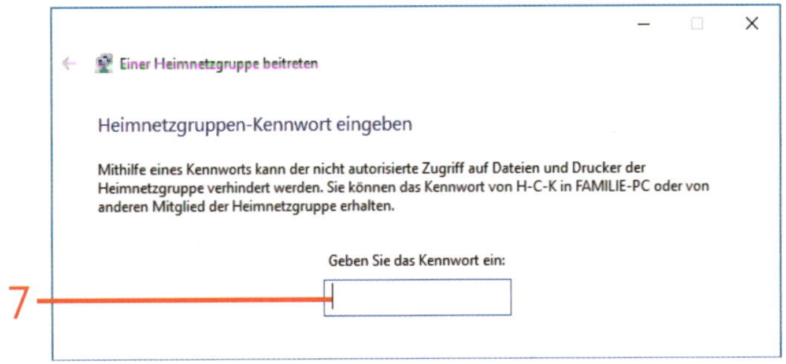

TIPP Sie erhalten das Kennwort für die Heimnetzgruppe bei der Person, die es erstellt hat und deren E-Mail Ihnen zugeschickt wird, wenn Sie den Heimnetzgruppen-Assistenten verwenden. Diese Person kann das Kennwort in den Einstellungen für die Heimnetzgruppe nachschlagen.

Der Laptop als mobiler Hotspot

Wenn Sie auf Ihrem Laptop oder Tablet auch unterwegs über eine permanente Interverbindung verfügen, können Sie diese ganz einfach für andere Geräte freigeben – eine praktische Sache, gerade bei Reisen mit der Familie oder, wenn man mit Freunden unterwegs ist.

Den Laptop als mobilen Hotspot einrichten

1 Klicken Sie im **Einstellungen**-Fenster auf **Netzwerk und Internet**.

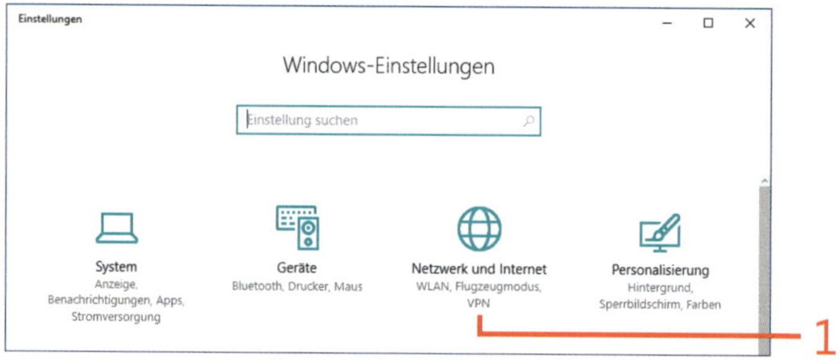

PROBIER'S AUS Um auf dem anderen Gerät eine Verbindung herzustellen, rufen Sie die WLAN-Einstellungen auf dem Gerät auf, suchen den Netzwerknamen, wählen ihn aus, geben das Kennwort ein und stellen dann eine Verbindung her.

Den Laptop als mobilen Hotspot einrichten

(Fortsetzung)

2 Klicken Sie auf **Mobiler Hotspot**.

3 Wählen Sie die Internetverbindung aus, die Sie freigeben möchten.

4 Klicken Sie auf den Schalter **Bearbeiten**, falls Sie noch den Anzeigenamen und das Kennwort für die Verbindung ändern möchten.

5 Schalten Sie die Option **Meine Internetverbindung für andere Geräte freigeben** auf ein.

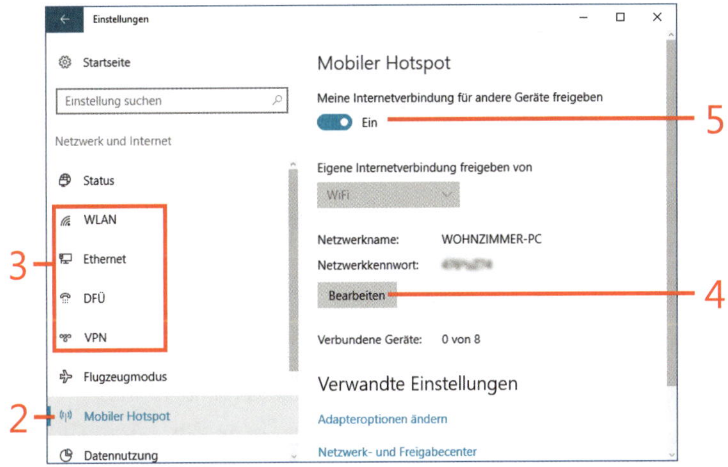

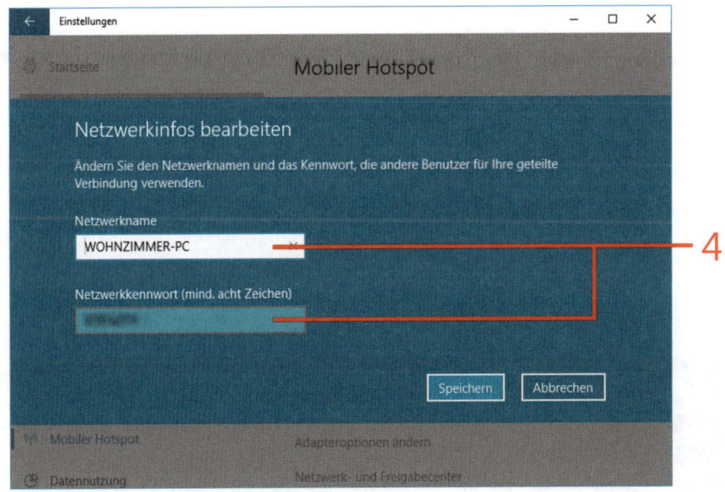

Ihren Computer für andere auffindbar machen

Bluetooth ist ein kabelloser Übertragungsstandard für kurze Reichweiten, über den sich verschiedene Geräte miteinander verbinden können. Sie können über Bluetooth zum Beispiel Ihr Smartphone mit Ihrem Auto verbinden oder Ihren Computer mit einem Drucker. Wenn Sie möchten, dass Ihr Computer sich über Bluetooth mit anderen verbinden kann, müssen Sie ihn für andere Geräte *auffindbar* machen.

Ihren Computer in einem Netzwerk auffindbar machen

1 Klicken Sie im **Einstellungen**-Fenster auf **Netzwerk und Internet**.

2 Klicken Sie auf **WLAN**.

3 Klicken Sie auf ein Netzwerk, mit dem Sie verbunden sind.

4 Wenn der Schalter unter der Option **Dieser PC soll gefunden werden** ausgeschaltet ist, schalten Sie ihn ein.

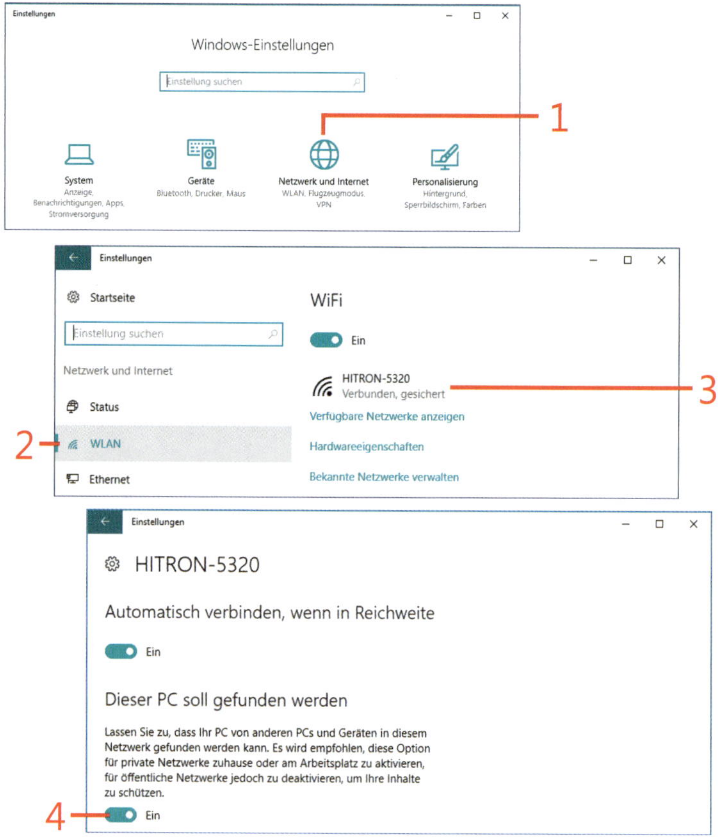

TIPP Sie können Ihren Computer so einrichten, dass Ihr Smartphone das WLAN-Netzwerk und nicht das Funknetz Ihres Handy-Providers nutzt, um ins Internet zu gehen. Dies kann Ihnen einiges an Gebühren sparen, die normalerweise anfallen, wenn Sie Daten hoch- oder runterladen.

Optionen für die Freigabe von Dateien und Drucker

Die meisten Netzwerkteilnehmer machen die Erfahrung, dass die Freigabe von Dateien und Drucker das Leben wesentlich erleichtert. Man muss keine Dateien über E-Mail verschicken oder online teilen, und man muss auch nicht jeden Computer in einer Heimnetzgruppe direkt mit einem Drucker verbinden. Um diese Funktionalität zu aktivieren, müssen Sie zuerst die Einstellungen für die **Datei- und Druckerfreigabe** konfigurieren.

Die Freigabeeinstellungen konfigurieren

1 Klicken Sie im **Einstellungen**-Fenster **Netzwerk und Internet** auf **WLAN**.

2 Klicken Sie auf **Erweiterte Freigabeoptionen ändern**.

3 Klicken Sie auf **Datei und Druckerfreigabe aktivieren**, wenn diese Option noch nicht aktiviert ist.

4 Klicken Sie auf **Änderungen speichern**.

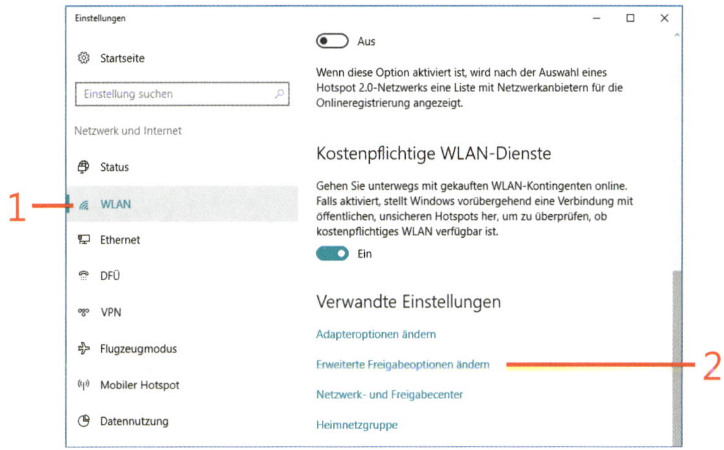

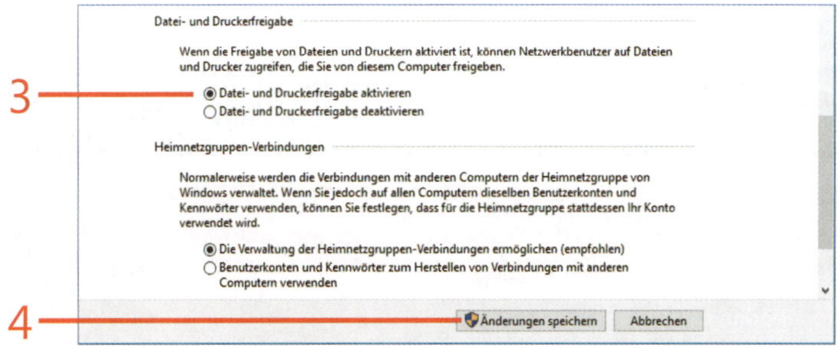

TIPP Wenn Sie feststellen, dass die Freigabe von Dateien und Drucker nicht geklappt hat, werfen Sie einen Blick in die Einstellungen Ihrer Windows-Firewall. Dort können Sie einzelnen Apps oder Features den Durchgang durch die Windows-Firewall erlauben. Markieren Sie die Option **Datei- und Druckerfreigabe**, damit diese Elemente die Firewall passieren dürfen und zur Freigabe bereitstehen.

Der Flugzeugmodus

Wenn Sie mit dem Flugzeug reisen, werden Sie von der Bordcrew normalerweise aufgefordert, alle elektronischen Geräte während Start und Landung auszuschalten. Mit Windows 10 können Sie dieser Aufforderung nachkommen und Ihr Gerät trotzdem weiter nutzen. Schalten Sie einfach den Flugzeugmodus ein. Damit unterbinden Sie die Übertragung von allen WLAN-, Bluetooth- oder Funksignalen und stellen keine Bedrohung mehr für die Flugzeugkommunikation dar.

Flugzeugmodus einschalten

1 Klicken Sie in der Taskleiste auf das Symbol für das Info-Center.

2 Klicken Sie auf **Flugzeugmodus**.

TIPP Um den Flugzeugmodus auszuschalten, klicken Sie einfach im Info-Center erneut auf die Schaltfläche **Flugzeugmodus**.

ACHTUNG Wenn Sie den Flugzeugmodus eingeschaltet haben, können Sie keine E-Mails senden oder empfangen beziehungsweise über einen Internetdienst wie Skype Anrufe tätigen. Sobald Sie gelandet sind, können Sie den Flugzeugmodus wieder ausschalten und haben Zugriff auf alle Nachrichten, die Ihnen während des Flugs gesendet wurden.

Einen Computer vom Netzwerk trennen

Die Erfahrung lehrt, dass wir einfach dadurch, dass wir uns aus dem Empfangsbereich eines Netzes bewegen, unseren Computer vom Netzwerk trennen. Wenn Sie Ihren Computer jedoch vom Netz nehmen möchten, während Sie noch im Empfangsbereich sitzen – beispielsweise um die Freigabe zu unterbinden oder sich vor Hackerangriffen zu schützen –, befolgen Sie die hier beschriebenen Schritte.

Sich von einem Netzwerk trennen

1 Klicken Sie in der Taskleiste auf das Netzwerksymbol.

2 Klicken Sie auf ein Netzwerk, mit dem Sie verbunden sind.

3 Klicken Sie auf **Trennen**.

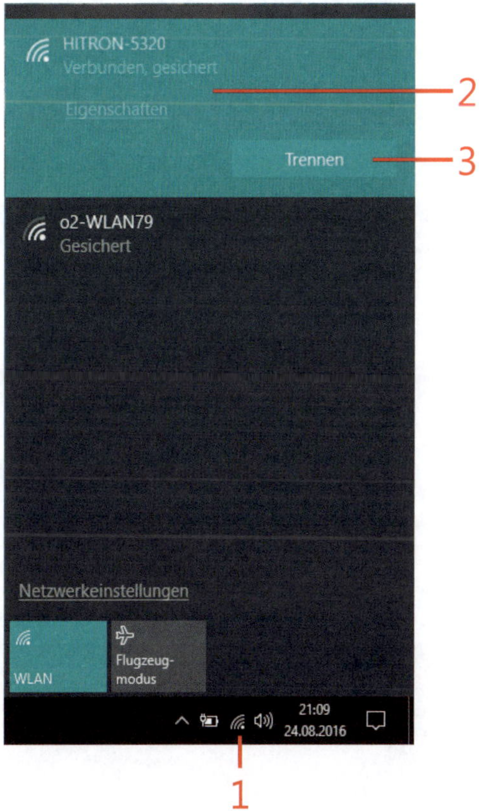

TIPP Wenn Sie eine Verbindung zu einem öffentlichen Netzwerk hergestellt haben, sind Ihr Computer und Ihre Daten immer gefährdet. Deshalb ist es ratsam, Ihren Computer möglichst sofort vom Netz zu nehmen, wenn Sie Ihre Arbeit erledigt haben.

Online mit Microsoft Edge

9

Microsoft Edge ist der brandneue Browser von Windows 10. Seine Benutzeroberfläche ist einfacher und übersichtlicher als die vieler anderer Browser. So kann sich der Benutzer stärker auf den Inhalt konzentrieren, ohne von Symbolleisten und Menüs abgelenkt zu werden. Über die Benutzeroberfläche können Sie Webseiten aufrufen.

Zusätzlich zu der übersichtlicheren Oberfläche bietet Ihnen Edge die Möglichkeit, sicher im Internet zu surfen, häufig besuchte Websites als Favoriten abzuspeichern und Ihren Browserverlauf einzusehen. In der Leseansicht können Sie Artikel ohne die vielen Werbeeinblendungen und artikelfremden Bilder anzeigen lassen. Außerdem können Sie in Webseiten zeichnen und diese dann mit anderen teilen.

In diesem Kapitel:

- Edge im Überblick
- Eine Startseite festlegen
- Im Web browsen
- Tabs hinzufügen
- Der Browserverlauf
- Webseiten markieren
- Die Leseansicht
- Webseiten zu den Favoriten und der Leseliste hinzufügen
- InPrivate-Browsen
- In Webseiten suchen
- Vergrößern und Verkleinern
- Downloads verwalten

Edge im Überblick

Edge wartet mit einem frischen Erscheinungsbild und einem neuen Browser-Erlebnis auf. Um die Oberfläche übersichtlich zu halten, wurden Features wie Favoriten, Leseliste und Verlauf hinter der **Hub**-Schaltfläche versteckt. Hilfsmittel zum Kommentieren und Teilen von Webseiten erscheinen erst, wenn man auf die Schaltfläche **Webseitennotiz erstellen** klickt. Als Resultat ist die Symbolleiste von Edge verhältnismäßig klein und übersichtlich geblieben.

Doch Edge punktet nicht nur mit einer klaren Oberfläche, sondern auch mit seiner Windows Ink-Integration. Mit Windows Ink können Sie auf einer Webseite zeichnen, Kommentare eingeben oder Elemente hervorheben und die kommentierte Webseite anschließend mit anderen teilen. Edge ist auch der Browser, auf den Cortana, die persönliche Assistentin von Windows 10, zugreift, um Sie bei der erweiterten Suche im Web von Ihrem Desktop aus zu unterstützen.

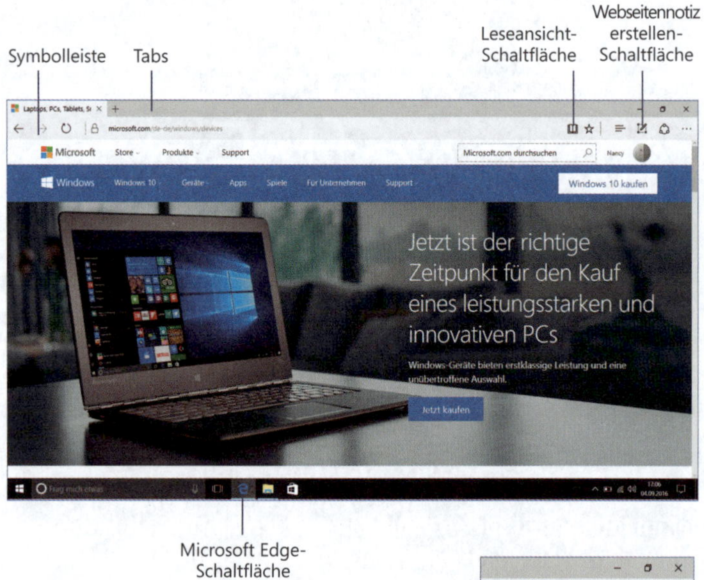

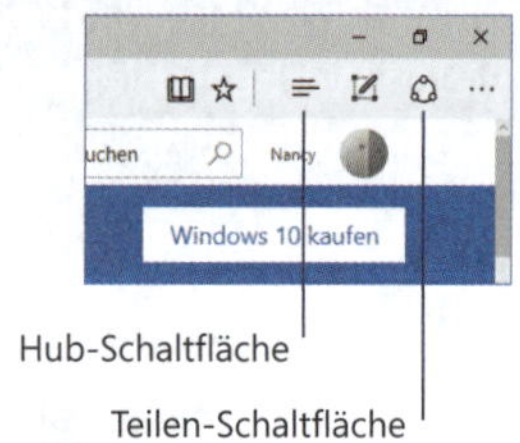

TIPP Sie können Ihre Add-ons jetzt über Edge selbst verwalten. Dafür klicken Sie einfach in der oberen Ecke auf die Schaltfläche **Weitere Aktionen** und dann auf **Erweiterungen**. Dort können Sie Ihre bereits vorhandenen Add-ons aufgelistet sehen oder Sie klicken auf den Link **Erweiterungen aus dem Store abrufen**, um zum Store weitergeleitet zu werden und weitere Add-ons zu installieren. Sie lassen Ihre Add-ons neben der Adressleiste erscheinen, indem Sie auf das jeweilige Add-on klicken und dann den Schalter unter **Schaltfläche neben der Adressleiste anzeigen** einschalten.

TIPP Da Edge noch relativ neu ist, lässt sich nicht jede Webseite darin öffnen. Bei einigen Seiten müssen Sie zum Öffnen auf den Internet Explorer von Microsoft zurückgreifen.

Eine Startseite festlegen

Nahezu alle bekannten Browser laden beim Aufruf automatisch eine sogenannte Startseite, die als Ausgangspunkt zum Browsen im Web dient. Welche Seite Edge laden soll, wenn Sie Edge aufrufen oder die **Startseite**-Schaltfläche anklicken, können Sie selbst festlegen. Vielleicht würden Sie ja eine Startseite vorziehen, welche die aktuellen Aktienkurse oder das Wetter anzeigt. Sie können auch mehrere Startseiten definieren, die dann alle je in einem eigenen Tab angezeigt werden.

Eine Startseite angeben

1 Öffnen Sie Edge und klicken Sie dann in der oberen rechten Ecke auf die Schaltfläche **Mehr**.

2 Klicken Sie auf **Einstellungen**.

3 Klicken Sie im Dropdownlistenfeld unter **Microsoft Edge öffnen mit** auf **Bestimmte Seite(n)**.

4 Geben Sie in das Feld **URL eingeben** die URL der Webseite ein, die Sie als Startseite verwenden wollen, und klicken Sie dann rechts auf das Speichersymbol.

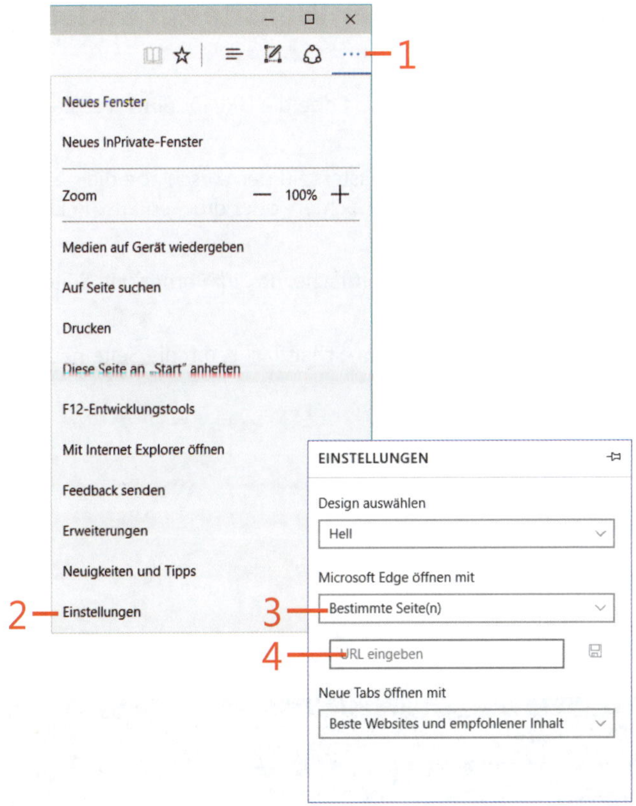

TIPP Sie löschen eine Startseite, indem Sie in den Einstellungen auf das X direkt rechts von dem Namen der Webseite klicken.

TIPP Um die **Startseite**-Schaltfläche anzeigen zu lassen, müssen Sie in den Einstellungen auf **Erweiterte Einstellungen anzeigen** klicken und dann den Schalter unter **Schaltfläche „Startseite" anzeigen** einschalten.

Im Web browsen

Die Hauptaufgabe eines Browsers ist, wie der Name schon verrät, im Internet zu browsen, das heißt von einer Website bzw. Webseite zur nächsten zu navigieren. Jede Website im Web wird eindeutig durch eine URL wie *www.microsoft.de* identifiziert. In Edge können Sie URLs direkt eingeben, um eine bestimmte Website aufzurufen. Der Browser verfügt über Navigationsschaltflächen, die es Ihnen erlauben, in den bereits aufgerufenen Webseiten Ihrer aktuellen Browsersitzung zurück- und wieder vorzublättern.

Von einer Webseite oder Website zur anderen navigieren

1 Geben Sie in die Adressleiste von Edge die URL für eine Website ein.

2 Wählen Sie aus dem Dropdownlistenfeld der Vorschläge die Website aus, die Sie besuchen möchten, oder drücken Sie die Eingabetaste.

3 Klicken Sie auf die **Zurück**-Schaltfläche, um zur vorherigen Seite zurückzublättern.

4 Klicken Sie auf die **Aktualisieren**-Schaltfläche, um die Seite neu zu laden.

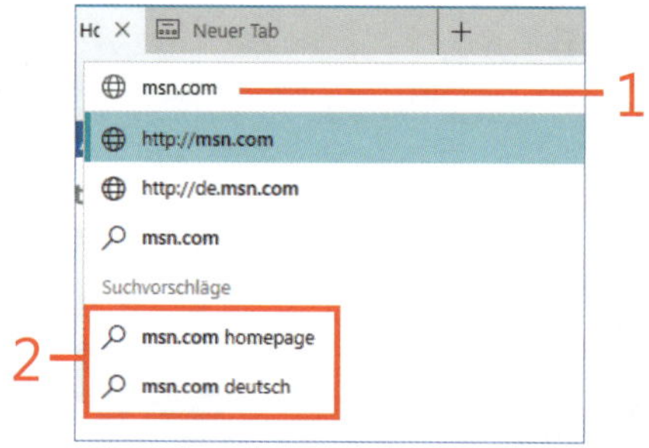

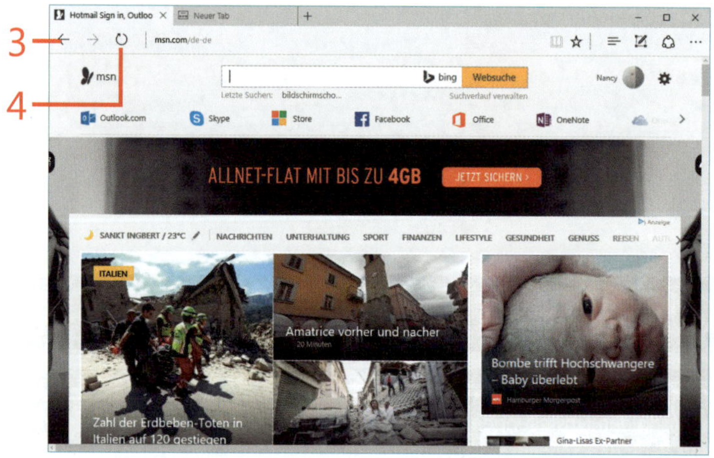

TIPP Erst nachdem Sie Seiten aufgerufen haben, stehen Ihnen die Schaltflächen **Zurück** und **Weiter** zur Verfügung. Über die Schaltfläche **Zurück** können Sie zurückblättern und über **Weiter** weiterblättern.

Tabs hinzufügen

Die Verwendung von Tabs (Registerkarten) erlaubt es Ihnen, in einem Browser mehrere Websites gleichzeitig offen zu haben und dann durch Anklicken der Tabs schnell zwischen ihnen zu wechseln. Dies ist sehr nützlich, wenn Sie sich mit einem Thema beschäftigen und schnell hin und her springen müssen. Sie können den Tab auch geöffnet lassen, um später, wenn Sie eine andere Aufgabe erledigt haben, wieder dahin zurückzukehren.

Einen neuen Tab öffnen

1 Klicken Sie in Edge auf die Schaltfläche **Neuer Tab**.

2 Klicken Sie im Feld **Wohin geht's als Nächstes?** auf eine vorgeschlagene Website oder geben Sie eine URL ein und drücken Sie die Eingabetaste.

3 Nachdem Sie eine Website aufgerufen haben, werden die Wörter **Neuer Tab** durch den Namen der Website ersetzt.

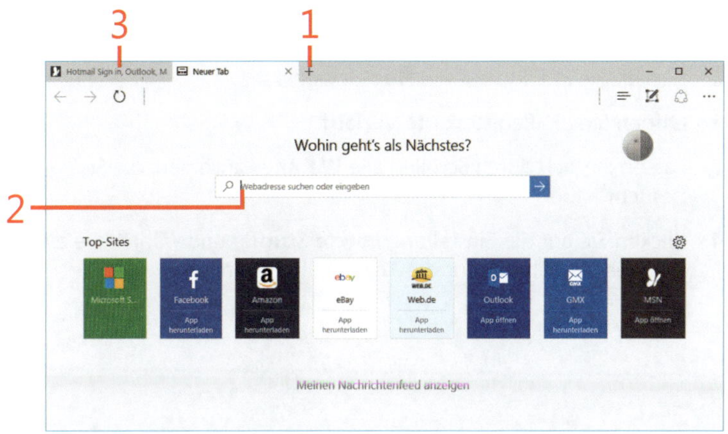

TIPP Um einen Tab anzupinnen, müssen Sie mit der rechten Maustaste auf den ausgewählten Tab klicken und dann **Anheften** auswählen. Sofort verkleinert sich der Tab auf Symbolgröße. Man kann ihn jetzt nicht mehr aus Versehen löschen, da kein Schließen-Kreuz eingeblendet wird, und auch bei einem Neustart wird dieser Tab weiterhin angezeigt.

TIPP Um die URL einer Website ausfindig zu machen, die Sie vor Kurzem besucht haben, können Sie das Verlauf-Feature nutzen, das im nächsten Abschnitt besprochen wird.

Der Browserverlauf

Jeder, der im Internet surft, hinterlässt eine Spur, denn die Adressen der besuchten Websites werden im sogenannten Browserverlauf gespeichert. Oft ist es ganz praktisch, einen Blick auf diesen Verlauf zu werfen, z. B. wenn Sie nach einer Website suchen, deren URL Sie vergessen haben, die Sie aber noch einmal aufrufen wollen. In der Registerkarte **Verlauf** können Sie Ihren Browserverlauf einsehen und durch Anklicken einer URL direkt zu der gesuchten Website wechseln.

Kürzlich besuchte Websites anzeigen

1 Klicken Sie in Edge auf die **Hub**-Schaltfläche.

2 Öffnen Sie die Registerkarte **Verlauf**.

3 Lassen Sie sich durch Scrollen alle Websites anzeigen, die Sie besucht haben.

4 Klicken Sie auf die Einstellung **Letzte Stunde** und wählen Sie einen anderen Zeitrahmen für die Anzeige Ihres Verlaufs.

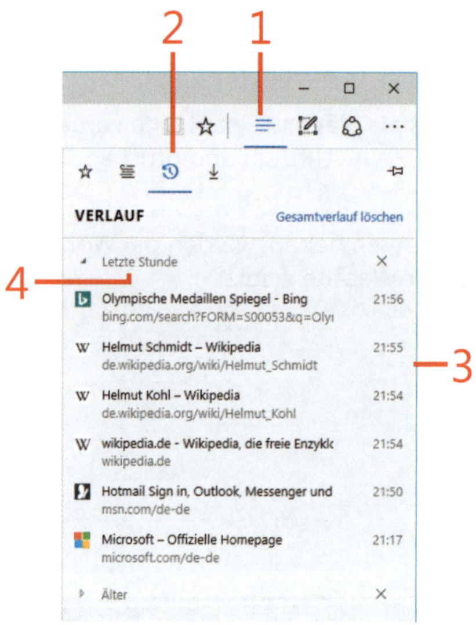

TIPP Wer seinen Browserverlauf löschen möchte, um beispielsweise seine Aktivitäten vor anderen verborgen zu halten, kann auf der Registerkarte **Verlauf** die Option **Gesamtverlauf löschen** anklicken.

TIPP Damit Sie Ihren Browserverlauf nicht jedes Mal manuell löschen müssen, klicken Sie in den Einstellungen auf die Schaltfläche **Zu löschendes Element auswählen** und schalten dort die Option **Diese Daten nach jeder Sitzung löschen** ein.

Webseiten markieren

In Edge integriert ist ein Feature namens Windows Ink. Sie wechseln damit in einen Editiermodus, der es Ihnen erlaubt, in Webseiten zu schreiben, zu zeichnen oder Kommentare einzutippen und diese kommentierten Webseiten dann mit anderen zu teilen oder für die eigenen Unterlagen abspeichern.

In Webseiten zeichnen

1 Öffnen Sie in Edge eine Webseite und klicken Sie auf die Schaltfläche **Webseitennotiz erstellen**.

2 Klicken Sie auf das **Stift**-Tool und zeichnen Sie in die Seite.

3 Klicken Sie auf das **Textmarker**-Tool und heben Sie damit Inhalte auf der Seite hervor.

4 Klicken Sie auf das Tool **Getippte Notiz hinzufügen** und geben Sie in das Eingabefeld Ihren Text ein.

5 Klicken Sie auf die **Teilen**-Schaltfläche.

6 Wählen Sie entweder **Mail** oder **OneNote** und geben Sie die angeforderten Daten ein, um die markierte Seite mit anderen zu teilen.

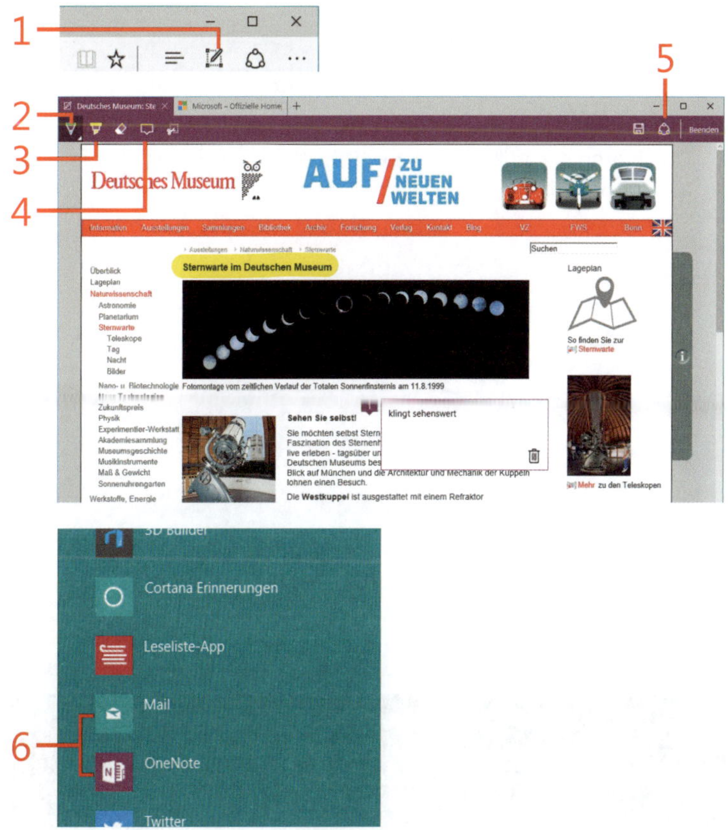

TIPP Die **Teilen**-Schaltfläche steht Ihnen auch zur Verfügung, wenn Sie sich nicht im Windows Ink-Editiermodus befinden. So können Sie jede Webseite via Mail oder OneNote teilen, die Ihnen gefällt.

Die Leseansicht

In der Leseansicht können Sie den Inhalt einer Webseite in magazinähnlicher Aufmachung anzeigen lassen und sich so der oft störenden Werbeeinblendungen entledigen. Zur besseren Lesbarkeit wird der Text in der Leseansicht etwas vergrößert dargestellt. Sie öffnen die Leseansicht für eine Webseite, in dem Sie die Schaltfläche **Leseansicht** in der Adressleiste anklicken. Denken Sie jedoch daran, dass sich nur Webseiten in der Leseansicht anzeigen lassen, die dieses Feature unterstützen.

Die Leseansicht öffnen

1. Öffnen Sie einen Artikel in Edge und klicken Sie auf die Schaltfläche **Leseansicht**.
2. Durch erneutes Anklicken dieser Schaltfläche verlassen Sie die Leseansicht wieder.

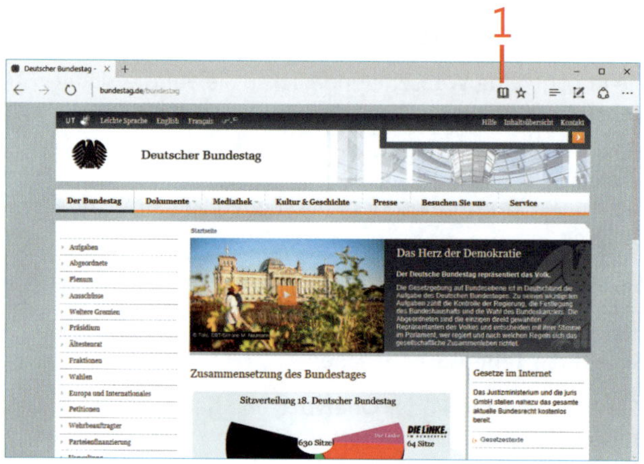

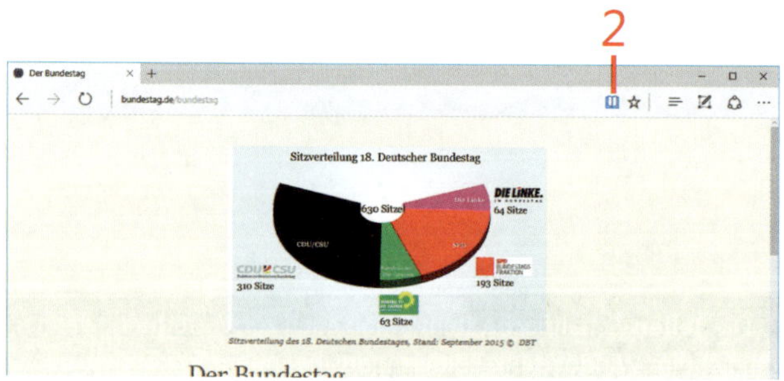

> **TIPP** Die Leseansicht wird nicht von allen Websites unterstützt. In der Regel ist diese Funktion auf den Websites von Zeitungsverlagen aktiviert, während sie auf Websites des Onlinehandels meist nicht zur Verfügung steht.

Webseiten zu den Favoriten oder der Leseliste hinzufügen

Beim Surfen im Internet passiert es immer wieder, dass Sie auf interessante Informationen oder Artikel stoßen, die Sie aber aus Zeitmangel nicht lesen können. Mit Edge können Sie diese Artikel Ihrer Leseliste hinzufügen und sich ihnen dann später, wenn Sie mehr Zeit haben, widmen.

Mit Favoriten und Leseliste arbeiten

1 Öffnen Sie eine Webseite in Edge und klicken Sie auf die Schaltfläche **Zu Favoriten und Leseliste hinzufügen**.

2 Klicken Sie entweder auf **Favoriten** oder **Leseliste**.

3 Geben Sie dem Element einen Namen.

4 Klicken Sie auf **Hinzufügen**.

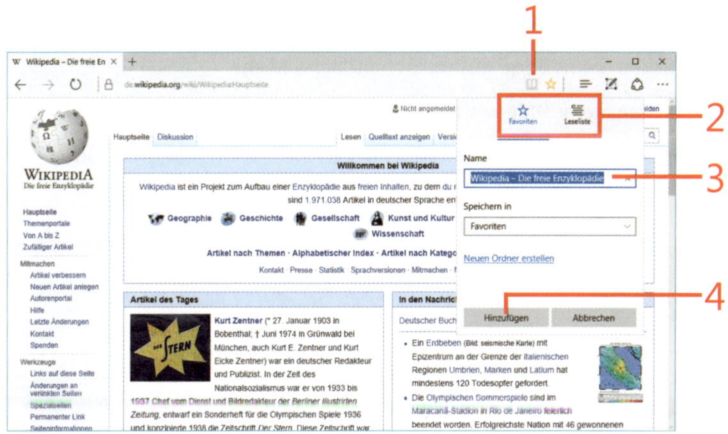

TIPP Wenn Sie eine Webseite zu den Favoriten hinzufügen, haben Sie die Wahl, den zugehörigen Eintrag in den Favoriten oder der Favoritenleiste zu erstellen, oder einen neuen Ordner anzulegen, unter dem Sie den Eintrag abspeichern können.

TIPP Um auf Ihrer Favoritenleiste Platz zu sparen, klicken Sie auf die Hub-Schaltfläche und dann auf die Registerkarte **Favoriten**. Nun klicken Sie auf **Einstellungen**, um dann gegebenenfalls die Option **Favoritenleiste anzeigen** erstmals zu aktivieren. Dann sollte die Schaltfläche **Nur Symbole auf der Favoritenleiste anzeigen** erscheinen, die Sie ebenfalls einschalten.

InPrivate-Browsen

Wenn Sie im Internet surfen, können Fremde anhand Ihres Browserverlaufs nachvollziehen, welche Seiten Sie aufgerufen haben, und Websites können Cookies auf Ihrem Computer ablegen, die Sie identifizierbar machen. InPrivate-Browsen ist ein Feature, mit dem Sie anonym im Internet surfen können, ohne eine deutlich sichtbare Spur zu hinterlassen.

Im Privat-Modus browsen

1 Klicken Sie in Edge auf die Schaltfläche **Mehr**.

2 Klicken Sie auf **Neues InPrivate-Fenster**.

3 Geben Sie eine URL ein und drücken Sie die Eingabetaste, um im InPrivate-Modus auf eine Website zuzugreifen.

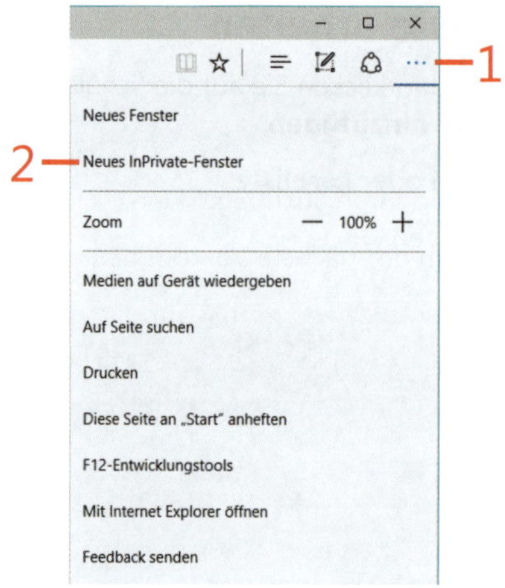

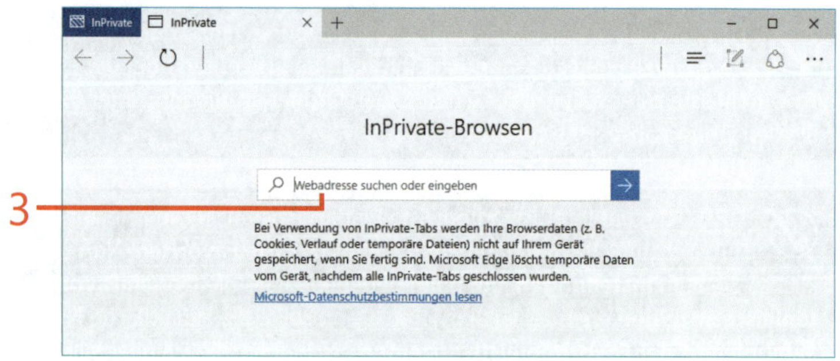

ACHTUNG Der InPrivate-Modus gilt beim Browsen nur für den jeweiligen Tab. Wenn Sie einen neuen Tab öffnen und in diesem eine Website aufrufen, sind Sie nicht mehr im Privat-Modus unterwegs. Denken Sie also daran, dass Sie InPrivate für jeden Tab separat aktivieren müssen, wenn Sie privat surfen wollen.

In Webseiten suchen

Die Hauptaufgabe eines Webbrowsers besteht darin, Ihnen online die gewünschten Informationen zu liefern. Häufig sind aber die Webseiten so umfangreich, dass nicht alles angezeigt werden kann. Deshalb verfügt Edge über eine Suchfunktion, mit der Sie genauso wie bei einer Suche nach Inhalt in einem Dokument nach Inhalt in einer Webseite suchen können.

In einer Webseite nach Inhalt suchen

1 Klicken Sie in Edge auf die Schaltfläche **Mehr**.

2 Klicken Sie auf **Auf Seite suchen**.

3 Geben Sie in das eingeblendete Feld Ihren Suchbegriff ein.

4 Klicken Sie auf den Pfeil **Weiter**, um das nächste Vorkommen anzuzeigen.

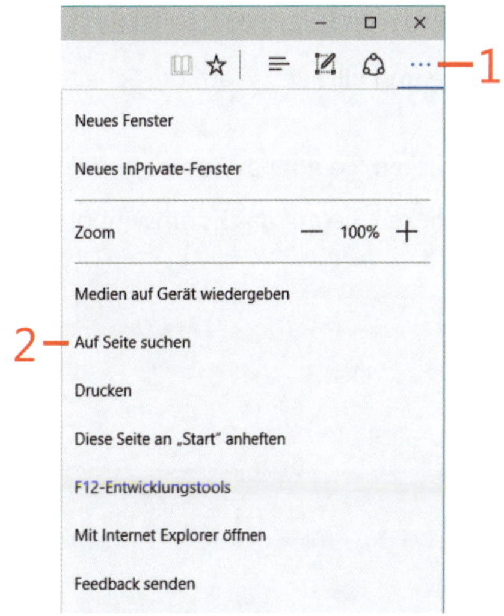

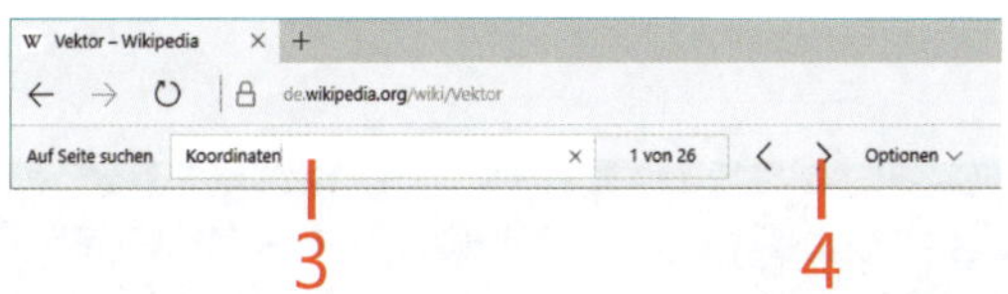

TIPP Um Ihre Suche zu verfeinern, klicken Sie auf **Optionen** und dann auf **Nur ganzes Wort suchen** oder **Groß-/Kleinschreibung beachten**.

Vergrößern und verkleinern

Einer der Vorteile, Inhalte online und nicht in einem Buch oder einer Zeitschrift zu lesen, ist, dass Sie die Größe der Anzeige leicht an Ihre Bedürfnisse anpassen können. Sie können in Text oder Bilder hineinzoomen, um sie zu vergrößern, oder aus ihnen herauszoomen, um mehr vom Text anzuzeigen.

Eine Webseite vergrößern oder verkleinern

1 Öffnen Sie in Edge eine Webseite und klicken Sie auf die Schaltfläche **Mehr**.

2 Um die Ansicht zu vergrößern, klicken Sie auf das Zoomsymbol **+**.

3 Um die Ansicht zu vergrößern, klicken Sie auf das Zoomsymbol **-**.

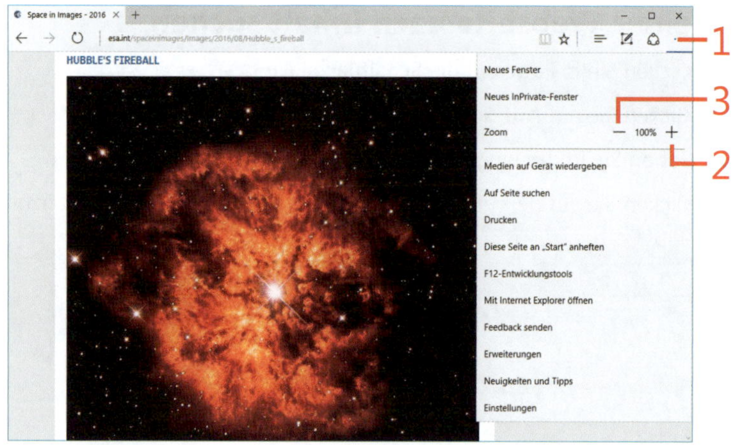

TIPP Wenn Sie einen Touchscreen-Computer nutzen, können Sie zum Zoomen einer Seite auch die Gestensteuerung verwenden. Um die Anzeige zu vergrößern, setzen Sie die zusammengeführten Finger auf dem Bildschirm auf und spreizen Sie sie auseinander. Sie verkleinern die Anzeige, indem Sie die auf dem Bildschirm gespreizten Finger zusammenführen.

Downloads verwalten

Nicht selten werden Sie beim Online-Browsen auf Elemente wie Apps, Musik oder Bilder stoßen, die Sie herunterladen möchten. Dabei wird in den meisten Fällen Ihr Inhalt in den Downloads-Ordner auf Ihrem Computer heruntergeladen. Sie können aber auch andere Speicherorte zum Abspeichern heruntergeladener Dateien angeben. Anhand Ihres Download-Verlaufs können Sie nachvollziehen, was Sie heruntergeladen haben.

Ihre Downloads verwalten

1 Klicken Sie in Edge auf die **Hub-**Schaltfläche.

2 Klicken Sie auf **Downloads**.

3 Klicken Sie auf **Ordner öffnen**, um den Downloads-Ordner auf Ihrem Computer anzuzeigen.

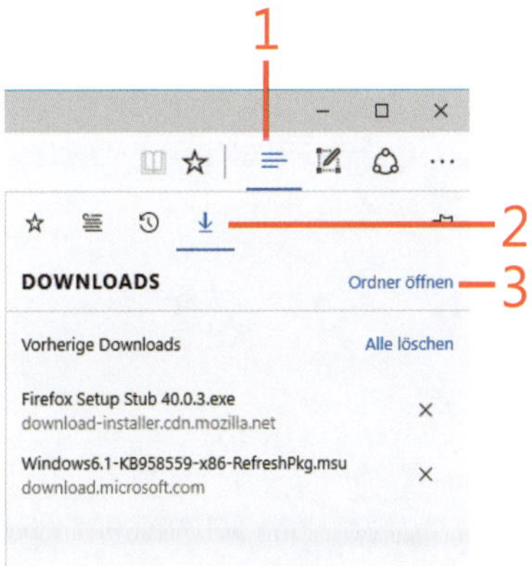

TIPP Wenn Sie bei jedem Download individuell entscheiden möchten, wo genau er abgespeichert wird, klicken Sie auf die Schaltfläche **Weitere Aktionen**, dann auf **Einstellungen** und scrollen nach unten zu **Erweiterten Einstellungen anzeigen**. Dort finden Sie unter Downloads die Schaltfläche **Fragen, wie mit jedem Download verfahren werden soll**, die Sie dann einschalten.

TIPP Sie können die Download-Aufzeichungen löschen, indem Sie einfach auf **Alle löschen** klicken.

10

Die Kontakte-App

Selbst in unserem hochtechnisierten Zeitalter sind es letztlich doch die zwischenmenschlichen Kontakte, die am wichtigsten sind. Erfreulicherweise unterstützt uns die Technik dabei, mit anderen zu kommunizieren, sodass wir gemeinsam an Projekten arbeiten, Informationen teilen oder mit Familie und Freunden in Kontakt bleiben können.

Mit der Kontakte-App von Windows 10 können Sie die E-Mail-Adressen Ihrer Freunde, Kollegen und Familie speichern, verwalten und teilen.

In diesem Kapitel:

- Kontakte hinzufügen
- Kontakte bearbeiten
- Kontakte verknüpfen
- Kontakte teilen

Kontakte hinzufügen

Wir sammeln laufend neue Kontaktdaten, sei es von neuen privaten und beruflichen Bekanntschaften oder von unserem neuen Lieblings-restaurant. Zur Speicherung dieser Datenflut stellt uns Windows 10 die Kontakte-App zur Verfügung, mit der die Kontaktdaten zentral verwaltet werden können. Sie können neue Kontakte direkt in der App anlegen oder Kontaktdaten aus bestehenden Microsoft-E-Mail-Konten kopieren.

Einen Kontakt hinzufügen

1 Klicken Sie auf die Startschaltfläche.

2 Klicken Sie auf die Kachel für die Kontakte-App.

Wenn die App-Kachel im rechten Bereich des Startmenüs nicht angezeigt wird, scrollen Sie die alphabetische Liste herunter und klicken Sie dort auf **Kontakte**.

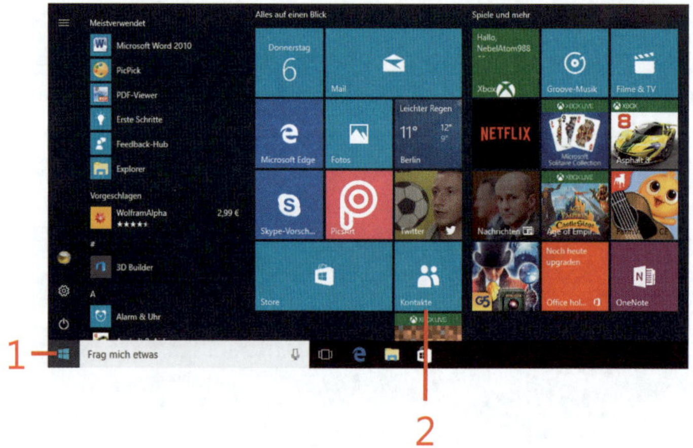

Einen Kontakt hinzufügen *(Fortsetzung)*

3 Klicken Sie auf die **Hinzufügen**-Schaltfläche (das Pluszeichen).

4 Klicken Sie auf ein Textfeld, um Informationen wie Name, Handynummer oder private E-Mail-Adresse anzugeben.

5 Klicken Sie auf **Speichern**.

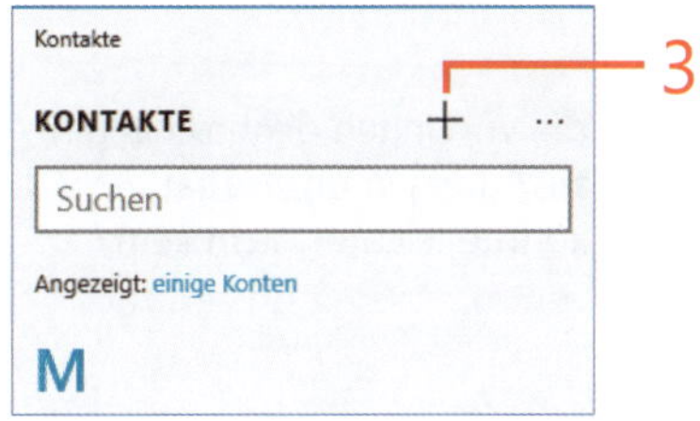

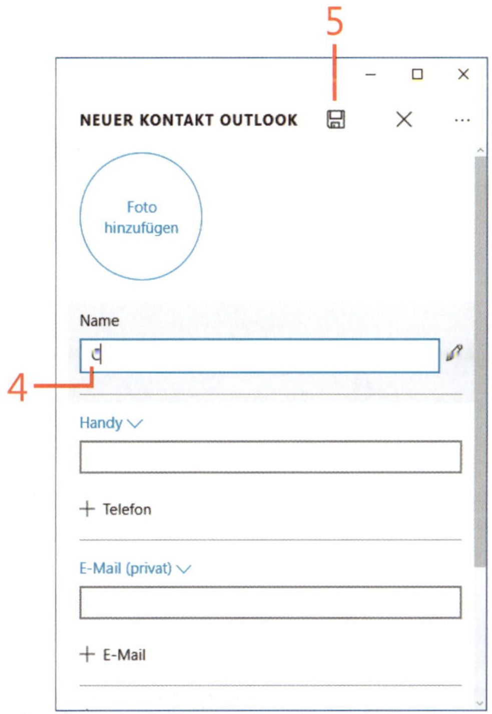

PROBIER'S AUS Sie können Kontakte miteinander verknüpfen. Die Daten der Kontakte werden dadurch zu einem Datensatz zusammengeführt. Weitere Informationen hierzu finden Sie weiter hinten in diesem Kapitel im Abschnitt „Kontakte verknüpfen" auf Seite 135.

Kontakte bearbeiten

Dinge ändern sich, und das gilt auch für die von Ihnen gespeicherten Kontaktdaten wie Telefonnummern, E-Mail-Adressen und sogar Namen. Die Bearbeitung von Kontakten könnte leichter nicht sein: Öffnen Sie einfach den Kontakt-Datensatz, nehmen Sie Ihre Änderungen vor und speichern Sie diese.

Einen Kontakt bearbeiten

1 Klicken Sie in der Kontakte-App auf einen Kontakt.

2 Klicken Sie auf die Schaltfläche **Bearbeiten**.

3 Klicken Sie auf ein Textfeld und fügen Sie dort Daten ein beziehungsweise bearbeiten Sie die darin enthaltenen Daten.

4 Klicken Sie auf **Speichern**.

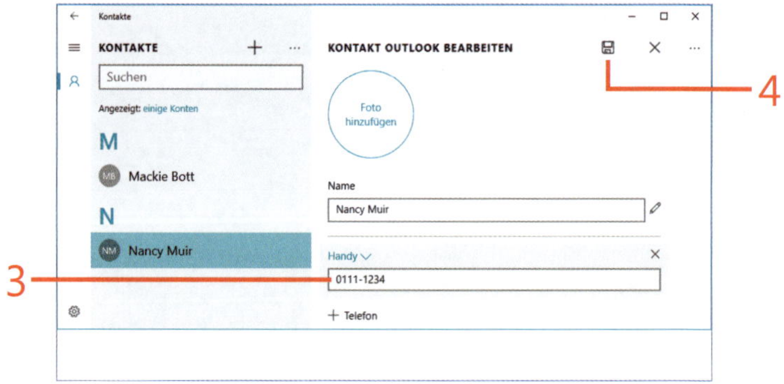

TIPP Wenn Sie Ihre Meinung ändern, können Sie das Kontakt-Formular verlassen, ohne Ihre Änderungen zu speichern. Klicken Sie dazu auf **Schließen** rechts von der **Speichern**-Schaltfläche.

Kontakte verknüpfen

Wenn Sie Kontakte verknüpfen, werden alle Daten der verknüpften Kontakte unter einem Kontakt-Datensatz zusammengefasst. Sie könnten zum Beispiel die Kontaktdaten eines Kollegen und seiner Assistentin verknüpfen oder Kontakte, die mehrfach aufgenommen wurden, zusammenführen.

Einen Kontakt verknüpfen

1 Klicken Sie in der Kontakte-App auf einen Kontakt.

2 Klicken Sie auf die Schaltfläche **Verknüpfen**.

3 Klicken Sie auf die Schaltfläche **Kontakt zum Verknüpfen auswählen**.

4 Klicken Sie auf einen Kontakt.

5 Klicken Sie auf die **Zurück**-Schaltfläche, um zur Startseite der Kontakte-App zurückzukehren.

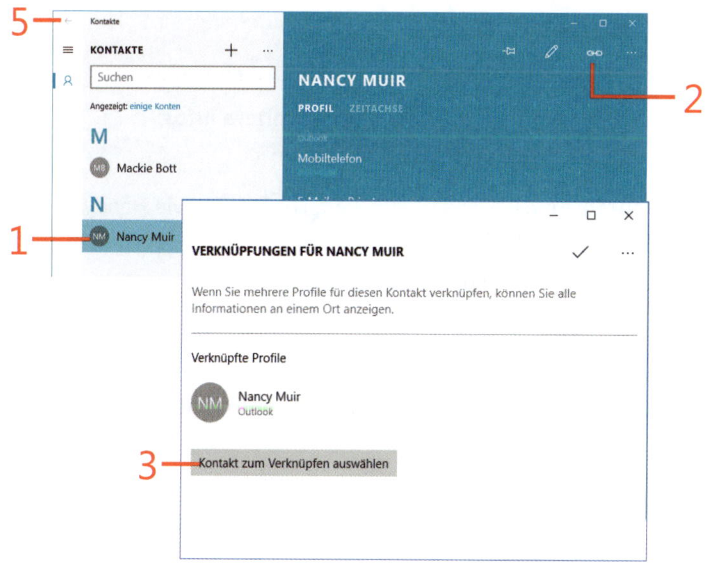

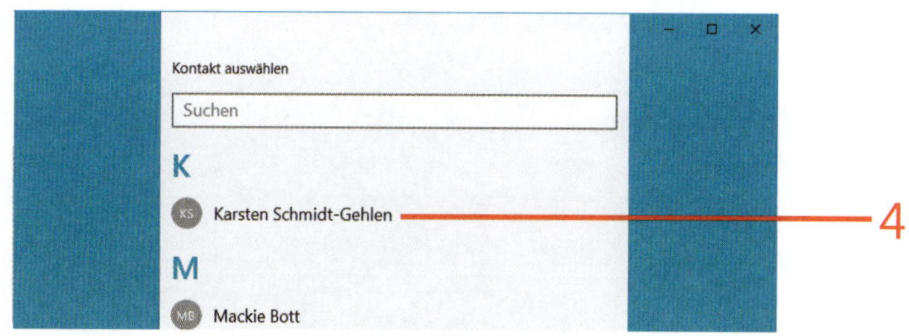

TIPP Um einen verknüpften Kontakt zu bearbeiten, wählen Sie den Kontakt aus, über den Sie die Verknüpfung erstellt haben. Klicken Sie auf **Bearbeiten** und dann auf den Namen des Kontakts. Daraufhin öffnet sich der Datensatz dieses Kontakts zur Bearbeitung.

TIPP Um eine Verknüpfung zu entfernen, wählen Sie den Kontakt aus, über den Sie die Verknüpfung erstellt haben, und klicken Sie dann auf die **Verknüpfen**-Schaltflächen. Wählen Sie einen darunter aufgeführten Kontakt und klicken Sie auf **Trennen**.

Kontakte teilen

Oft besteht der Wunsch, die Kontaktdaten für Freunde oder Mitarbeiter zu teilen. Mit der Kontakte-App ist dies kinderleicht. Welche Methoden Ihnen dafür zur Verfügung stehen, kann davon abhängen, welche Apps (z. B. Twitter oder Mail) bei Ihnen installiert und eingerichtet sind.

Einen Kontakt teilen

1 Klicken Sie in der Kontakte-App links auf einen Kontakt.

2 Klicken Sie rechts auf die Schaltfläche **Weitere Infos**.

3 Klicken Sie auf **Kontakt teilen**.

4 Klicken Sie auf das Element, das Sie teilen wollen, wie Handynummer oder Privatadresse.

5 Klicken Sie auf die **Teilen**-Schaltfläche.

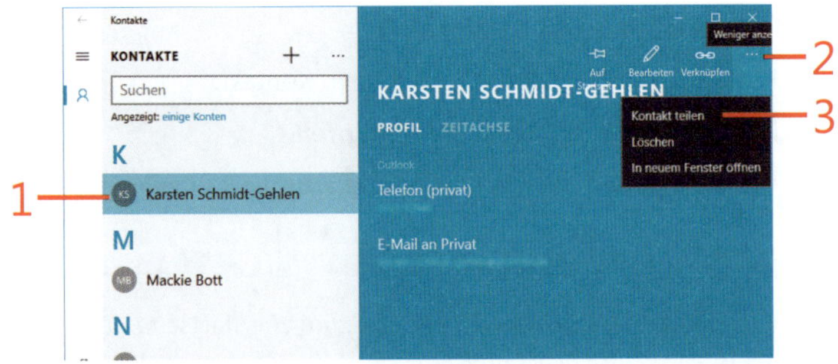

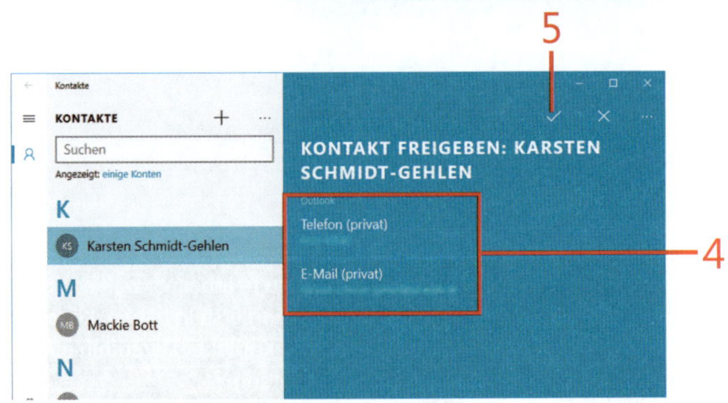

Einen Kontakt teilen *(Fortsetzung)*

6 Klicken sie auf eine **Teilen**-Option wie **Mail**.

7 Geben Sie in das eingeblendete Formular einen Empfänger und bei Bedarf weitere Informationen an

8 Klicken Sie auf **Senden**.

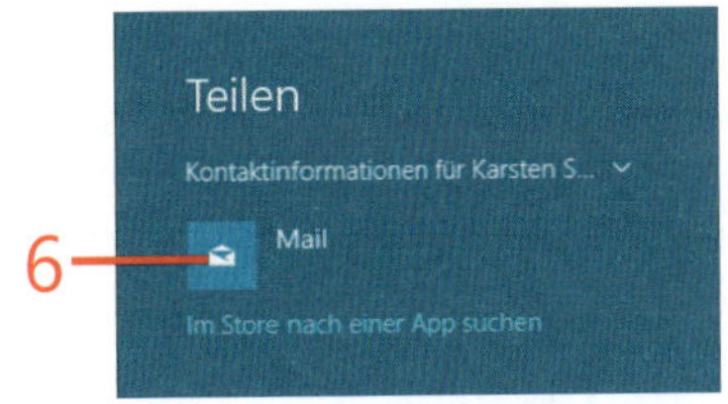

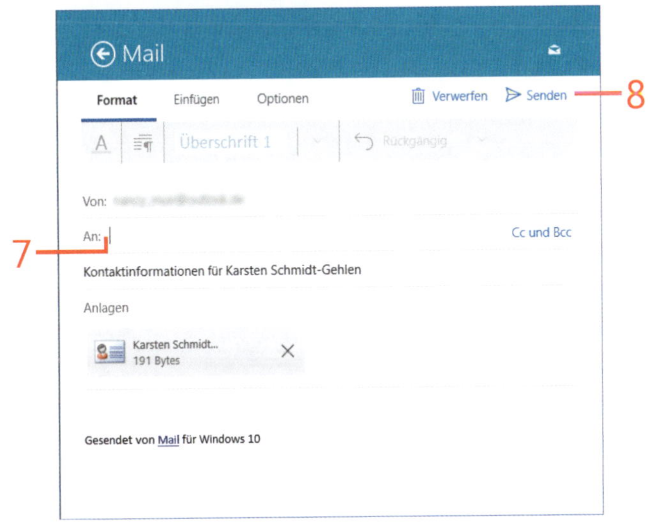

Die Mail-App

11

E-Mails waren praktisch die erste Form der Online-Kommunikation, lange bevor es Tweets und SMS gab, und sie werden auch heute noch ausgiebig genutzt. Im Geschäftsleben sind E-Mails sogar immer noch das am weitesten verbreitete Kommunikationsmittel, nicht zuletzt, weil sie neben längeren Nachrichten auch das Anhängen von Dateien erlauben und die Korrespondenz automatisch dokumentiert wird.

Unter der Mail-App von Microsoft Windows 10 können Sie E-Mail-Konten einrichten, die Sie zuvor bei E-Mail-Providern wie Outlook oder Google Mail erstellt haben. Und so wie Sie mehrere Konten bei mehreren Providern haben können, können Sie auch mehrere E-Mail-Konten in Mail verwalten. Mail ist dann der zentrale Ort, von dem aus Sie auf Ihre Nachrichten Ihrer diversen Konten zugreifen. Mail erlaubt es Ihnen, Nachrichten zu empfangen, zu beantworten und weiterzuleiten, sowie E-Mail-Anhänge herunterzuladen. Außerdem können Sie die empfangenen Nachrichten auf unterschiedliche Ordner verteilen.

In diesem Kapitel:

- E-Mail-Konten einrichten
- E-Mails lesen
- Anhänge öffnen
- Auf Nachrichten antworten
- Nachrichten weiterleiten
- Neue Nachrichten erstellen
- Nachrichtentext formatieren
- Anhänge hinzufügen
- E-Mails in Ordner verschieben
- E-Mails löschen

E-Mail-Konten einrichten

Bevor Sie Mail nutzen können, müssen Sie dort ein E-Mail-Konto einrichten. Voraussetzung ist, dass für Sie bereits ein Konto bei einem E-Mail-Client wie Outlook oder Yahoo! besteht. Nachdem Sie für jedes Ihrer Provider-Konten ein E-Mail-Konto in Mail eingerichtet haben, können Sie von Mail aus auf die darin eingehenden Nachrichten zugreifen. Zwischen den einzelnen E-Mail-Konten zu wechseln, ist in Mail ein Kinderspiel. Mit Mail verfügen Sie über einen zentralen Ort, um auf Ihre beruflichen und privaten E-Mails zuzugreifen.

Ein E-Mail-Konto einrichten

1 Klicken Sie auf die Startschaltfläche.

2 Klicken Sie auf die Mail-Kachel.

3 Wenn Sie Mail zuvor noch nicht genutzt haben, müssen Sie unter Umständen erst die Schaltfläche **Anfangen** anklicken, um fortzufahren.

4 Klicken Sie auf **Konto hinzufügen**.

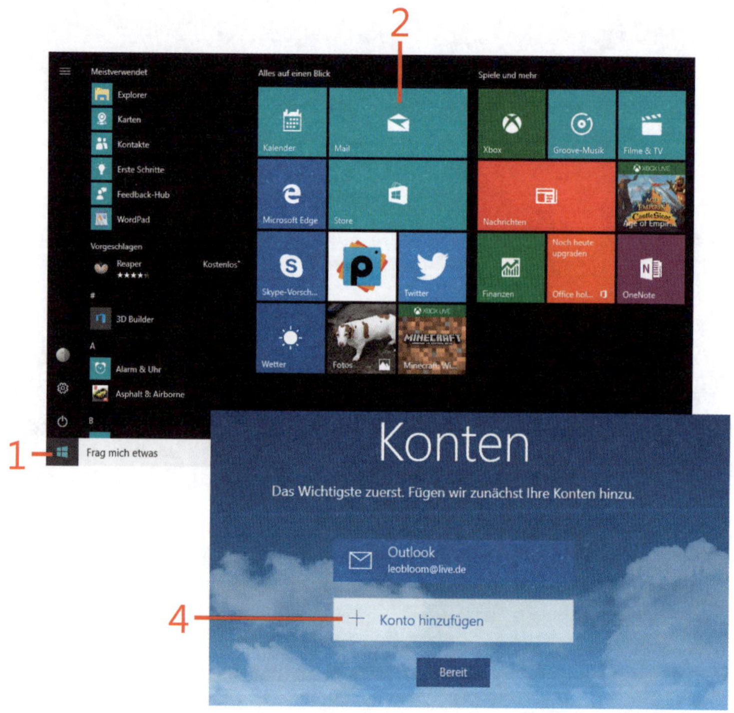

Ein E-Mail-Konto einrichten *(Fortsetzung)*

5 Wählen Sie, welche Art von Konto Sie einrichten wollen.

6 Geben Sie Ihre E-Mail-Adresse an.

7 Geben Sie Ihr Kennwort an.

8 Klicken Sie auf **Anmelden**.

9 Je nachdem, für welches Konto Sie sich in Schritt 5 entschieden haben, werden Sie gegebenenfalls aufgefordert, Ihre Zustimmung zu geben. Wenn Ihr Konto eingerichtet ist, klicken Sie auf **Fertig**.

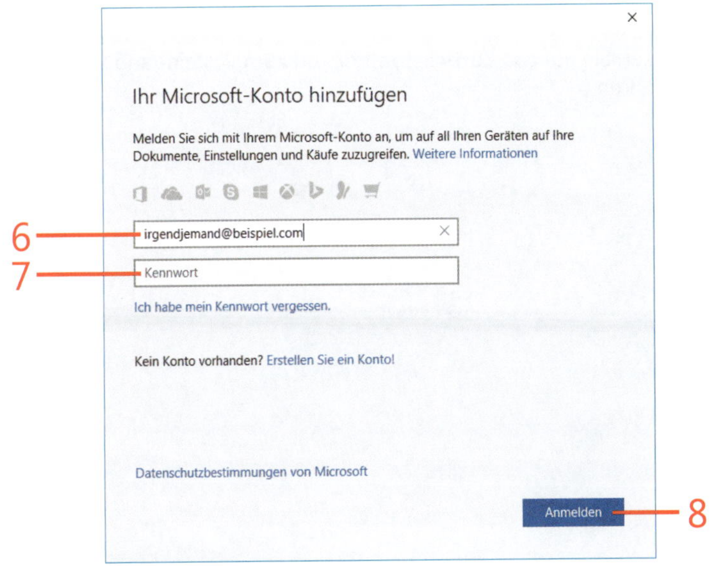

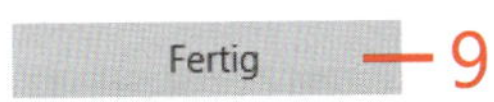

TIPP Um ein Konto hinzuzufügen, wenn Sie gerade mit einem anderen Konto angemeldet sind, klicken Sie im linken Bereich unten auf das Symbol **Einstellungen**, wählen Sie **Konten verwalten** und dann den Befehl **Konto hinzufügen**. Anschließend fahren Sie wie oben beschrieben fort.

PROBIER'S AUS Haben Sie eines von mehreren Konten in Mail geöffnet, können Sie schnell zu einem anderen Konto wechseln, indem Sie im linken Bereich auf den Namen des anderen Kontos klicken. Damit öffnen Sie den Posteingang dieses Kontos.

E-Mails lesen

E-Mails dienen primär dazu, Textnachrichten auszutauschen und Dokumente als Anhänge zu verschicken. Wenn Sie mehrere E-Mail-Konten eingerichtet haben und auf die Mail-Kachel klicken, landen Sie im Posteingang des zuletzt aktiven Kontos. Im Posteingang können Sie zu einer Nachricht scrollen und diese dann öffnen und lesen.

Eine E-Mail öffnen und lesen

1 Klicken Sie auf eine Nachricht, um diese zum Lesen anzuzeigen. Ist der Inhalt etwas länger, scrollen Sie.

2 Klicken Sie auf das **Zurück**-Symbol, um zum Posteingang zurückzukehren.

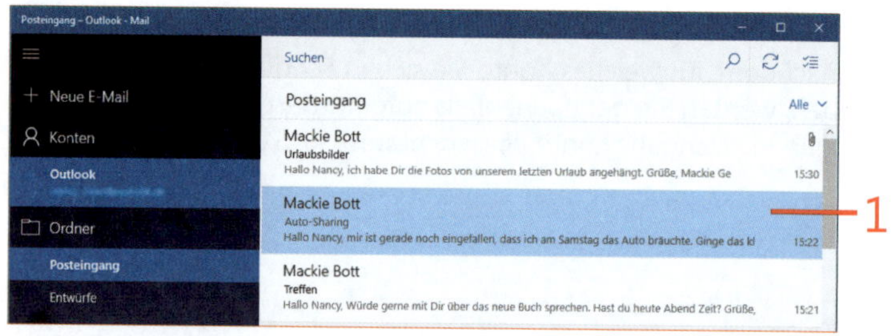

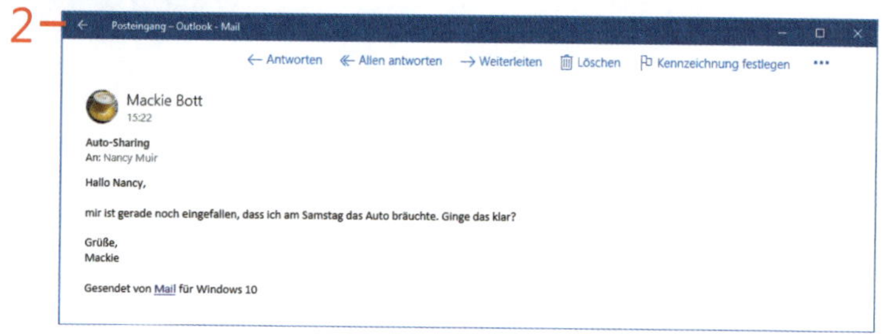

TIPP Die E-Mails in der Mail-App sind nach Empfangsdatum sortiert, sodass die neuesten Nachrichten immer oben stehen. Im Posteingang ganz links wird angegeben, wie viele E-Mails darin enthalten sind.

Anhänge öffnen

Einige E-Mails, die Sie empfangen, enthalten einen Anhang. Anhänge sind Dateien, die zusammen mit der E-Mail verschickt werden und die Sie öffnen und betrachten oder speichern können. Sie kommen in den verschiedensten Formaten vor, je nachdem, mit welcher Anwendung die Dateien erstellt wurden.

Einen Anhang öffnen

1 Wählen Sie in der Mail-App einen Posteingang und klicken Sie auf eine Nachricht mit einem Anhang.

2 Klicken Sie auf den Anhang, um ihn zu öffnen.

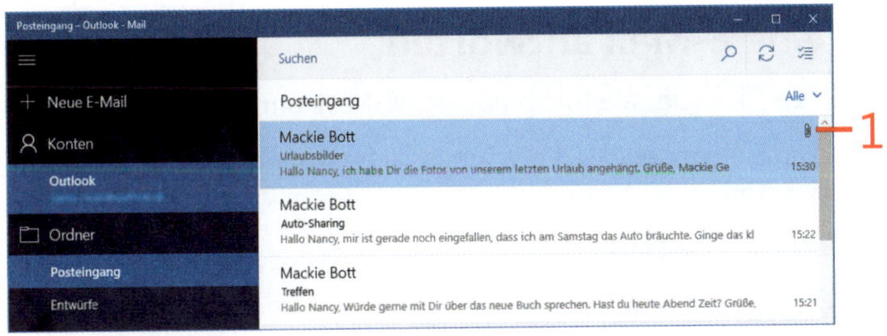

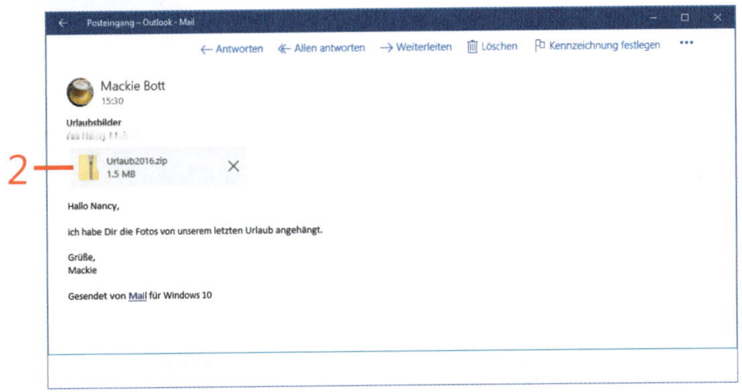

TIPP In Schritt 2 können Sie auch mit der rechten Maustaste auf den Anhang klicken und zwischen **Öffnen** und **Speichern** wählen. Im letzteren Fall öffnet sich der Explorer, in dem Sie zu dem Ordner navigieren können, in dem Sie die Datei speichern möchten.

Auf Nachrichten antworten

Vielleicht möchten Sie auf eine empfangene E-Mail antworten und die Antwort dem Absender oder ihm und allen weiteren Empfängern der ursprünglichen Nachricht zukommen lassen. Wenn Sie eine Nachricht öffnen und sich für einen **Antworten**-Befehl entscheiden, wird in der Nachricht über den ursprünglichen Inhalt ein neues Nachrichtenfeld angezeigt. Dort geben Sie Ihre Antwort ein und senden die E-Mail.

Auf eine E-Mail antworten

1 Klicken Sie in der Mail-App auf eine E-Mail, um sie anzuzeigen.

2 Klicken Sie entweder auf die Schaltfläche **Antworten** oder **Allen antworten**.

3 Geben Sie eine Nachricht ein.

4 Klicken Sie auf **Senden**.

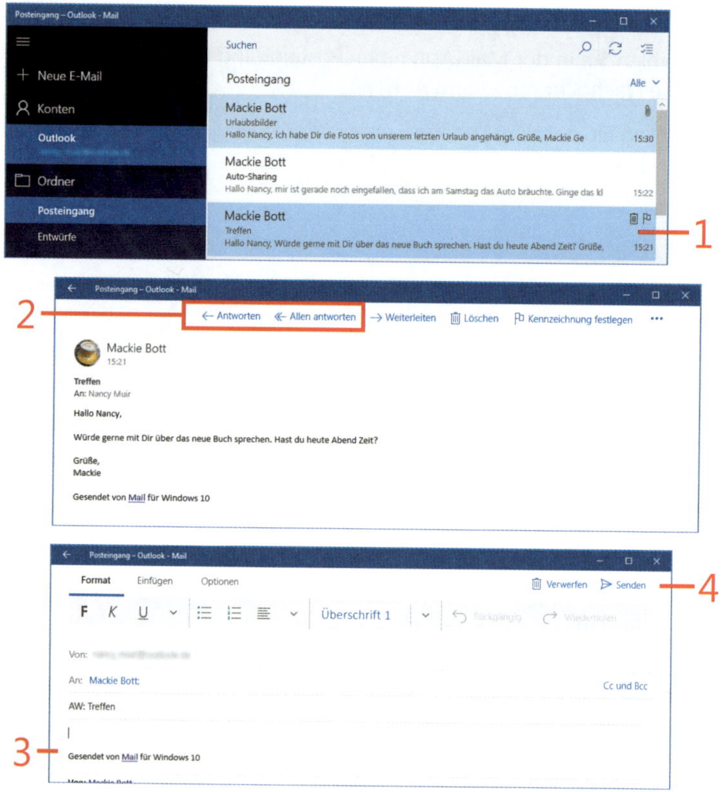

TIPP Die Entscheidung, ob Sie nur dem Absender oder dem Absender und allen Empfängern der Nachricht antworten, basiert in der Regel darauf, ob Sie Ihre Antwort mit allen oder nur mit dem ursprünglichen Versender der Nachricht teilen wollen. Wenn Sie zum Beispiel eine E-Mail von jemandem empfangen, der ein Treffen organisiert, und Sie ihn darüber informieren wollen, dass Sie sich fünf Minuten verspäten, stellt sich die Frage, ob dies wirklich jeder lesen muss.

Nachrichten weiterleiten

Manchmal wollen Sie andere an den von Ihnen empfangenen Nachrichten teilhaben lassen. In diesem Falle antworten Sie nicht auf eine empfangene Nachricht, sondern leiten sie einfach an andere weiter. Dabei werden auch alle Anhänge der betreffenden Nachricht weitergeleitet.

Eine Nachricht weiterleiten

1 Rufen Sie in der Mail-App eine E-Mail auf und klicken Sie auf **Weiterleiten**.

2 Geben Sie in das Feld **An:** eine oder mehrere E-Mail-Adressen ein.

3 Fügen Sie gegebenenfalls noch eine eigene Nachricht ein.

4 Klicken Sie auf **Senden**.

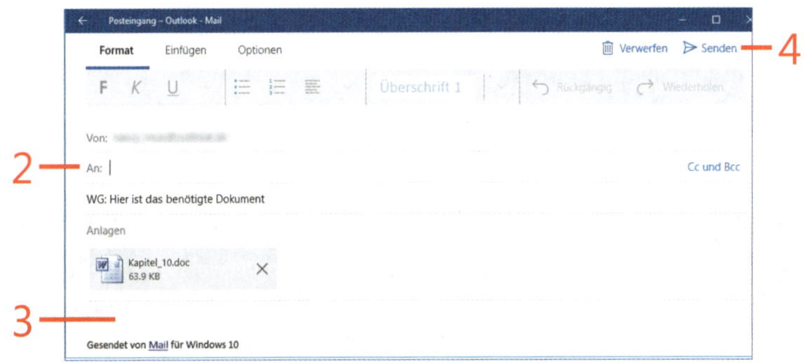

ACHTUNG Wenn Sie eine Nachricht ohne Genehmigung des Absenders weiterleiten, überlegen Sie genau, ob dies nicht die Interessen des Absenders verletzt. Wenn Ihnen der Absender zum Beispiel etwas im Vertrauen mitgeteilt hat oder Inhalt sendet, der besser privat bleibt, würden Sie durch Weiterleiten der Nachricht oder der Anhänge das Vertrauen des Absenders verlieren.

Neue Nachrichten erstellen

Sie werden nicht nur viel Zeit damit verbringen, E-Mails zu lesen und zu beantworten, sondern auch damit, selbst Nachrichten zu erstellen. Diese können Sie dann an einen einzelnen Empfänger oder an eine Gruppe von Empfängern senden. Oder Sie können in **Cc** die E-Mail-Adressen von Personen eingeben, die peripher etwas mit dem Thema zu tun haben und die Sie mit einer Kopie auf dem Laufenden halten möchten. Unter **Bcc** schließlich können Sie E-Mail-Adressen angeben, denen Sie eine Kopie zukommen lassen möchten, ohne dass die anderen dies sehen. Deshalb werden die E-Mail-Adressen aus diesem Feld bei den Empfängern nicht angezeigt.

Eine E-Mail erstellen

1 Klicken Sie in der Mail-App links auf die Schaltfläche **Neue E-Mail**.

2 Geben Sie in das Feld **An:** eine oder mehrere E-Mail-Adressen ein.

3 Klicken Sie gegebenenfalls auf den Link **Cc und Bcc**, um Eingabefelder zu öffnen, in die Sie die Adressen weiterer – öffentlicher bzw. nicht öffentlicher – Empfänger eingeben.

4 Geben Sie in das **Betreff**-Feld eine Beschreibung der Nachricht ein.

5 Klicken Sie auf **Senden**.

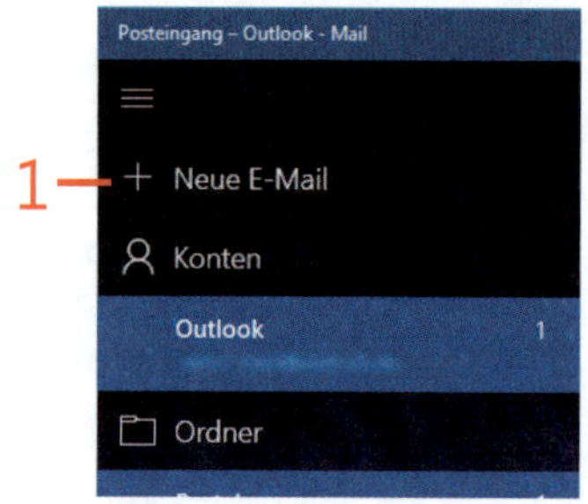

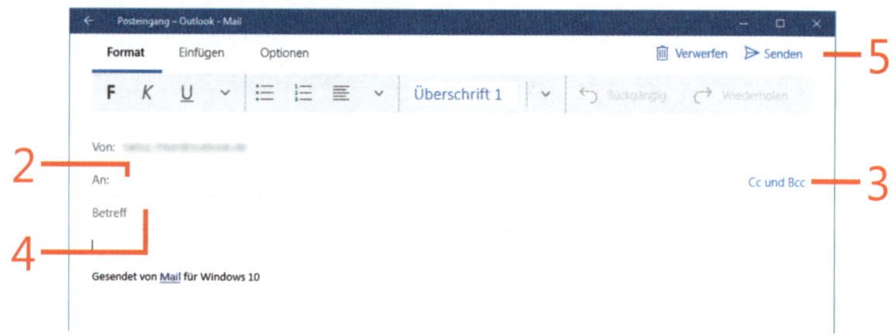

TIPP Wenn Sie Ihre E-Mail doch nicht abschicken wollen, können Sie die Erstellung der E-Mail durch Anklicken von **Verwerfen** abbrechen. Sie finden diese Schaltfläche oben rechts und zwar links von der **Senden**-Schaltfläche.

PROBIER´S AUS Sie können für jede Nachricht, die Sie erstellen, Wichtigkeit und Sprache vorgeben sowie eine Rechtschreibprüfung ausführen. Klicken Sie dazu auf die Schaltfläche **Optionen** und nutzen Sie die angebotenen Schaltflächen, um die Wichtigkeit der E-Mail zu bewerten, wählen Sie in dem Dropdownlistenfeld eine Sprache aus oder führen Sie die Rechtschreibprüfung aus, bevor Sie die Nachricht senden.

Nachrichtentext formatieren

Höchstwahrscheinlich kennen Sie Formatierungen wie Fett- oder Kursivdruck, Auswahl der Schriftart oder Listen mit Nummerierung oder Aufzählungszeichen bereits aus der Arbeit mit Ihrem Textverarbeitungsprogramm. Etliche dieser grundlegenden Formatierungsmöglichkeiten werden auch von Mail unterstützt, damit Sie die Texte Ihrer E-Mails strukturieren und einzelne Passagen hervorheben können.

Eine Nachricht formatieren

1 Klicken Sie in Mail auf **Neue E-Mail**.

2 Geben Sie in das Feld **An:** eine E-Mail-Adresse ein.

3 Geben Sie einen **Betreff** für die E-Mail an.

4 Klicken Sie in das Textfeld und geben Sie dort eine Nachricht ein.

5 Markieren Sie Text und klicken Sie dann auf die Schaltflächen **Fett**, **Kursiv** oder **Unterstreichen**.

6 Öffnen Sie das Dropdownlistenfeld **Formatvorlagen** und wählen Sie eine Formatvorlage wie **Titel**.

7 Drücken Sie die Eingabetaste und geben Sie eine zweite Textzeile ein.

8 Markieren Sie beide Textzeilen, klicken Sie auf die Schaltfläche **Aufzählungszeichen** und wählen Sie einen Stil für den Aufzählungspunkt.

9 Klicken Sie auf **Verwerfen**, um die E-Mail zu löschen, oder auf **Senden**, um sie zu verschicken.

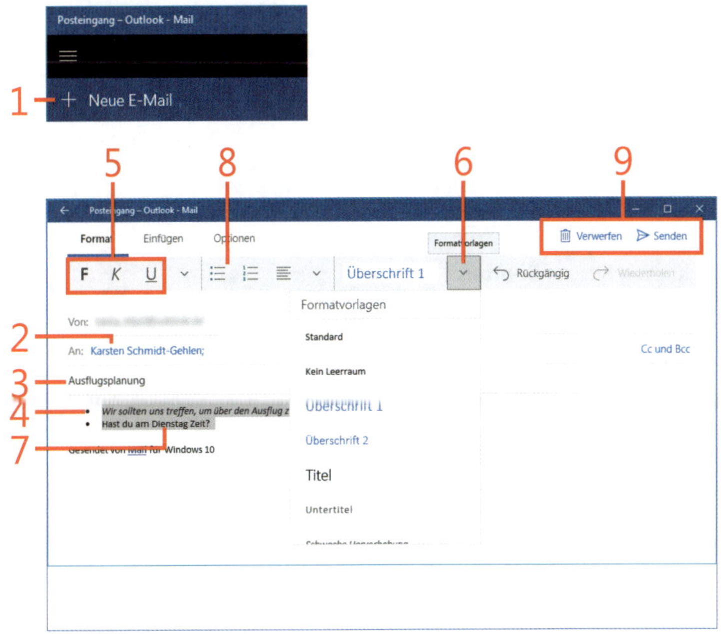

TIPP Klicken Sie auf das Symbol zwischen den Listen- und den Formatvorlagen-Optionen, um die Absatzformatierungsmöglichkeiten anzuzeigen. Die Optionen umfassen das Einrücken von Zeilen, Textausrichtung, Zeilenabstand und Abstand vor und nach einem Absatz.

TIPP Wenn Ihnen eine Formatierung, die Sie gerade angewendet haben, nicht mehr zusagt, können Sie diese über die Schaltfläche **Rückgängig** wieder zurücknehmen.

Anhänge anfügen

Dadurch, dass man an E-Mails Fotos und Dokumente jeglicher Art anhängen kann, lassen sich umfangreiche Daten und Informationen schnell und bequem austauschen. Ihre Anhänge können dabei grundsätzlich jedes beliebige Dateiformat haben, Sie sollten aber bedenken, dass der Empfänger zum Öffnen über ein passendes Programm verfügen muss.

Eine Datei anhängen

1 Erzeugen Sie in der Mail-App eine neue E-Mail und klicken Sie auf die Registerkarte **Einfügen**.

2 Klicken Sie auf **Dateien**.

3 Navigieren Sie zu der Datei, die Sie anfügen wollen.

4 Klicken Sie auf **Öffnen**.

5 Klicken Sie auf **Senden**.

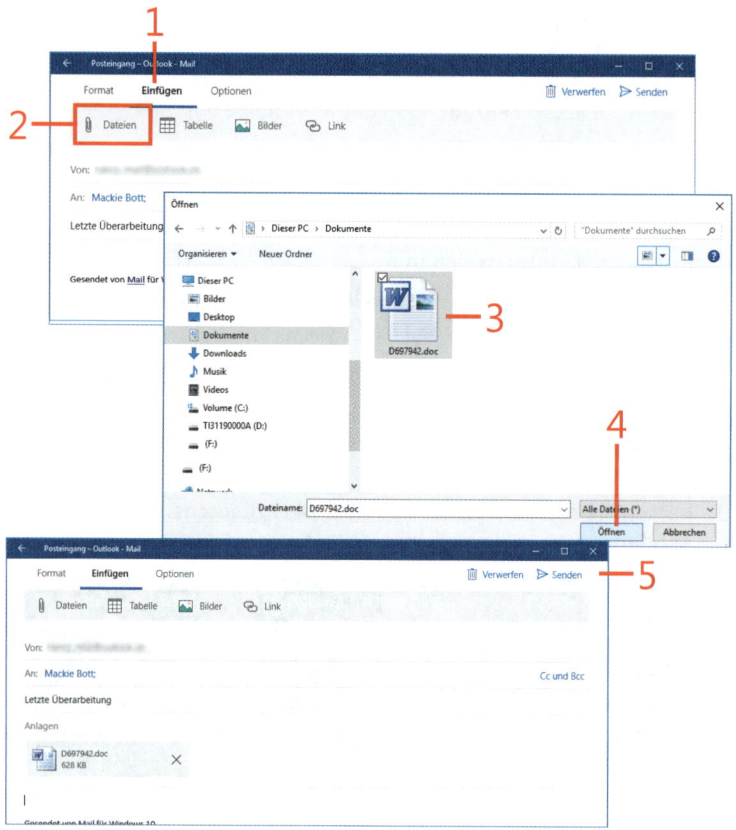

TIPP Wenn Sie ein Dokument im PDF-Format speichern und versenden, kann es von jedem Windows 10-Anwender im Microsoft Edge-Browser geöffnet werde sowie von jedem Anwender, der sich die kostenlose Adobe Reader-App heruntergeladen hat.

E-Mails in Ordner verschieben

In Mail selbst können Sie keine neuen Ordner anlegen. Sie können den Posteingang aber in Ihrem ursprünglichen E-Mail-Konto (wie z. B. Outlook oder Gmail) in Ordnern organisieren, die dann in der Mail-App übernommen werden. Dies ist durchaus sinnvoll, denn auch, wenn Sie in Mail keine neuen Ordner erstellen können, ist es möglich, die empfangenen E-Mails in die bestehenden Ordner Ihres E-Mail-Kontos zu verschieben. Das hilft Ihnen, Ihre Nachrichten strukturiert abzuspeichern.

Eine E-Mail in einen Ordner verschieben

1. Öffnen Sie in Mail eine Nachricht und klicken Sie rechts oben auf die Schaltfläche **Aktionen**.
2. Klicken Sie auf **Verschieben**.
3. Klicken Sie auf einen Ordner.

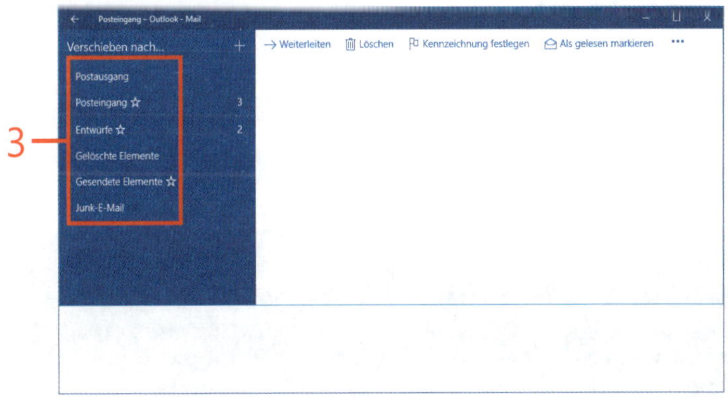

TIPP Um alle Ordner eines E-Mail-Kontos einzusehen, klicken Sie im linken Bereich von Mail unten in der Liste auf die Schaltfläche **Mehr**.

E-Mails löschen

Sicherlich werden Sie nicht jede E-Mail, die Sie erhalten, auch aufbewahren wollen. Es steht Ihnen frei, Nachrichten nach dem Lesen zu löschen. Gelöschte Nachrichten werden für eine Zeit lang in einem Papierkorb-Ordner gespeichert, aus dem, wenn er zu voll wird, ältere Nachrichten entfernt werden. Um eine geöffnete E-Mail zu löschen, klicken Sie auf die Schaltfläche **Löschen**. Um eine Nachricht aus Ihrem Posteingang zu entfernen, haben Sie zwei Möglichkeiten.

Eine E-Mail löschen

1. Klicken Sie oben rechts in Mail auf die Schaltfläche **Auswahlmodus starten**.
2. Klicken Sie auf ein Kontrollkästchen links einer zu löschenden Nachricht.
3. Klicken Sie auf die Schaltfläche **Löschen**.
4. Bewegen Sie Ihre Maus über eine andere Nachricht, die Sie löschen wollen.
5. Klicken Sie rechts von der Nachricht auf die Schaltfläche **Dieses Element löschen**.

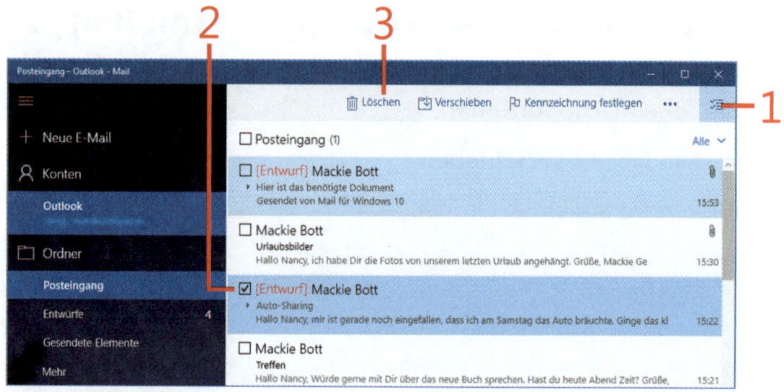

TIPP Um mehrere E-Mails zu löschen, müssen Sie in Mail zuerst auf die Schaltfläche **Auswahlmodus starten** klicken, dann mehrere Kontrollkästchen markieren und auf die Schaltfläche **Löschen** klicken. Wenn Sie Ihren Posteingang leeren oder sehr viele Nachrichten auf einmal löschen möchten, ist es unter Umständen sinnvoller, sich bei Ihrem E-Mail-Provider einzuloggen und dort eine Funktion wie **Alle auswählen** zu verwenden, bevor Sie die ausgewählten Nachrichten löschen.

Windows Store

12

Windows Store ist der ideale Ort, um nach passenden Apps für Microsoft Windows-Geräte wie Computer, Tablets oder Handys zu suchen. Sie finden dort nicht nur kostenlose und kostenpflichtige Apps, sondern auch Musik (siehe Kapitel 13 „Die Musik-App"), Filme und TV-Sendungen (siehe Kapitel 14 „Videos aufnehmen und wiedergeben") und Spiele (siehe Kapitel 20 „Xbox-Spiele"). Dieses Kapitel beschreibt primär, wie Sie Apps suchen, kaufen und bewerten. Die Palette der angebotenen Apps ist riesengroß und wird ständig erweitert – beispielsweise Apps für Unterhaltung, Karten, Wetter, Zeichnen, Sprachen lernen, um nur einige zu nennen. Sie können sogar Produktivitätsanwendungen wie Microsoft Word, PowerPoint oder Excel in Windows Store erwerben.

Die von Ihnen gewählten Apps werden über eine Internetverbindung auf Ihren Computer heruntergeladen, wobei es keine Rolle spielt, ob sie in Windows Store kostenlos oder kostenpflichtig sind. Selbstverständlich können Sie auch Updates zu den von Ihnen erworbenen Apps herunterladen. Dabei geben Sie vor, ob das automatisch oder von Hand erfolgen soll.

In diesem Kapitel:

- Eine Tour durch den Windows Store
- Nach Apps suchen
- Zahlungsinformationen für ein Microsoft-Konto
- Update-Einstellungen
- Bewertungen lesen
- Apps kaufen
- Apps bewerten

Eine Tour durch den Windows Store

Im App-Bereich des Windows Store finden Sie eine Vielzahl von Zusammenstellungen und Kategorien, die Ihnen die Suche nach Apps erleichtern. Ganz oben im Store finden Sie zum Beispiel die Liste der für Sie ausgewählten Apps. Diese Liste basiert auf den Käufen, die Sie bereits getätigt haben. Darunter befinden sich die beiden Listen **Top Kostenlos** und **Kostenpflichtige Top-Apps**. Wenn Sie noch weiter scrollen, gelangen Sie zu der Liste der **Apps mit besten Kritiken**, **Neue & angesagte Apps** usw. Ganz unten finden Sie die Liste der Kategorien, in denen die Apps themenspezifisch zusammengefasst sind, z. B. **Behörden & Politik**, **Kinder & Familie** und **Nachrichten & Wetter**.

Über die beiden Links **Top-Apps** sowie **Ausgewählte Apps** können Sie allgemeine App-Vorschläge betrachten oder die Top-Apps verschiedener Charts anzeigen lassen, die Sie dann zusätzlich nach App-Kategorien filtern können.

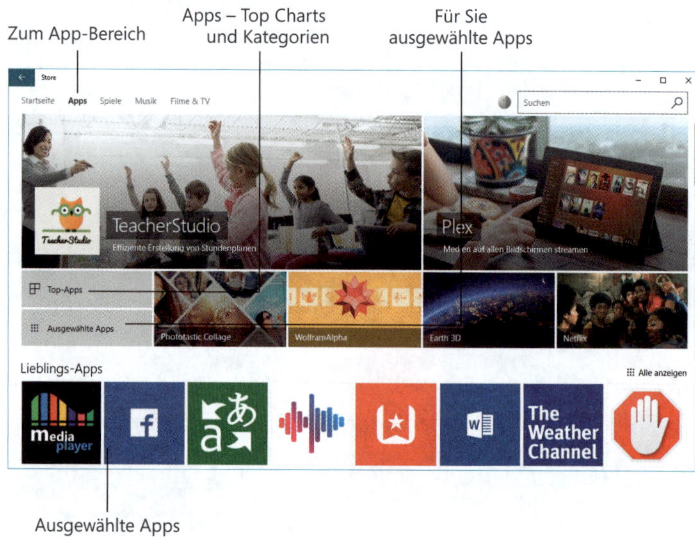

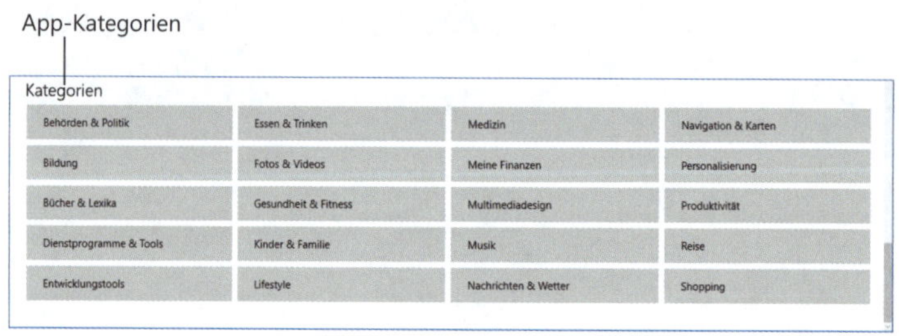

TIPP Um auf dem Startbildschirm von Windows Store mehr Apps in den jeweiligen Listen zu sehen, klicken Sie auf den Link **Alle anzeigen**, der rechts über jeder Liste angezeigt wird.

Nach Apps suchen

Für Ihre Suche nach Apps im Windows Store können Sie sich eines integrierten Suchfeldes bedienen, in das Sie entweder den Namen der App oder Angaben zum Typ der gesuchten App eingeben. Da die Windows Store-Suche nicht allein auf Apps beschränkt ist, erhalten Sie auch Ergebnisse aus anderen Kategorien wie **Alben**, **Songs**, **Filme** oder **TV-Sendungen**.

Nach einer App suchen

1 Klicken Sie in das Suchfeld des Windows Stores.

2 Geben Sie einen App-Namen oder einen Suchbegriff wie ***Rechner*** ein.

3 Klicken Sie auf das **Suchen**-Symbol.

4 Klicken Sie auf eine App der Ergebnisliste, um mehr darüber zu erfahren.

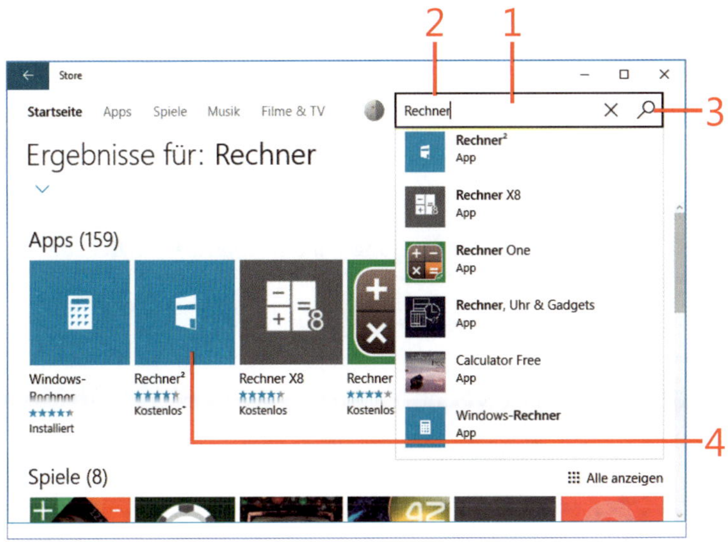

Zahlungsinformationen für ein Microsoft-Konto

Im Zuge der Einrichtung von Windows 10 haben Sie Ihr Microsoft-Konto angegeben oder ein neues Konto erstellt. Um in Windows Store einen Kauf tätigen zu können, müssen Sie dieses Konto um Zahlungsinformationen erweitern, damit Microsoft weiß, wie Sie bezahlen möchten. Erst danach können Sie bei diesem Konto kostenpflichtige Apps, Musik etc. kaufen und herunterladen.

Ihr Konto um Zahlungsinformationen erweitern

1 Klicken Sie auf die Startschaltfläche.

2 Klicken Sie auf die **Store**-Kachel.

3 Klicken Sie auf das **Konto**-Symbol.

4 Klicken Sie auf **Zahlungsoptionen** und melden Sie sich gegebenenfalls bei Ihrem Microsoft-Konto an.

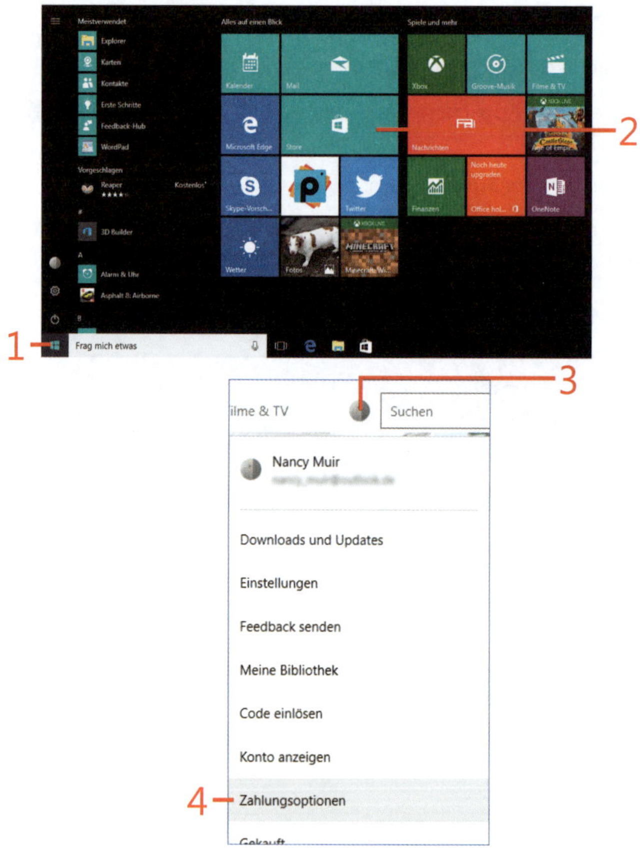

Ihr Konto um Zahlungsinformationen erweitern *(Fortsetzung)*

5 Falls nötig, wählen Sie im Menü **Zahlung und Abrechnung** die Option **Zahlungsoption**.

6 Klicken Sie auf **Zahlungsoptionen hinzufügen**.

7 Wählen Sie zwischen den Zahlungsmethoden **Kredit-/Debitkarte**, **Lastschrift** und **Paypal** aus und machen Sie im nachfolgenden Dialog alle für die Zahlungsabwicklung erforderlichen Angaben.

8 Klicken Sie auf **Weiter**. Ihre neuen Zahlungsinformationen werden bestätigt.

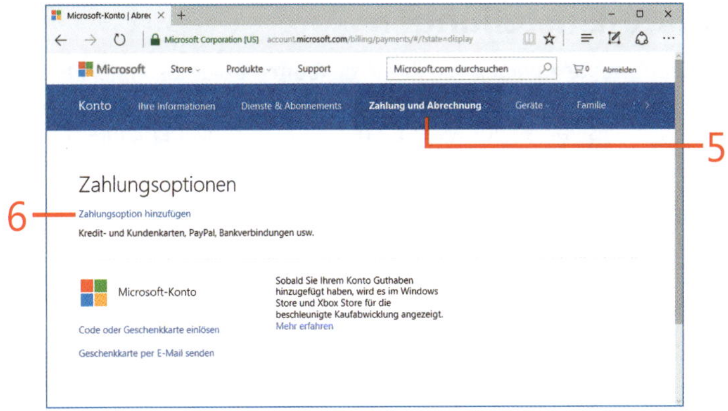

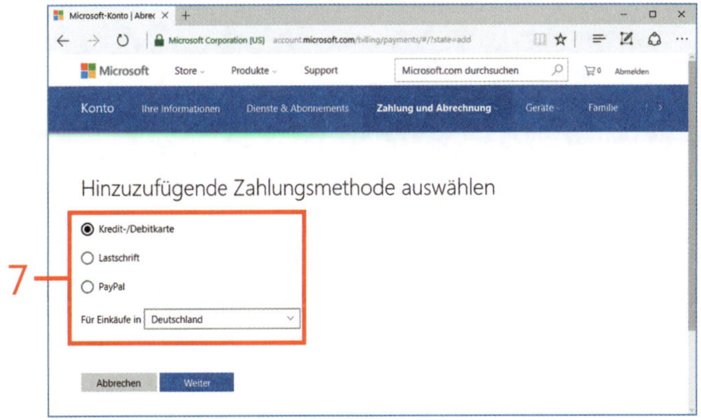

TIPP Sie können für jedes Benutzerkonto auf Ihrem Computer individuelle Einstellungen für Zahlung und Abrechnung festlegen. Auf diese Weise können Sie zum Beispiel für Käufe von einem Kinderkonto eine andere Zahlungsart wählen, als für Käufe von einem geschäftlich genutzten Konto.

Update-Einstellungen

Wenn ein Update zu einer von Ihnen gekauften oder kostenlos heruntergeladenen App im Windows Store zur Verfügung steht, können Sie dieses ebenfalls von Windows Store herunterladen. Dabei können Sie vorgeben, ob Ihre Apps automatisch aktualisiert werden sollen, oder ob Sie dies von Hand erledigen wollen.

Update-Einstellungen festlegen

1 Klicken Sie im Windows Store auf das **Konto**-Symbol.

2 Klicken Sie auf **Einstellungen**.

3 Wählen Sie, ob die Funktion **Apps automatisch aktualisieren** ein- oder ausgeschaltet sein soll.

4 Klicken Sie auf den **Zurück**-Schalter, um zum Store zurückzukehren.

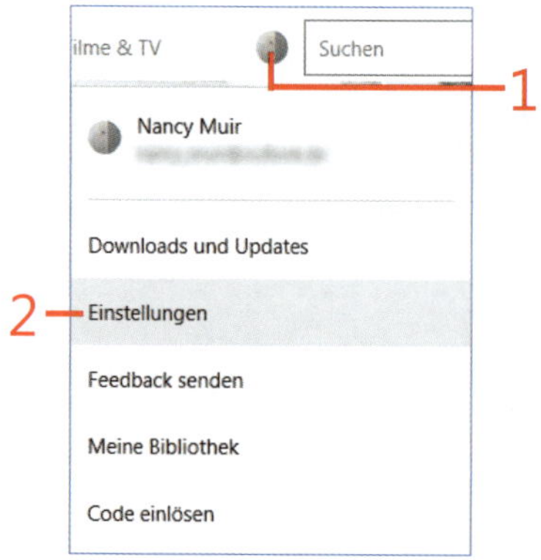

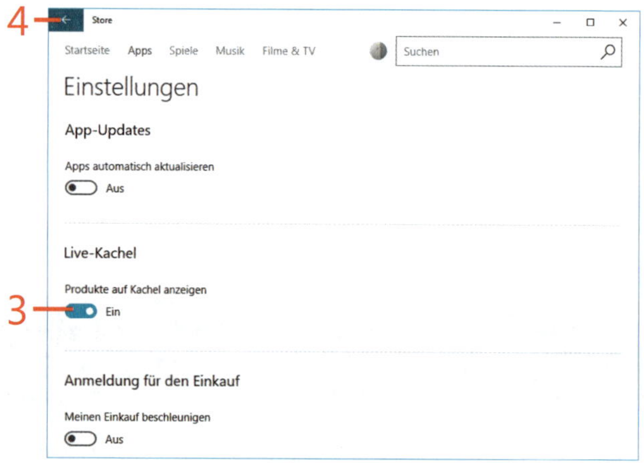

TIPP Wenn Sie bei automatischen Updates sehen wollen, welche Updates heruntergeladen wurden, klicken Sie auf das **Konto**-Symbol und dann auf **Downloads und Updates**.

Bewertungen lesen

Benutzer von Windows Store können die erworbenen Apps bewerten. Diese Bewertungen helfen Ihnen und anderen bei Kaufentscheidungen. Wenn Sie sich nicht sicher sind, ob Sie eine App kaufen oder herunterladen sollen, ist es ratsam, einen Blick in die Kritiken und Bewertungen zu werfen, bevor Sie sich entscheiden.

Kritiken anderer lesen

1 Klicken Sie im Windows Store auf eine App, die Sie kaufen wollen.

2 Scrollen Sie nach unten zum Abschnitt **Bewertungen und Prüfungen**.

3 Klicken Sie auf **Alle anzeigen**, um alle Kritiken lesen zu können.

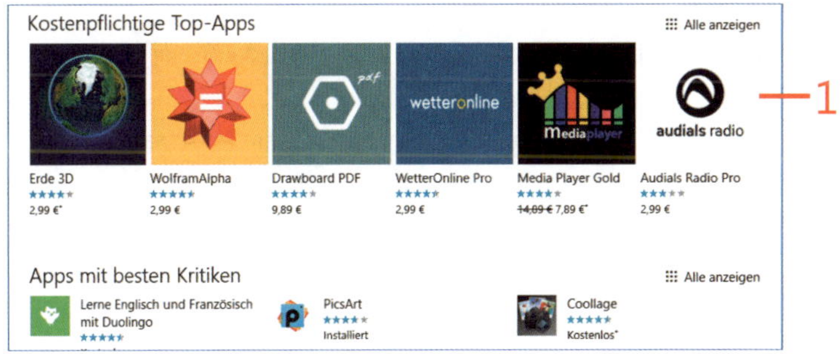

TIPP Wenn Sie sich aufgrund schlechter Kritiken gegen den Kauf entscheiden, werfen Sie doch einen Blick auf die Liste ähnlicher Apps rechts von den Bewertungen, die Ihnen verrät, was den anderen sonst noch so gefallen hat und vielleicht besser bewertet wurde.

Apps kaufen

Wenn Sie die Zahlungsoptionen für Ihr Microsoft-Konto eingerichtet haben, ist der Kauf von Apps und Inhalten im Windows Store ein Kinderspiel. Einige Apps sind kostenlos, andere müssen Sie bezahlen, doch in beiden Fällen läuft das Herunterladen und Installieren gleich ab.

Eine App kaufen

1 Navigieren Sie im Windows Store zu der App, die Sie erwerben wollen.

2 Lassen Sie sich durch Anklicken der App nähere Informationen dazu anzeigen.

3 Klicken Sie auf **Kaufen**.

4 Geben Sie Ihr Kennwort ein.

5 Klicken Sie auf **Anmelden**.

6 Klicken Sie auf **Kaufen**.

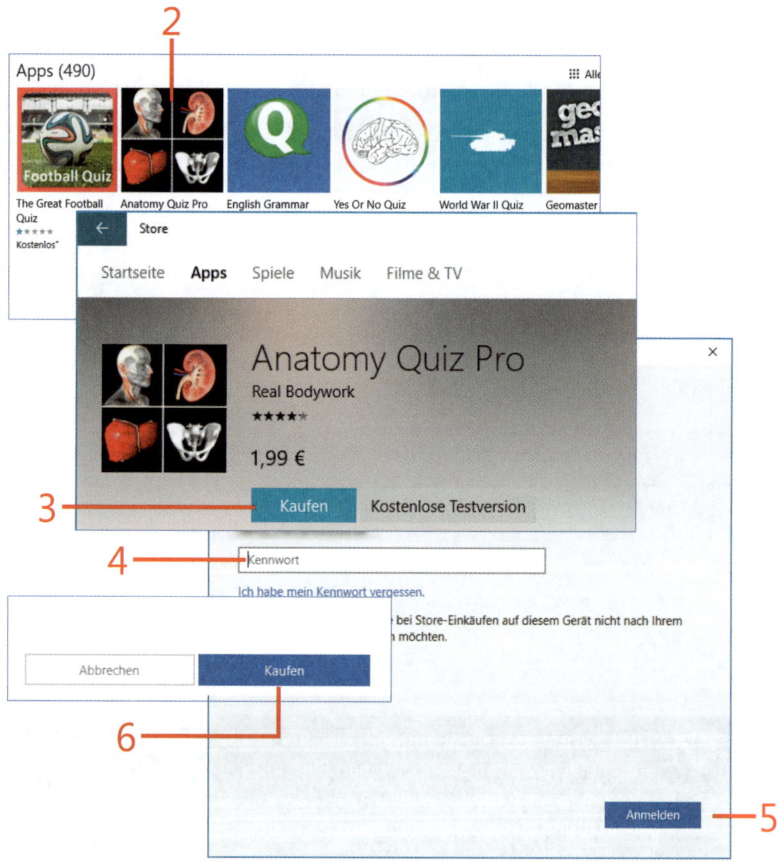

TIPP Viele kostenpflichtige Apps bieten Ihnen die Möglichkeit, vor Kaufabschluss die App zu testen. Klicken Sie dazu neben dem App-Preis einfach auf die Schaltfläche **Kostenlose Testversion**.

Apps bewerten

Genauso wie Ihnen die Kritiken und Bewertungen anderer helfen, die richtige App zu finden, könnte auch Ihre Bewertung für andere hilfreich sein. Deshalb scheuen Sie sich nicht, Ihre Eindrücke von der heruntergeladenen App nach einiger Zeit des Testens in Windows Store mit anderen zu teilen.

Eine App bewerten

1 Klicken Sie im Windows Store auf die App, die Sie erworben haben, und scrollen Sie zu dem Bereich **Bewertungen und Prüfungen**.

2 Klicken Sie nun auf **Bewerten und Kritik schreiben**.

3 Klicken Sie auf das Dropdownlistenfeld für **Bewerten Sie diese App**, um die Anzahl der Bewertungssterne auszuwählen (1 ist die schlechteste und 5 die beste Bewertung).

4 Geben Sie einen Titel für Ihre Bewertung ein.

5 Beschreiben Sie im Textfeld, was Ihnen gefallen beziehungsweise nicht gefallen hat.

6 Klicken Sie auf **Übermitteln**.

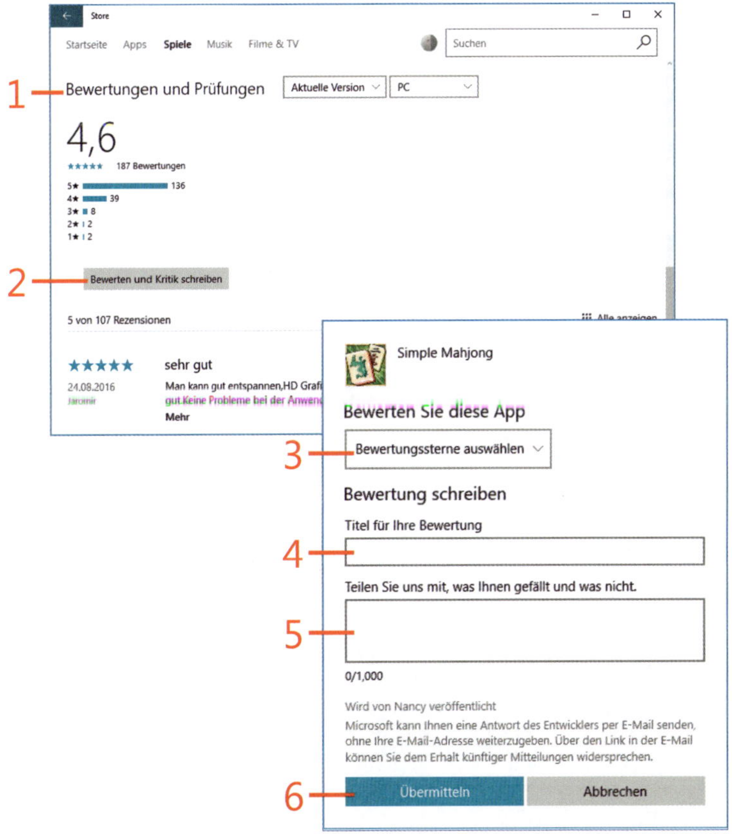

TIPP Wenn Sie keinen eigenen Kommentar zu einer App posten wollen, ist es auch hilfreich, wenn Sie die Kritiken anderer bewerten. Gehen Sie dazu in einer App zu dem Bereich **Bewertungen und Prüfungen** und klicken Sie unter einer Kritik auf **Mehr**, um dann die aufkommende Frage **War diese Info hilfreich?** mit **Ja** bzw. **Nein** zu beantworten.

Die Musik-App

13

Für viele Menschen ist der Computer als Musik-Wiedergabegerät heutzutage ebenso selbstverständlich wie es früher die allgegenwärtige Stereoanlage oder das Radio waren. Mit dem Computer können Sie aus den Musikstücken von CDs oder Online-Musiksites Ihre eigene virtuelle Musikbibliothek zusammenstellen. Zum Abspielen verwenden Sie die Lautsprecher Ihres Computers; Lautstärke, Balance und andere Lautsprechereinstellungen lassen sich dann direkt über die entsprechenden Bedienelemente des Computers einstellen.

Mit der Musik-App von Microsoft Windows 10 können Sie Musikstücke kaufen, abspielen und verwalten. Und falls Sie eine Aufnahme von einem Song besitzen, der Ihnen sehr gut gefällt, aber dessen Titel Sie nicht kennen: Die persönliche Assistentin Cortana von Windows 10 kann Ihnen helfen, den Song zu identifizieren und zu erwerben.

In diesem Kapitel:

- Songs und Alben kaufen
- Lokale Musikdateien hinzufügen
- Musik abspielen
- Lautstärke regeln
- Nach Musik suchen
- Wiedergabelisten erstellen
- Mit Cortana Musikstücke identifizieren

Songs und Alben kaufen

Sie können in Windows Store Musik kaufen, die dann sortiert nach Song, Album oder Künstler in der Musik-App zum Abspielen zur Verfügung steht. Voraussetzung für einen Kauf ist allerdings, dass Sie in Windows Store die Zahlungsoptionen für Ihr Microsoft-Konto angegeben haben. Wie Sie dabei vorgehen, erfahren Sie in Kapitel 12, Abschnitt „Zahlungsinformationen für ein Microsoft-Konto" auf Seite 154.

Musik kaufen und herunterladen

1 Klicken Sie auf die Startschaltfläche.

2 Klicken Sie auf die Kachel **Groove-Musik**.

Wenn Sie die Musik-App zum ersten Mal öffnen, klicken Sie auf **Los geht's**.

3 Klicken Sie auf die Schaltfläche **Musik im Store holen**.

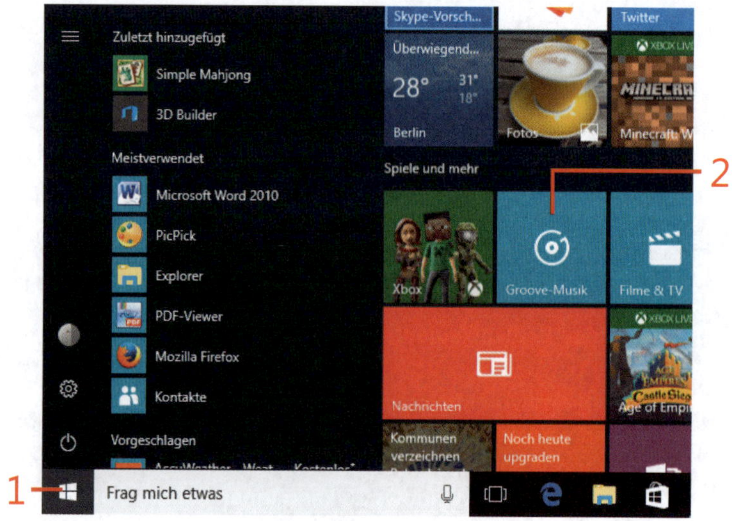

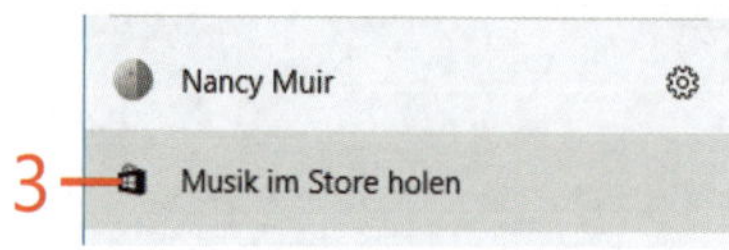

Musik kaufen und herunterladen *(Fortsetzung)*

4 Klicken Sie auf ein Album in einer der angebotenen Kategorien wie **Neue Musik**, **Top-Alben** oder auf einen Song in **Meistverkaufte Songs**.

5 Klicken Sie auf die Schaltfläche mit dem Preis, um ein Album oder einen Song aus einem Album zu kaufen.

6 Geben Sie Ihr Kennwort ein.

7 Klicken Sie auf **Anmelden**.

8 Klicken Sie auf **Kaufen**.

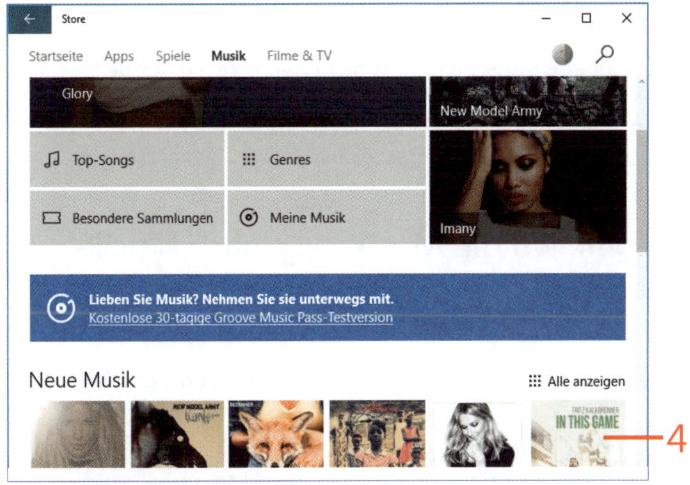

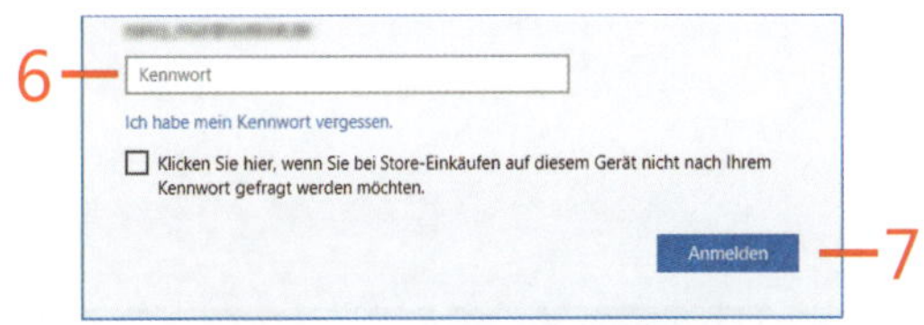

TIPP Sie können in Windows Store auch nach einem Künstler, ein Album oder sogar nach einem Musikgenre wie Jazz suchen. Lesen Sie hierzu den Abschnitt „Nach Musik suchen" weiter hinten in diesem Kapitel.

Lokale Musikdateien hinzufügen

Die Musik für Ihre Musik-App muss nicht zwangsläufig aus dem Windows Store stammen. Sie können mit der App auch Musik abspielen, die Sie mit Ihrem Handy gekauft oder auf einem externen Laufwerk, einer CD oder DVD gespeichert haben. Sie müssen der Musik-App lediglich anzeigen, in welchem Ordner die Musikstücke zu finden sind. Hat die App die Musikdateien gefunden, steht die Musik kurz darauf in der Musik-App zum Abspielen zur Verfügung.

Festlegen, wo die Musik-App nach Musikdateien sucht

1. Klicken Sie in der Musik-App auf das **Einstellungen**-Symbol.
2. Klicken Sie auf **Legen Sie fest, wo nach Musik gesucht werden soll**.
3. Klicken Sie auf **Hinzufügen**.
4. Navigieren Sie zu einem Ordner, zum Beispiel **Downloads**.
5. Klicken Sie auf **Diesen Ordner zu „Musik" hinzufügen**.
6. Klicken Sie auf **Fertig**.

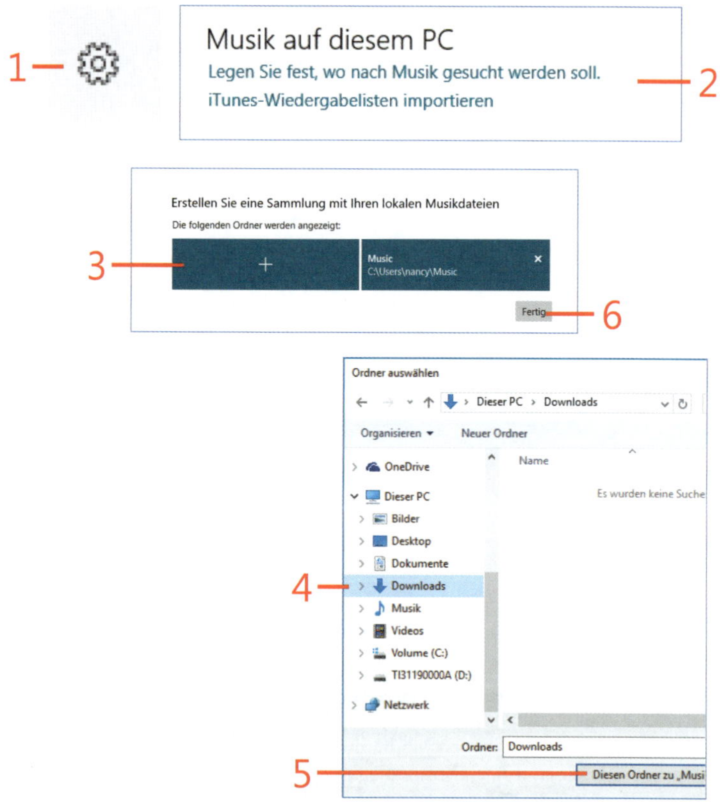

> **TIPP** Um festzustellen, welche Songs in der Musik-App nach Hinzufügen lokaler Musikdateien zur Verfügung stehen, klicken Sie auf der linken Seite der Musik-App auf die Schaltfläche **Songs**.

Musik abspielen

Die Hauptfunktion der Musik-App besteht darin, Musik abzuspielen. Nachdem Sie Songs in Ihre Musik-App aufgenommen haben, ist das Abspielen ganz einfach. Zuerst navigieren Sie zu dem Musikstück oder dem Album, das Sie abspielen wollen, und dann bedienen Sie sich der Wiedergabesteuerung, um das Abspielen zu starten, anzuhalten oder zum nächsten oder vorherigen Song zu springen.

Einen Song abspielen

1 Klicken Sie in der Musik-App auf die Schaltfläche **Songs**.

2 Klicken Sie auf einen Song.

3 Klicken Sie auf das **Wiedergabe**-Symbol.

4 Klicken Sie auf das **Anhalten**-Symbol, um die Wiedergabe zu unterbrechen.

5 Wenn Sie ein Album abspielen, bringt Sie der **Zurück**-Schalter zu dem zuvor gespielten Song. Wenn Sie einen einzelnen Song abspielen, gelangen Sie damit an den Anfang des Songs.

6 Wenn Sie den Song am Ende wiederholen wollen, klicken Sie auf das **Wiederholen**-Symbol.

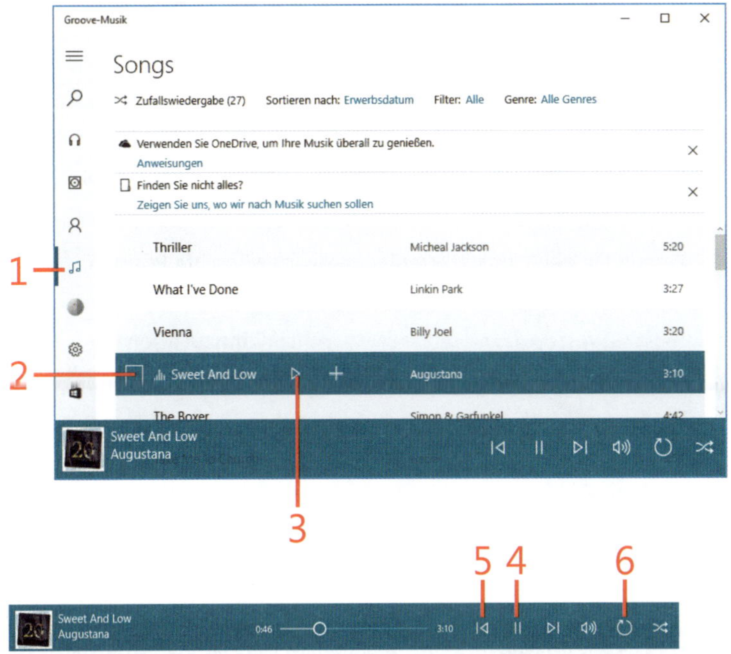

PROBIER'S AUS Ab der Windows 10 Anniversary-Version können Sie, auch während der Sperrbildschirm angezeigt wird, weiter Ihre Musik abspielen. Sie können vom Sperrbildschirm aus den vorherigen oder nächsten Song ansteuern oder auf Pause klicken. Dies funktioniert aber nur, wenn Sie in den Einstellungen für den Sperrbildschirm **Bild** oder **Diashow** als Hintergrund ausgewählt haben.

TIPP Um ein ganzes Album abzuspielen, wählen Sie in Schritt 2 ein Album anstelle eines Songs. Wenn Sie Ihre Bibliothek nach dem Zufallsprinzip abspielen möchten, klicken Sie in der Wiedergabesteuerung auf das Symbol **Zufallswiedergabe einschalten** (zwei sich kreuzende Pfeile).

Lautstärke regeln

Die Lautstärke können Sie auf zwei Ebenen regeln: auf Systemebene über die Systemlautstärke für Ihren Windows 10-Computer und auf App-Ebene über die Wiedergabelautstärke der zum Abspielen verwendeten App (also z. B. der Musik-App). Die Systemlautstärke legt die generelle maximale Lautstärke Ihres Geräts fest, die App-Lautstärke wird relativ zur Systemlautstärke eingestellt.

Die Lautstärke der App und des Systems regeln

1 Öffnen Sie die Musik-App und spielen Sie Musik ab. Klicken Sie in der Wiedergabesteuerung auf das **Lautsprecher**-Symbol.

2 Passen Sie die Lautstärke durch Ziehen des Schiebereglers an.

3 Klicken Sie in der Taskleiste auf das **Lautsprecher**-Symbol.

4 Ziehen Sie den Lautstärkeregler an die gewünschte Position.

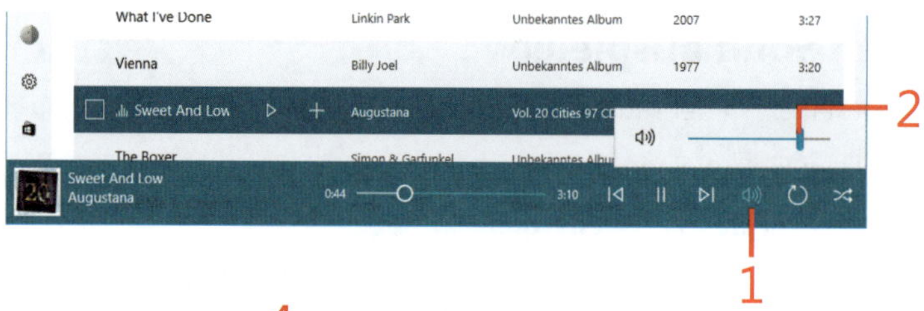

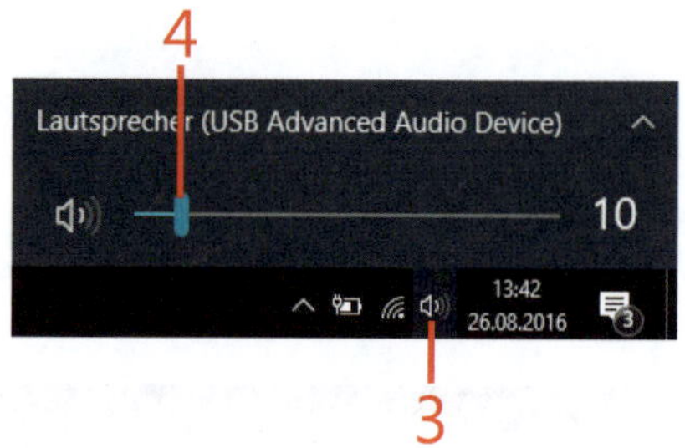

TIPP Sie können die Systemlautstärke auch differenzierter einstellen. Klicken Sie dazu mit der rechten Maustaste auf das **Lautsprecher**-Symbol in der Taskleiste und wählen Sie dann im Kontextmenü den Befehl **Lautstärkemixer öffnen**. Damit öffnen Sie ein Dialogfeld, in dem Sie die Lautstärke von Lautsprecher und Systemsounds (z. B. für Benachrichtigungen bei neuen E-Mails) getrennt einstellen können.

Nach Musik suchen

Nachdem Sie sich eine umfangreiche Musik-Bibliothek aufgebaut haben, werden Sie feststellen, dass es manchmal gar nicht so einfach ist, einen bestimmten Song oder ein spezielles Album zu finden.

Nutzen Sie dann das Suchfeld der Musik-App, in das Sie einen Suchbegriff wie den Songtitel, den Albumname, das Genre oder den Künstler eingeben können.

Musik suchen

1 Klicken Sie in der Musik-App in das Suchfeld und geben Sie einen Suchbegriff ein.

2 Wählen Sie einen der Vorschläge oder drücken Sie die Eingabetaste, um die Ergebnisse anzuzeigen.

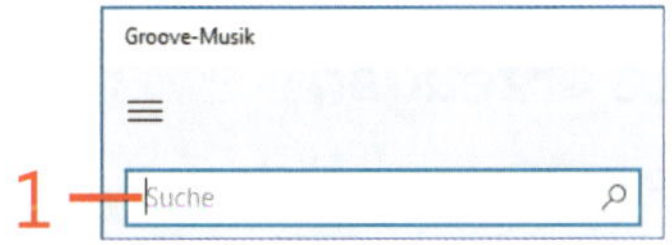

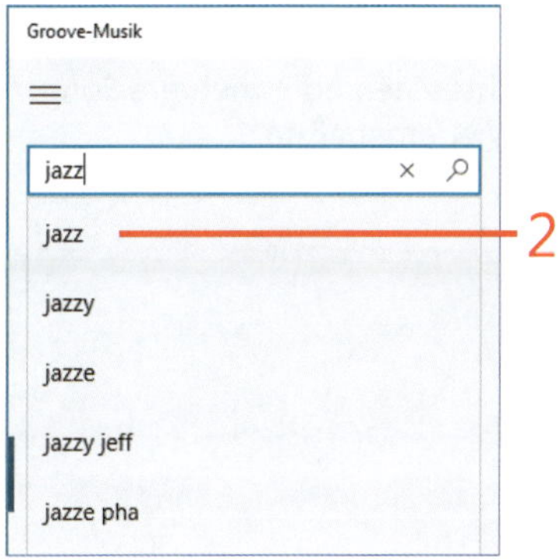

TIPP Um Ihre Musikauswahl zu sortieren oder zu filtern, klicken Sie zuerst auf **Songs**, **Künstler** oder **Alben** und dann oben in dem jeweils eingeblendeten Bildschirm auf die Felder neben **Sortieren nach** oder **Filter**, um Filterkriterien (wie **Nur auf diesem Gerät** oder **Auf OneDrive**) oder Sortierkriterien (wie **A bis Z** oder **Erwerbsdatum**) auszuwählen.

Wiedergabelisten erstellen

Dank der Möglichkeit, Wiedergabelisten zu erstellen, können Sie Ihre eigenen virtuellen Alben mit Songs aus verschiedenen Quellen zusammenstellen. Wie wär's mit einer Wiedergabeliste für Tanzmusik, einer anderen für Ihre nächste Party und noch einer mit romantischer Musik für den Abend zu zweit? Sie können von den Ihnen zur Verfügung stehenden Musikalben und -titeln so viele Wiedergabelisten erzeugen, wie Sie wollen.

Eine neue Wiedergabeliste erzeugen

1 Klicken Sie in der Musik-App auf **Neue Wiedergabeliste**.

2 Geben Sie der Wiedergabeliste einen Namen.

3 Klicken Sie auf **Speichern**.

4 Achten Sie darauf, dass links die Wiedergabeliste angezeigt wird.

5 Wählen Sie rechts einen oder mehrere Songs aus und ziehen Sie diese auf die Wiedergabeliste.

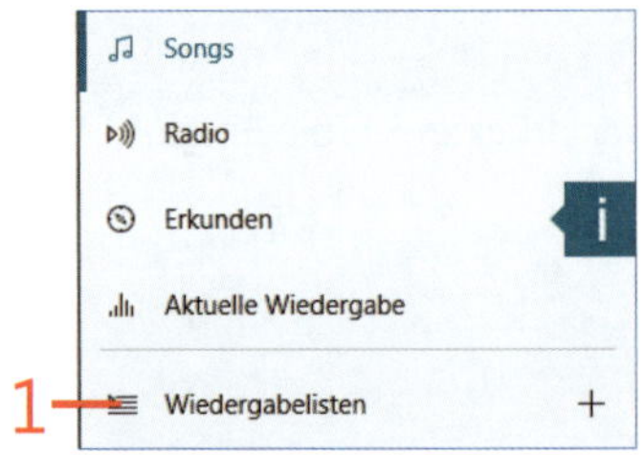

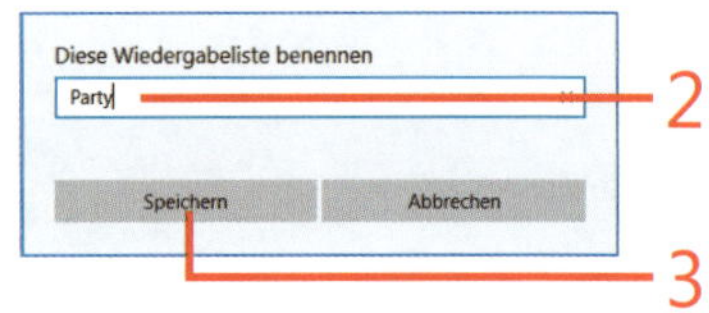

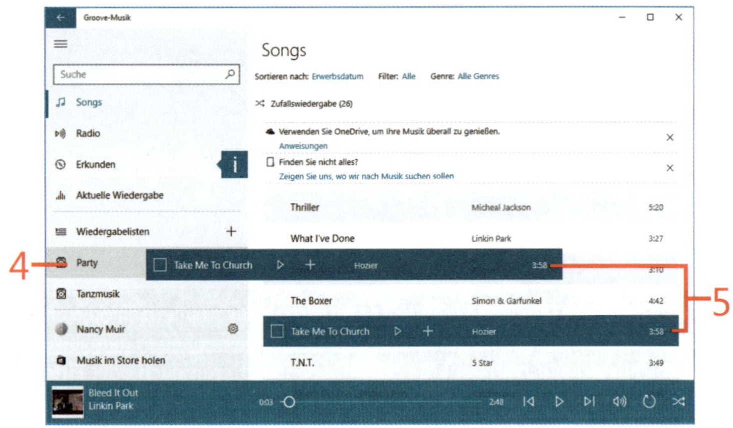

TIPP Sie können Wiedergabelisten an das Startmenü anheften, damit Sie schnellen Zugriff darauf haben. Klicken Sie dazu oben in der Anzeige der Wiedergabeliste auf **Anpinnen**. Dadurch ändert sich der Befehl in **Loslösen**, über den Sie diesen Befehl wieder zurücknehmen können.

Mit Cortana Musikstücke identifizieren

Gefällt Ihnen die Melodie, die Sie gerade im Radio, Aufzug oder Café hören, aber Sie wissen den Titel nicht? Dann nutzen Sie Cortana, die neue persönliche Assistentin in Windows 10, denn damit können Sie auf direktem Weg die meisten populären Songs identifizieren.

Doch Cortana verrät Ihnen nicht nur den Musiktitel, sondern bietet Ihnen auch einen Link zu Windows Store, wo Sie mehr über den Song erfahren oder ihn kaufen können.

Musik beim Abspielen identifizieren

1. Während ein Song gespielt wird, aktivieren Sie Cortana mit „Hey Cortana" oder klicken Sie im Cortana-Suchfeld auf das **Mikrofon**-Symbol.
2. Fragen Sie „Wie heißt dieser Song?".
3. Klicken Sie auf die **Musik**-Schaltfläche.
4. Wenn Cortana den Musiktitel identifiziert hat, gelangen Sie über den Link zum Song (bzw. Album) oder zum Windows Store, wo Sie ihn kaufen können.

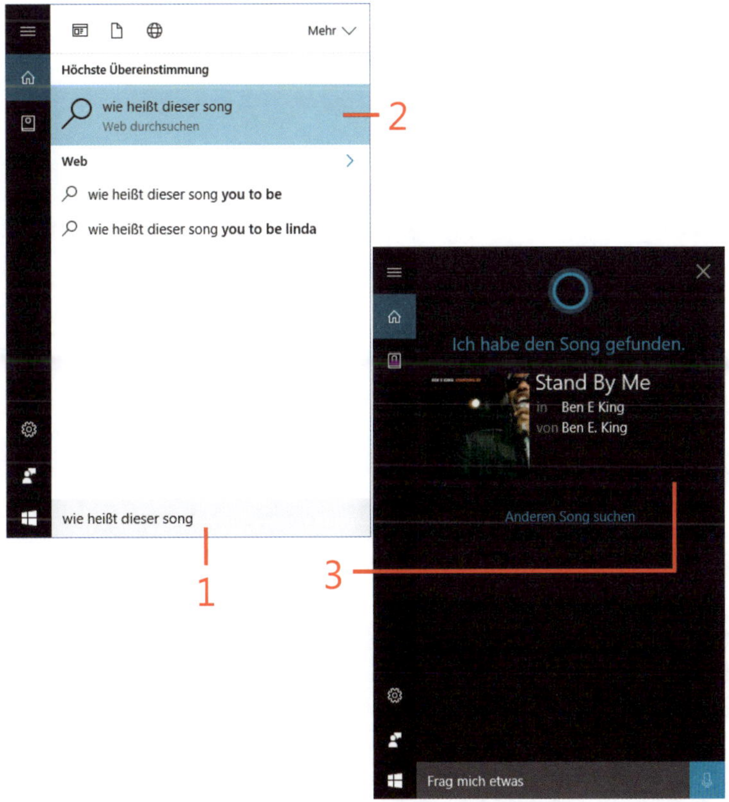

TIPP Cortanas Fähigkeiten, Musik zu identifizieren, ist ziemlich ausgereift, denn sie kann Tausende von Songs erkennen. Sie ist allerdings keine Hilfe, wenn Sie nach seltener Musik suchen oder selbst singen. Cortana basiert ihre Ergebnisse auf Aufzeichnungen in ihrer Datenbank.

Videos aufnehmen und anschauen

14

Heutzutage werden Computer fast genauso häufig zum Anschauen von Videos genutzt wie zum Erstellen von Dokumenten. Unter Windows 10 können Sie mit der Kamera-App eigene Videos erstellen, mit der Filme&TV-App Videos kaufen und abspielen und mit dem traditionellen Windows Media Player verschiedene Medien abspielen und in Wiedergabelisten zusammenfassen.

In diesem Abschnitt lernen Sie alle drei Apps kennen und erfahren, wie Sie Videos erzeugen und anschauen können. Wenn Sie Videos kaufen oder leihen möchten, finden Sie im Windows Store eine riesige Auswahl an aktuellen Filmen und TV-Sendungen.

In diesem Kapitel:

- Eigene Videos mit der Kamera-App aufzeichnen
- Videos kaufen
- Videos in der Filme&TV-App suchen
- Videos abspielen
- Einstellungen in der Filme&TV-App konfigurieren
- Videos im Windows Media Player abspielen
- Wiedergabelisten im Windows Media Player erstellen

Eigene Videos mit der Kamera-App aufzeichnen

Die meisten Computer verfügen über eine Kamera, mit der Sie Standfotos machen oder Videos aufzeichnen können. Unter Windows 10 nehmen Sie die Videos mit der Kamera-App auf und kontrollieren das Ergebnis in der Fotos-App. Alternativ können Sie Ihre persönlichen Videos auch mit der Filme&TV-App wiedergeben.

Ein Video aufnehmen

1. Klicken Sie auf die Startschaltfläche.
2. Klicken Sie in der App-Liste auf die Kamera-App.
3. Klicken Sie auf das **Video**-Symbol, um in den Videomodus zu wechseln.
4. Klicken Sie erneut auf das **Video**-Symbol, um die Aufzeichnung zu starten.
5. Klicken Sie erneut auf das **Video**-Symbol, um die Aufzeichnung zu beenden.
6. Klicken Sie im Startmenü auf die **Fotos**-Kachel, um die Fotos-App zu öffnen und das Video abzuspielen.

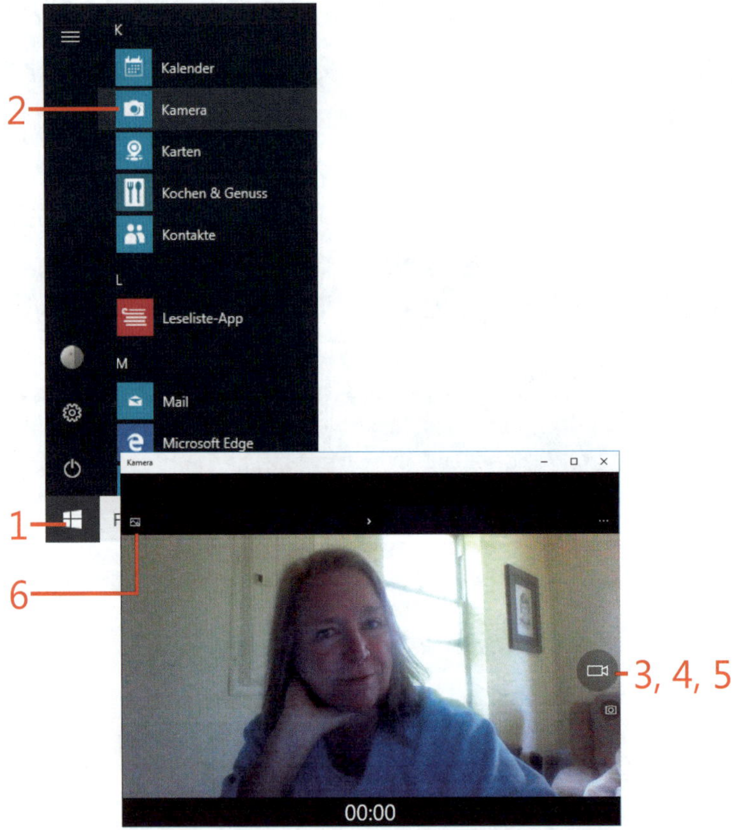

TIPP Um ein selbst aufgezeichnetes Video abzuspielen, öffnen Sie die Fotos-App und klicken auf **Sammlung**. Klicken Sie auf die Abspielschaltfläche des Videos, das Sie anschauen wollen.

Videos kaufen

In Windows Store finden Sie eine Vielzahl von Filmen und TV-Sendungen, die Sie leihen oder kaufen können. Voraussetzung ist jedoch, dass Sie zuvor die Zahlungsoptionen für Ihr Microsoft-Konto eingerichtet haben (siehe Kapitel 12, Abschnitt „Zahlungsinformationen für ein Microsoft-Konto" auf Seite 154). Nachdem dies erledigt ist, können Sie über die Schaltfläche **Mehr kaufen** in der Filme&TV-App direkt zur Kategorie Filme&TV im Windows Store wechseln und Ihre Käufe tätigen. TV-Serien können Sie in der Regel in Staffeln oder als einzelne Folgen kaufen.

Filme kaufen

1 Öffnen Sie die Filme&TV-App.

2 Klicken Sie auf die Schaltfläche **Mehr kaufen**.

3 Klicken Sie auf einen Film.

4 Klicken Sie auf **Kaufen**.

5 Geben Sie Ihr Kennwort ein.

6 Klicken Sie auf **Anmelden**.

7 Klicken Sie auf **Kaufen**, um den Film zu erwerben.

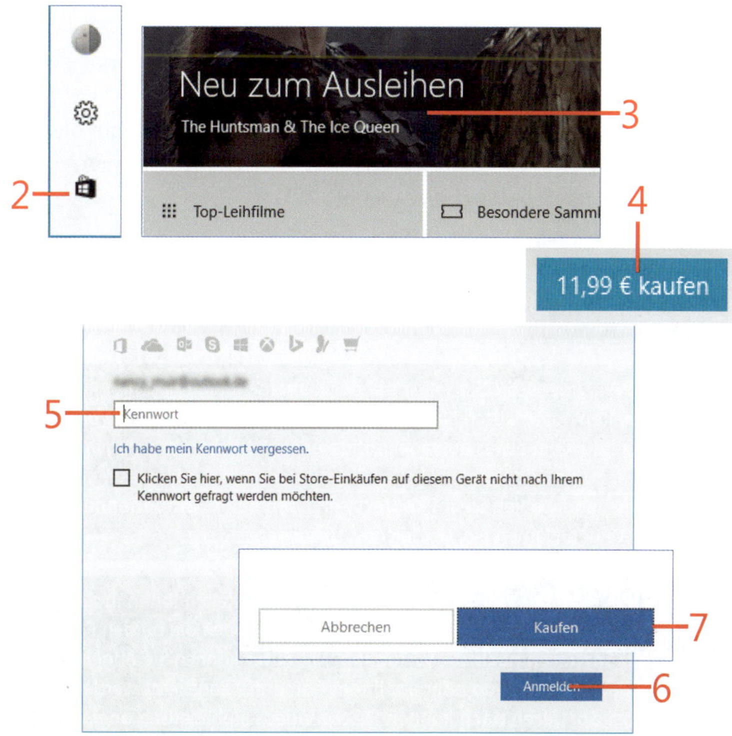

TIPP In Schritt 4 können Sie auch auf **Leihen** klicken. In diesem Fall müssen Sie sich dafür entscheiden, ob Sie den Film streamen oder herunterladen wollen, bevor Sie sich bei Ihrem Konto anmelden.

PROBIER'S AUS Wenn Sie auf einen Film klicken, um mehr darüber zu erfahren, wird häufig auch eine Schaltfläche angezeigt, über die Sie einen Trailer aufrufen können. Nehmen Sie sich die Zeit, bevor Sie Ihre Kaufentscheidung treffen.

Videos in der Filme&TV-App suchen

Damit Sie in Ihrer Video- und Filme-Bibliothek nicht unnötig lange suchen müssen, trennt die Filme&TV-App Ihre Medien nach Filmen, Fernsehsendungen und persönlichen Videos. Außerdem können Sie mithilfe der Suchfunktion Medien nach dem Titel suchen – unabhängig von der Kategorie, in der Sie gespeichert sind.

Videos suchen

1 Klicken Sie in der Filme&TV-App auf das **Filme**-Symbol, wenn Sie nach einem Film suchen.

2 Wenn Sie nach einer TV-Sendung suchen, klicken Sie auf das **TV-Sendungen**-Symbol.

3 Wenn Sie nach einem eigenen Video suchen, klicken Sie auf das **Videos**-Symbol.

4 Klicken Sie auf das **Suchen**-Symbol.

5 Geben Sie einen Suchbegriff für einen Film, ein Video oder eine Fernsehsendung ein.

6 Klicken Sie auf das **Suchen**-Symbol, um sich die Ergebnisse anzeigen zu lassen.

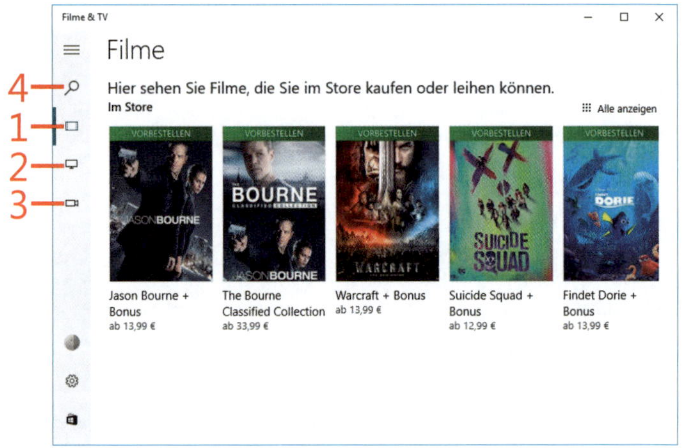

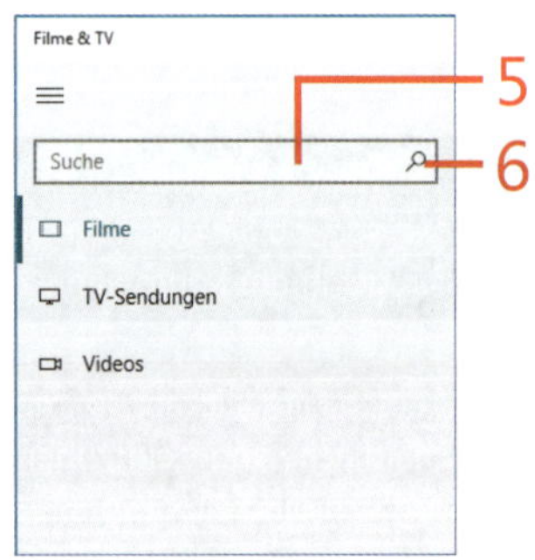

TIPP Videos, die Sie selbst mit der Kamera-App aufnehmen, erhalten automatisch Namen wie ***WIN_20150930_18_18_52_pro.mp4***. Falls Ihnen ein etwas aussagekräftigerer Name lieber ist, navigieren Sie im Explorer zu der Videodatei, klicken Sie mit der rechten Maustaste auf den Dateinamen und wählen Sie im Kontextmenü den Befehl **Umbenennen**. Geben Sie einen Namen ein, der leichter zu suchen ist.

TIPP Um die Videos besser zu organisieren, stehen Ihnen in den Fenstern **Filme**, **TV-Sendungen** und **Videos** oben die beiden Felder **Filter** und **Sortieren nach** zur Verfügung. Mit **Filter** können Sie angeben, ob die Videos in der Cloud oder auf Ihrem Computer angezeigt werden sollen. Über **Sortieren nach** können Sie die Videos alphabetisch oder nach dem Hinzufügedatum zur Bibliothek sortieren.

Videos abspielen

Sie können jedes Video, das Sie heruntergeladen, geliehen oder selbst aufgenommen haben, in der Filme&TV-App abspielen. Mithilfe der Wiedergabesteuerung können Sie den Film anhalten, das Seitenverhältnis anpassen, Untertitel für Sendungen einschalten, die diese Funktion unterstützen, und das Video im Vollbild anzeigen.

Ein Video abspielen

1 Klicken Sie in der Filme&TV-App auf einen Videotitel.

2 Klicken Sie auf das **Abspielen**-Symbol.

3 Klicken Sie auf das **Vollbild**-Symbol.

4 Verschieben Sie den Wiedergaberegler, um die Wiedergabeposition zu verändern.

5 Klicken Sie auf das **Anhalten**-Symbol.

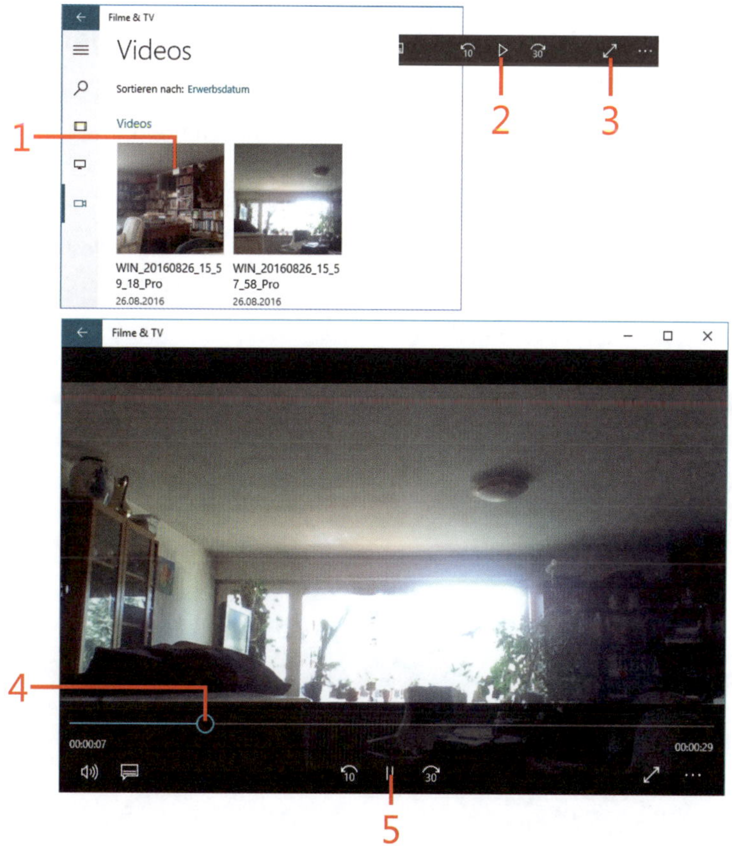

TIPP In der Wiedergabesteuerung gibt es ein Symbol namens **Abspielen auf Gerät**, über das Sie den Film für die Wiedergabe auf einem kompatiblen Gerät, z. B. einem Smart-TV, umwandeln können. Dieses Gerät muss eingeschaltet sein und über eine aktive Bluetooth-Verbindung verfügen.

TIPP Über das **Seitenverhältnis**-Symbol können Sie die Ansicht dem Endgerät anpassen.

Einstellungen in der Filme&TV-App konfigurieren

Sie können Videos mit unterschiedlicher Wiedergabequalität abspielen, was Auswirkungen auf das Seherlebnis hat. In der Filme&TV-App finden Sie Einstellungen, mit denen Sie die Qualität der Videowiedergabe steuern können. Außerdem haben Sie die Möglichkeit festzulegen, wo die App auf Ihrem Computer nach Videos suchen soll.

Videoqualität- und Downloadeinstellungen konfigurieren

1 Klicken Sie in der Filme&TV-App auf das **Einstellungen**-Symbol.

2 Klicken Sie entweder auf **HD** oder **SD**, um anzugeben, welche Qualitätseinstellung als Standard verwendet werden soll.

3 Klicken Sie auf den Link **Legen Sie fest, wo nach Videos gesucht werden soll**.

Videoqualität- und Downloadeinstellungen konfigurieren *(Fortsetzung)*

4 Klicken Sie auf **Hinzufügen** (das Pluszeichen).

5 Navigieren Sie zu dem Ordner, den Sie hinzufügen wollen.

6 Klicken Sie auf **Diesen Ordner zu „Videos" hinzufügen**.

7 Klicken Sie auf **Fertig**.

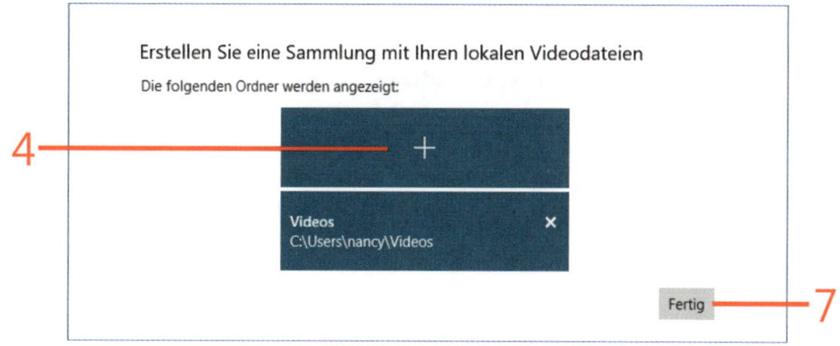

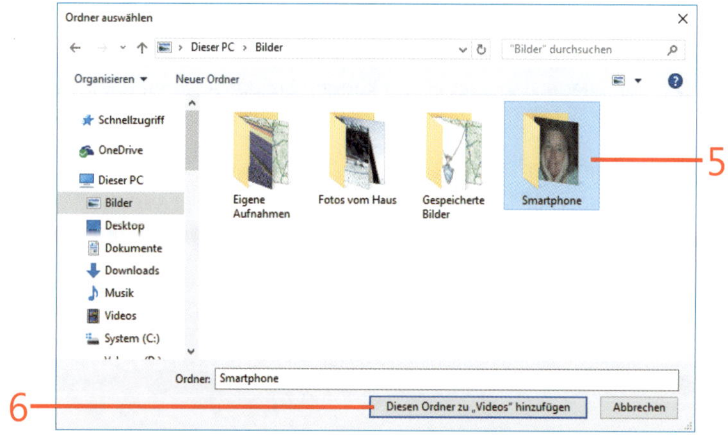

TIPP Wenn Sie über mehrere Windows-Geräte verfügen – z. B. einen PC, ein Surface-Tablet und ein Windows-Phone – können Sie von allen Geräten auf heruntergeladene und geliehene Videos zugreifen. Klicken Sie im Einstellungen-Fenster der App auf **Meine Download-Geräte anzeigen**, um zu sehen, welche Geräte Ihnen zur Verfügung stehen.

TIPP Wer Änderungen an seinem Konto und Bezahlungsangaben machen möchte, gelangt über die Links unter **Konto** auf der rechten Seite des Einstellungen-Fensters dorthin.

Videos im Windows Media Player abspielen

Der Windows Media Player ist ein altbewährtes Windows-Programm, das im Bedarfsfall die Filme&TV- oder Musik-App ersetzen kann, denn Sie können mit diesem Player Musik und eigene Videos abspielen sowie Bilder anzeigen.

Ein Video mit Windows Media Player abspielen

1 Klicken Sie auf die Startschaltfläche und wählen Sie dann aus der App-Liste den Eintrag **Windows Media Player**.

2 Klicken Sie auf den Ordner **Videos**.

3 Doppelklicken Sie auf ein Video, um es abzuspielen.

4 Mit der Wiedergabesteuerung können Sie das Abspielen kontrollieren.

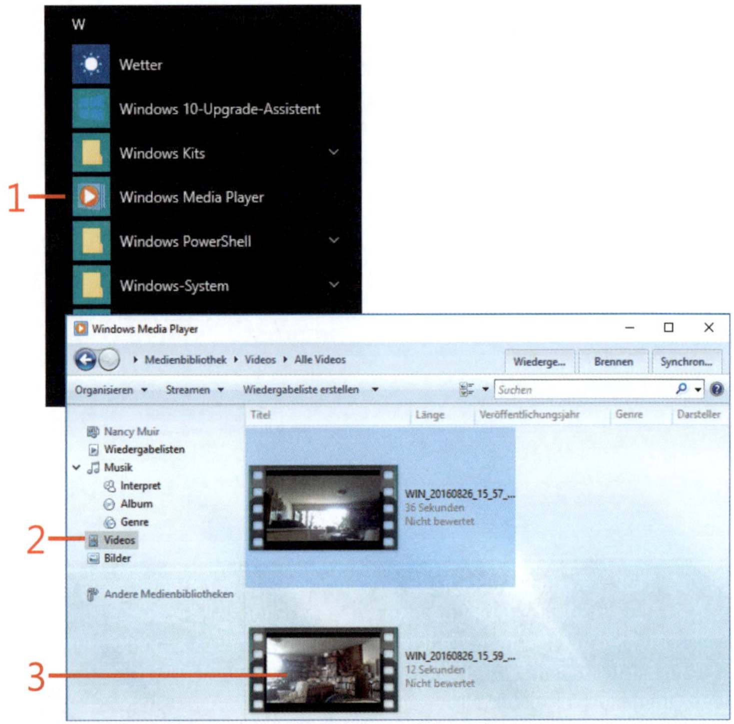

TIPP In der Wiedergabesteuerung des Windows Media Players fehlen Funktionen wie Untertitel und Video umwandeln auf ein Smart-TV, die Ihnen in der Filme&TV-App zur Verfügung stehen.

Wiedergabelisten in Windows Media Player erstellen

Sie können im Windows Media Player Musik- und Video-Wiedergabelisten erstellen. Wenn Sie zum Beispiel die drei Videos von dem Kindergeburtstag Ihres Kindes in einer Wiedergabeliste zusammenfassen möchten, um die drei Videos hintereinander abzuspielen, ist der Windows Media Player das Instrument Ihrer Wahl.

Eine Wiedergabeliste erstellen

1 Klicken Sie im Windows Media Player im Vollbildmodus auf **Wiedergabeliste erstellen**.

2 Geben Sie einen Namen für die neue Wiedergabeliste ein.

3 Öffnen Sie den Ordner **Videos**, um die Videos anzuzeigen.

4 Ziehen Sie die Videos von dem Navigationsfeld in die Wiedergabeliste.

5 Sie starten das Abspielen der Wiedergabeliste, indem Sie im linken Bereich den Titel der Wiedergabeliste doppelt anklicken.

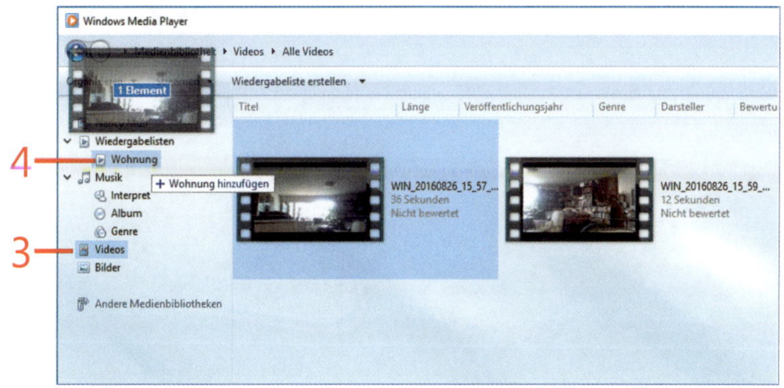

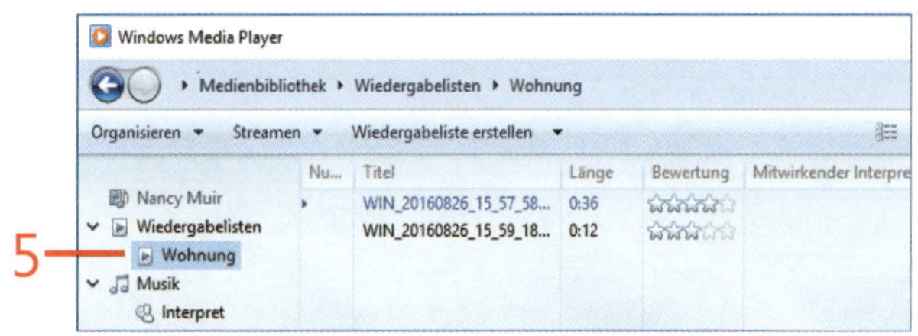

TIPP Um ein Video von der Wiedergabeliste zu entfernen, öffnen Sie die Wiedergabeliste, klicken mit der Maustaste auf das zu entfernende Video und wählen im Kontextmenü den Befehl **Aus Liste entfernen.**

Die Kamera-App und die Fotos-App

15

In diesem Kapitel:

- Fotos und Videos mit der Kamera-App erstellen
- Fotos mit der Fotos-App bearbeiten
- Fotos verbessern
- Fotos zuschneiden
- Fotos drehen
- Alben in der Fotos-App
- Fotos in Paint bearbeiten
- Eine Diashow erzeugen
- Ein Foto als Sperrbildschirm oder Desktophintergrund einrichten
- Fotos teilen
- Fotos löschen

Immer mehr Menschen nutzen fast ausschließlich ihr Smartphone, um Fotos zu machen, und sind sich nicht bewusst, dass ihr Computer ebenfalls über eine integrierte Kamera verfügt. Mit der Kamera-App, die Teil von Windows 10 ist, können Sie Bilder von Ihrer Umgebung schießen. Anschließend können Sie diese Fotos dann auf verschiedene Art und Weise mit der Fotos-App bearbeiten. Sie können damit die Fotos verbessern, zuschneiden oder rotieren, Effekte anwenden und die Helligkeit regeln.

Außerdem können Sie aus Ihren Fotos eine Diashow erzeugen und sie mit anderen teilen. Und wenn Sie ein Foto nicht mehr länger benötigen, können Sie es schnell und problemlos wieder löschen.

Fotos und Videos mit der Kamera-App erstellen

Die Kamera eines Computers – sei es eines Laptops oder Desktop-PCs – befindet sich in der Regel im oberen Rahmen des Monitors. Wenn Sie die Kamera-App einschalten, macht die Kamera Bilder von allem, was sich vor dem Monitor befindet. Die Computerkamera dient vor allem dazu, ein Video der Person aufzunehmen, die den Computer für einen Online-Videoanruf nutzt.

Ein Foto machen

1 Klicken Sie auf die Startschaltfläche.

2 Scrollen Sie in der App-Liste nach unten und klicken Sie auf **Kamera**.

3 Positionieren Sie Ihren Monitor so, dass er genau das anvisiert, was Sie aufnehmen wollen, und klicken Sie auf den Auslöser.

4 Klicken Sie auf das **Fotos**-Symbol, um das Foto anzuzeigen.

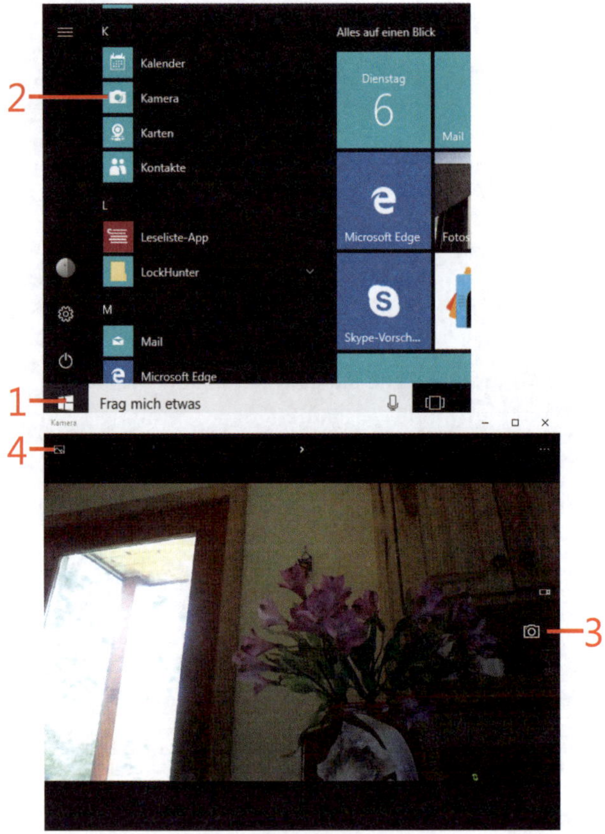

TIPP Fotos, die Sie mit der Kamera-App aufnehmen, werden in einem Unterordner **Eigene Aufnahmen des Bilder**-Ordners abgespeichert. Die Fotos-App organisiert Fotos in Sammlungen, die nach Monat und Aufnahmedatum sortiert sind, und in Alben, die für Sie angelegt werden und die besten Bilder einer Fotoserie enthalten.

Fotos mit der Fotos-App bearbeiten

Die wenigsten von uns sind professionelle Fotografen, folglich sind unsere Fotos auch nicht immer perfekt. Deshalb ist es ganz praktisch, Fotos nachträglich bearbeiten zu können. In der Fotos-App finden Sie mehrere nützliche Funktionen zur Fotobearbeitung. So können Sie Filter anwenden, den Kontrast erhöhen oder mit der Helligkeit spielen.

Ein Foto bearbeiten

1 Klicken Sie im Startmenü auf die Fotos-Kachel, um die gleichnamige App zu öffnen, und laden Sie ein Foto einer Sammlung in die App.

2 Klicken Sie auf das **Bearbeiten**-Symbol.

3 Klicken Sie auf das **Filter**-Symbol.

4 Klicken Sie auf der rechten Seite des Bildschirms auf den gewünschten Filter.

5 Klicken Sie auf das **Licht**-Symbol.

6 Klicken Sie auf der rechten Seite auf eine Einstellung wie **Helligkeit** oder **Kontrast**.

7 Ziehen Sie das weiß gewordene Symbol kreisförmig um die Einstellungsanzeige (der weiße Bogen) und beobachten Sie die Änderungen.

PROBIER'S AUS Rufen Sie auch einmal die anderen Bearbeitungsfunktionen wie **Farbe** und **Effekte** auf, um zu sehen, welche Optionen sich dahinter verbergen. Die Funktionsweise der Einstellungen unterscheidet sich nicht von denen der **Licht**-Einstellungen.

Fotos verbessern

Wenn es Ihnen zu umständlich ist, mit den verschiedenen Bearbeitungseinstellungen wie **Licht** und **Filter** herumzuspielen, können Sie auf die Verbesserungsfunktion zurückgreifen, die mehrere Einstellungen auf einmal anwendet, um das zu produzieren, was die Fotos-App als das bestmögliche Foto „betrachtet".

Ein Foto verbessern

1 Öffnen Sie in der Fotos-App ein Foto, sodass die Bearbeitungsfunktionen angezeigt werden. Klicken Sie gegebenenfalls auf **Allgemeine Korrekturen**.

2 Klicken Sie auf **Verbessern**.

3 Wenn Ihnen das Ergebnis nicht zusagt, klicken Sie auf das Symbol **Rückgängig**.

4 Gefällt Ihnen das, was Sie sehen, klicken Sie auf **Speichern**.

PROBIER'S AUS Experimentieren Sie ein wenig mit der Funktion **Selektiver Fokus**, die angezeigt wird, wenn Sie auf **Effekte** klicken. Mit diesem Werkzeug können Sie den Bereich eines Fotos festlegen, der am schärfsten dargestellt werden soll. Diesen Bereich können Sie darüber hinaus auch noch verbessern.

Fotos zuschneiden

Manche Fotos, die wir machen, sind nicht nur heller oder dunkler als gewünscht, sondern zeigen auch Dinge, die wir nicht auf dem Foto haben wollen. Mit der Zuschneidefunktion können Sie Abhilfe schaffen, denn damit lassen sich Teile des Fotos „wegschnippeln", die nicht angezeigt werden sollen. Als Ergebnis erhalten Sie den gewünschten Bildausschnitt.

Ein Foto in der Fotos-App zuschneiden

1. Klicken Sie in der Fotos-App zuerst auf **Bearbeiten** und dann auf die Bearbeitungsfunktion **Allgemeine Korrekturen**.
2. Klicken Sie auf **Zuschneiden**-Symbol.
3. Ziehen Sie eine der Ecken nach innen.
4. Wenn das Bild Ihren Vorstellungen entspricht, lassen Sie die Maustaste los.
5. Klicken Sie auf das **Anwenden**-Symbol (das Häkchen), um die Änderungen zu übernehmen.

TIPP Sie können beim Zuschneiden die Eckpunkte eines Bildes nach innen, außen, rechts, links, oben oder unten ziehen.

TIPP Beim Zuschneiden haben Sie die Möglichkeit, das **Seitenverhältnis**-Symbol oben auf dem Bildschirm anzuklicken. Damit öffnen Sie ein Menü mit diversen Optionen zur Größenänderung des Fotos. Hier können Sie festlegen, ob das zugeschnittene Bild als **Quadrat**, **Original** oder **Breitbild** angezeigt werden soll.

Fotos drehen

Unter Ihren Fotos wird immer mal wieder eines sein, dass anders ausgerichtet besser wirkt. Oder Sie möchten ein Foto drehen, damit es sich effektvoller in ein Dokument einfügen lässt. Vielleicht passt es gedreht besser zu den anderen Dokumentinhalten. In der Fotos-App können Sie mit der Drehen-Funktion ein Foto in 90-Grad-Schritten drehen.

Ein Foto drehen

1 Klicken Sie in der Fotos-App zuerst auf **Bearbeiten**, dann auf **Allgemeine Korrekturen** und zum Schluss rechts auf das **Drehen**-Symbol.

2 Durch erneutes Anklicken des **Drehen**-Symbols können Sie das Bild im Uhrzeigersinn weiterdrehen.

3 Mit dem Symbol **Rückgängig** nehmen Sie die Rotation zurück.

TIPP Anstatt auf **Rückgängig** zu klicken, können Sie das **Drehen**-Symbol so oft anklicken, bis das Bild wieder seine Ursprungsausrichtung aufweist.

Alben in der Fotos-App

Wenn Sie auf der Startseite der Fotos-App **Sammlung** wählen, werden alle Ihre Fotos organisiert nach Aufnahmemonat angezeigt. Zusätzlich legt die Fotos-App aber auch ein Album namens **Gespeicherte Bilder** für Sie an. Mit der Zeit werden weitere Alben hinzukommen. Wenn Sie z. B. mit der Kamera-App Aufnahmen machen, werden diese in einem Album **Eigene Aufnahmen** abgelegt. Wenn Sie eine Foto-Serie schießen, erstellt die Fotos-App ein Album mit den besten Fotos dieser Reihe.

Alben in der Fotos-App betrachten

1 Klicken Sie in der Fotos-App auf **Sammlung**.

2 Scrollen Sie nach unten, um alle Ihre Fotos geordnet nach Aufnahmemonat anzusehen.

3 Klicken Sie auf **Alben**.

4 Klicken Sie auf ein Album, um es zu öffnen und seinen Inhalt anzuzeigen.

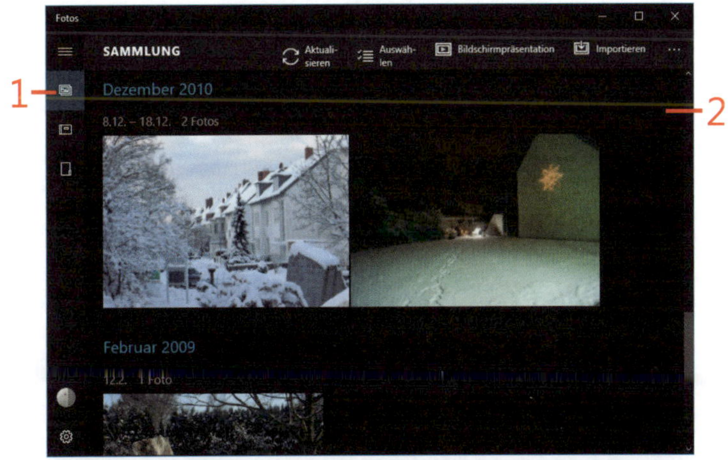

TIPP Sie können auch Alben speziell für die Fotos-App anlegen. Klicken Sie dazu auf **Neues Album** und wählen Sie danach erste Bilder für das Album aus. Klicken Sie dann auf das **Fertig**-Symbol, geben Sie einen Titel für das Album ein und speichern Sie mittels Klick auf das **Speichern**-Symbol.

Fotos in Paint bearbeiten

Die Fotos-App bietet bereits eine Vielzahl von Funktionen zur Fotobearbeitung. Doch mit der Paint-App, die Sie unter **Windows-Zubehör** in der App-Liste finden, haben Sie noch viel mehr Möglichkeiten. So können Sie dort mit einem Stift- oder Pinsel-Werkzeug Elemente in einem Foto einkreisen oder darauf zeigen, und Sie können in einem Foto ein Textfeld aufziehen und dort einen beschreibenden Text oder Spruch eingeben.

Ein Foto in Paint bearbeiten

1 Klicken Sie auf die Startschaltfläche und wählen Sie in der App-Liste den Eintrag **Paint** (Sie finden ihn unter **Windows-Zubehör**).

2 Klicken Sie auf **Datei**.

3 Klicken Sie auf **Öffnen**.

4 Navigieren Sie zu dem gewünschten Foto und klicken Sie auf **Öffnen**.

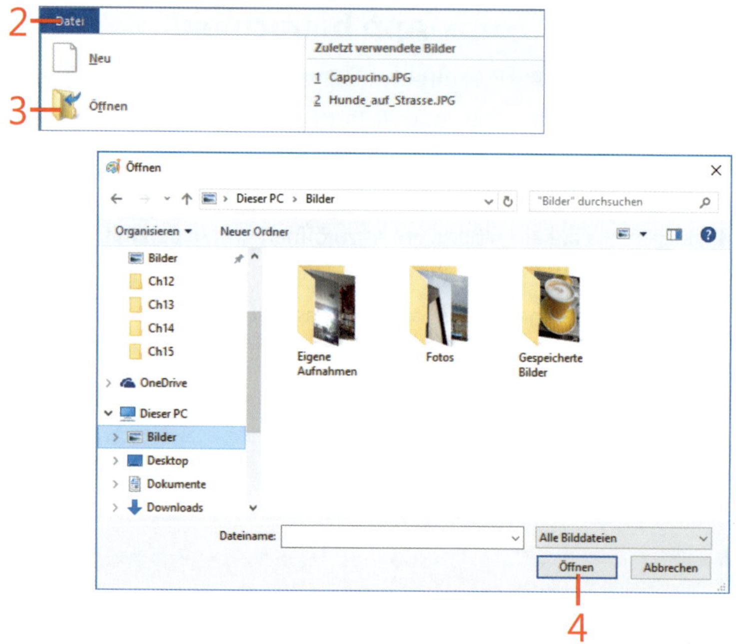

TIPP Wenn Sie über einen Touchscreen verfügen, können Sie in Paint selbstverständlich auch mittels eines Stiftes oder Ihrer Finger in das Foto zeichnen.

Ein Foto in Paint bearbeiten *(Fortsetzung)*

5 Klicken Sie auf **Größe ändern**, um die Optionen zur Größenänderung einzublenden.

6 Klicken Sie auf **Drehen**, um die Optionen zum Drehen einzublenden.

7 Klicken Sie auf **Stift** und zeichnen oder schreiben Sie dann auf das Bild.

8 Klicken Sie auf **Radiergummi**, um das, was Sie gezeichnet haben, zu löschen.

9 Klicken Sie auf **Text**, um auf dem Bild ein Textfeld aufzuziehen, und geben Sie den gewünschten Text ein.

10 Klicken Sie in der Palette rechts auf eine Farbe.

11 Klicken Sie auf **Pinsel** und wählen Sie einen Pinselstil.

12 Malen Sie mit Ihrer Maus Farbe auf das Foto.

TIPP Es gibt in Paint noch eine ganze Reihe weiterer Funktionen, die z. B. Ihre Textfelder durchsichtig oder undurchsichtig machen, die Schriftart ändern usw. Spielen Sie ein wenig mit Paint herum, um sich mit dem Funktionsumfang vertraut zu machen.

Eine Diashow erzeugen

Ein Foto repräsentiert eine Momentaufnahme, während mehrere Fotos in Folge eine Geschichte erzählen. In der Fotos-App können Sie aus einer Sammlung von Fotos eine Diashow erstellen. Mit der Diashow-Funktion können Sie ein Foto nach dem anderen anzeigen und die Diashow jederzeit anhalten.

Eine Diashow erstellen und ausführen

1 Klicken Sie im Startbildschirm der Fotos-App auf das Foto einer Sammlung, um es zu öffnen.

2 Klicken Sie auf das **Diashow**-Symbol, um die Diashow zu starten.

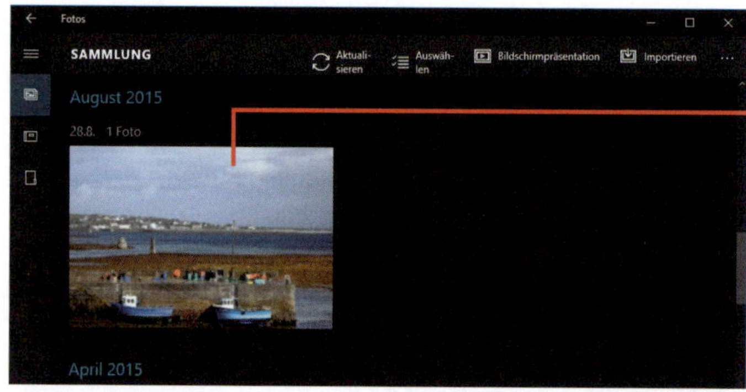

Ein Foto als Sperrbildschirm oder Desktophintergrund einrichten

Haben Sie ein Lieblingsfoto? Wie wäre es dann, wenn Sie dieses, anstatt es zu rahmen und auf den Schreibtisch zu stellen, als Hintergrundbild für Ihren Desktop oder Sperrbildschirm festlegen? Diese Aufgabe können Sie von der Fotos-App aus erledigen. Dann wird Ihr Lieblingsfoto immer im Hintergrund oder als Sperrbildschirm angezeigt.

Ein Foto als Hintergrundbild festlegen

1 Rufen Sie in der Fotos-App ein Foto auf und klicken Sie auf das Symbol **Weitere Infos**.

2 Klicken Sie auf **Festlegen als** und dann auf **Sperrbildschirm**, **Hintergrund** oder **Fotokachel.**

3 Klicken Sie auf **Schließen**.

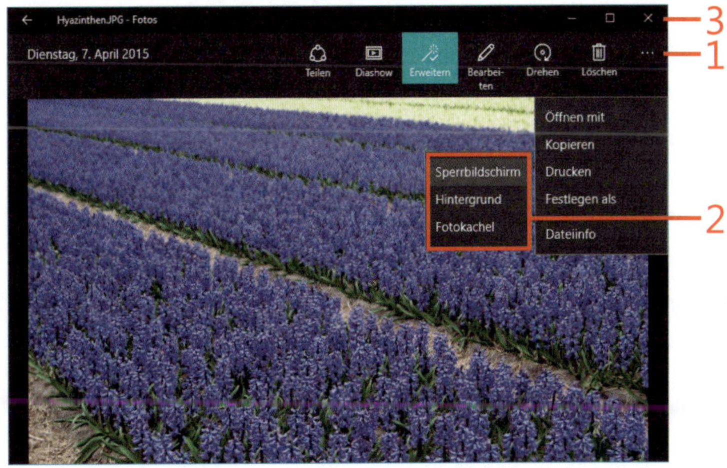

TIPP Wenn Ihnen Ihr Hintergrundbild nicht mehr gefällt, klicken Sie mit der rechten Maustaste auf den Desktop und wählen Sie im Kontextmenü den Befehl **Anpassen**. Damit rufen Sie die Einstellungen zur Personalisierung des Hintergrundes auf und können Änderungen am Hintergrundbild vornehmen.

Fotos teilen

Heutzutage ist es schon fast üblich, tolle Fotos, die man gemacht hat, mit anderen zu teilen. In der Fotos-App können Sie Fotos via Facebook, Twitter oder der Mail-App teilen. Wenn Sie in der Mail-App ein oder mehrere Konten eingerichtet haben, ist es ganz einfach, ein Foto per E-Mail zu schicken (siehe auch Kapitel 11, „Die Mail-App" ab Seite 139).

Ein Foto über E-Mail teilen

1 Rufen Sie in der Fotos-App ein Foto auf und klicken Sie auf das **Teilen**-Symbol.

2 Klicken Sie auf **Mail**.

3 Wenn Sie mehrere E-Mail-Konten eingerichtet haben, wählen Sie das aus, mit dem Sie das Foto schicken wollen.

4 Geben Sie eine E-Mail-Adresse ein.

5 Geben Sie einen Betreff an.

6 Geben Sie Ihre Nachricht ein.

7 Kllicken Sie auf **Senden**.

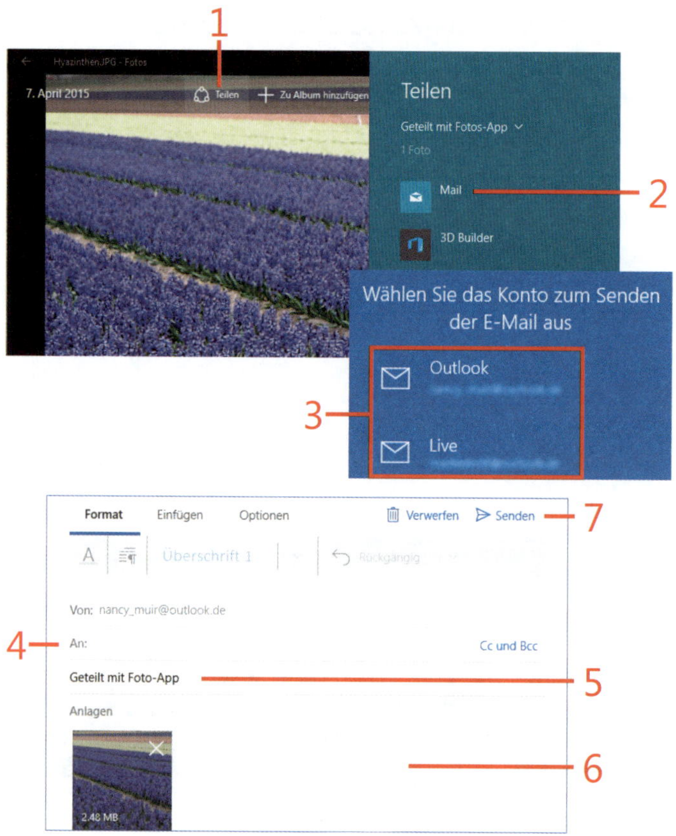

PROBIER'S AUS Um Fotos via Facebook oder Twitter zu teilen, müssen Sie diese Apps installiert und Konten darin angelegt haben.

TIPP Wenn Sie Foto ausdrucken wollen, rufen Sie das Foto in der Fotos-App auf, klicken Sie auf das Symbol **Weitere Infos** und dann auf **Drucken**. Nehmen Sie im eingeblendeten Dialogfeld die erforderlichen Angaben vor und starten Sie den Druck über die Schaltfläche **Drucken**.

Fotos löschen

Mit der Zeit sammelt man immer mehr Fotos, was die Suche nach einem bestimmten Bild schwierig gestaltet. Eine Lösung wäre, in den Sammlungen aufzuräumen und die unscharfen oder verschwommenen Bilder zu löschen. Dabei haben Sie die Wahl, nur ein Foto zu löschen oder mehrere Fotos zu markieren und dann alle in einem Rutsch zu löschen.

Ein oder mehrere Fotos löschen

1 Zeigen Sie eine Foto-Sammlung im Startbildschirm der Fotos-App an und markieren Sie das/die zu löschende(n) Foto(s).

2 Klicken Sie auf das **Löschen**-Symbol.

3 Zur Sicherheit, werden Sie noch einmal aufgefordert, das Löschen zu bestätigen. Klicken Sie hier auf **Löschen**.

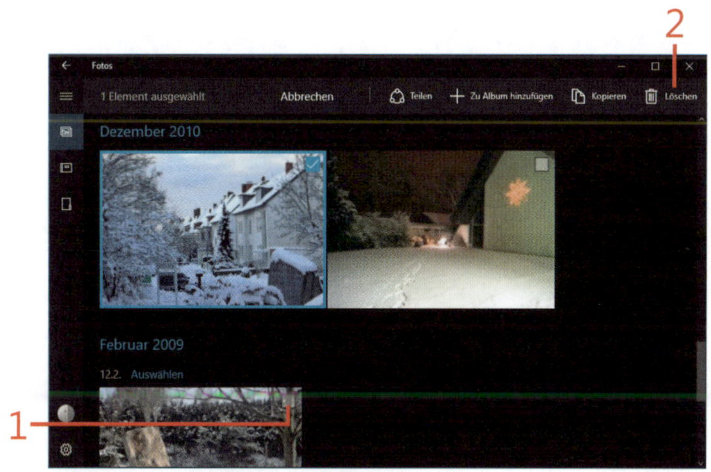

ACHTUNG Wenn Sie ein Foto in der Fotos-App löschen, dann löschen Sie es auch im Explorer.

Termine halten mit der Kalender-App

16

Ebenfalls Teil von Windows 10 ist die bereits in Windows 8 eingeführte Kalender-App. Sie bietet die Möglichkeit, verschiedene Kalender anzeigen zu lassen, Termine einzutragen und diese mit anderen via E-Mail zu teilen. Sie können bei der Anzeige zwischen Tages-, Wochen- und Monatsansicht wählen und mit der Arbeitswochenansicht sogar die Anzeige der Wochenenden unterdrücken.

Zusätzlich können Sie Ihre Kalenderansicht beispielsweise um einen Geburtstags-kalender erweitern, sodass neben den von Ihren eingetragenen Terminen auch die Geburtstage Ihrer Freunde angezeigt werden. Der Geburtstagskalender zieht die Geburtstagsdaten Ihrer Freunde automatisch aus den sozialen Netzen, in denen Sie aktiv sind (zum Beispiel Facebook).

In diesem Kapitel:

- Kalenderanzeige
- Ansichten ändern
- Termine eintragen
- Mit Cortana einen Termin eintragen
- Personen zu einem Termin einladen
- Termine bearbeiten
- Einstellungen der Arbeitswoche ändern
- Den Geburtstagkalender anzeigen
- Termine löschen

Kalenderanzeige

Der Zugriff auf die Kalender-App erfolgt in der Regel über die **Kalender**-Kachel im Startmenü. Die App öffnet sich daraufhin in der Monatsansicht des aktuellen Monats, der oben links steht. Über die Schaltflächen am oberen Rand rechts können Sie zwischen verschiedenen Kalenderansichten (z. B. **Tagesansicht**, **Woche**, **Arbeitswoche** und **Monat**) wählen. Wenn Sie die App nicht im Vollbildmodus geöffnet haben, finden Sie diese Optionen unter der rechts liegenden Schaltfläche **Anzeigen**. Außerdem können Sie mit den Pfeiltasten je nach Ansicht tages-, wochen- oder monatsweise nach vorn und hinten scrollen.

Die Kalender-App öffnen

1 Klicken Sie auf die Startschaltfläche.

2 Klicken Sie auf die **Kalender**-Kachel.

3 Klicken Sie auf die **Weiter**- und **Zurück**-Symbole, um den vorherigen oder nächsten Monat anzuzeigen.

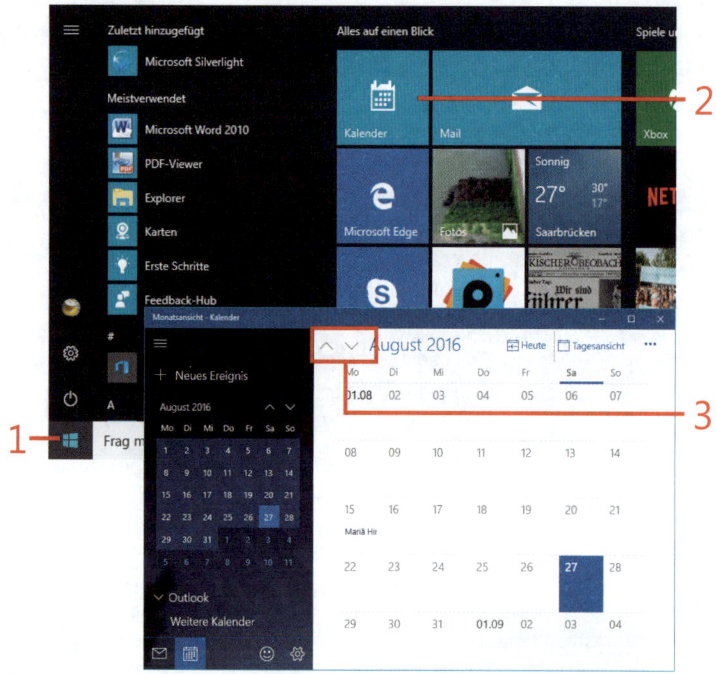

TIPP Über die **Erweitern**-Schaltfläche oben links können Sie im linken Bereich einen Übersichtskalender in Monatsansicht ein- und ausblenden lassen. Darunter werden die Kalender angegeben, deren Termine hier angezeigt werden sollen. Sie können dies durch Setzen eines Häkchens selbst bestimmen. Normalerweise handelt es sich um Ihre Microsoft Konto- und Outlook-Kalender mit „Feiertage in Deutschland" und „Geburtstage".

Ansichten ändern

In der Kalender-App können Sie Ihre Termine auf Tages-, Wochen- oder Monatsbasis betrachten. Außerdem haben Sie die Möglichkeit, sich nur die Arbeitswoche anzeigen zu lassen. Dabei spielt es keine Rolle, ob die Woche von Sonntag bis Donnerstag oder von Montag bis Freitag geht.

Zwischen verschiedenen Ansichtsoptionen wechseln

1 Klicken Sie in der Kalender-App auf den Pfeil oben rechts neben der **Tag**-Schaltfläche.

2 Klicken Sie auf **3 Tage**.

3 Klicken Sie auf **Anzeigen**.

4 Klicken Sie auf die **Woche**-Schaltfläche.

5 Klicken Sie auf die **Monat**-Schaltfläche.

6 Klicken Sie auf die **Arbeitswoche**-Schaltfläche.

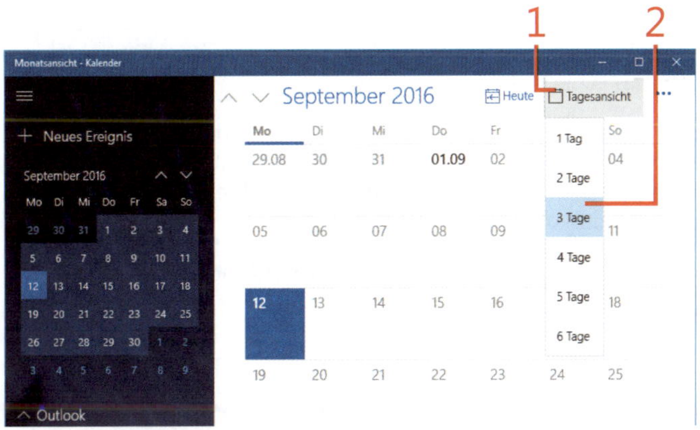

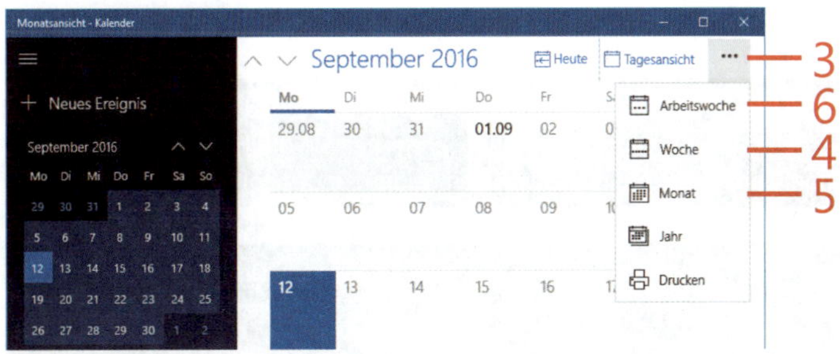

TIPP Wenn Sie in Ihrer Kalenderansicht so weit vor- oder zurückgescrollt haben, dass Sie das aktuelle Datum aus den Augen verloren haben, klicken Sie oben rechts auf die **Heute**-Schaltfläche, um den Zeitrahmen so zu verschieben, dass das aktuelle Datum wieder angezeigt wird.

Termine hinzufügen

Sinn und Zweck der Kalender-App ist es, Ihnen ein Werkzeug an die Hand zu geben, mit dem Sie Ihre Termine – egal ob geschäftlicher oder privater Art – eintragen können und das Sie dann rechtzeitig an Ihre Termine erinnert.

Einen neuen Termin eintragen

1 Klicken Sie in der Kalender-App auf ein Datum.

2 Beschreiben Sie Ihren Termin.

3 Geben Sie in den Eingabefeldern **Start**- und **Endzeit** an, wann der Termin beginnt und wie lange er voraussichtlich dauert. Dies können Sie direkt machen oder mithilfe der Pfeiltasten neben den beiden Eingabefeldern.

4 Geben Sie im Eingabefeld **Ort** an, wo der Termin stattfindet.

5 Klicken Sie auf **Fertig**.

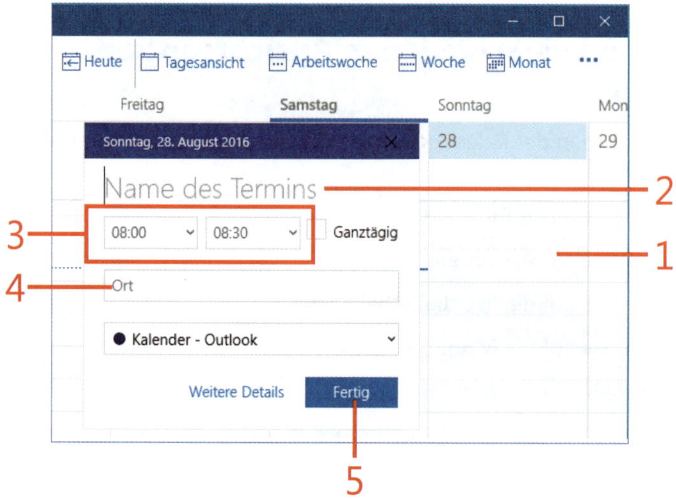

TIPP Falls Ihnen die Eingabefelder für Start- und Endzeit nicht zur Eingabe zur Verfügung stehen, entfernen Sie das Häkchen vor der Option **Ganztägig**, die rechts von den Feldern angezeigt wird.

TIPP Wenn Sie rechts in der Taskleiste auf die Uhrzeit bzw. das Datum klicken, werden neben der genauen Uhrzeit und dem Kalender auch die eingetragenen Termine angezeigt.

Mit Cortana einen Termin eintragen

Cortana ist Ihre persönliche Assistentin und unterstützt Sie bei vielen Aufgaben. Sie kann zum Beispiel für Sie das Internet durchforsten, Apps öffnen, Musik identifizieren und sogar einen Termin für Sie eintragen.

Cortana auffordern, einen Termin einzutragen

1 Klicken Sie in das Cortana-Suchfeld.

2 Klicken Sie auf das **Mikrofon**-Symbol.

3 Fordern Sie Cortana auf, einen Termin für Sie in Ihren Kalender einzutragen.

4 Klicken Sie auf die Felder **Betreff**, **Datum** und **Zeit** und machen Sie Ihre Angaben zu dem Termin.

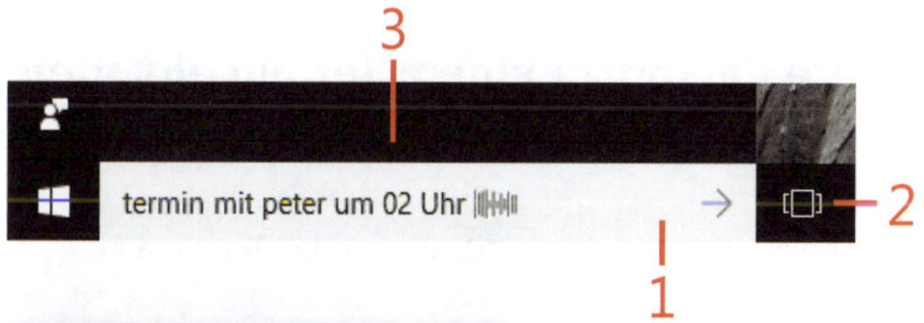

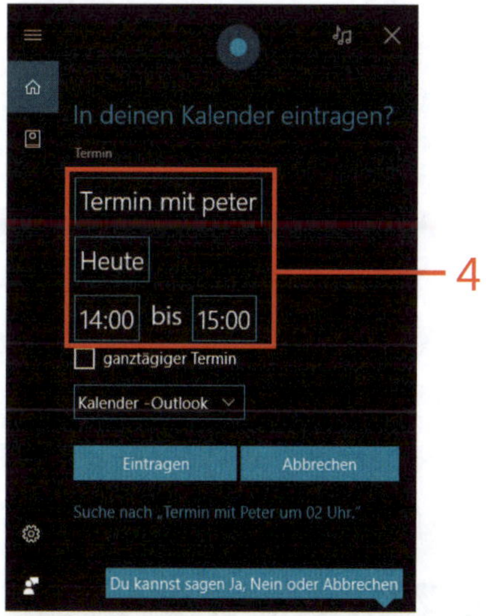

TIPP Wenn Sie sich an den Termin erinnern lassen wollen, klicken Sie links vom Cortana-Fenster auf das **Erinnerung**-Symbol. Die Erinnerungen, die Sie hier erstellen, werden dann im Info-Center als Benachrichtigung angezeigt.

Personen zu einem Termin einladen

Wenn Sie einen Termin für eine Konferenz oder eine Party eintragen, können Sie, noch während Sie den Termin bearbeiten, weitere Personen dazu einladen. In Ihrer Einladung teilen Sie der anderen Partei nicht nur Ort und Anlass des Termins mit, sondern geben ihr auch die Möglichkeit, bequem durch Anklicken von **Ja**, **Nein** oder **Vielleicht** zurückzumelden, ob sie teilnimmt.

Eine andere Person zu einem Termin einladen

1 Klicken Sie in der Kalender-App auf ein Datum, um einen Termin einzutragen.

2 Geben Sie Anlass, Start- und Endzeit und Ort des Termins an.

3 Klicken Sie auf **Weitere Details**.

4 Klicken Sie in das Eingabefeld **Personen einladen**.

5 Geben Sie eine E-Mail-Adresse an und drücken Sie die Eingabetaste.

6 Klicken Sie auf **Senden**.

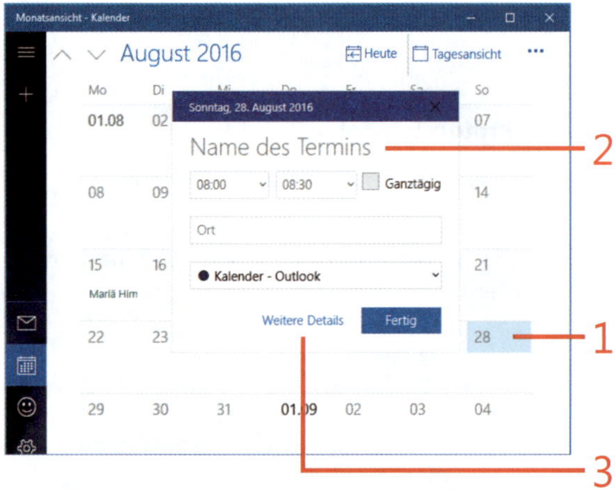

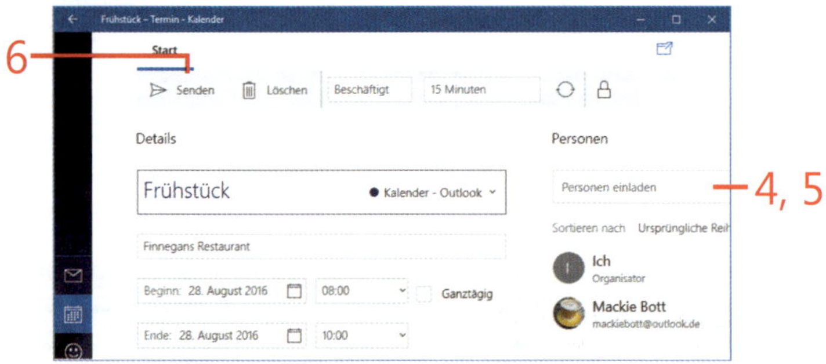

TIPP Wenn diejenigen, denen Sie eine Einladung geschickt haben, Ihnen antworten – sei es, dass sie die Einladung annehmen oder ablehnen – erhalten Sie von ihnen eine E-Mail in Ihrem Standard-E-Mail-Konto.

Termine bearbeiten

Pläne können sich ändern. Deshalb haben Sie die Möglichkeit, Datum, Uhrzeit und Ort eines Termins zu ändern. Außerdem können Sie in einem Schritt eingeladene Personen löschen und die restlichen Eingeladenen über die Änderungen informieren.

Terminangaben ändern

1 Klicken Sie in der Kalender-App auf einen Termin, zu dem Sie Personen eingeladen haben.

2 Nehmen Sie an den jeweiligen Feldern die gewünschten Änderungen vor.

3 Klicken Sie mit der rechten Maustaste auf den Namen eines Eingeladenen.

4 Klicken Sie auf **Entfernen**.

5 Klicken Sie auf **Aktualisierung senden**.

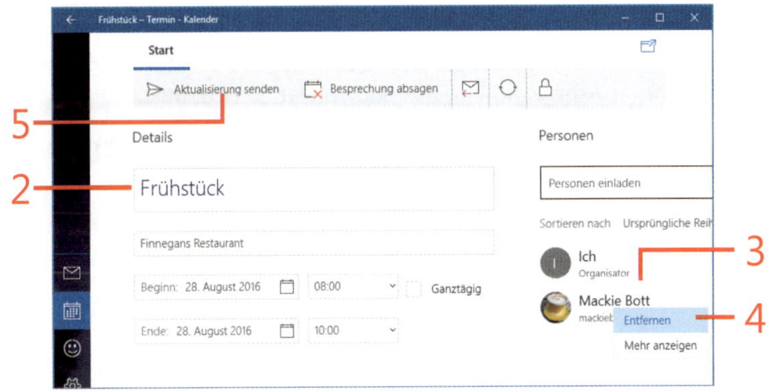

TIPP Wenn Sie Personen zu einem Termin eingeladen haben und Änderungen an diesem Termin vornehmen, können Sie durch Anklicken von **Aktualisierung senden** in Schritt 5 die Änderungen speichern und gleichzeitig die Eingeladenen über die Änderung informieren.

Einstellungen für die Arbeitswoche ändern

Wenn Sie Ihren Computer ausschließlich für die Arbeit nutzen, möchten Sie vielleicht festlegen, wie viele und welche Tage Ihre Arbeitswoche umfasst. Wenn Sie beispielsweise von Montag bis Freitag arbeiten und auf die Ansicht **Arbeitswoche** klicken, werden Samstag und Sonntag nicht mehr angezeigt. Wenn Sie Donnerstag bis Sonntag als Arbeitswoche definieren, haben Sie nur eine Vier-Tage-Woche. Sie können sogar die Arbeitsstunden festlegen.

Ihre Arbeitswoche definieren

1 Klicken Sie in der Kalender-App auf das Einstellungen-Symbol.

2 Klicken Sie auf **Kalendereinstellungen**.

3 Geben Sie im Eingabefeld **Erster Tag der Woche** an, wann Ihre Arbeitswoche beginnt.

4 Klicken Sie auf den Wochentag (entweder 5 oder 6 Tage nach Beginn der Arbeitswoche), der den Abschluss Ihrer Arbeitswoche bildet.

5 Geben Sie in den Eingabefeldern **Startzeit** und **Endzeit** an, um wie viel Uhr Ihr Arbeitstag beginnt und wie lange er dauert.

6 Klicken Sie in den Kalender, um die **Kalendereinstellungen** zu schließen und die Änderungen zu speichern.

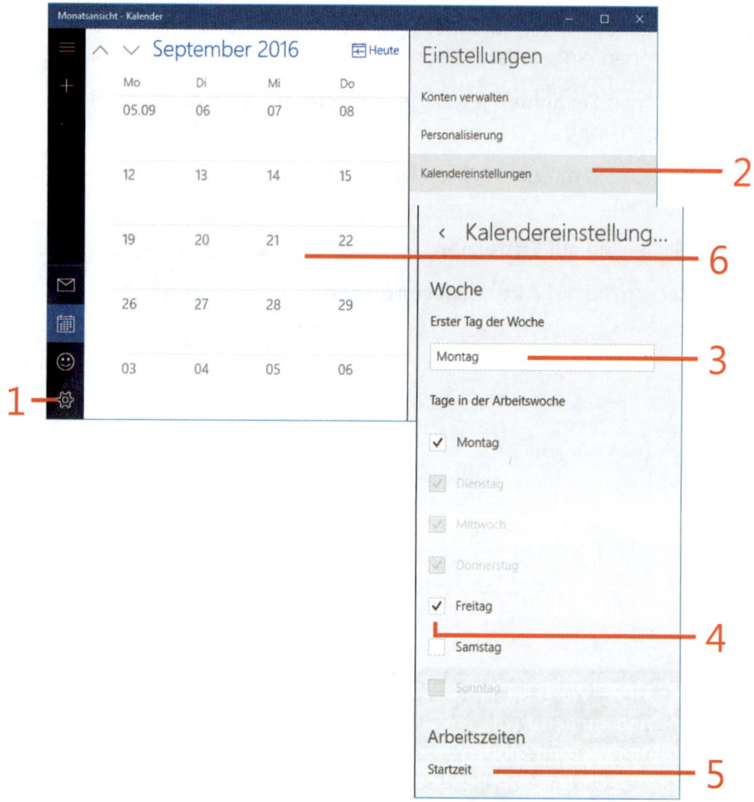

TIPP Änderungen an Ihrer Arbeitswoche wirken sich nur auf die Ansicht **Arbeitswoche** aus. Die Ansichten **Woche** und **Monat** sind davon nicht betroffen.

Den Geburtstagskalender anzeigen

Ihr E-Mail-Konto kann Sekundärkalender aufweisen, deren Inhalt Sie in Ihrem Kalender anzeigen lassen können. So gibt es zum Beispiel bei Outlook einen Geburtstagskalender. Die Geburtstage können dabei von sozialen Netzwerken wie Facebook übernommen werden.

Besondere Kalender anzeigen

1 Öffnen Sie die Kalender-App und klicken Sie auf Ihren Kalender, um alle Termine zu entfernen, die Sie mit diesem E-Mail-Konto eingegeben haben.

2 Klicken Sie auf **Geburtstage**, um die Geburtstage Ihrer Freunde zu entfernen, die von einer sozialen Website wie Facebook automatisch übernommen wurden.

TIPP Klicken Sie auf **Weitere Kalender** und suchen Sie in der nun erscheinenden alphabetisch angeordneten Liste das von Ihnen gewünschte Land aus, um weitere Feiertagskalender hinzuzufügen.

Termine löschen

Pläne ändern sich und manchmal wird ein Treffen abgesagt. Das Löschen eines Termins aus der Kalender-App ist ganz einfach und bewahrt Sie davor, fortwährend über Benachrichtigungen informiert zu werden, dass der Termin nicht länger stattfindet.

Einen Termin aus Ihrem Kalender löschen

1 Klicken Sie auf einen Termin, um ihn zu öffnen.

2 Klicken Sie auf **Löschen**.

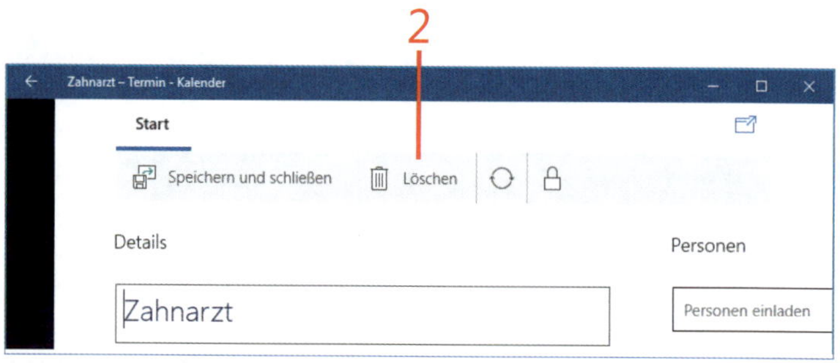

17

Immer im Bilde über Sport, Nachrichten und Aktien

In diesem Kapitel:

- Nachrichtenartikel lesen
- Themengebiete hinzufügen oder entfernen
- Eine Sportkategorie wählen
- Favoriten hinzufügen
- Ein Anlagenportfolio erstellen
- Märkte beobachten

Windows 10 umfasst auch einige interessante Apps von eher informativem Charakter wie Sport, Nachrichten und Finanzen. Jede dieser Apps lässt sich individuell konfigurieren, sodass nur das präsentiert wird, was Sie persönlich interessiert. Spielen Sie ruhig ein wenig mit den Apps herum, um herauszufinden, welche Möglichkeiten Ihnen die einzelnen Apps bieten.

Nachrichtenartikel lesen

Die in Windows 10 integrierte Nachrichten-App hält Sie immer auf dem neuesten Stand des Weltgeschehens. Sie können Nachrichtenartikel aus verschiedenen Interessengebieten wie **Schlagzeilen**, **Politik**, **Panorama** und **Wissen&Technik** anzeigen lassen. Außerdem können Sie den **MSN Nachrichten** Zugriff auf Ihre Position gewähren, damit die App auch lokale Nachrichten anzeigt.

Die Nachrichten lesen

1 Klicken Sie auf die Startschaltfläche.

2 Klicken Sie auf die **Nachrichten**-Kachel.

3 Klicken Sie am oberen Rand des Bildschirms auf eine Nachrichtenkategorie.

4 Klicken Sie auf eine der Nachrichtenkurzfassungen, um den Artikel zu lesen.

5 Scrollen Sie, um mehr vom Artikel zu lesen.

6 Klicken Sie auf das **Vorwärts**-Symbol, um zum nächsten Artikel zu springen.

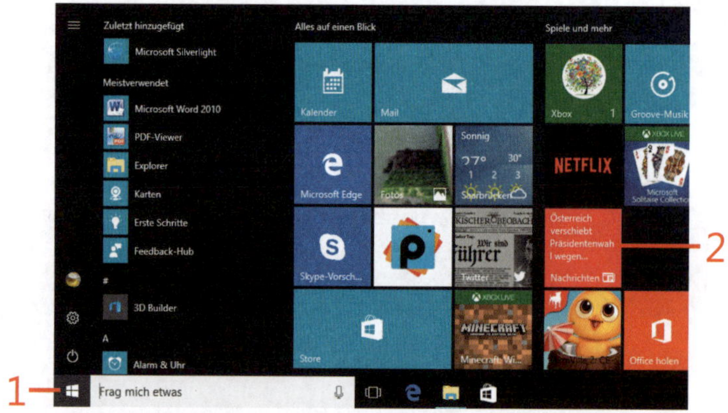

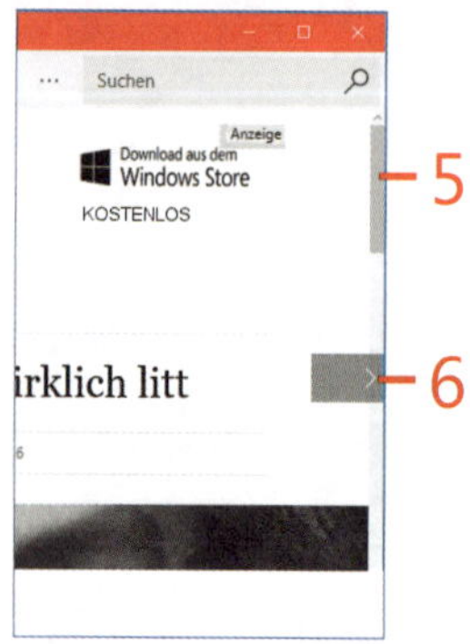

TIPP Wenn Ihnen Video-Nachrichten lieber sind, klicken Sie auf das **Menü**-Symbol und dann auf **Videos**. Danach werden in der Nachrichten-App nur Videos zu den aktuellen Nachrichtenthemen angezeigt. Über das Suchfeld der App können Sie durch Eingabe eines oder mehrerer Wörter nach bestimmten Artikeln suchen.

Themengebiete hinzufügen oder entfernen

Da nicht alle Menschen an den gleichen Themen interessiert sind, erlaubt Ihnen die Nachrichten-App auszuwählen, zu welchen Themen Ihnen Nachrichten angezeigt werden sollen. Wer möchte, kann beispielsweise auf Nachrichten aus **Politik** und **Unterhaltung** verzichten oder Themen wie **Geld&Recht** oder **Stars** hinzufügen.

Interessengebiete hinzufügen oder entfernen

1 Klicken Sie in der Nachrichten-App auf das Symbol **Themenbereiche**.

2 Klicken Sie auf das grüne Stern-Symbol, um das Thema aus der Anzeige auszuschließen.

3 Wechseln Sie zu **Alle Themenbereiche**, um ein ausgeschlossenes Thema wiederaufzunehmen.

4 Geben Sie in das Suchfeld einen Begriff ein.

5 Klicken Sie auf einen Vorschlag, um diesen Themenbereich hinzuzufügen.

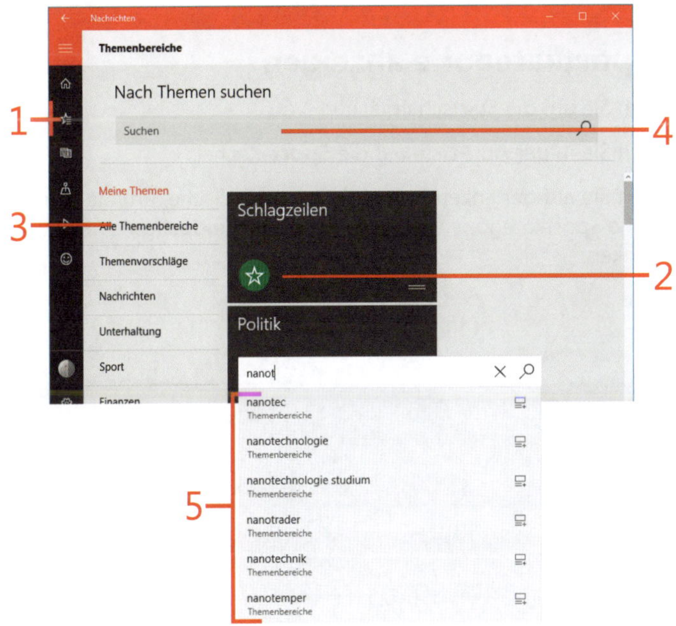

TIPP Wenn Sie ein Themengebiet haben, das nicht zu den von der Nachrichten-App bereits vorgeschlagenen Themenbereichen passt, geben Sie in das Suchfeld ein, was Sie interessiert, z. B. ***Broadway***, und klicken Sie dann einen der Vorschläge an, um ihn zu Ihren Themenbereichen hinzuzufügen.

Eine Sportkategorie wählen

Die meisten Sportfans haben Lieblingssportarten, Lieblingsvereine und Lieblingsspieler oder -sportler. Ganz vorn rangieren Fußball, Boxen und Autorennen, aber es gibt auch viele, die sich für Basketball, Golf, Skispringen oder Tennis begeistern. Wenn Sie zu Letzteren gehören, wird Ihnen die Sport-App besonders gut gefallen, denn in ihr können Sie einstellen, welche Sportnachrichten Sie lesen möchten.

Eine Sportkategorie anzeigen

1 Klicken Sie auf die Startschaltfläche.

2 Klicken Sie in der App-Liste auf die **Sport**-Kachel.

3 Klicken Sie auf der linken Seite auf eine Schaltfläche, um die Artikel auf eine Sportkategorie wie **Formel 1** oder **Bundesliga** einzuschränken.

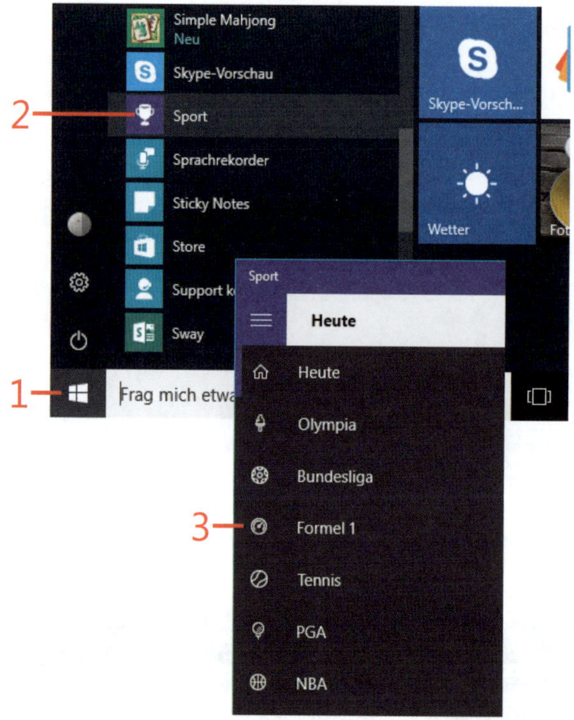

TIPP Es gibt eine ganze Reihe von Sportkategorien. Zur besseren Übersicht können Sie oben links auf das **Menü**-Symbol klicken, um die Beschriftungen zu den Symbolen einzublenden.

Favoriten hinzufügen

Viele Apps können Sie so konfigurieren, dass sie Ihre Lieblingsaktivitäten oder -kategorien anzeigen. Da bildet die Sport-App keine Ausnahme. Sie können in der Sport-App zum Beispiel Ihre Lieblingssportarten und -vereine angeben und so beim Überfliegen der Sportnachrichten viel Zeit sparen.

Eine Lieblingssportart oder ein Lieblingsteam hinzufügen

1 Klicken Sie in der Sport-App auf das Symbol **Meine Favoriten**.

2 Klicken Sie auf **Hinzufügen** (das Plus-Symbol).

3 Geben Sie den Namen Ihres Lieblingsvereins ein.

4 Klicken Sie in den Suchergebnissen auf einen Vereinsnamen.

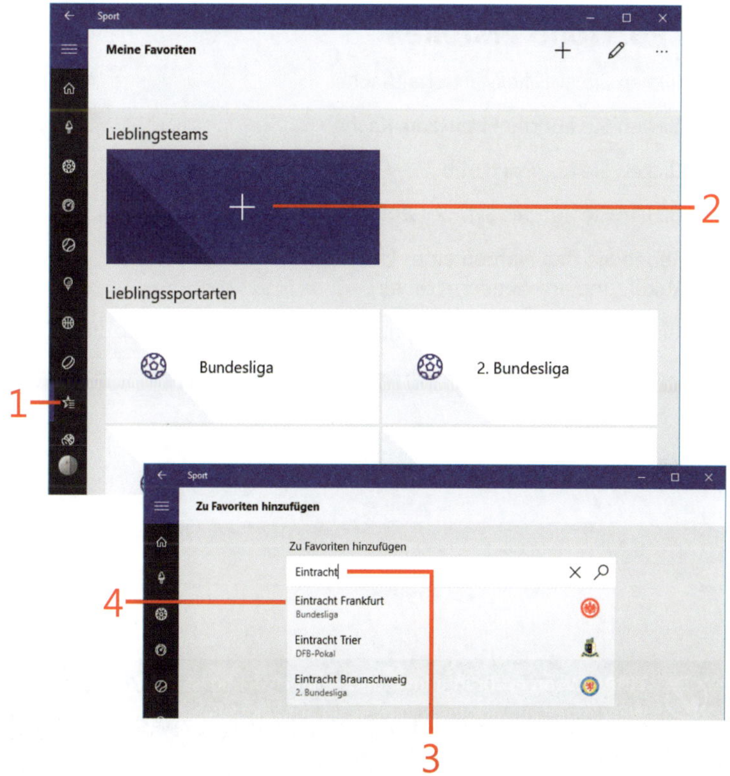

TIPP Wer über die aktuellen Spielergebnisse immer auf dem Laufenden sein möchte, kann auf der Startseite oben links auf den Tab **Aktuelle Spiele** klicken. Damit wird eine Seite aufgerufen, in der für jedes aktuell laufende Spiel eine Kachel angezeigt wird. Durch Anklicken einer Kachel erhalten Sie ausführliche Informationen und aktuelle Ergebnisse des ausgewählten Spiels.

Ein Anlagenportfolio erstellen

Eine der wichtigsten Funktionen der Finanzen-App von Windows 10 ist die Möglichkeit, ein Portfolio aus den Kapitalanlagen zu erstellen, die Sie interessieren. Diese Liste kann Aktien, Fonds und Indizes umfassen und hilft Ihnen, die aktuellen Bewertungen Ihrer Investitionen im Auge zu behalten.

Ein Portfolio erstellen

1. Klicken Sie auf die Startschaltfläche.
2. Klicken Sie auf die **Finanzen**-Kachel.
3. Klicken Sie auf **Portfolio**.
4. Klicken Sie auf das Symbol **Zum Portfolio hinzufügen**.
5. Geben Sie den Namen eines Unternehmens oder dessen Abkürzung am Aktienmarkt ein.
6. Klicken Sie auf ein Ergebnis, um es Ihrem Portfolio hinzuzufügen.

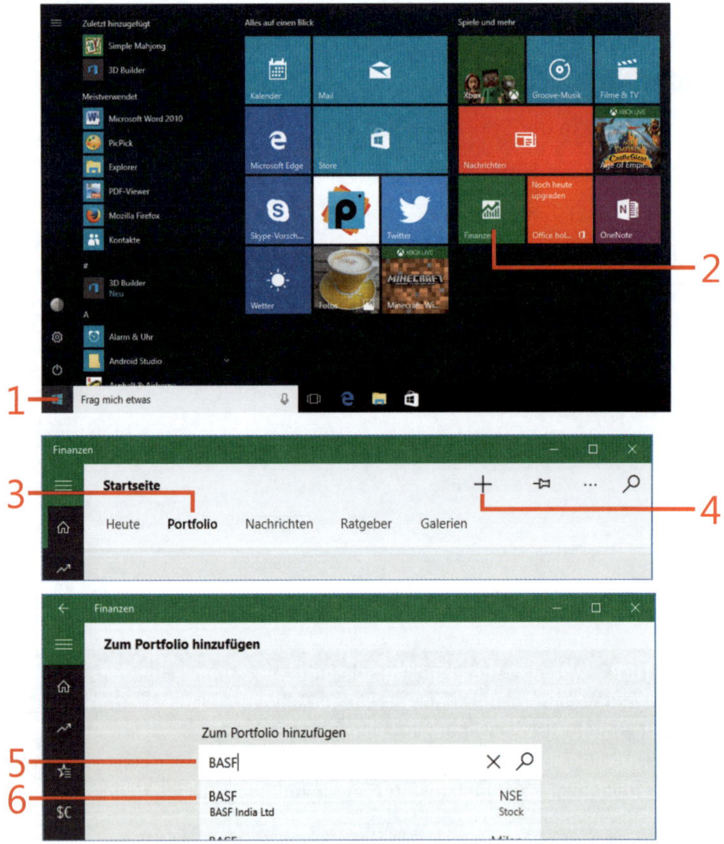

> **TIPP** Wenn es für Ihre Investitionspläne wichtig ist, internationale Währungen zu verfolgen, klicken Sie am linken Rand der Finanzen-App auf das Symbol **Währungen**. Hier finden Sie immer die aktuellen Werte für die wichtigsten Währungen und können Umrechnungskurse für beispielsweise USD in EURO anzeigen lassen.

Märkte beobachten

Die Finanzen-App liefert Ihnen Informationen über die Aktienmärkte in Deutschland und zwar unter anderem als **Zusammenfassung** und **Tops&Flops**. Außerdem können Sie sich den Kursverlauf von börsennotierten Unternehmen sowie deren wichtigsten aktuellen Unternehmensdaten anzeigen lassen. Ein Darlehensrechner berechnet auf der Basis aktueller Kreditsätze, was Sie ein Kredit kosten würde. Mit diesen Informationen können Sie erfolgreich Ihre Investitionsstrategie planen.

Aktienmärkte verfolgen

1. Klicken Sie in der Finanzen-App auf das Symbol **Märkte**.
2. Klicken Sie auf einen Tab wie **Tops&Flops**, um sich die Gewinner oder Verlierer des Tages am Markt anzeigen zu lassen.
3. Klicken Sie auf einen Aktienindex, um ein Diagramm des Kursverlaufs und eine ausführliche Statistik anzuzeigen.
4. Scrollen Sie nach unten, um ausführliche statistische Angaben zum Aktienindex einzusehen.

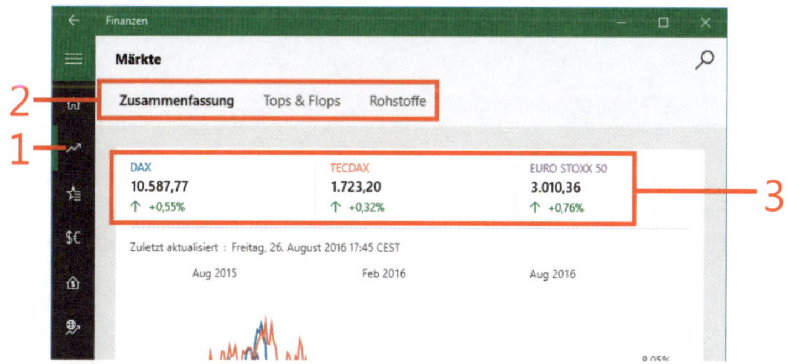

TIPP Wenn Sie bei einem Aktienindex wie DAX noch weiter nach unten scrollen, werden aktuelle Nachrichtenartikel zu diesem Thema aus verschiedenen Wirtschaftsmagazinen angezeigt.

Wie wird das Wetter?

18

Ob in der Heimatstadt unterwegs oder im Ausland – wer die Wetteraussichten kennt, weiß, was er anziehen muss, wann er spazierengehen kann und auf welche Wetterkapriolen er sich einstellen muss. Die Wetter-App liefert Ihnen nicht nur die Wetterdaten für Ihren aktuellen Standort, sondern auch für jeden beliebigen anderen Ort der Welt. Wetterkarten zeigen Ihnen Niederschlagsgebiete für einen größeren Bereich und an den historischen Wetterdaten können Sie Trends ablesen. Außerdem bietet die App Artikel über aktuelle nationale und internationale Wetterbedingungen, Wetterphänomene und schwere Unwetterwarnungen.

Dieses Kapitel zeigt Ihnen Schritt für Schritt, wie Sie die Wetter-App nutzen und auf der Basis der angezeigten Informationen Ihren Tag planen.

In diesem Kapitel:

- Das aktuelle Wetter anzeigen
- Lieblingsorte hinzufügen
- Den Standort ändern
- Von Fahrenheit zu Celsius wechseln
- Wetterkarten anzeigen
- Wetter-bezogene Nachrichten
- Historische Wetterdaten

Das aktuelle Wetter anzeigen

Wenn Sie wissen möchten, wie das Wetter heute, morgen oder die kommende Woche wird, kommen Sie um die Wetter-App nicht herum. Wenn Sie die Wetter-App öffnen, werden standardmäßig die Wetterdaten des Startorts angezeigt. Sie können aber auch andere Orte angeben und deren Wetterdaten betrachten.

Wetterdaten anzeigen

1 Klicken Sie auf die Startschaltfläche.

2 Klicken Sie auf die **Wetter**-Kachel.

3 Scrollen Sie, um die stündlichen Wetterdaten, wie Niederschläge, einzublenden und sich über Details wie Sonnenaufgang und -untergang sowie die Mondphasen zu informieren.

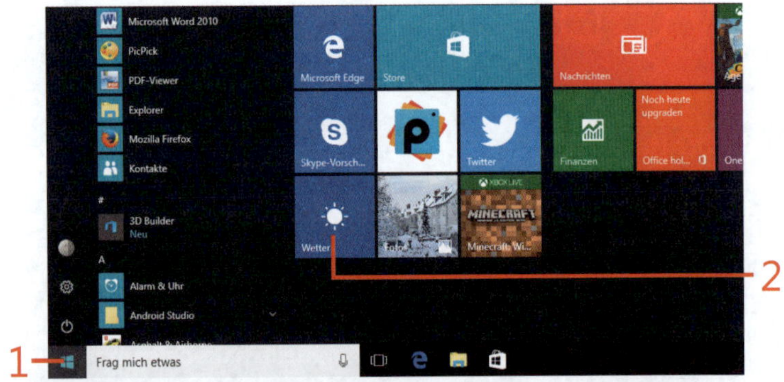

TIPP Es gibt einen Kurzweg, sich aktuelle Wetterdaten anzuschauen. Wenn Sie dem Computer Zugriff auf Ihre Position gewähren (zum Beispiel, indem Sie im Info-Center auf **Position** klicken), ermöglichen Sie es Cortana, in dem Cortana-Anzeigebereich das Wetter Ihrer Position anzugeben.

Lieblingsorte hinzufügen

Vielleicht interessiert Sie nicht nur das Wetter Ihres Heimatortes, sondern Sie möchten auch das Wetter der nächsten Großstadt oder der Städte verfolgen, in denen Ihr Unternehmen Zweigstellen hat.

Für solche Fälle erlaubt die Wetter-App, neben einem Startort noch eine unbegrenzte Anzahl von Lieblingsorten, sogenannte Favoriten, anzugeben.

Einen Favoriten hinzufügen

1 Klicken Sie in der Wetter-App auf das Symbol **Favoriten**.

2 Klicken Sie auf die **Hinzufügen**-Schaltfläche (das Plus-Zeichen).

3 Geben Sie in das Eingabefeld einen Ort oder eine Postleitzahl ein.

4 Klicken Sie auf einen Eintrag der Ergebnisliste.

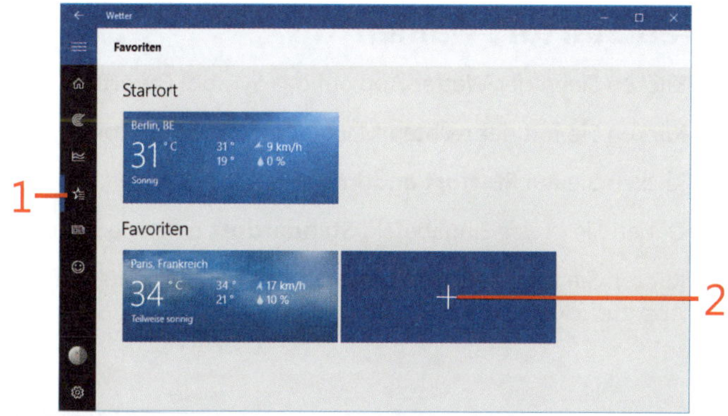

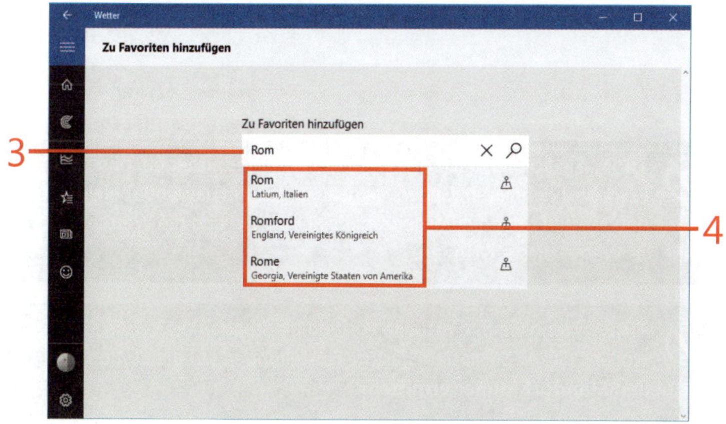

TIPP Um einen Ort aus der Liste der Favoriten zu entfernen, klicken Sie mit der rechten Maustaste auf den zu entfernenden Ort und dann im Kontextmenü auf den Befehl **Aus Favoriten entfernen**.

Den Startort ändern

Wenn Sie umziehen oder geschäftlich für einige Monate unterwegs sind, ist es ganz praktisch, den Standardort (in der Wetter-App auch als „Startort" bezeichnet) zu wechseln. Sie können diesen Ort manuell eingeben oder Windows die Möglichkeit einräumen, Ihre aktuelle Position zu ermitteln.

Ihren Startort wählen

1 Klicken Sie in der Wetter-App auf das Symbol **Favoriten**.

2 Klicken Sie mit der rechten Maustaste auf den Startort.

3 Klicken Sie auf **Startort ändern**.

4 Geben Sie in das Eingabefeld **Standardort** einen neuen Ort ein.

5 Klicken Sie auf das **Zurück**-Symbol, um zur Startseite der Wetter-App zurückzukehren.

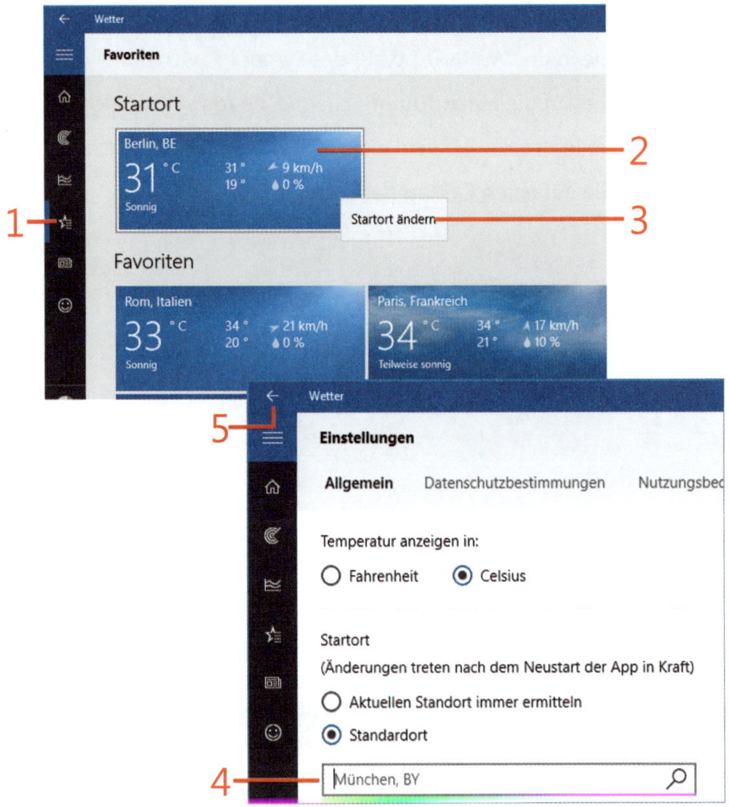

TIPP Sie können auch das Wetter eines Ortes anzeigen, ohne ihn als Favorit zu definieren. Geben Sie dazu einfach in das Eingabefeld oben rechts den Namen oder die Postleitzahl des Ortes ein und die Wetter-App zeigt das Wetter dieses Ortes an.

TIPP Wenn Sie Ihre aktuelle Position als Standardort verwenden wollen, klicken Sie in den Startort-Einstellungen auf die Option **Aktuellen Standort immer ermitteln**.

Von Fahrenheit zu Celsius wechseln

Wenn Sie in Frankfurt am Main wohnen, messen Sie die Temperatur wahrscheinlich in Celsius, und wenn Sie aus New York kommen, ist Fahrenheit das für Sie vertraute Maß. In der Wetter-App können Sie problemlos von einer Maßeinheit zur anderen wechseln, ganz so, wie es Ihnen gefällt.

Einstellungen für Temperaturmessungen vornehmen

1 Klicken Sie in der Wetter-App auf das Symbol **Favoriten**.

2 Klicken Sie mit der rechten Maustaste auf **Startort**.

3 Klicken Sie auf **Startort ändern**.

4 Klicken Sie entweder auf die Option **Fahrenheit** oder **Celsius**.

5 Klicken Sie auf das **Zurück**-Symbol, um zur Startseite der Wetter-App zurückzukehren.

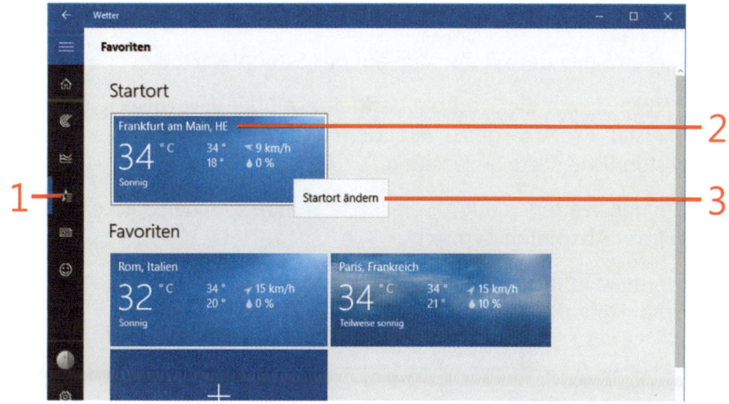

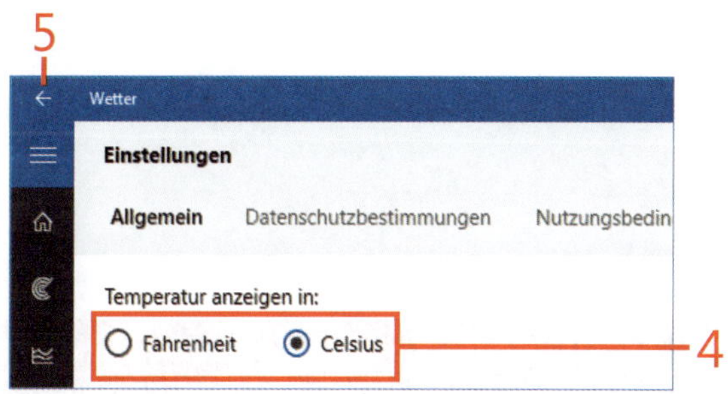

TIPP Wenn Sie sich in den Einstellungen des Startortes für Fahrenheit oder Celsius entscheiden, wird diese Maßeinheit für alle Ihre Favoriten übernommen, unabhängig von der Maßeinheit, die in dem Land dieses Ortes verwendet wird.

Wetterkarten anzeigen

Wenn Sie möchten, können Sie sich Wettertrends auch auf einer Karte anzeigen lassen. Auf einer solchen Wetterkarte können Sie dann anhand der Farbe erkennen, an welchen Orten Regen oder Schnee droht. Eine Legende am unteren Rand hilft Ihnen, Regen, Schnee und andere Wetterereignisse zu erkennen.

Mit der Wetterkarte arbeiten

1 Klicken Sie in der Wetter-App auf das Symbol **Karten**.

2 Klicken Sie auf die Symbole **Verkleinern** oder **Vergrößern**, um den Maßstab der Anzeige zu verändern und eine mehr oder weniger ausführliche Karte anzuzeigen.

3 Um den Wetterverlauf für die letzte Stunde zu sehen, klicken Sie auf das **Abspielen**-Symbol.

4 Um den Ort zu wechseln, geben Sie in das Eingabefeld oben rechts einen Städtenamen oder eine Postleitzahl ein.

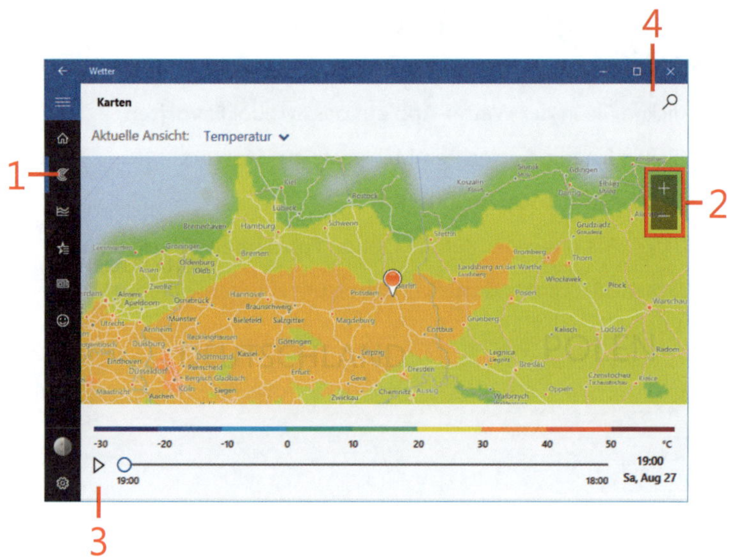

PROBIER´S AUS Um zu einer anderen Ansicht der Wetterkarte zu wechseln, klicken Sie auf den Pfeil neben dem Dropdownlistenfeld **Aktuelle Ansicht**. Zur Auswahl stehen **Temperatur**, **Niederschlag**, **Satellit** und **Bewölkung**.

Wetter-bezogene Nachrichten

Nachrichten über sich verlagernde Wetterfronten können Ihnen wertvolle Informationen über das Unwetter liefern, das demnächst über sie hinwegzieht. Sie finden in der Wetter-App Artikel über Wetterphänomene aller Art, von Hitzewellen über Schneestürme bis hin zur globalen Erwärmung.

Nachrichten über das Wetter lesen

1 Klicken Sie in der Wetter-App auf das Symbol **Nachrichten**.

2 Scrollen Sie mithilfe der Bildlaufleiste durch die Artikel.

3 Klicken Sie auf einen Artikel, um ihn zu lesen.

PROBIER´S AUS Da Wetterphänomene selten eng lokal begrenzt sind, eignen sich Nachrichten zum Wetter bestens, um sie mit anderen zu teilen.

Historische Wetterdaten

Wettertrends vermitteln Ihnen einen Eindruck, wie das Wetter im restlichen Jahr aussehen könnte oder wie sich das globale Klima allmählich ändert. Die Wetter-App liefert Ihnen zum historischen Wetter Diagramme und Statistiken für die durchschnittliche Regenmenge oder die höchste gemessene Temperatur.

Ein Diagramm der Wettertrends

1 Klicken Sie in der Wetter-App auf das Symbol **Historisches Wetter**.

2 Klicken Sie auf einen anderen Monat, um den historischen Temperaturbereich für diesen Monat anzuzeigen.

3 Ziehen Sie an der Bildlaufleiste, um weitere Informationen anzuzeigen.

4 Um den Ort zu wechseln, geben Sie in das Eingabefeld oben rechts einen Städtenamen oder eine Postleitzahl ein.

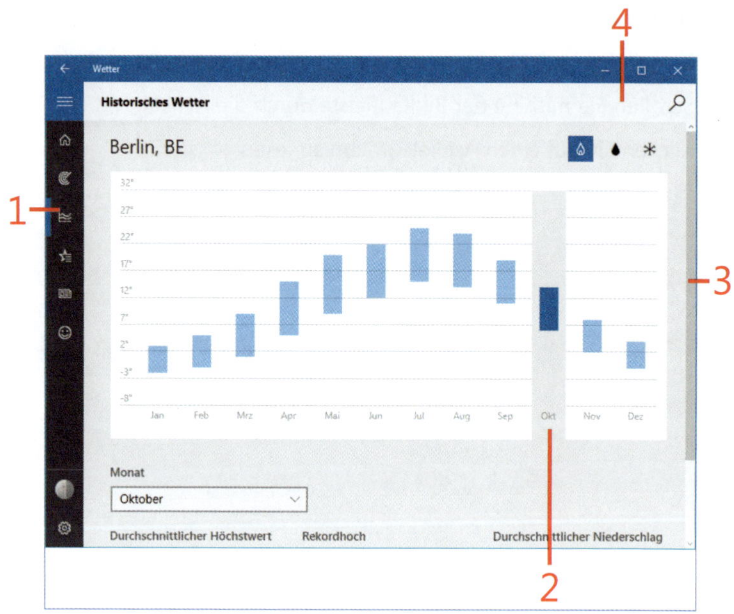

TIPP Mit den Symbolen unter dem Suchfeld können Sie zwischen Temperatur- und Regendiagramm umschalten.

19

Die Karten-App

Mit der Karten-App von Windows 10 können Sie Karten zu Ihrem aktuellen Standort oder jedem anderen beliebigen Ort auf der Welt abrufen oder Sie lassen sich beschreiben, wie Sie am besten von einem Ort zum anderen kommen. Sie können zwischen Luftbild- und Straßenansicht wählen und bei Bedarf auch Echtzeit-Informationen zu Störungen und Verkehrsstaus einblenden. Unabhängig von der gewählten Ansicht können Sie die Karten drehen und kippen.

Mithilfe von Cortana können Sie Lieblingsorte definieren, die automatisch in die Favoriten der Karten-App übernommen werden. Und für einige ausgesuchte Städte besteht sogar die Möglichkeit, die Stadt virtuell in 3D zu besuchen.

In diesem Kapitel:

- Karten-App öffnen und Standort bestimmen
- Der Routenplaner
- Den Kartenausschnitt verkleinern und vergrößern
- Kartenansichten
- Karten drehen und neigen
- Favoriten festlegen
- Städte in 3D erleben

Karten-App öffnen und Standort bestimmen

Die Karten-App kann feststellen, wo in der Welt Sie sich gerade aufhalten, und Ihnen dann die nächstgelegenen Restaurants, Geschäfte etc. anzeigen – auf Wunsch inklusive Wegbeschreibung. Damit dies auch klappt, müssen Sie die Karten-App öffnen und ihr Zugriff auf Ihre Position gewähren.

Ihren Standort bestimmen

1 Klicken Sie auf die Startschaltfläche.

2 Klicken Sie in der App-Liste auf **Karten**.

3 Klicken Sie in der Symbolleiste auf **Meinen Standort anzeigen**.

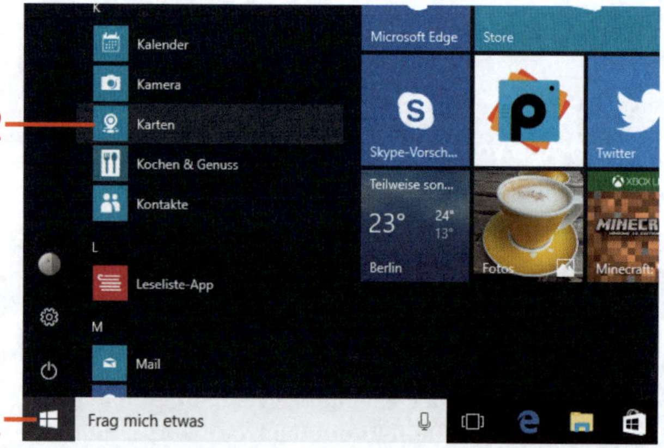

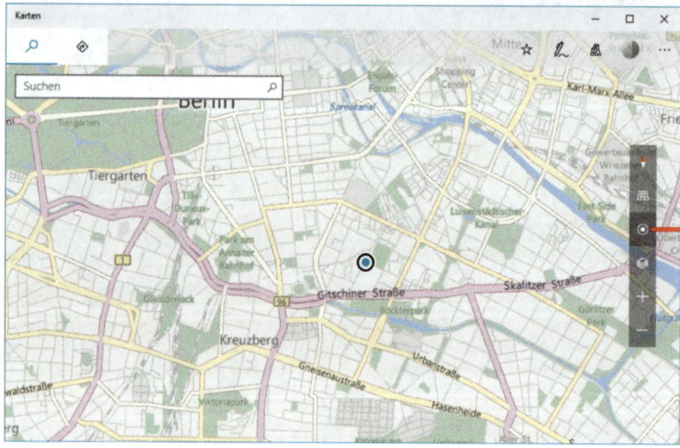

> **TIPP** Sicher sind Sie bei der Einrichtung von Windows oder beim Öffnen der Karten-App aufgefordert worden, dem System Zugriff auf Ihre Position zu gewähren. Wenn Sie sich dagegen entschieden haben, können Sie dies jederzeit nachholen, indem Sie in der Taskleiste auf das Symbol für das Info-Center klicken und dann auf **Position**. Wenn Sie diese Funktion nicht mehr benötigen und ausschalten möchten, klicken Sie einfach im Info-Center erneut auf **Position**.

> **PROBIER'S AUS** Sie können Ihren Standort auch dadurch anzeigen lassen, dass Sie die Tastenkombination Strg+Pos1 drücken.

Der Routenplaner

Von einer vernünftigen Karten-App wird heutzutage auch erwartet, dass sie über einen integrierten Routenplaner verfügt, damit man nachschlagen kann, wie man am besten von Punkt A nach Punkt B kommt. Die Karten-App von Windows 10 verfügt über einen ziemlich ausgereiften Routenplaner, der Ihnen Schritt für Schritt beschreibt, wie Sie an Ihr Ziel gelangen, Entfernungs- und Zeitangaben mitliefert und eine Karte dazu anzeigt.

Wegbeschreibungen anzeigen

1 Klicken Sie in der Karten-App auf das Symbol **Wegbeschreibung**.

2 Klicken Sie in das **Von**-Eingabefeld (in dem unter Umständen bereits ***Mein Standort*** steht, wenn Sie Ihre Position ermitteln lassen) und geben Sie dort Ihren Startort an. Dies kann eine Straße, ein Firmenname oder eine Stadt sein.

3 Klicken Sie in das **Bis**-Eingabefeld und geben Sie Ihr Ziel an (Sie können auch aus der Liste einen kürzlich angegebenen Ort auswählen).

4 Prüfen Sie die angezeigte Wegbeschreibung.

5 Auf Wunsch können Sie sich durch Anklicken von **Los** eine Karte mit der Wegbeschreibung anzeigen.

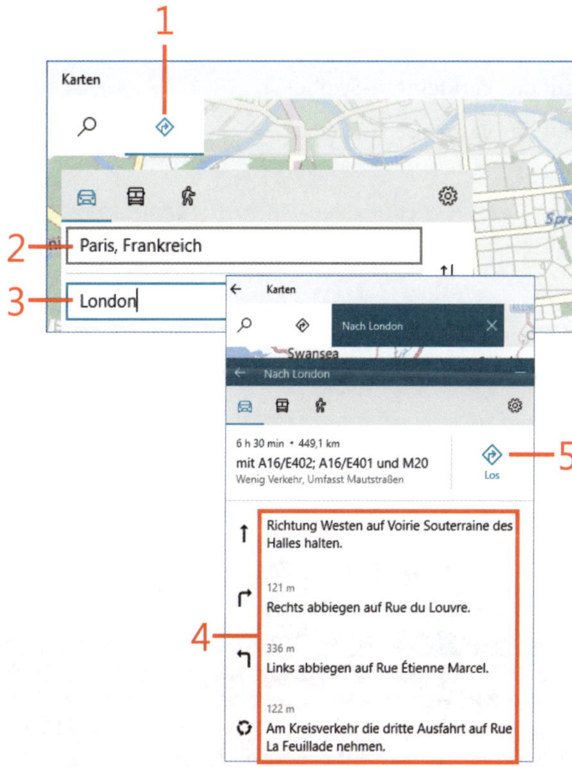

TIPP Standardmäßig basieren die Wegbeschreibungen auf der Annahme, dass Sie das Auto nehmen. Wenn Sie zu Fuß unterwegs sind oder vorhaben, mit öffentlichen Verkehrsmitteln zu fahren, klicken Sie auf eines der Symbole **Fußgänger** oder **Bus**, die direkt über dem **Von**-Feld zu finden sind.

PROBIER'S AUS Wenn Sie für die Wegbeschreibung den Start- und Zielort angeben, können Sie über die Schaltfläche **Optionen** wählen, was Sie auf der Route vermeiden wollen (z. B. **Mautstraßen**, **Tunnel**, **Fähren**).

Den Kartenausschnitt vergrößern und verkleinern

Die Karten-App erlaubt Ihnen, den Kartenausschnitt so zu wählen, dass Sie eine Region im Überblick oder einen kleinen Bereich im Detail, sodass jede Straße zu erkennen ist, betrachten können. Zum bequemen Hinein- und Herauszoomen verwenden Sie die Vergrößern- und Verkleinern-Werkzeuge der Karten-App, damit Sie schneller finden, was Sie suchen.

Vergrößern und verkleinern

1 Lassen Sie in der Karten-App eine Karte anzeigen.

2 Klicken Sie auf das **Verkleinern**-Symbol.

3 Klicken Sie auf das **Vergrößern**-Symbol.

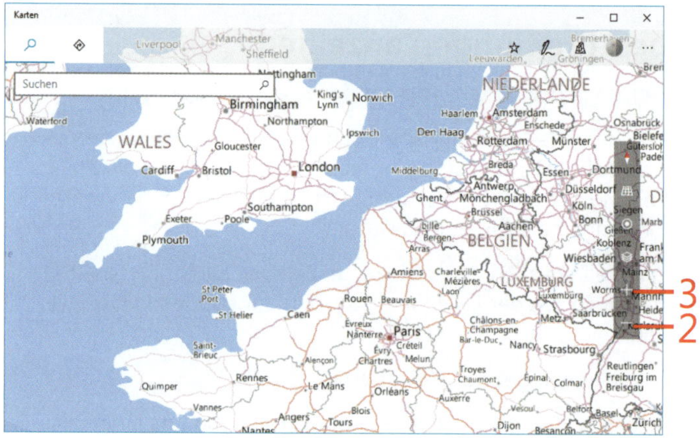

TIPP Sie können zum Zoomen auch Tastaturkürzel verwenden. Zum Hineinzoomen drücken Sie Strg+[+] und zum Herauszoomen Strg+[-].

PROBIER´S AUS Wer über einen Touchscreen-Computer verfügt, kann mit Gesten zoomen. Sie vergrößern die Ansicht, indem Sie die Finger auf dem Bildschirm voneinander wegbewegen, und Sie verkleinern die Ansicht, indem Sie die Finger zusammenziehen.

Kartenansichten

Die Karten-App bietet zwei Ansichten: Luftbild und Straße. Bei beiden Ansichten können Sie angeben, ob die aktuelle Verkehrslage mit den Staus eingeblendet werden soll, die Sie vielleicht lieber umfahren wollen. Sie können sich auch Details zu den Verkehrsproblemen anzeigen lassen, um zu entscheiden, welche Route die beste ist.

Eine Kartenansicht wählen

1 Lassen Sie in der Karten-App eine Karte anzeigen und klicken Sie in der Symbolleiste auf **Kartenansichten**.

2 Klicken Sie auf die Ansicht, die gerade nicht angezeigt wird. Wenn Sie sich zum Beispiel gerade in der Straßenansicht befinden, wählen Sie **Luftbild** und umgekehrt.

3 Klicken Sie auf das Symbol **Kartenansichten** und schalten Sie dann **Verkehr** ein.

4 Klicken Sie auf ein Baustellensymbol.

5 Lesen Sie die genauen Angaben zu der Baustelle.

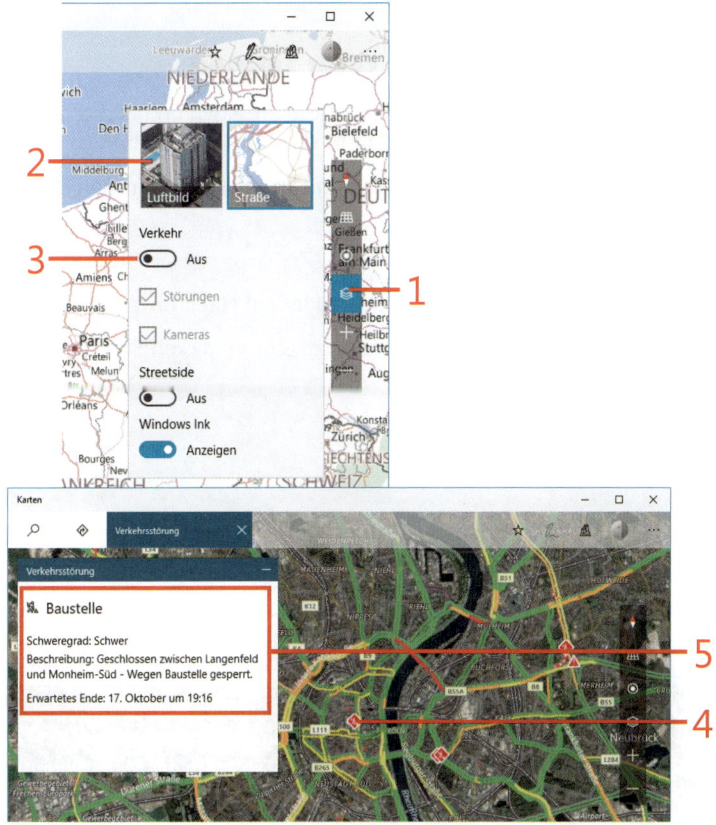

TIPP Damit die Karten in der Karten-App immer auf dem neuesten Stand sind und Sie immer die aktuellsten Informationen erhalten, klicken Sie auf das **Einstellungen**-Symbol und dann unter **Offlinekarten** auf **Karten auswählen**. In dem neu geöffneten Einstellungsfenster können Sie jetzt auf **Karten herunterladen** oder **Alle Karten löschen** klicken. Prüfen Sie, ob unter **Kartenaktualisierungen** die Option **Karten automatisch aktualisieren** eingeschaltet ist.

TIPP Um keine Verkehrsinformationen mehr anzuzeigen, klicken Sie auf das Symbol **Kartenansicht auswählen** und schalten Sie den **Verkehr** wieder aus.

Karten drehen und neigen

Es gibt zwei Funktionen der Karten-App, mit denen Sie die Kartenansicht beeinflussen, ja sogar so etwas wie Perspektive verleihen können. Zum einen können Sie die Karte drehen, sodass Norden oben auf der Karte angezeigt wird, oder die Karte im Uhrzeigersinn oder gegen den Uhrzeigersinn drehen. Zum anderen können Sie die Kartenanzeige in mehreren Stufen kippen und wieder zurückstellen, sodass Sie nicht mehr direkt von oben auf die Karte schauen, sondern einen eher schrägen Blickwinkel darauf haben und die Elemente weiter hinten auf der Karte am Horizont verschwinden.

Kartenansicht drehen oder neigen

1 Lassen Sie in der Karten-App eine Karte anzeigen und klicken Sie in der Symbolleiste auf **Karte drehen, sodass Norden oben ist**.

2 Klicken Sie entweder auf **Gegen den Uhrzeigersinn drehen** oder auf **Im Uhrzeigersinn drehen**.

3 Klicken Sie auf das **Neigen**-Symbol.

4 Klicken Sie auf **Nach oben neigen** oder auf **Nach unten neigen**.

5 Um die Karte wieder von oben zu betrachten, klicken Sie erneut auf das **Neigen**-Symbol.

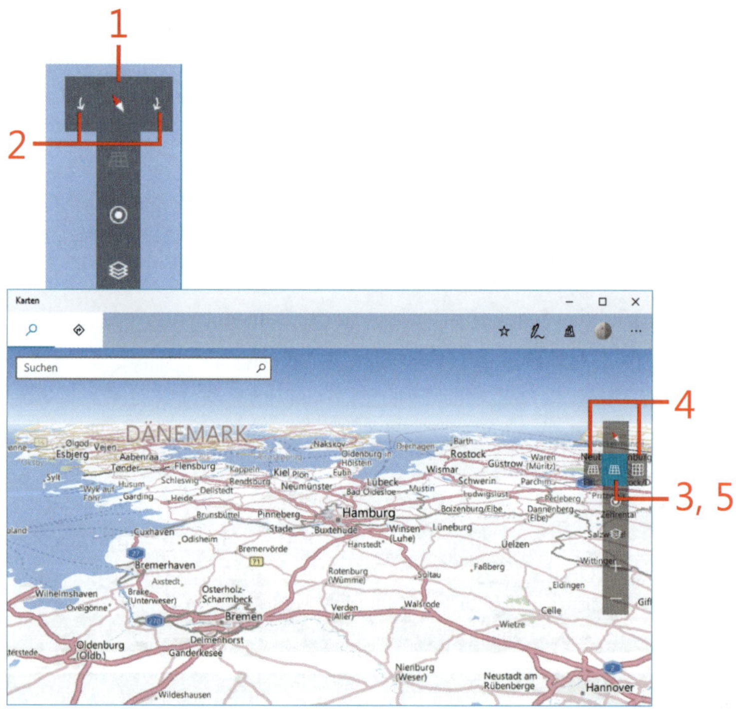

TIPP Um den Neigungswinkel der Karte graduell zu verändern, klicken Sie wiederholt auf **Nach oben neigen** bzw. **Nach unten neigen** (maximal vier Stufen). Über das **Neigen**-Symbol in der Mitte kehren Sie wieder in die ursprüngliche Kartenansicht von oben zurück.

Favoriten festlegen

Sie erstellen Ihre Lieblingsorte mithilfe der **Notizbuch**-Funktion von Cortana. In den **Über mich**-Einstellungen finden Sie die Einstellung **Lieblingsorte**. Wenn Sie diese bearbeiten, können Sie Lieblingsorte hinzufügen. Das nächste Mal, wenn Sie dann die Karten-App öffnen und auf das **Favoriten**-Symbol klicken, werden diese Favoriten hierin aufgelistet. Danach können Sie Wegbeschreibungen und Informationen zu diesen Favoriten anzeigen lassen.

Lieblingsorte anzeigen

1 Klicken Sie in der Karten-App auf das **Favoriten**-Symbol.

2 Klicken Sie auf einen Lieblingsort.

3 Klicken Sie auf das Symbol **Auf Startseite**, um den Ort an das Startmenü anzuheften.

4 Scrollen Sie, um sich weitere Informationen wie Öffnungszeiten und Bewertungen anzeigen zu lassen.

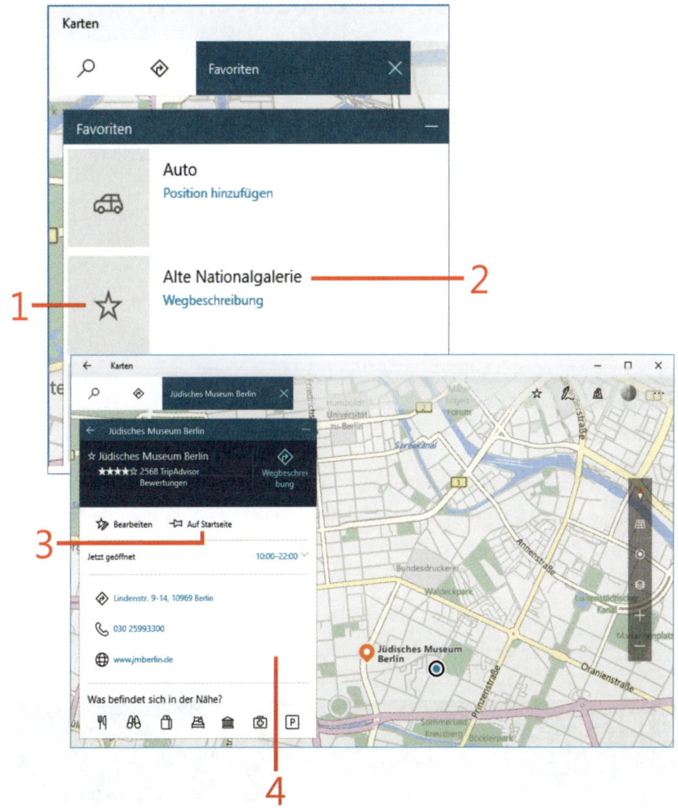

TIPP Um einen Favoriten zu löschen, rufen Sie die Favoriten auf, klicken Sie mit der rechten Maustaste auf den Favoriten, den Sie löschen wollen, und dann im Kontextmenü auf den Befehl **Löschen**. Damit entfernen Sie den Favoriten aus der Karten-App und aus den Cortana-Favoriten.

Städte in 3D erleben

Sie können in der Karten-App viele Städte der Welt in 3D betrachten. Die 3D-Ansicht ermöglicht es Ihnen, eine Stadt aus der Vogelperspektive anzuschauen. Wenn Sie eine Stadt in 3D anzeigen, können Sie mit den Funktionen zum Neigen und Drehen den Betrachtungswinkel ändern.

Ausgewählte Städte in 3D betrachten

1 Klicken Sie in der Karten-App auf das Symbol **Städte in 3D**.

2 Klicken Sie auf eine Stadt.

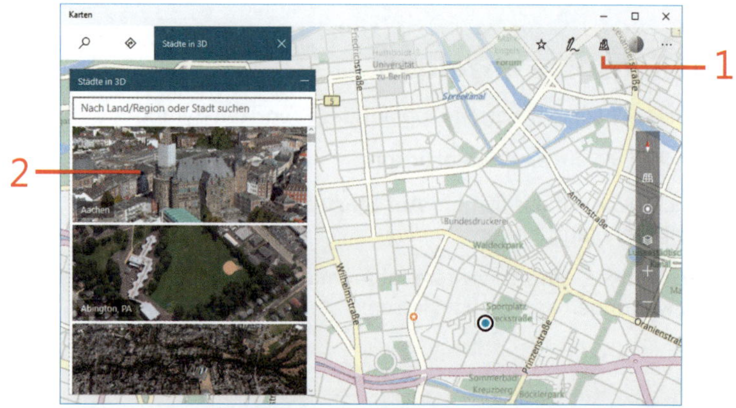

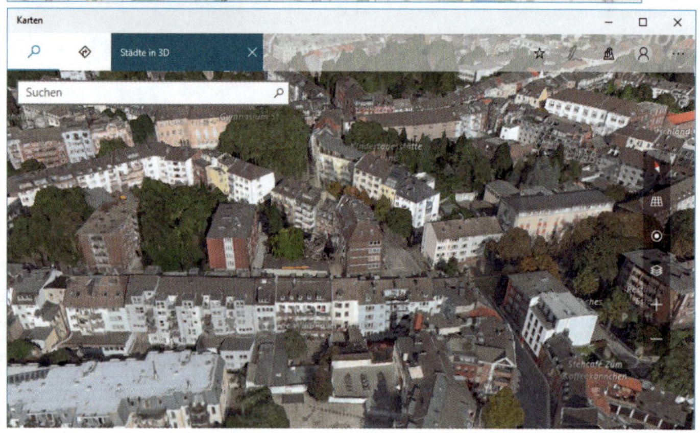

TIPP Um von der 3D-Ansicht einer Stadt zur Straßenansicht zu wechseln, klicken Sie rechts in der Symbolleiste auf das **Kartenansicht**-Symbol und wählen Sie die Straßenansicht aus.

20

Xbox-Spiele

Seit der Computer Einzug in die Wohnzimmer der Menschen gefunden hat, wird er auch zum Spielen genutzt. Die Spiele wurden mit den Jahren immer anspruchsvoller und aufwändiger. Heutige Spiele bieten zum Beispiel die Möglichkeit, mit mehreren Personen online zu spielen und jederzeit seine Erfolge, sogenannte Achievements, einzusehen. Ihren Mitspielern präsentieren Sie sich dabei in Form eines Avatars (eine Grafikfigur) oder eines Bilds („Gamerpic").

Die Xbox-App wird standardmäßig bei der Installation von Windows 10 mit eingerichtet. Sie benötigen keine Xbox-Konsole, um mit dieser App Spiele auf Ihrem Computer zu spielen. Falls Sie aber über eine Xbox-Konsole verfügen, können Sie sicher sein, dass Ihre Spielerfolge auf allen Ihren Geräten synchronisiert werden.

In diesem Kapitel:

- Spiele kaufen
- Freunde hinzufügen
- Zwischen Avatar und Spielerbild wechseln
- Spielen
- Freunde zu einem Spiel einladen
- Nachrichten an Freunde senden
- Spiele als Video aufzeichnen

Spiele kaufen

Es gibt eine Riesenauswahl an Computerspielen, die von Spielen für Kinder über Solitaire bis hin zu Action-Spielen reichen. Einige Spiele sind kostenlos, andere müssen Sie bezahlen. Beide Varianten finden Sie im Xbox Store, den Sie über die Xbox-App aufrufen können.

Wundern Sie sich nicht, wenn Sie im Xbox Store sowohl Windows 10- als auch Xbox-Spiele finden. Dies liegt daran, dass Microsoft seine beiden Spieleplattformen Windows 10 und Xbox One zusammengelegt hat, sodass Spiele künftig nur einmal gekauft werden müssen, um dann auf beiden Plattformen gespielt werden zu können.

Ein Spiel kaufen

1 Klicken Sie auf die Startschaltfläche.

2 Klicken Sie auf die **Xbox**-Kachel.

3 Klicken Sie auf das **Erweitern**-Symbol.

4 Klicken Sie auf **Store**.

5 Klicken Sie auf **Xbox One**.

6 Scrollen Sie durch die Spiele-Vorschläge in den Kategorien wie **Am meisten gespielt, Top-Spiele kostenlos** etc.

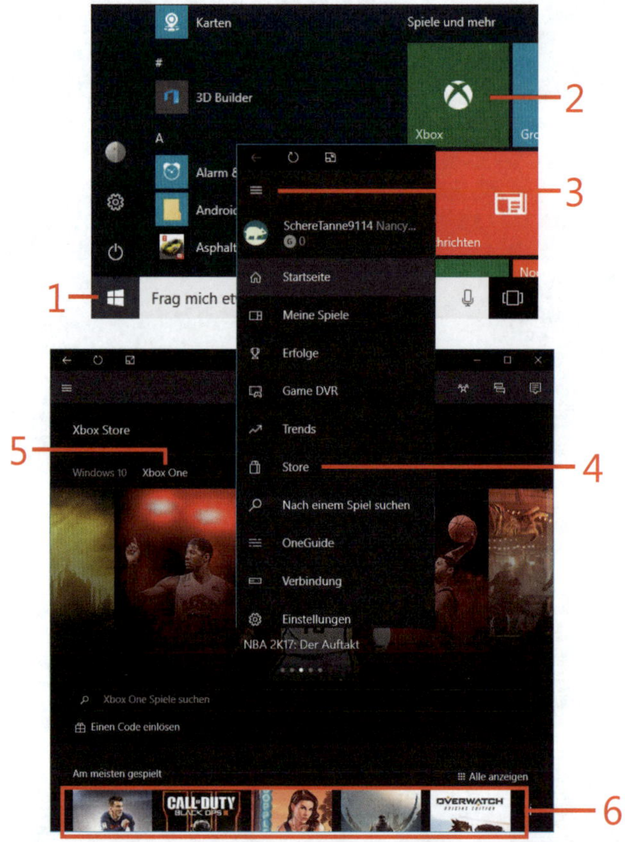

Ein Spiel kaufen *(Fortsetzung)*

7 Klicken Sie auf ein Spiel, um sich nähere Informationen darüber anzuschauen.

8 Klicken Sie auf den Link mit dem Preis (der auch „Kostenlos holen" heißen kann).

9 Klicken Sie auf **Kaufen**.

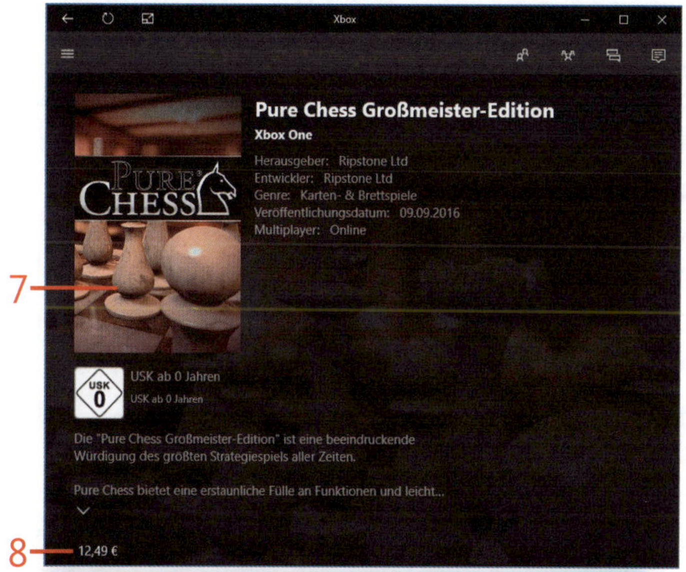

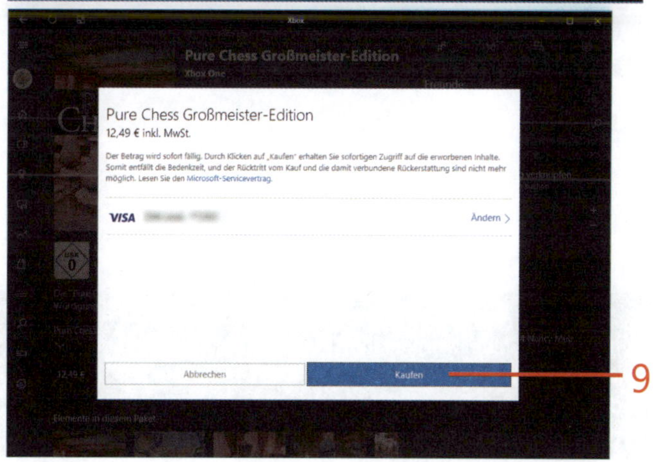

TIPP Wenn Sie eine Verbindung zu einer Xbox-Konsole herstellen möchten, die vielleicht schon Spiele enthält, klicken Sie auf das **Mehr**-Symbol und dann auf **Verbindung**. Wenn das Gerät mit Ihrem Computer verbunden ist, wird es normalerweise automatisch erkannt. Wenn nicht, geben Sie die IP-Adresse der Konsole an und klicken Sie dann auf **Verbinden**.

Freunde hinzufügen

Sie können auf Ihrem Computer allein spielen oder mit Freunden. Wie in der realen Welt können Sie auch in der Gaming-Welt Freunde finden und diese einladen, mit Ihnen zu spielen, Erfolge zu vergleichen usw.

Einen Freund hinzufügen

1 Klicken Sie in der Xbox-App auf **Freunde**.

2 Klicken Sie auf **Favoriten**.

3 Geben Sie in das Eingabefeld **Personen suchen** einen Namen ein.

4 Klicken Sie auf das **Suchen**-Symbol.

5 Klicken Sie auf die Schaltfläche **Freund hinzufügen**.

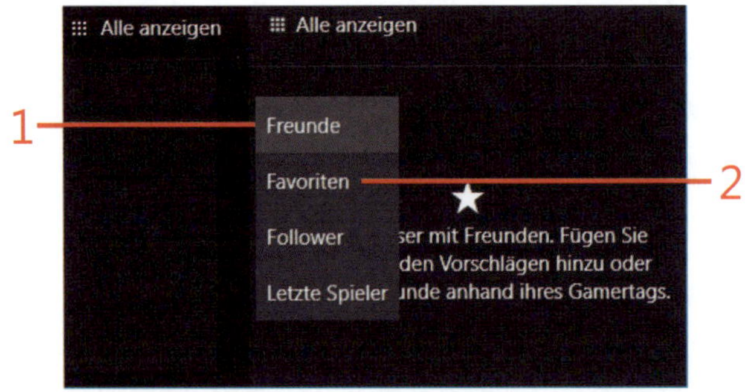

TIPP Um Änderungen an Ihrem Freundschaftsstatus vorzunehmen, klicken Sie in der Anzeige Ihres Freundes auf **Mehr** und dann auf **Freundschaft ändern**. In dem sich öffnenden Fenster können Sie einen Freund zu den Favoriten verschieben, Ihren Echtnamen für diese Person freigeben oder den Freund ganz entfernen.

Zwischen Spielerbild und Avatar wechseln

Ein Avatar ist eine Grafikfigur, die Sie als Spieler bei anderen identifiziert. Xbox bietet Ihnen die Möglichkeit, einen Avatar oder ein Spielerbild, ein sogenanntes Gamerpic, zu verwenden. Ein Gamerpic ist ein kleines rundes Bild von Blumen, Drachen oder ähnlichem. Standardmäßig wird Ihnen ein Gamerpic zugewiesen, aber Sie können ganz einfach zu einem Avatar wechseln.

Einen Avatar oder ein Gamerpic wählen

1 Klicken Sie in der Xbox-App auf Ihr Spielerbild.

2 Klicken Sie auf **Anpassen**.

3 Klicken Sie auf **Avatar erstellen**. (Beim ersten Aufruf werden Sie zur Download-Seite der Avatar-App im Windows Store geführt. Laden Sie die App dann durch Klick auf **Kostenlos** herunter.) Ein neuerlicher Klick auf **Avatar erstellen** öffnet dann die App und Sie können Ihren Avatar erstellen und speichern.

4 Klicken Sie auf **Speichern**.

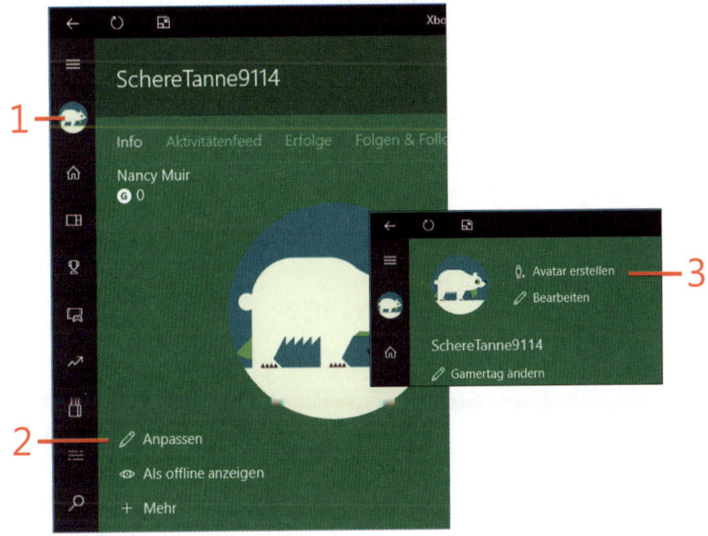

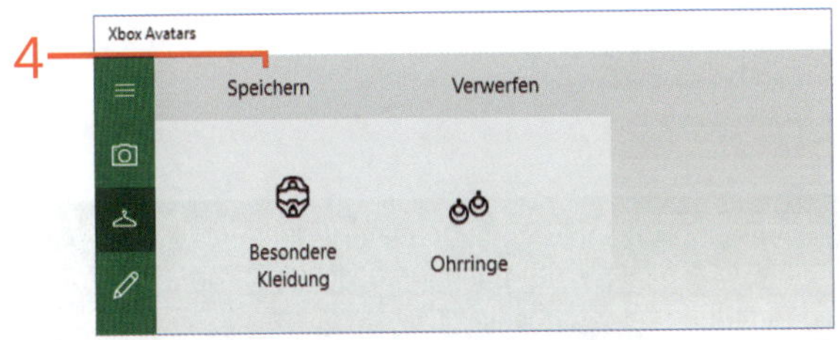

Spielen

Nachdem Sie ein Spiel erworben haben, können Sie spielen. Die Spiele sind selbstverständlich ganz unterschiedlicher Natur mit ganz unterschiedlichen Funktionen und reichen von Autorennen bis Solitaire-Spiele. Und obwohl jedes Spiel seine eigenen Steuerelemente und Einstellungen hat, ist der Vorgang, ein Spiel zu suchen und zu spielen, für alle gleich.

Ein Spiel spielen

1 Klicken Sie in der Xbox-App auf das **Mehr**-Symbol.

2 Klicken Sie auf **Meine Spiele**.

3 Klicken Sie neben dem Spiel auf **Spielen**, um mit dem Spielen zu beginnen.

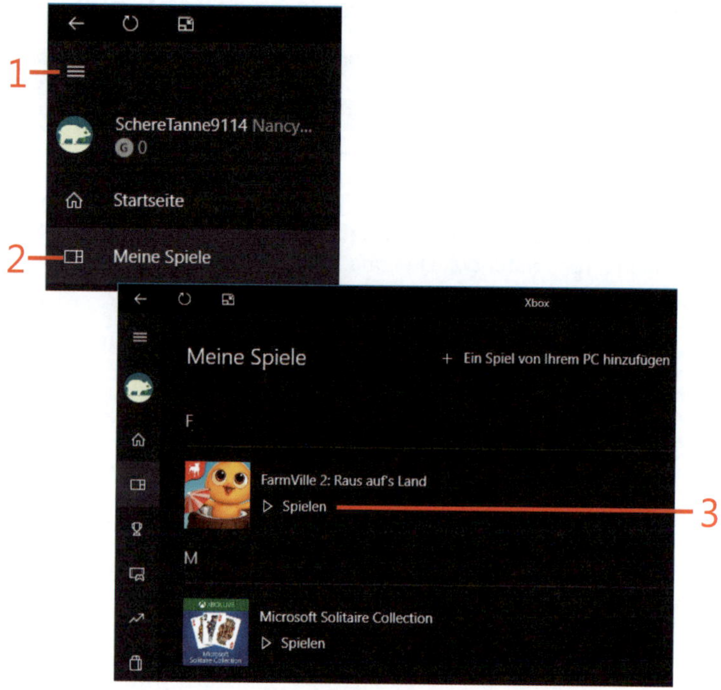

TIPP Wenn das Spiel in einem separaten Fenster geöffnet wurde, können Sie mit dem Spielen aufhören, indem Sie in der oberen rechten Ecke auf das **Schließen**-Symbol klicken.

Freunde zum Spielen einladen

Auch wenn es Spaß macht, allein am Computer zu spielen, macht es manchmal mehr Spaß, einen Gegner beim Spielen zu haben. Nachdem Sie Freunde hinzugefügt haben, die sich das gleiche Spiel besorgt haben, können Sie diese einladen, über eine Online-Verbindung mit Ihnen zu spielen.

Einen Freund zum Spielen einladen

1 Klicken Sie in der Xbox-App auf das **Freunde**-Symbol.

2 Klicken Sie auf einen Freund, um Einzelheiten dazu anzuzeigen.

3 Klicken Sie auf **Einladung**.

4 Klicken Sie auf **Spiel**.

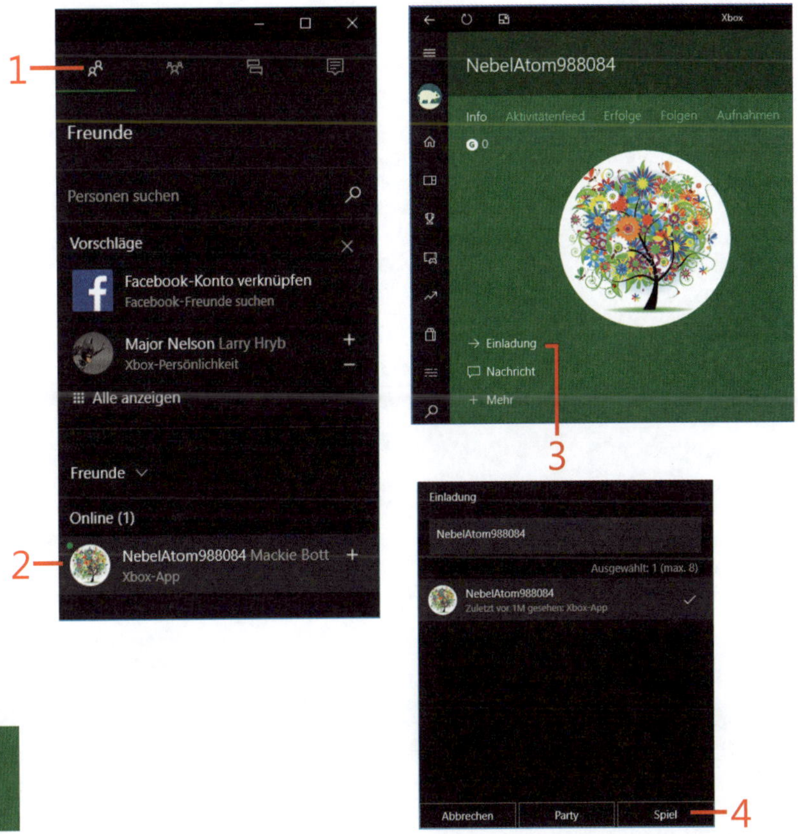

TIPP Sie können wählen, ob Sie zu einem Spiel oder einer Party einladen wollen. Bei einer Party handelt es sich um eine Sitzung mit mehreren Spielern.

Nachrichten an Freunde senden

Teil einer Spieler-Community zu sein und andere Spieler als Freunde zu haben, macht das Spielen noch attraktiver. Sie können in der Xbox-Apps mit Ihren Freunden kommunizieren, ihnen Nachrichten in Form einer Einladung schicken oder ihnen von Ihrem neuesten Highscore erzählen.

Eine Nachricht senden

1 Klicken Sie in der Xbox-App auf das **Nachrichten**-Symbol.

2 Klicken Sie auf **Neue Nachricht**.

3 Klicken Sie in das **An**-Feld und wählen Sie einen Freund aus.

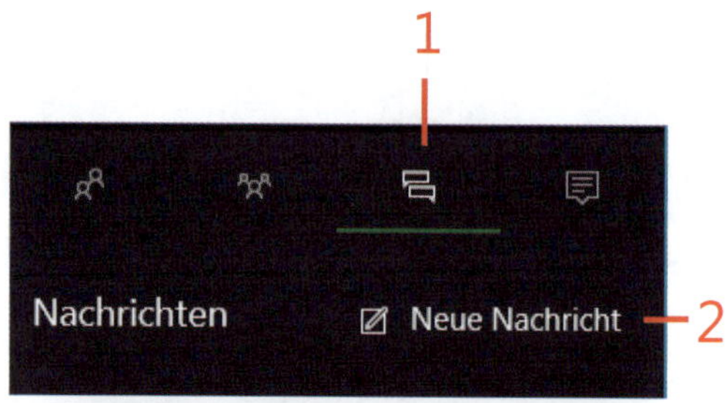

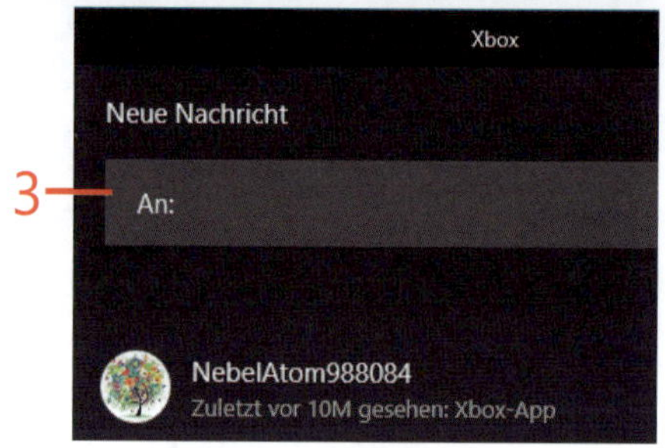

Eine Nachricht senden *(Fortsetzung)*

4 Wenn Sie alle Adressen eingegeben haben, die Sie ansprechen wollen, klicken Sie auf **Fertig**.

5 Geben Sie in das **Antworten**-Feld Ihre Nachricht ein.

6 Klicken Sie auf **Senden**.

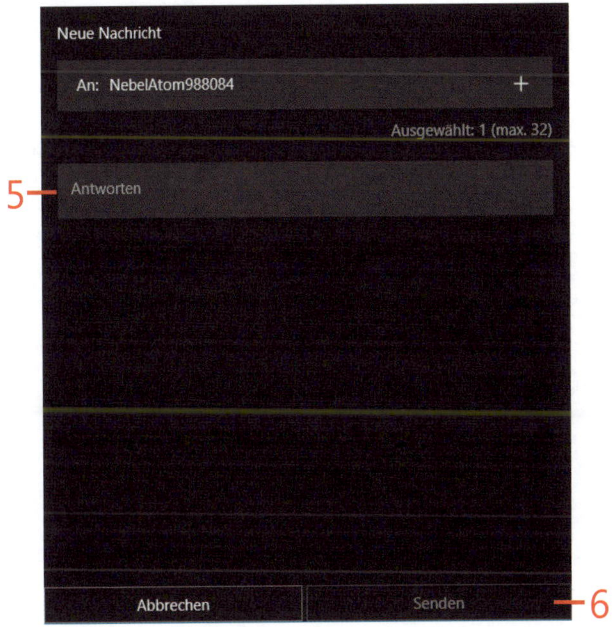

TIPP Wenn jemand Ihnen eine Nachricht gesendet hat, können Sie auf **Nachrichten** klicken, anschließend auf die an Sie gesendete Nachricht und dann in dem **Antworten**-Feld Ihre Antwort eingeben. Danach wird eine **Senden**-Schaltfläche angezeigt, über die Sie Ihre Antwort auf die Nachricht zurückschicken können.

Spiele als Video aufzeichnen

Wenn Sie das Gefühl haben, gleich den Highscore zu knacken, möchten Sie vielleicht Ihren Erfolg aufnehmen und so für die Nachwelt erhalten. Videos von Spielesitzungen zu erstellen, ist gar nicht schwer und kann Ihnen unter anderem auch helfen, Ihren Punktestand zu verbessern, da Sie aus den Fehlern und Erfolgen in den Aufnahmen lernen können.

Spiele aufnehmen und freigeben

1 Spielen Sie ein Spiel in Xbox.

2 Während Sie spielen, drücken Sie die Tastenkombination [Win]+[Alt]+[R], um die Aufnahme zu starten. Daraufhin wird ein Aufnahmezähler eingeblendet.

3 Durch erneutes Drücken von [Win]+[Alt]+[R] beenden Sie die Aufnahme.

4 Klicken Sie auf das **Mehr**-Symbol.

5 Klicken Sie auf **Game DVR**.

6 Klicken Sie auf eine Aufnahme, um sie abzuspielen.

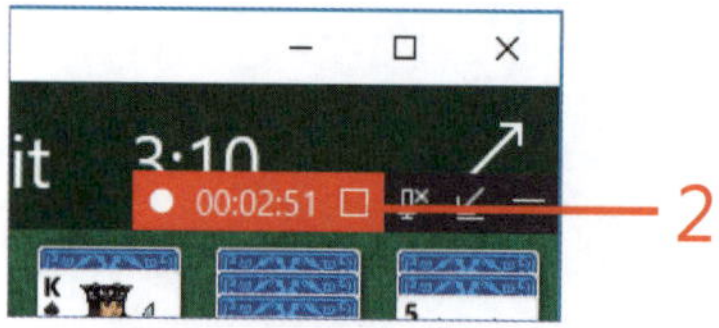

TIPP Wenn Sie eine Aufnahme abspielen, werden Ihnen Funktionen angezeigt, mit denen Sie den Clip zuschneiden oder umbenennen und dann für andere freigeben können.

21 Geräte hinzufügen und bedienen

Windows 10 kann mit den verschiedensten Geräten zusammenarbeiten wie Drucker, Smart-TVs und Bluetooth-fähigen Peripheriegeräten (z. B. Maus oder Tastatur). Meist müssen dazu bestimmte Einstellungen und Verbindungen konfiguriert werden, was in der Regel über entsprechende Dialoge oder mithilfe eines sogenannten *Assistenten* geschieht (beispielsweise um die Arbeitsweise von Drucker, Scanner oder der Maus zu konfigurieren). Die Eigenschaften der Geräte können Sie im Geräte-Manager prüfen und hin und wieder sollten Sie die *Gerätetreiber* aktualisieren (kleine Softwareprogramme, über die Windows 10 sich mit den Geräten verbindet und mit ihnen kommuniziert).

Wenn Sie ein Gerät nicht mehr länger benötigen, können Sie die Verbindung lösen und das Gerät samt seiner Treibersoftware entfernen.

In diesem Kapitel:

- Angeschlossene Geräte hinzufügen
- Drucker oder Scanner hinzufügen
- Druckereinstellungen
- Bluetooth-Geräte
- Über den Geräte-Manager auf Geräteeigenschaften zugreifen
- Gerätetreiber aktualisieren
- Geräte entfernen

Angeschlossene Geräte hinzufügen

Wenn Sie ein Gerät wie eine Funkmaus oder einen Smart-TV anschließen, erkennt Windows 10 dies meistens automatisch. In einigen Fällen müssen Sie jedoch manuell nachhelfen und das Gerät von Hand hinzufügen. Windows erkennt zuerst das Gerät und hilft Ihnen dann Schritt für Schritt, es einzurichten.

Ein angeschlossenes Gerät einrichten

1. Klicken Sie auf die Startschaltfläche.
2. Klicken Sie auf **Einstellungen**.
3. Klicken Sie auf **Geräte**.
4. Klicken Sie auf **Angeschlossene Geräte**.
5. Klicken Sie auf **Gerät hinzufügen**.
6. Klicken Sie im erscheinenden Ergebnisfeld auf den Namen des Geräts, das Sie hinzufügen wollen.

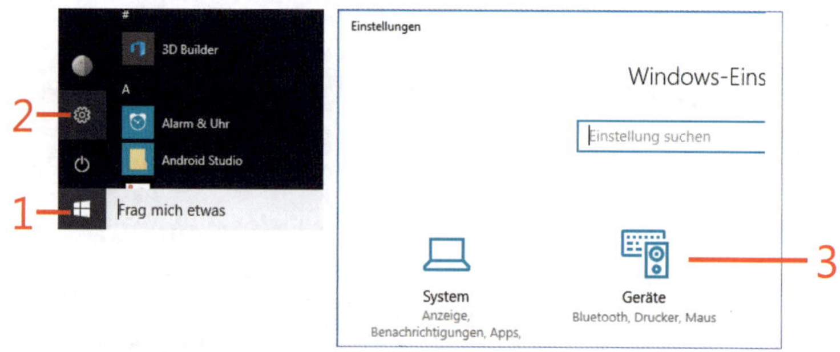

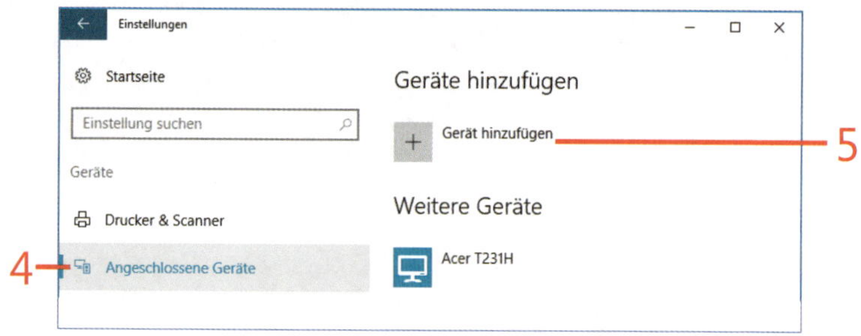

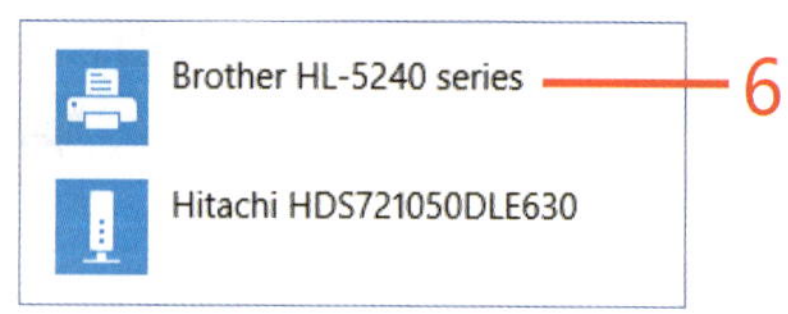

TIPP Um unnötige Kosten für Downloads über getaktete Verbindungen zu vermeiden (d. h. Verbindungen, bei denen für bestimmte Downloads Kosten anfallen), scrollen Sie im Fenster **Angeschlossene Geräte** nach unten und schalten Sie die Einstellung **Download über getaktete Verbindungen** aus.

Drucker oder Scanner hinzufügen

Drucker oder Scanner, die über ein Netzwerk oder eine direkte Verbindung angeschlossen sind, werden normalerweise von Windows 10 automatisch erkannt und eingerichtet. Und wenn nicht, können Sie das Gerät auch von Hand hinzufügen, wobei die grundsätzliche Vorgehensweise immer gleich ist, unabhängig davon, ob es sich um einen Drucker oder einen Scanner handelt.

Einen Drucker hinzufügen

1 Öffnen Sie die Einstellungen, klicken Sie auf **Geräte** und dann auf **Drucker & Scanner**. Klicken Sie im rechten Bereich auf **Drucker oder Scanner hinzufügen**.

2 Wählen Sie in der eingeblendeten Liste, den Drucker, den Sie hinzufügen wollen.

3 Klicken Sie auf **Gerät hinzufügen**.

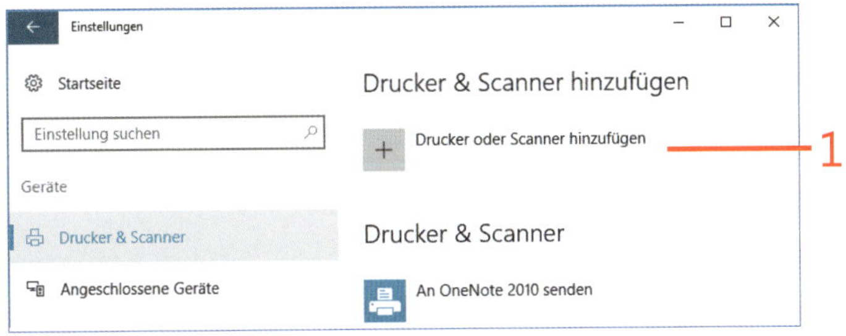

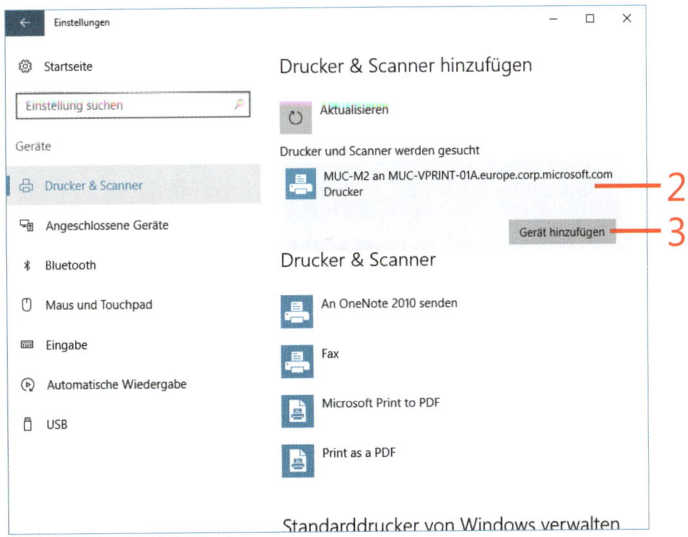

TIPP Wenn der Drucker, den Sie hinzufügen möchten, nicht in der Ergebnisliste angezeigt wird, klicken Sie auf **Der gewünschte Drucker ist nicht aufgelistet** und folgen Sie den Anweisungen, um nach älteren Druckern zu suchen (die noch nicht über Plug&Play verfügen, sodass Windows sie identifizieren kann) oder machen Sie nähere Angaben, die Windows helfen, den Drucker zu finden.

Druckereinstellungen

Wenn Sie ein Dokument aus einer Anwendung heraus ausdrucken, können Sie den Ausdruck auf verschiedenste Weise konfigurieren. Sie können zum Beispiel den Drucker auswählen, mit dem Sie ausdrucken möchten, vorgeben, welche Seiten ausgedruckt werden sollen, und Sortierung, Seitenausrichtung und Ränder definieren. Welche Optionen Ihnen angeboten werden, hängt davon ab, welchen Drucker Sie verwenden.

Druck starten

1 Geben Sie in das Suchfeld von Cortana ***WordPad*** ein.

2 Drücken Sie die Eingabetaste, um die ausgewählte App zu öffnen.

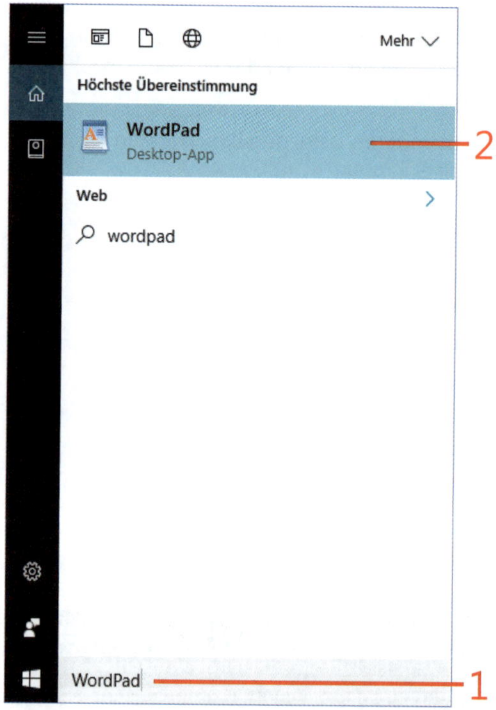

Druck starten *(Fortsetzung)*

3 Klicken Sie auf **Datei**.

4 Klicken Sie auf **Drucken**.

5 Klicken Sie im **Drucken**-Dialogfeld auf **Seiten** und geben Sie einen Seitenbereich ein, z. B. ***3-5***.

6 Geben Sie in das Feld **Anzahl Exemplare** eine Zahl ein oder benutzen Sie die Pfeiltasten, um festzulegen, wie viele Exemplare ausgedruckt werden sollen.

7 Markieren Sie das Kontrollkästchen **Sortieren** (diese Option steht Ihnen nur zur Verfügung, wenn Sie im vorherigen Schritt zwei oder mehr Exemplare angegeben haben).

8 Klicken Sie auf **Drucken**.

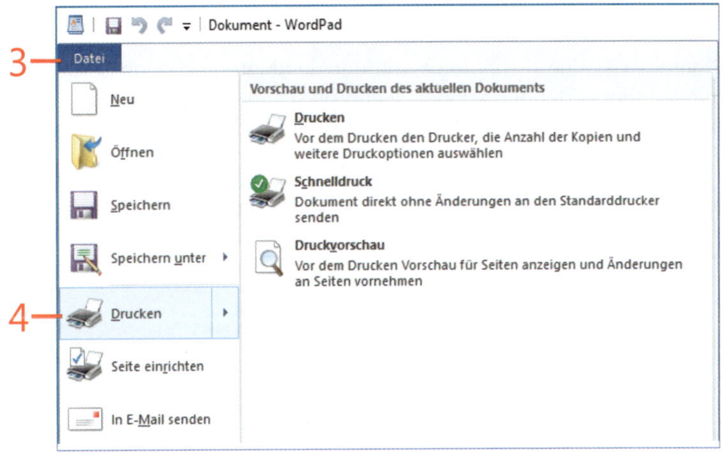

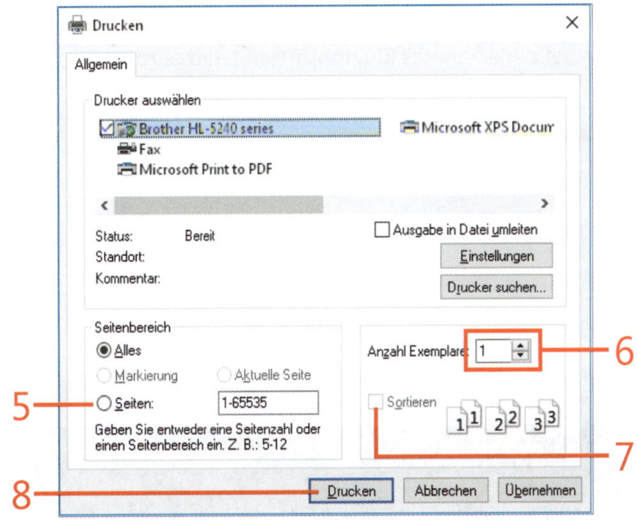

TIPP Wenn Sie ein Dokument nach OneNote ausdrucken, senden Sie genau genommen eine Kopie davon an das Online-Dokumentenmanagementsystem, wo Sie dann damit arbeiten oder es teilen können.

PROBIER'S AUS Um weitere Druckereinstellungen im **Drucken**-Dialogfeld vorzunehmen, klicken Sie auf die Schaltfläche **Einstellungen**. Je nach den Funktionen, die Ihr Drucker anbietet, können Sie die Größe des Druckerpapiers, Druckqualität, Farbeinstellungen usw. angeben.

Bluetooth-Geräte

Bluetooth ist eine Technologie, mit der Sie Bluetooth-fähige Geräte miteinander verbinden können, wenn sie sich nahe genug beieinander befinden. Sie könnten zum Beispiel eine Verbindung zu Ihrem Smartphone oder einer Bluetooth-Tastatur aufbauen. Um Bluetooth zu nutzen, müssen Sie Ihr Gerät erkennbar machen und es dann mit Ihrem Computer verbinden.

Ihren Computer mit einem Bluetooth-Gerät verbinden

1 Klicken Sie auf die Startschaltfläche.

2 Klicken Sie auf **Einstellungen**.

3 Klicken Sie auf **Geräte**.

4 Klicken Sie auf **Bluetooth**.

5 Schalten Sie Bluetooth ein, wenn es ausgeschaltet ist.

6 Klicken Sie auf ein erkanntes Bluetooth-Gerät, um es mit Ihrem Computer zu verbinden.

7 Klicken Sie auf **Koppeln**.

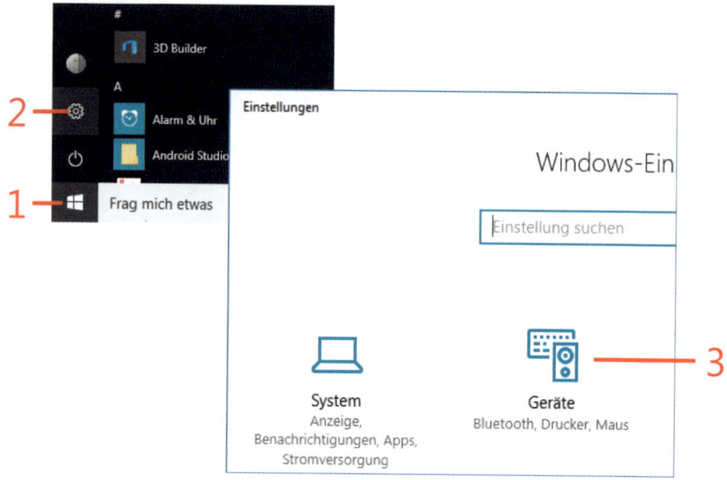

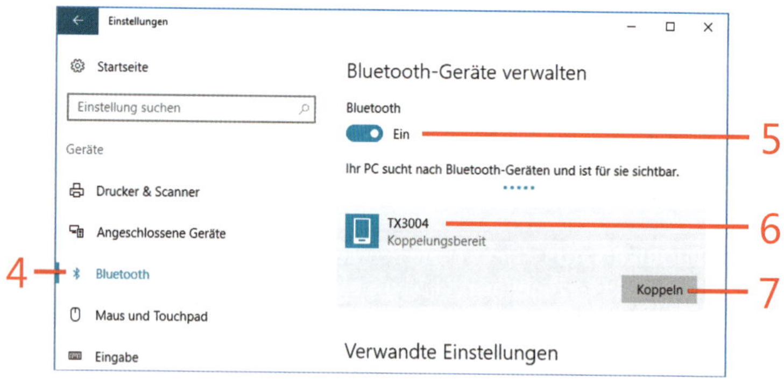

TIPP Bluetooth funktioniert nur innerhalb eines Radius von zehn Metern. Wenn Sie eine Verbindung zu Geräten herstellen möchten, die weiter weg sind, sollten Sie es mit einem WLAN-fähigen Gerät versuchen und es zu einem WLAN-Netz hinzufügen.

Über den Geräte-Manager auf Geräteeigenschaften zugreifen

Der Geräte-Manager ist ein Windows-Feature, das es Ihnen erlaubt, alle Geräte einzusehen, die mit Ihrem Computer verbunden oder darauf installiert sind, z. B. eine Tastatur oder ein Grafik-Controller, und deren Eigenschaften zu untersuchen. Der Zugriff auf diese Informationen kann Ihnen helfen, Ihre Computerprobleme zu lösen.

Informationen über Ihre Geräte einsehen

1. Öffnen Sie die Einstellungen, klicken Sie auf **Geräte** und dann auf **Drucker & Scanner**. Klicken Sie im Bereich **Verwandte Einstellungen** auf **Geräte-Manager**.
2. Doppelklicken Sie auf eine Kategorie wie **Mäuse und andere Zeigegeräte**.
3. Klicken Sie mit der rechten Maustaste auf eines der Elemente.
4. Klicken Sie im Kontextmenü auf **Eigenschaften**.
5. Klicken Sie auf die verschiedenen Tabs, um Näheres über das Gerät zu erfahren.
6. Klicken Sie auf **OK**, um das Dialogfeld zu schließen.

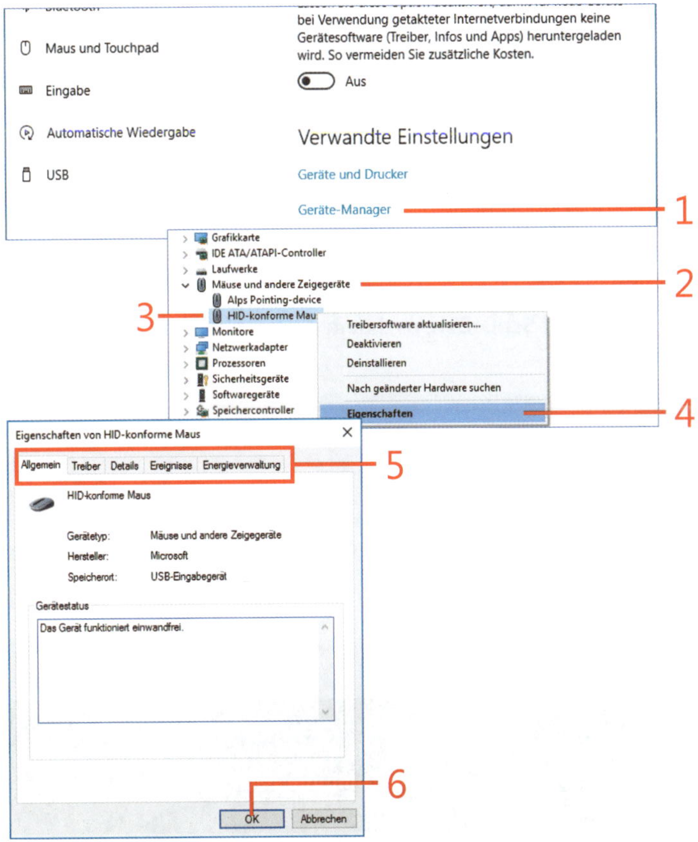

> **TIPP** Alternativ zu der oben beschriebenen Vorgehensweise können Sie auch nach Anklicken eines Geräts oben in der Symbolleiste auf das Symbol **Eigenschaften** klicken, um die Geräteeigenschaften anzuzeigen.

Gerätetreiber aktualisieren

Um Geräte an Ihren Computer anzuschließen, müssen Sie *Gerätetreiber* installieren. Diese kleinen Programme liefern Windows die Informationen, die es für die Kommunikation mit den Geräten und zur Bereitstellung von Anweisungen benötigt. Gerätetreiber werden regelmäßig aktualisiert, sei es um die Funktionalität der Geräte zu verbessern oder um Sicherheitsfeatures zu ergänzen. Aus diesem Grunde ist es ganz nützlich zu wissen, wie man Treiber aktualisiert.

Nach aktueller Treibersoftware suchen

1. Klicken Sie im geöffneten Geräte-Manager (siehe vorherige Aufgabe) mit der rechten Maustaste auf ein Gerät.
2. Klicken Sie in dem eingeblendeten Kontextmenü auf **Treibersoftware aktualisieren**.
3. Klicken Sie auf **Automatisch nach aktueller Treibersoftware suchen**.
4. Klicken Sie auf **Schließen**, nachdem der Treiber aktualisiert wurde.

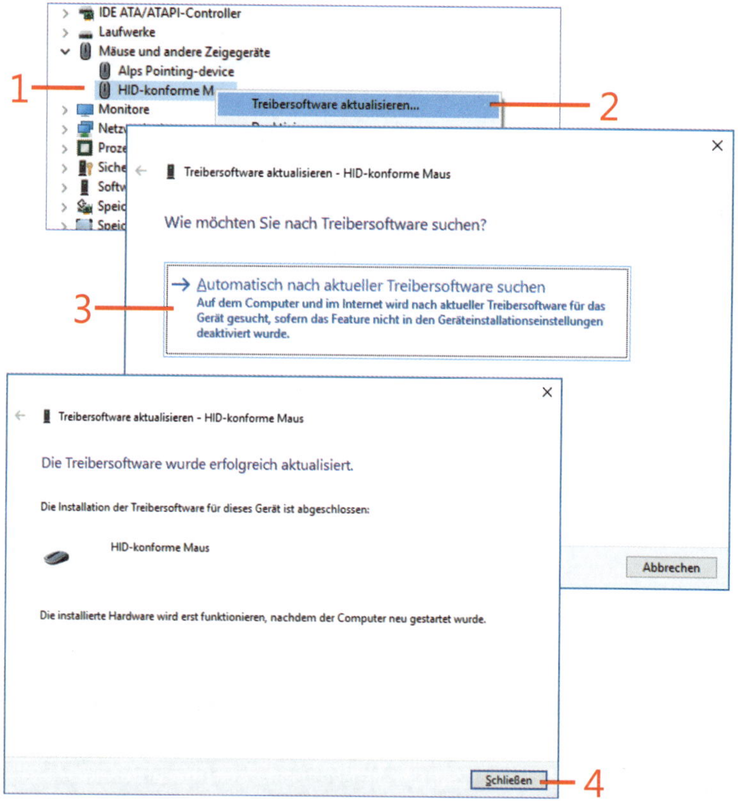

TIPP Wenn Sie der Meinung sind, dass sich die Gerätetreibersoftware auf Ihrem Computer oder einer externen Festplatte befindet, können Sie in Schritt 3 auf **Auf dem Computer nach Treibersoftware suchen** klicken.

Geräte entfernen

Wenn Sie ein Gerät nicht länger benötigen, sollten Sie es vielleicht ganz von Ihrem Computer entfernen. Das verkürzt die Listen der verfügbaren Geräte, sodass Sie die aktiven Geräte besser verwalten können. Außerdem geben Sie Speicher frei, wenn Sie unnötige Treibersoftware von Ihrem Computer entfernen.

Ein Gerät von Ihrem Computer entfernen

1 Klicken Sie im Geräte-Manager mit der rechten Maustaste auf das Gerät, das Sie entfernen wollen.

2 Klicken Sie im Kontextmenü auf **Deinstallieren**.

3 Klicken Sie auf **OK**, um zu bestätigen, dass Sie das Gerät entfernen wollen.

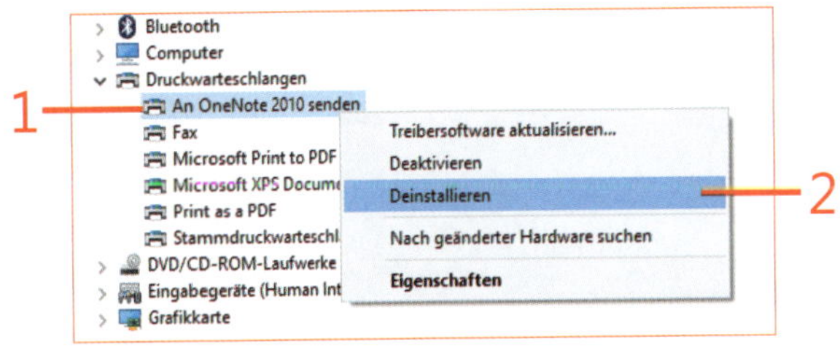

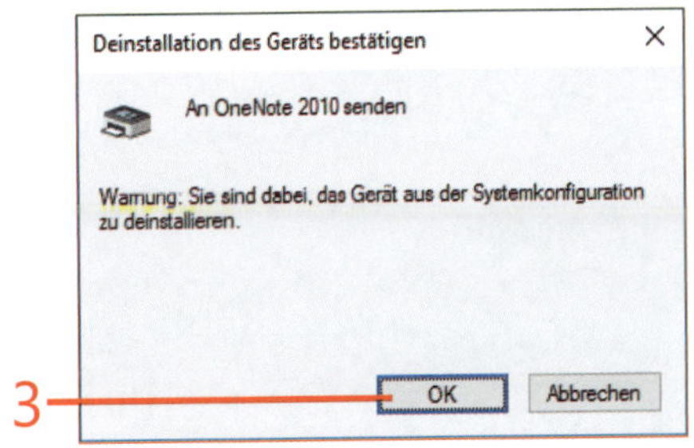

TIPP Einige Geräte bieten Ihnen die Option, das Gerät zu deaktivieren, anstatt es zu deinstallieren. Wenn Sie glauben, dass Sie das Gerät irgendwann noch einmal benötigen, wählen Sie in Schritt 2 den Befehl **Deaktivieren**.

Mit OneDrive arbeiten

22

Microsoft OneDrive ist ein Online-Dienst zum Speichern und Teilen von Inhalten. Wenn Sie Windows 10 einrichten, werden Sie in der Regel auch aufgefordert, OneDrive einzurichten. Dies setzt allerdings voraus, dass Sie mit einem Microsoft-Konto angemeldet sind.

OneDrive ist nicht nur in Apps wie Microsoft Outlook und Office 365 integriert, sondern auch in Apps für Windows-Smartphones, sodass Sie Ihre Dokumente direkt in OneDrive speichern und anschließend von verschiedenen Geräten darauf zugreifen können. Mit Windows 10 verfügen Sie über eine OneDrive-Version auf Ihrem Computer und über eine Online-Version, die Ihre Inhalte in regelmäßigen Abständen, wenn Sie online sind, mit der Cloud synchronisiert, d. h. sichert.

Sie können Ihre OneDrive-Version in der Cloud aufrufen und dort Ordner anlegen, Inhalte hochladen, Inhalte teilen und nach Inhalten suchen. Sie können sogar Inhalte aus OneDrive entfernen. Wenn Sie über ein Microsoft-Konto verfügen, gelangen Sie zu Ihrer OneDrive-Version über Outlook.com; Sie können aber auch über onedrive.live.com gehen, um mit Ihren Dateien zu bearbeiten.

Beim ersten Aufruf von OneDrive müssen Sie ein paar einfache Schritte einhalten, um Ihre OneDrive-Konto zu konfigurieren und aktivieren.

In diesem Kapitel:

- Die Funktionen von OneDrive
- Neue Ordner erstellen
- Dateien auf OneDrive hochladen
- In OneDrive nach Dateien suchen
- Dokumente mit Office Online erstellen
- Ordner teilen
- Dateien und Ordner umbenennen
- Dateien und Ordner löschen

Die Funktionen von OneDrive

Sie greifen auf die OneDrive-Version Ihres Computers zu wie auf einen Explorer-Ordner, in dem Sie Dokumente speichern können, die mit Ihrer Online-Version von OneDrive synchronisiert werden sollen. Das eigentliche Teilen und die Verwaltung der Dokumente erfolgt online in der Cloud, sodass Sie von jedem Computer, Tablet oder Smartphone von überall auf der Welt auf Ihre Inhalte zugreifen können.

In OneDrive navigieren

1. Melden Sie sich mit einem Microsoft-Konto an, öffnen Sie einen Browser und geben Sie in der Adressleiste ***onedrive.live.com*** ein. Drücken Sie anschließend die Eingabetaste.
2. Klicken Sie auf einen Ordner, um ihn zu öffnen und einzusehen.
3. Klicken Sie auf das **Zurück**-Symbol.
4. Klicken Sie auf das **Menü**-Symbol.
5. Klicken Sie auf **Fotos**.
6. Ziehen Sie die Bildlaufleiste, um weitere Fotos zu betrachten.
7. Klicken Sie auf das **Zurück**-Symbol.
8. Klicken Sie auf **Sortieren**.
9. Klicken Sie auf das gewünschte Sortierkriterium, wie **Größe**.

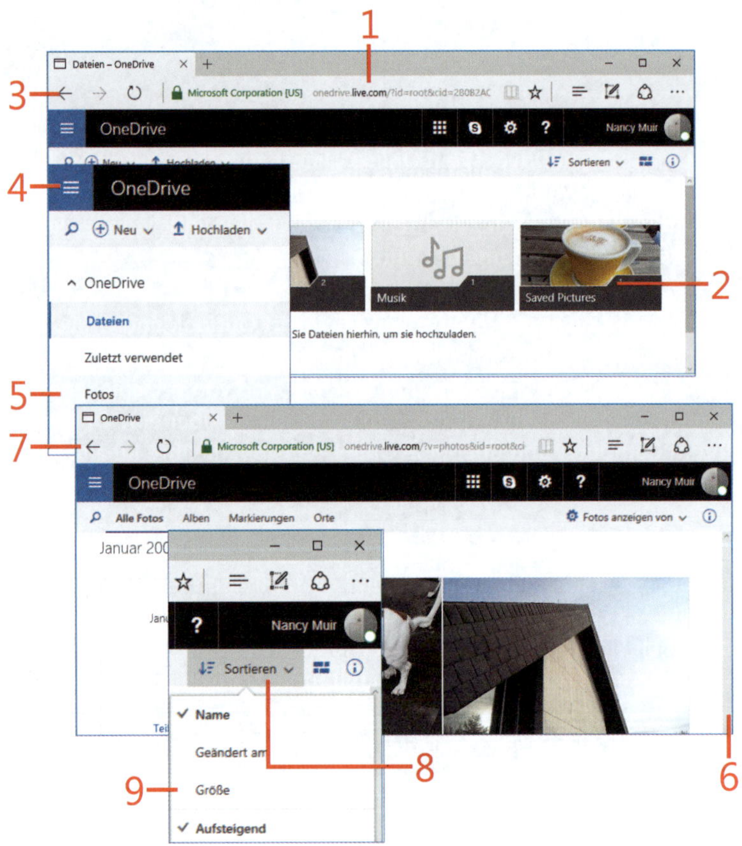

TIPP Wenn Sie links im Menü auf **PCs** klicken, werden darunter alle Computer, die Zugriff auf Ihr OneDrive haben, angezeigt.

Neue Ordner erstellen

Anstatt mit Ordnern zu arbeiten, die automatisch von Ihrem Computer aus auf OneDrive gespeichert werden, können Sie auch direkt in OneDrive einen neuen Ordner anlegen und dann Dateien darauf hochladen. Auf diese Weise können Sie online Ordner erstellen, die nicht notwendigerweise die Ordnerstruktur auf Ihrem Computer widerspiegeln.

Einen neuen Ordner in OneDrive anlegen

1. Klicken Sie in OneDrive-Online auf **Neu**.
2. Klicken Sie auf **Ordner**.
3. Geben Sie einen Ordnernamen ein.
4. Klicken Sie auf **Erstellen**.

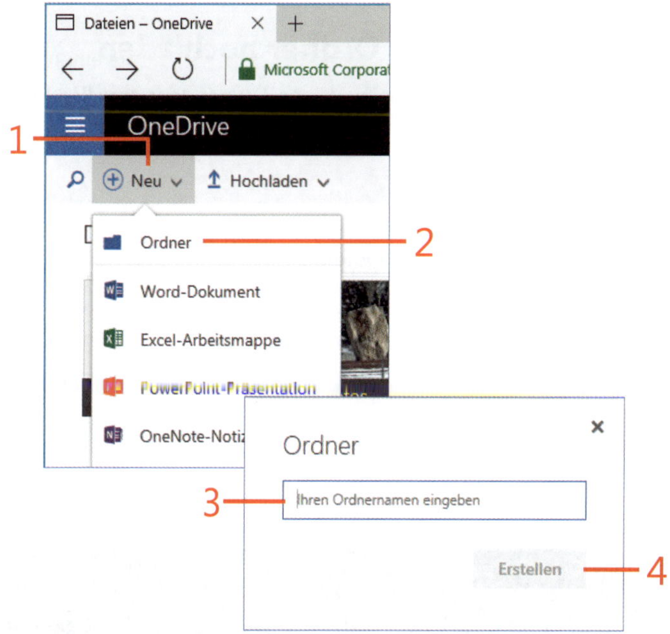

TIPP Wenn Sie einen Namen eingeben, der bereits in OneDrive existiert, erhalten Sie nach dem Anklicken von **Erstellen** in Schritt 4 eine Nachricht, dass der Name bereits vorhanden ist und Sie es noch einmal mit einem anderen Namen versuchen können.

Dateien auf OneDrive hochladen

Auch wenn Ihr Windows 10-Computer automatisch Inhalte zur Sicherung auf OneDrive hochlädt, gibt es Fälle, in denen Sie bestimmte Inhalte lieber direkt in einen Online-Ordner hochladen möchten, um sie mit anderen zu teilen. Sie könnten zum Beispiel in OneDrive einen Ordner namens *Haushalt_Drittes_Quartal* erstellen und nur die Tabellen und Dokumente hochladen, die sich auf das dritte Quartal beziehen, auch wenn ein solcher Ordner nicht auf Ihrem Computer existiert.

Eine Datei oder einen Ordner hochladen

1. Klicken Sie in OneDrive-Online auf einen Ordner oder erstellen Sie dort einen neuen Ordner (siehe vorherige Aufgabe).
2. Klicken Sie auf **Hochladen**.
3. Wählen Sie **Dateien** aus.
4. Navigieren Sie im **Öffnen**-Dialogfeld zu der oder den Datei(en), die Sie hochladen wollen.
5. Klicken Sie auf **Öffnen**.

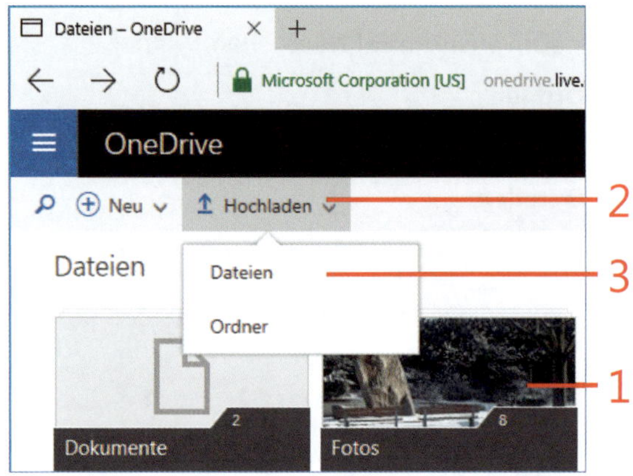

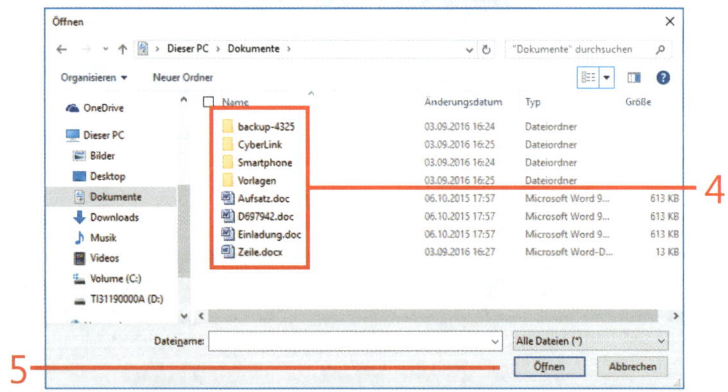

TIPP OneDrive bietet Ihnen 5 GB freien Datenspeicher (wenn Sie Office 365 abonnieren, liegt die Grenze bei 1 TB). Sie können jedoch jederzeit weiteren Speicher erwerben. Klicken Sie dazu in der OneDrive-Titelleiste auf das **Einstellungen**-Symbol (das Zahnradsymbol) und wählen Sie **Optionen**. Klicken Sie auf die Schaltfläche **Upgrade** und folgen Sie den Anweisungen, um zusätzlichen Speicher zu erwerben. Beachten Sie, dass Sie auch Speicher erhalten, wenn Sie jemanden an OneDrive weiterleiten und an Treueprogrammen sowie app-spezifischen Werbekampagnen teilnehmen.

In OneDrive nach Dateien suchen

Wenn Sie in OneDrive-Online viele Dateien und Ordner zu verwalten haben, benötigen Sie einen Weg, nach bestimmten Elementen zu suchen, so wie Sie auch im Explorer nach Inhalten auf Ihrem Computer und externen Speichermedien suchen können. OneDrive bietet Ihnen eine Suchfunktion, die genau das kann.

Nach Inhalt suchen

1 Klicken Sie in OneDrive-Online auf das **Suchen**-Symbol.

2 Geben Sie in das Suchfeld einen Suchbegriff ein und drücken Sie die Eingabetaste.

3 Klicken Sie in den Suchergebnissen auf eine Datei oder einen Ordner.

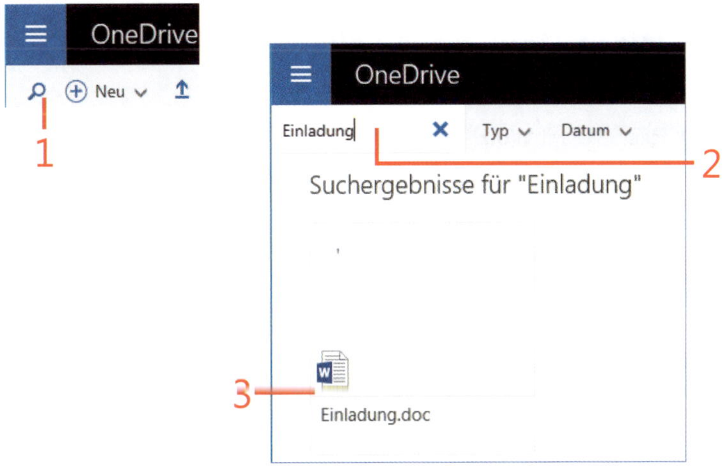

TIPP Um von der grafischen Ansicht der Dateien und Ordner zu einer einfachen Listenansicht zu wechseln, klicken Sie ganz rechts in der Leiste mit dem Suchfeld auf das **Ansicht**-Symbol.

Dokumente mit Office Online erstellen

Sie können in OneDrive-Online sogar selbst Dokumente erstellen, die gleich dort gespeichert werden. Dazu verwenden Sie Office Online, eine Office-Suite mit den Programmen Microsoft Word, Excel und PowerPoint. Sie können außerdem OneNote-Notizbücher, Excel-Umfrageformulare und einfache Textdateien (.txt) erstellen. Diese Funktion ist ganz praktisch, wenn Sie an einem Computer oder Tablet arbeiten, auf dem keine Office-Apps installiert sind.

Ein Word-Dokument online erstellen

1 Klicken Sie in OneDrive-Online auf **Neu**.

2 Klicken Sie auf **Word-Dokument**.

3 Geben Sie Ihren Text ein.

4 Formatieren und strukturieren Sie Ihren Text mit den Funktionen auf den verschiedenen Registerkarten.

5 Klicken Sie auf **Datei**.

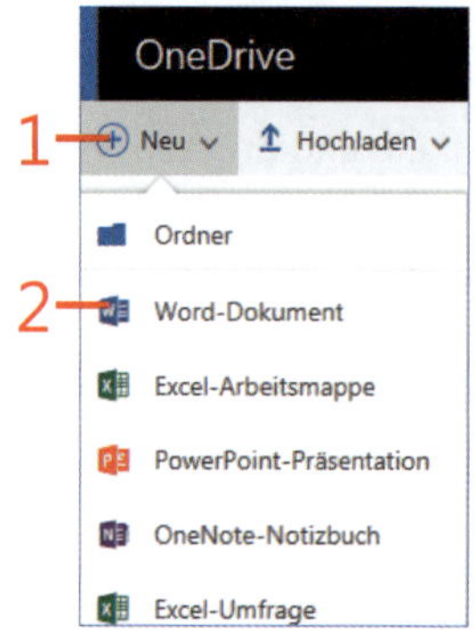

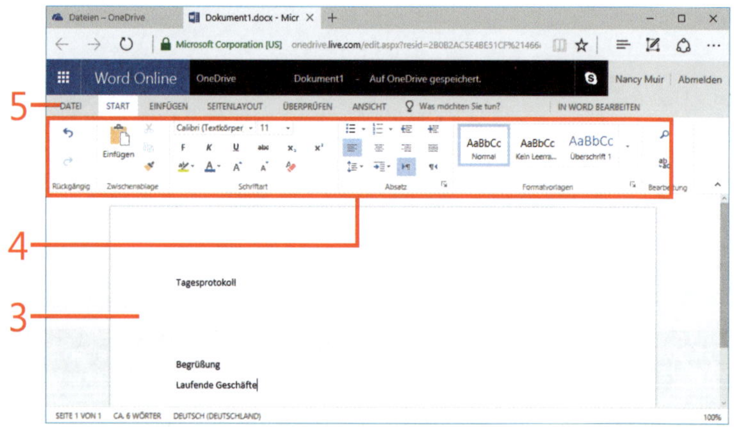

Ein Word-Dokument online erstellen *(Fortsetzung)*

6 Klicken Sie auf **Speichern unter**.

7 Klicken Sie auf **Speichern unter**, um das Dokument in OneDrive zu sichern.

8 Klicken Sie auf den Ordner, in dem Sie die Datei ablegen wollen.

9 Klicken Sie auf **Speichern**.

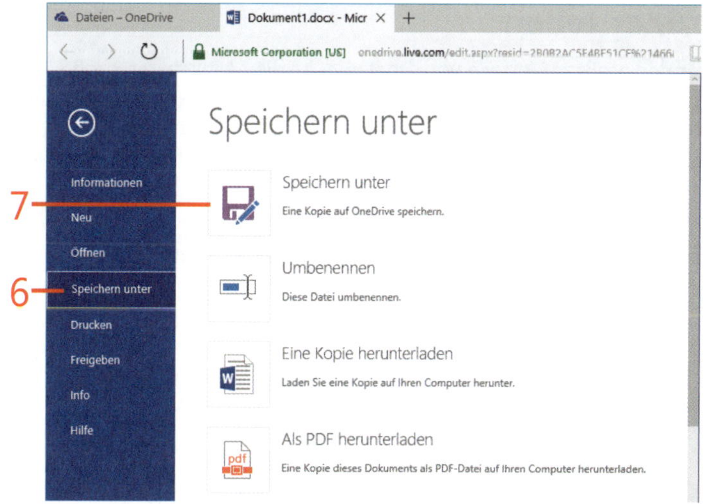

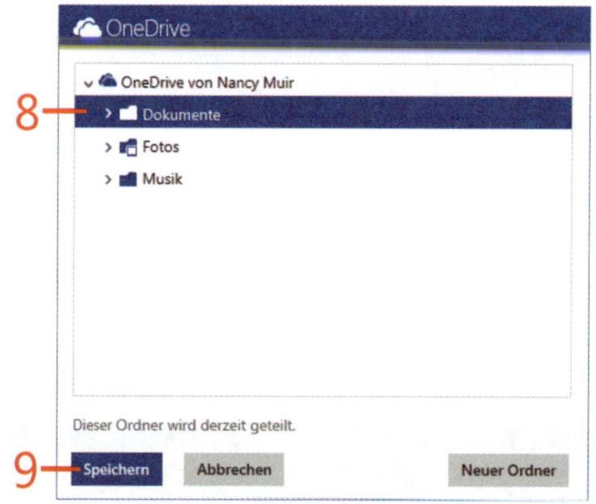

TIPP Rufen Sie auch ruhig einmal die anderen **Speichern unter**-Optionen auf, um eine Kopie des Dokuments oder das Dokument als PDF-Datei auf Ihren Computer herunterzuladen.

Ordner teilen

Einer der größten Vorteile von OneDrive ist die Möglichkeit, große Dateien mit anderen zu teilen. Da E-Mail-Anhänge oft eine bestimmte Dateigröße nicht überschreiten dürfen, können Sie mit einem Dienst wie OneDrive Dateien mit anderen teilen, die zu groß für den Versand per E-Mail sind. Sie teilen eine Datei, indem Sie den/die Betreffenden via E-Mail einladen, sich Ihre Datei anzeigen zu lassen. Dabei können Sie vorgeben, ob die Dateien von dem/den Betreffenden nur gelesen oder auch bearbeitet werden dürfen.

OneDrive-Inhalte mit anderen teilen

1 Öffnen Sie in OneDrive-Online einen Ordner, dessen Inhalt Sie freigeben wollen, und klicken Sie auf **Teilen**.

2 Klicken Sie auf **Jeder mit diesem Link kann dieses Element bearbeiten**, wenn Sie den anderen Benutzern die Bearbeitung Ihrer Inhalte erlauben wollen.

3 Klicken Sie auf **E-Mail**.

4 Geben Sie eine E-Mail-Adresse ein.

5 Fügen Sie bei Bedarf eine kurze Notiz hinzu.

6 Klicken Sie auf **Teilen**.

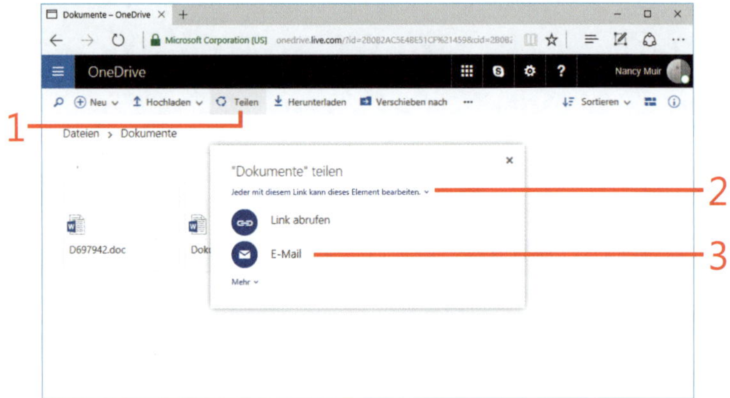

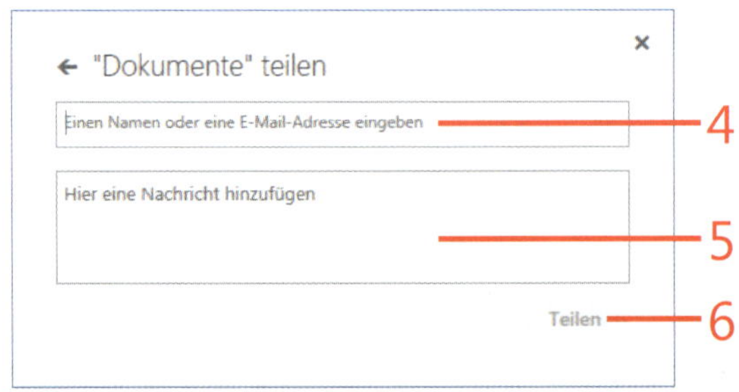

TIPP Wenn Sie lieber selbst eine E-Mail mit einem Link auf Ihre Dateien erstellen möchten, klicken Sie im **Teilen**-Fenster auf **Link abrufen** und dann auf **Kopieren**. Fügen Sie anschließend diesen Link über Kopieren und Einfügen in Ihre E-Mail ein.

Ordner und Dateien umbenennen

Bereits im Explorer hat sich gezeigt, wie nützlich es ist, Dateien und Ordner umbenennen zu können. Das gilt auch für OneDrive. Da sich die Namen von Projekten, Unternehmen und vielen anderen Elementen in Ihrem Leben ändern können, ist es ganz praktisch, die Möglichkeit zu haben, auch in Ihrem Online-Speicherdienst durch neue Datei- und Ordnernamen immer aktuell zu bleiben.

Eine Datei oder einen Ordner umbenennen

1 Navigieren Sie in OneDrive-Online zu der Datei bzw. dem Ordner, die/den Sie umbenennen möchten, und klicken Sie darauf mit der rechten Maustaste.

2 Klicken Sie in dem sich öffnenden Kontextmenü auf **Umbenennen**.

3 Geben Sie einen neuen Namen ein.

4 Klicken Sie auf **Speichern**.

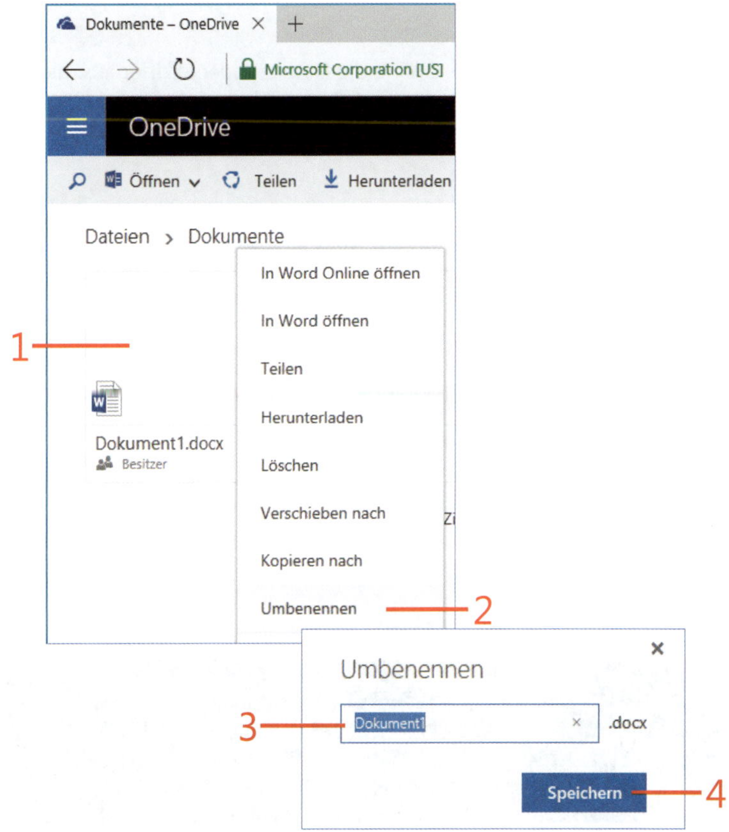

TIPP Sie können beim Umbenennen keinen Namen vergeben, der bereits existiert. Verwenden Sie für Ihre Dateien und Ordner einmalige Namen.

Dateien und Ordner löschen

Auch wenn die Speicherkapazität, die Ihnen unter OneDrive zur Verfügung steht, mit 5 GB durchaus beträchtlich ist, werden Sie bald feststellen, dass Sie damit schnell an Ihre Grenzen stoßen. Um Platz zu sparen, sollten Sie deshalb regelmäßig Dateien und Ordner löschen, die Sie nicht länger benötigen.

Inhalt löschen

1 Wählen Sie in OneDrive-Online die Dateien oder Ordner aus, die Sie entfernen wollen. Markieren Sie dazu oben rechts von jeder Datei oder jedem Ordner den kleinen Kreis mit einem Häkchen.

2 Klicken Sie auf **Löschen**.

3 Wenn Sie Ihre Meinung über das Löschen geändert haben, klicken Sie in der Benachrichtigung auf **Alles rückgängig**.

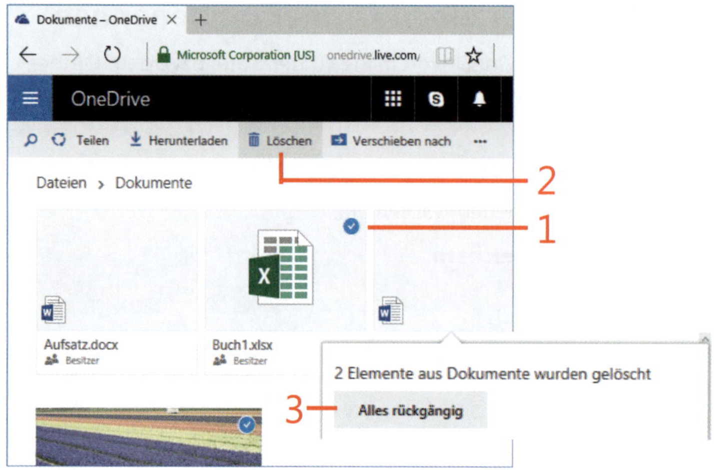

TIPP Um festzustellen, wie viel Speicher Sie in OneDrive-Online noch zur Verfügung haben, klicken Sie auf **Einstellungen** und dann auf **Optionen**. Wählen Sie links **Speicher verwalten**, um im rechten Bereich Ihren Speicherplan und zusätzlichen Speicherplatz einzusehen. Der verfügbare Speicher wird oben angezeigt.

Wartung und Schutz Ihres Computers

23

In diesem Kapitel:

- Laufwerke optimieren
- Die Datenträgerbereinigung
- Updates
- Den Computer zurücksetzen
- Windows Defender
- Updates und Überprüfungen mit Windows Defender
- Windows-Firewall konfigurieren
- Positionseinstellungen ändern

Windows 10 bringt von Haus aus einige sehr praktische Werkzeuge mit, die Ihnen dabei helfen können, die Leistung Ihres Computers zu optimieren und eine hohe Sicherheit zu gewährleisten. Sie können die Festplatte säubern, um temporäre Dateien und Datenbits zu entfernen, die nicht länger benötigt werden. Wenn Sie Windows 10 anweisen, Ihre Festplatte zu optimieren, werden fragmentierte Daten von Dokumentdateien oder Apps neu angeordnet, um die Performance Ihres Computers zu verbessern und es für Windows leichter zu machen, Elemente zu finden. (Sollte Ihr Computer über ein SSD-Laufwerk verfügen, haben Sie diese Schwierigkeiten nicht.)

Sie können Ihr System regelmäßig aktualisieren, um sicherzustellen, dass die Sicherheitsfunktionen von Windows 10 immer auf dem aktuellsten Stand sind. Außerdem können Sie Windows Defender und Windows-Firewall konfigurieren, mit denen Sie Ihren Computer und Ihre Daten zusätzlich schützen können. Wenn Ihr Computer komplett abgestürzt ist, haben Sie die Möglichkeit, ihn auf eine frühere Windows-Version zurückzusetzen oder die Werkseinstellungen wiederherzustellen, d.h. die Einstellungen, die Ihr Computer direkt nach dem Kauf oder einem Upgrade hatte.

Zum Schluss haben Sie noch die Möglichkeit, die in Windows 10 standardmäßig eingeschaltete Positionserkennung auszuschalten, um zu verhindern, dass Diebe herausfinden, wo sich Ihr Computer befindet.

Laufwerke optimieren

Wenn Sie Dokumente, Bilder usw. speichern, werden diese Dateien von Windows 10 in kleinen Fragmenten auf Ihrer Festplatte gespeichert, die nicht zusammenhängend sein müssen. Das bedeutet, dass die Datenblöcke, aus denen Ihr Bericht zum Vogelzugverhalten besteht, über Ihre ganze Festplatte verstreut sein könnten. Jedes Mal, wenn Sie das Dokument öffnen, muss Windows die ganze Festplatte durchforsten, um alle diese Dateifragmente wieder zusammenzuführen. Die Festplattenoptimierung verbessert die Leistung Ihres Computers, da die zusammengehörenden Datenblöcke wieder nebeneinander auf der Festplatte angeordnet werden und dadurch einen schnelleren Zugriff gewähren.

Die Festplattenoptimierung ausführen

1 Geben Sie in das Cortana-Suchfeld ***Optimieren*** ein.

2 Klicken Sie auf **Laufwerke defragmentieren und optimieren**.

3 Klicken Sie auf das Laufwerk, das Sie optimieren wollen (normalerweise **Volume (C:)**. Solid-State-Laufwerke (SSD) müssen nicht optimiert werden.

4 Klicken Sie auf **Optimieren**.

5 Wenn Sie dem Status entnehmen können, dass die Optimierung abgeschlossen ist, klicken Sie auf **Schließen**.

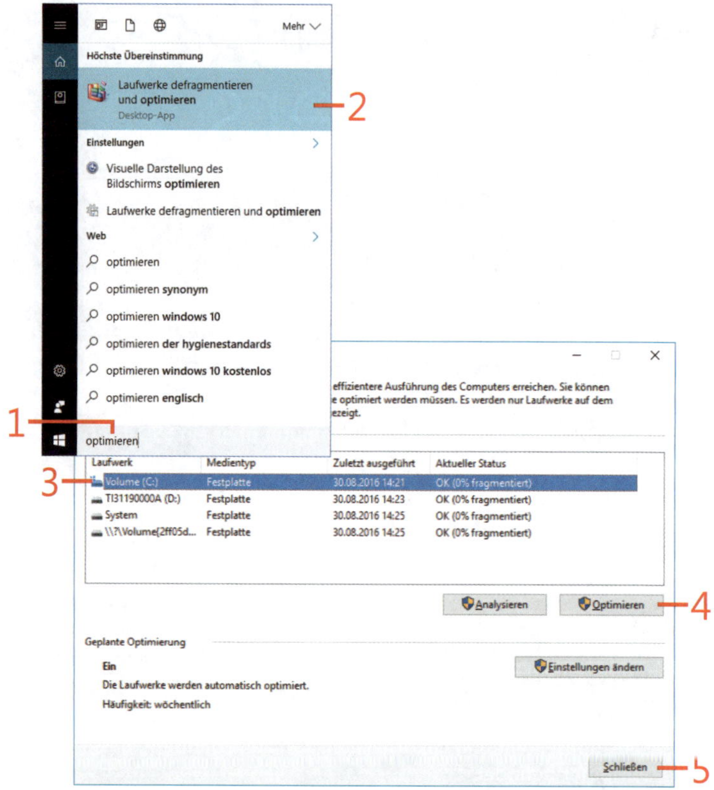

TIPP Wenn Sie möchten, können Sie vor der Optimierung Ihren Computer analysieren lassen, um zu sehen, ob die Optimierung überhaupt nötig ist. Klicken Sie in diesem Fall einfach vorher auf die Schaltfläche **Analysieren** und lesen Sie den Bericht, der für Sie erstellt wird.

TIPP Wenn Sie auf **Einstellungen ändern** klicken, haben Sie die Möglichkeit, über das Dialogfeld **Laufwerke optimieren** für bestimmte Laufwerke in regelmäßigen Zeitabständen, z. B. wöchentlich, einen Optimierungszeitplan vorzugeben.

Die Datenträgerbereinigung

Während Sie Ihren Computer für die verschiedensten Aufgaben nutzen, füllt sich Ihre Festplatte mit immer mehr Daten – seien es Dateien, temporäre Dateien, die erzeugt werden, wenn Sie im Internet surfen, alte Softwareprogramme usw. Die Datenträgerbereinigung sucht nach korrupten Daten, temporären Dateien und nicht benötigten Datenblöcken auf Ihrer Festplatte und löscht diese, um Speicherplatz freizugeben, den Sie dann für andere Dinge nutzen können.

Speicher mit der Datenbereinigung freigeben

1. Geben Sie in das Cortana-Suchfeld ***Aufräumen*** ein und drücken Sie die Eingabetaste.
2. Klicken Sie auf **Speicherplatz durch Löschen nicht erforderlicher Dateien freigeben**.
3. Wählen Sie das zu bereinigende Laufwerk aus.
4. Markieren Sie die Kontrollkästchen der Datei- oder Ordnertypen, die Sie entfernen wollen.
5. Klicken Sie auf **Systemdateien bereinigen**.

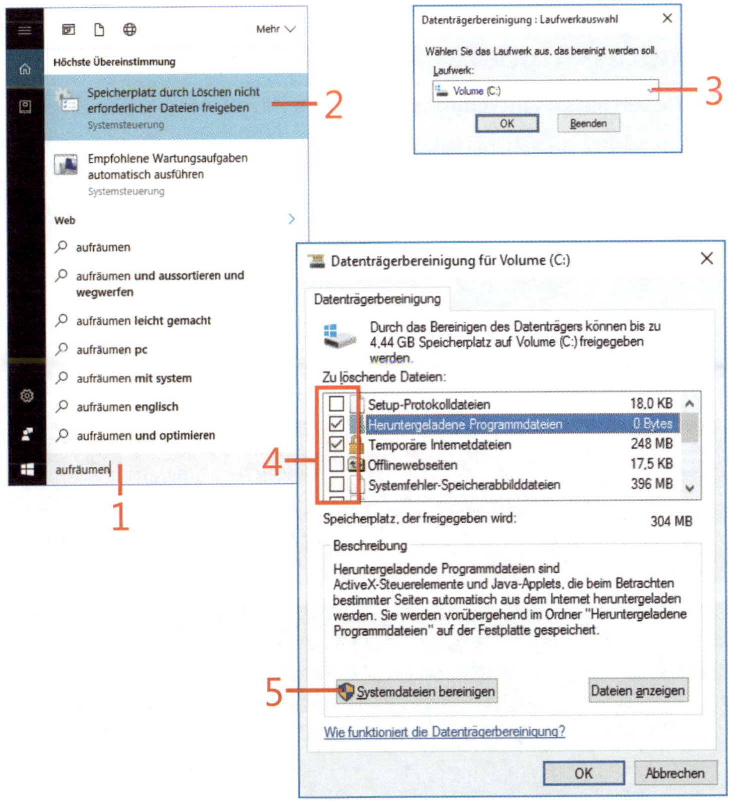

> **TIPP** Wenn Sie Angst haben, dass die Datenträgerbereinigung Dateien löscht, die Sie noch benötigen, lassen Sie sich die Dateien anzeigen, die Windows beabsichtigt zu entfernen, und entfernen Sie die Markierung vor den Dateien, die Sie behalten wollen, bevor Sie mit der Bereinigung fortfahren. Die Liste dieser Dateien erhalten Sie, wenn Sie im Dialogfeld **Datenträgerbereinigung für ...** auf die Schaltfläche **Dateien anzeigen** klicken.

Updates

Microsoft stellt von Zeit zu Zeit Updates bereit, um Fehler zu beheben oder Sicherheitslücken zu schließen, die sich durch die neuesten Angriffstechniken auf Ihren Computer ergeben haben. Unter Windows 10 ist die Aktualisierung Ihres Systems wichtiger denn je, da Windows 10 dafür ausgelegt ist, App-Funktionen und das Betriebssystem häufig zu ergänzen und zu ändern. Windows prüft daher in regelmäßigen Abständen automatisch, ob Updates vorhanden sind, und merkt sie für die automatische Installation vor. Sie können bei Bedarf aber auch selbst nach Updates suchen.

Windows-Updates ausführen

1 Klicken Sie im **Einstellungen**-Fenster auf **Update und Sicherheit**.

2 Klicken Sie im Fenster **Windows Update** auf **Nach Updates suchen**.

3 Windows sucht und installiert alle Updates; klicken Sie auf **Jetzt installieren**, um den Update-Prozess abzuschließen.

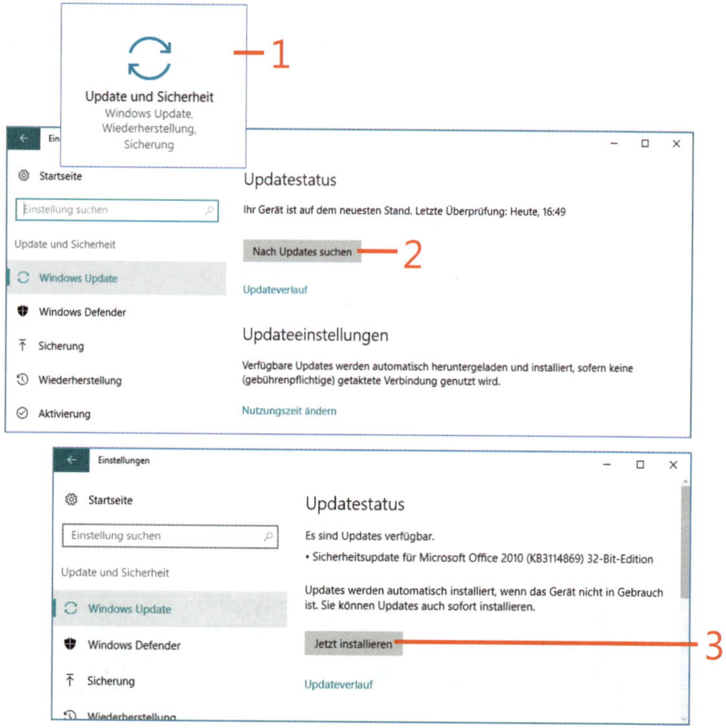

PROBIER'S AUS Um nach einem Update automatisch mit Ihren Informationen angemeldet zu werden, klicken Sie im Windows Update-Fenster auf den Link **Erweiterte Optionen** und aktivieren Sie das Kontrollkästchen **Die Einrichtung meines Geräts soll nach einem Update...** .

TIPP Wenn Updates für die Installation vorgesehen sind, führt Windows irgendwann einen Neustart durch, damit die Änderungen wirksam werden. Wenn Sie Angst haben, dass die Updates zur Unzeit installiert werden könnten, klicken Sie im **Windows Update**-Fenster auf den Link **Neustartoptionen**. Setzen Sie anschließend im erscheinenden Fenster den Neustart-Zeitpunkt, wie es für Sie am günstigsten ist.

Den Computer zurücksetzen

Wenn Sie ernste Probleme mit Ihrem Computer haben und nicht mehr weiterwissen, besteht die einzige Lösung unter Umständen darin, Ihren Computer zurückzusetzen. Dabei können Sie wählen, ob Sie Ihre Dateien behalten oder entfernen lassen möchten, bevor Sie Windows neu installieren. Durch das Zurücksetzen werden eventuell Apps, die Sie nachträglich installiert haben, wieder entfernt und alle vorgenommenen Einstellungsänderungen, die für die Probleme mit Windows verantwortlich sein könnten, wieder rückgängig gemacht. Das bedeutet, Sie starten noch einmal ganz von vorn.

Probleme durch Zurücksetzen des Systems lösen

1 Klicken Sie im Fenster **Update und Sicherheit** auf **Wiederherstellung**.

2 Klicken Sie im Bereich **Diesen PC zurücksetzen** auf **Los geht's**.

3 Klicken Sie auf die gewünschte Option für das Zurücksetzen:

- **Eigene Dateien beibehalten**
- **Alles entfernen**, einschließlich Dateien, Apps und Einstellungen
- **Werkseinstellungen wiederherstellen** (vorausgesetzt Sie arbeiten mit einer Windows-Version mit veränderten Werkseinstellungen).

TIPP Wenn Sie sich entscheiden, Ihren Computer zurückzusetzen, sollten Sie vorher alle Ihre Dateien auf einem externen Speichermedium wie einen USB-Stick oder in der Cloud sichern. Und wenn Sie Apps entfernen lassen, stellen Sie sicher, dass Sie diese von Sicherungskopien auf DVD oder aus dem Internet wieder neu installieren können.

TIPP Wenn Sie nicht den ganzen PC, sondern nur eine einzelne Problem-App zurücksetzen wollen, so können Sie dies tun, indem Sie unter **Windowseinstellungen** auf **System** und dann auf **Apps & Features** klicken, die betreffende App ausfindig machen und diese anklicken. Wählen Sie nun die darauf erscheinende Schaltfläche **Erweiterte Optionen** aus und klicken Sie auf **Zurücksetzen**.

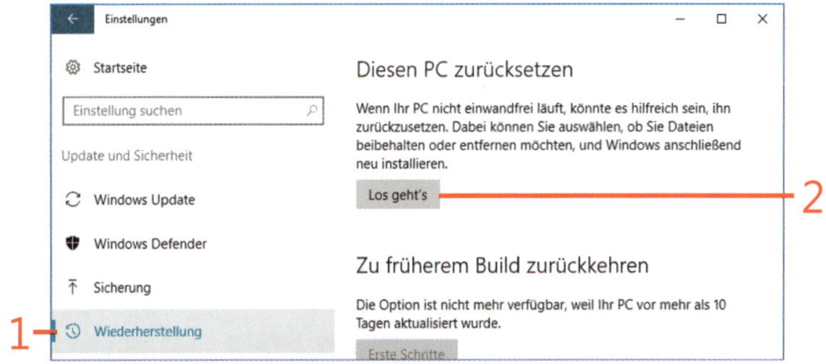

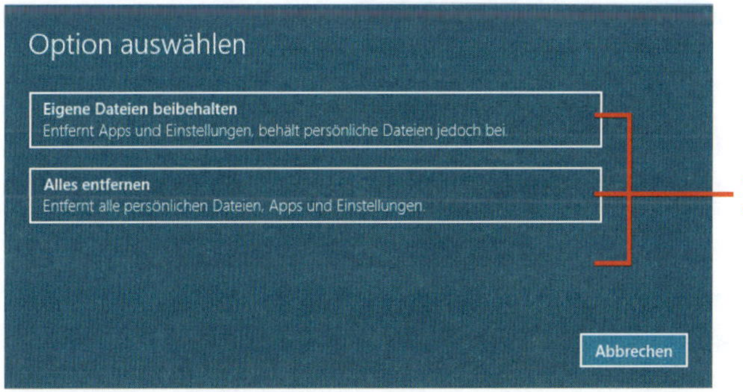

Windows Defender

Heutzutage gibt es zahlreiche Möglichkeiten, sich unbeabsichtigt Malware auf den Computer zu installieren, die dann Dateien zerstört oder Ihre Aktivitäten ausspioniert. Sie können Virenschutzprogramme von Drittanbietern kaufen, aber Ihre erste Verteidigungslinie sollte das in Windows 10 integrierte Anti-Malwareprogramm namens Windows Defender sein. Sie können den Windows Defender auch ausschalten (wovon allerdings abzuraten ist). Wenn Sie das machen, wird Windows nach einiger Zeit zu Ihrem eigenen Schutz den Windows Defender wieder aktivieren.

Windows Defender-Einstellungen

1 Klicken Sie im **Einstellungen**-Fenster **Update und Sicherheit** links auf **Windows Defender**.

2 Schalten Sie den **Echtzeitschutz** ein, wenn er ausgeschaltet ist.

3 Scrollen Sie nach unten zum Bereich **Ausschlüsse** und klicken Sie dort auf den Link **Ausschluss hinzufügen**.

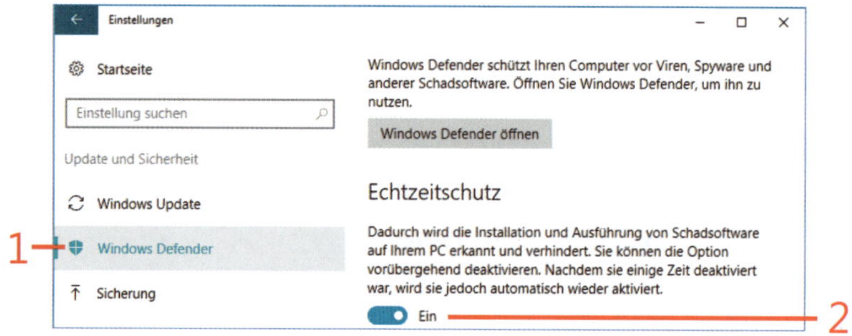

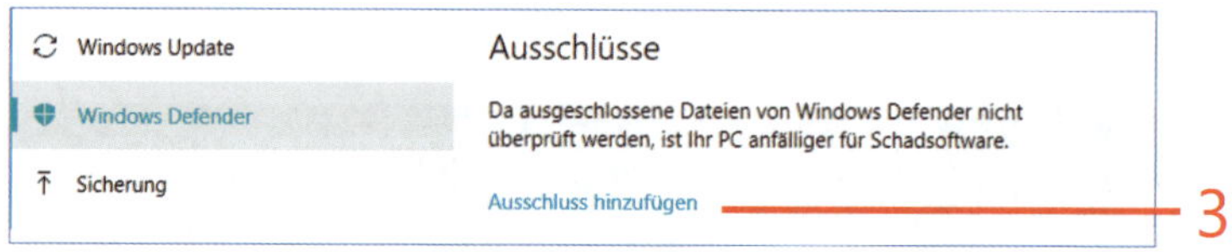

Windows Defender-Einstellungen *(Fortsetzung)*

4 Klicken Sie auf das **Hinzufügen**-Symbol für das Element, das Sie ausschließen wollen, wie **Dateien** oder **Ordner**.

5 Navigieren Sie zu dem Element, das Sie ausschließen wollen.

6 Klicken Sie auf **Diese Datei ausschließen**.

7 Klicken Sie auf **Schließen**.

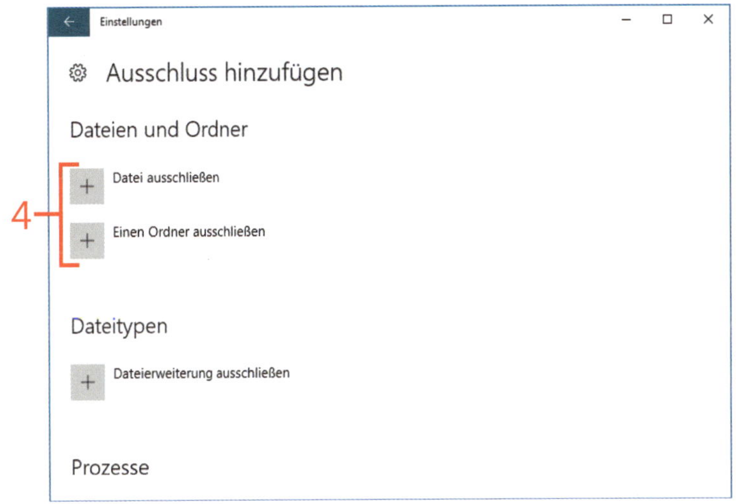

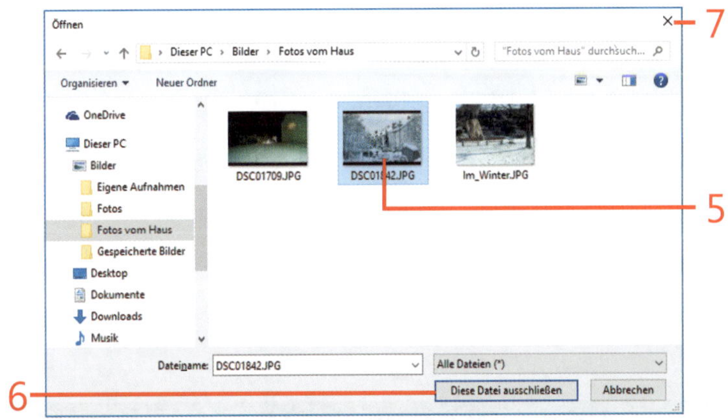

TIPP Wenn Sie Malware auf Ihrem Computer entdecken, können Sie Windows Defender verbessern helfen, indem Sie ein Beispiel davon an Microsoft schicken. Stellen Sie dazu sicher, dass in den Windows Defender-Einstellungen die Funktion **Automatische Übermittlung von Beispielen** eingeschaltet ist.

TIPP In den Einstellungen unter **Update und Sicherheit** finden Sie im Bereich **Windows Defender** die Möglichkeit, Ihren PC offline zu überprüfen. Dies kann helfen, hartnäckige Schadsoftware zu ermitteln und zu entfernen.

Updates und Überprüfungen mit Windows Defender

Nachdem Sie Windows Defender eingeschaltet haben, wird Ihr Computer automatisch geschützt. Sie können aber auch von Hand Überprüfungen und Updates von Antivirusdefinitionen durchführen, zum Beispiel, wenn Sie eine fragwürdige Website besucht oder eine verdächtige Datei heruntergeladen haben.

Manuelle Updates und Überprüfungen durchführen

1 Klicken Sie im **Einstellungen**-Fenster **Update und Sicherheit** links auf **Windows Defender**, scrollen Sie im rechten Bereich nach unten und klicken Sie auf den Link **Windows Defender öffnen**.

2 Wechseln Sie zur Registerkarte **Update**.

3 Klicken Sie auf **Updatedefinitionen**, um die neuesten Definitionen hochzuladen, bevor Sie eine Überprüfung durchführen.

4 Wechseln Sie zur Registerkarte **Startseite**.

5 Wählen Sie eine Überprüfungsoption.

6 Klicken Sie auf **Jetzt überprüfen**.

7 Klicken Sie auf **Schließen**.

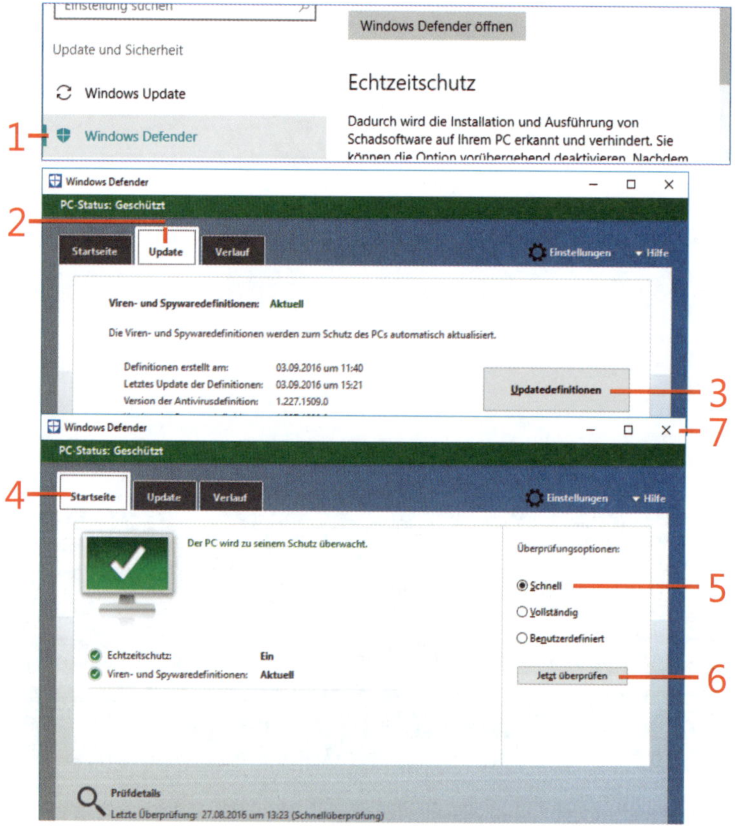

TIPP Sie können auf die Windows Defender-App auch zugreifen, indem Sie rechts in der Taskleiste auf das Symbol **Ausgeblendete Symbole**, dann auf **PC-Status** und zum Schluss auf **Öffnen** klicken.

Windows-Firewall konfigurieren

Eine Firewall ist ein Programm, das verdächtige Software daran hindert, auf Ihren PC heruntergeladen zu werden, wenn Sie online sind. Eine Firewall fungiert als Barriere zwischen Ihrem Computer und dem Internet, aber Sie können Ausschlüsse definieren, um zuzulassen, dass bestimmte Inhalte heruntergeladen werden können. Windows-Firewall ist in Windows 10 integriert. Beachten Sie, dass diese Schritte sich nur auf ein Heimnetzwerk beziehen. Wenn Sie in einem Firmennetzwerk arbeiten, ist Ihr Administrator für die Firewall-Einstellungen bei allen Nutzern zuständig.

Ihren Computer mit der Windows-Firewall schützen

1 Geben Sie in das Cortana-Suchfeld ***Windows-Firewall*** ein.

2 Klicken Sie auf **Windows-Firewall**.

3 Klicken Sie auf **Windows-Firewall ein- oder ausschalten**.

4 Aktivieren Sie im Bereich **Einstellungen für das private Netzwerk** die Windows-Firewall, wenn sie ausgeschaltet ist.

5 Aktivieren Sie im Bereich **Einstellungen für das öffentliche Netzwerk** die Windows-Firewall, wenn sie ausgeschaltet ist.

6 Klicken Sie auf **OK**.

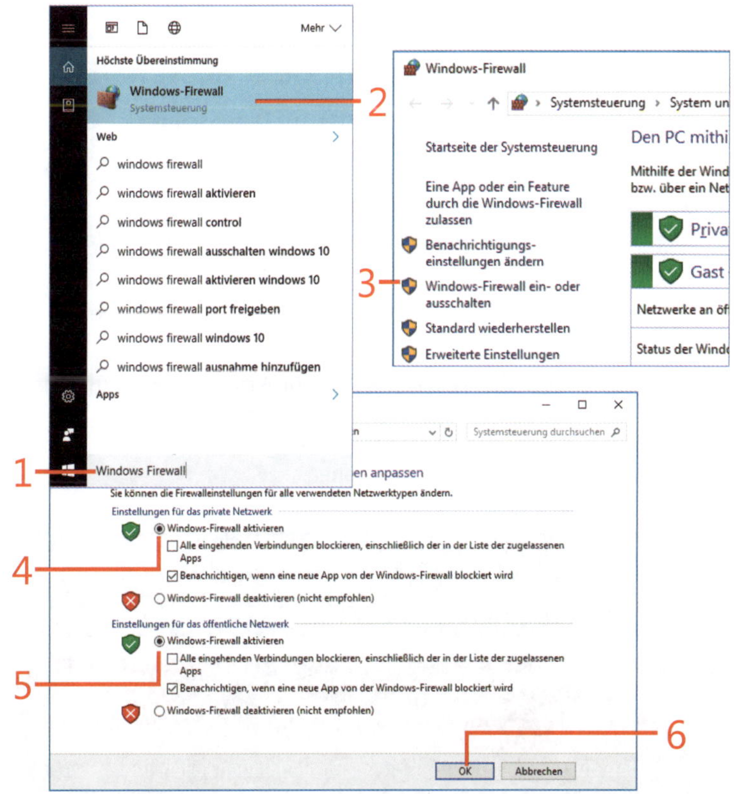

TIPP Wenn Sie ein Sicherheitsprodukt eines Drittanbieters verwenden, kann es passieren, dass dieses mit seiner eigenen Firewall-Funktion die Windows-Firewall außer Kraft setzt. Wenn Sie lieber die Windows-Firewall verwenden, rufen Sie die Einstellungen Ihres Sicherheitsproduktes auf, um herauszufinden, wie Sie dessen Firewall ausstellen.

Positionseinstellungen ändern

Einige Anwendungen sind in der Lage, Sie geografisch zu orten. Dies ist manchmal ganz nützlich, wie bei der Karten-App, die Ihnen Wegbeschreibungen von Ihrer aktuellen Position zu einem Ziel geben kann. (Näheres zu dieser App finden Sie in Kapitel 19 „Die Karten-App".) Einige Apps jedoch missbrauchen Ihre Position, um Ihnen Dinge zu verkaufen, und Kriminelle können mit dieser Angabe Identitätsdiebstahl oder Offline-Straftaten begehen, z. B. Ihren Computer stehlen. Wenn Sie möchten, können Sie Ihre Positionseinstellungen ändern, sodass der Standort Ihres Computers für andere nicht erkennbar ist.

Die Positionsfreigabe ein- oder ausschalten

1 Klicken Sie im **Einstellungen**-Fenster auf **Datenschutz**.

2 Klicken Sie links auf **Position**.

3 Klicken Sie auf die Schaltfläche **Ändern**, die sich unter dem Satz **Die Positionserkennung ist für dieses Gerät eingeschaltet** befindet, und schalten Sie die Positionserkennung ein bzw. aus.

4 Klicken Sie auf den Schalter **Position dieses Geräts**, um die aktuelle Einstellung zu ändern.

5 Um sich der lästigen Fragen von Apps und Diensten nach Ihrer Position zu entledigen, klicken Sie im **Datenschutz**-Fenster **Position** auf den Schalter **Positionsdienst**, um die Funktion einzuschalten, sofern noch nicht geschehen.

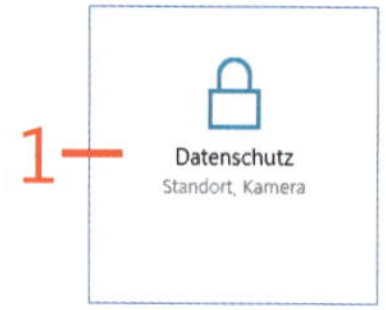

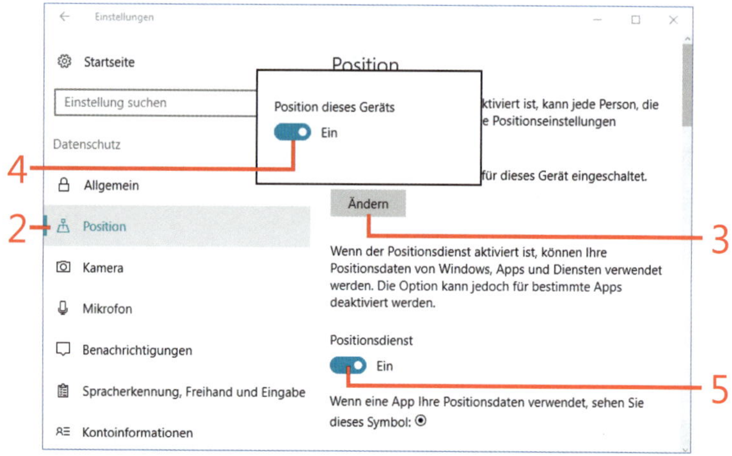

TIPP Um die Positionsdienste schnell auszuschalten, öffnen Sie das Info-Center und klicken Sie auf **Position**. Wiederholen Sie diesen Vorgang, wenn Sie die Positionserkennung wieder einschalten wollen.

PROBIER'S AUS Um nur bestimmten Apps Zugriff auf Ihre Position zu gewähren, scrollen Sie im **Datenschutz**-Fenster **Position** nach unten und wählen Sie dann im Bereich **Apps auswählen, die Ihre Position verwenden dürfen**, welche Apps dieses Privileg haben sollen, indem Sie den Schalter entsprechend ein- oder ausschalten.

24

Probleme beheben

Sicherlich hatten Sie auch schon einmal Ärger mit Ihrem Computer. Vielleicht ging es um ein eher geringfügiges Problem, wie z. B. ein Programm, das abgestürzt war und den Computer vorübergehend lahmlegte. Vielleicht mussten Sie sich aber auch schon einmal mit einem gravierenderen Systemfehler auseinandersetzen. Zum Glück verfügt Windows 10 über eine Reihe integrierter Features, mit deren Hilfe Sie Probleme beheben können – beispielsweise die Systemwiederherstellung, mit deren Hilfe Sie Ihren Computer in einen Zustand zurückversetzen können, als er noch ordnungsgemäß funktionierte, die Remoteunterstützung, über die eine autorisierte Person Ihren PC begutachten und reparieren kann, oder den Task-Manager, von dem aus Sie Apps, die nicht mehr reagieren, beenden können.

Manchmal hilft aber auch ein Blick in die Erste Schritte-App, die einem hochwertigen Benutzerhandbuch gleicht und nützliche Informationen zu einer Vielzahl von Windows 10-bezogenen Einstellungen und Funktionen bietet. Und schließlich können Sie sich von Cortana beim Setzen lokaler Einstellungen auf Ihrem Computer helfen lassen oder mit Cortana online nach Artikeln und Blogs suchen, die Ihnen bei Ihrem Problem weiterhelfen.

In diesem Kapitel:

- Mit Cortana nach Hilfe suchen
- Der Task-Manager
- Das System wiederherstellen
- Hilfe von der Erste Schritte-App
- Unterstützung anfordern
- Gerätetreiber aktualisieren
- Den erweiterten Start nutzen

Mit Cortana nach Hilfe suchen

In gewisser Weise ist Cortana das neue Hilfesystem von Windows. Mithilfe von Cortana können Sie nach Einstellungen auf Ihrem Computer suchen, das Internet nach hilfreichen Artikeln und Hinweisen in der Microsoft-Dokumentation durchforsten oder in Foren und Blogs recherchieren: Vielleicht hat irgendein Microsoft-Experte oder anderer Windows-Anwender schon eine Lösung zu Ihrem Problem beschrieben.

Hilfe finden mit Cortana

1 Klicken Sie in das Cortana-Suchfeld und tippen Sie einen Suchbegriff ein.

2 Klicken Sie auf einen Eintrag in der Ergebnisliste, um die betreffende Einstellung zu öffnen oder im Web zu suchen.

Wenn Sie möchten, dass Cortana mittels des Sprachbefehls „Hey Cortana" aktiviert werden kann, klicken Sie in das Cortana-Suchfeld und anschließend links auf **Notizbuch**. Klicken Sie auf Einstellungen und schalten Sie den Schalter **Hey Cortana** ein.

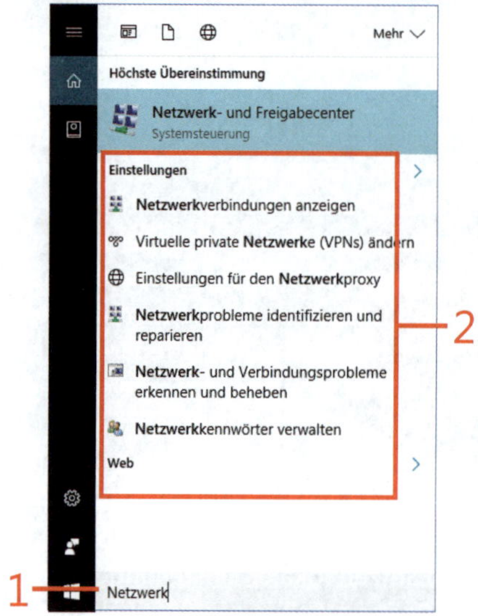

TIPP Wenn Sie mit Cortana nach Hilfe suchen, schaltet Cortana dafür die Suchmaschine Bing ein. Auf der Bing-Seite mit den Suchergebnissen können Sie die Liste der gefundenen Treffer mithilfe der Dropdownlistenfelder am oberen Rand anschließend noch weiter eingrenzen.

Der Task-Manager

Während Sie mit Windows 10 arbeiten, kann es immer einmal passieren, dass eine App oder ein Fenster nicht mehr reagiert, d.h., Sie stellen fest, dass es Ihnen nicht mehr möglich ist, eine Auswahl zu treffen, Text einzugeben oder das Fenster zu schließen. Mit anderen Worten: Es ist nicht mehr möglich, mit der App zu arbeiten. In solch einem Fall können Sie mithilfe des Task-Managers die abgestürzte App schließen und Ihre Arbeit wieder aufnehmen.

Mit dem Task-Manager ein abgestürztes Programm schließen

1 Drücken Sie auf der Tastatur Strg+Alt+Entf.

2 Klicken Sie auf **Task-Manager**.

3 Klicken Sie auf die App, die Sie beenden möchten.

4 Klicken Sie auf **Task beenden**.

5 Klicken Sie auf die **Schließen**-Schaltfläche.

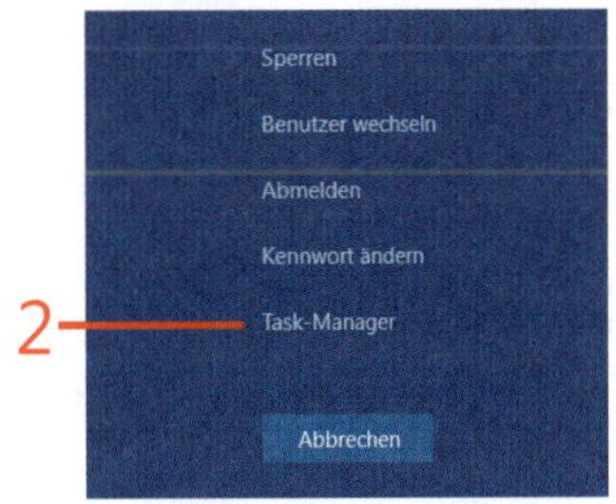

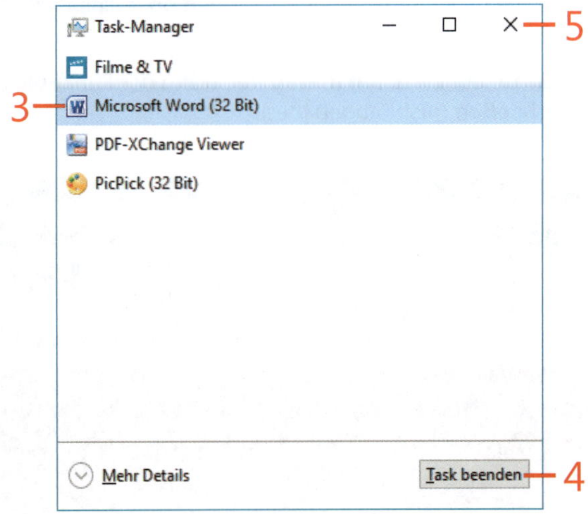

TIPP Sie können den Task-Manager auch dazu nutzen, zum Sperrbildschirm zurückzukehren und das Benutzerkonto zu wechseln oder sich abzumelden. Wenn Sie sich bei einem Konto mit Administratorrechten anmelden, stehen Ihnen möglicherweise zusätzliche Optionen offen, mit deren Hilfe sich das Problem lösen lässt.

Das System wiederherstellen

Wiederherstellungspunkte sind ein Konzept von Windows 10, das ebenfalls der Systemsicherheit dient. Sie beschreiben den Zustand Ihres Computers zu dem Zeitpunkt, als Sie den Wiederherstellungspunkt erzeugt haben. Wenn Sie später Probleme mit Ihrem Windows-System bekommen, etwa nach Installation einer neuen App oder nach Änderung bestimmter Einstellungen, können Sie zu einem Punkt zurückgehen, der zeitlich vor diesen Ereignissen liegt, und auf diese Weise wieder ein funktionierendes System herstellen. Bevor Sie allerdings Wiederherstellungspunkte anlegen können, müssen Sie den Computerschutz für ein Laufwerk aktivieren.

Einen Wiederherstellungspunkt einrichten

1 Geben Sie in das Cortana-Suchfeld den Begriff ***Wiederherstellungspunkt*** ein.

2 Klicken Sie auf das Suchergebnis **Wiederherstellungspunkt erstellen**.

3 Klicken Sie auf **Erstellen**.

4 Geben Sie im Eingabefeld einen Namen oder eine Bezeichnung für den Wiederherstellungspunkt ein.

5 Klicken Sie auf **Erstellen** und später, wenn der Punkt erstellt wurde, auf **Schließen** (nicht abgebildet).

TIPP Um den Computerschutz für ein Laufwerk zu aktivieren, klicken Sie im **Systemeigenschaften**-Dialog auf der Registerkarte **Computerschutz** auf die **Konfigurieren**-Schaltfläche. Wählen Sie in dem erscheinenden Dialog die Option **Computerschutz aktivieren** und klicken Sie dann auf **OK**.

PROBIER'S AUS Treten später Probleme mit dem System auf, kehren Sie zurück zu dem **Systemeigenschaften**-Dialog aus Schritt 3 und klicken Sie auf **Systemwiederherstellung**. Folgen Sie den Anweisungen, wählen Sie den Wiederherstellungspunkt aus, auf den Sie Ihr System zurücksetzen möchten, und bestätigen Sie die Wiederherstellung.

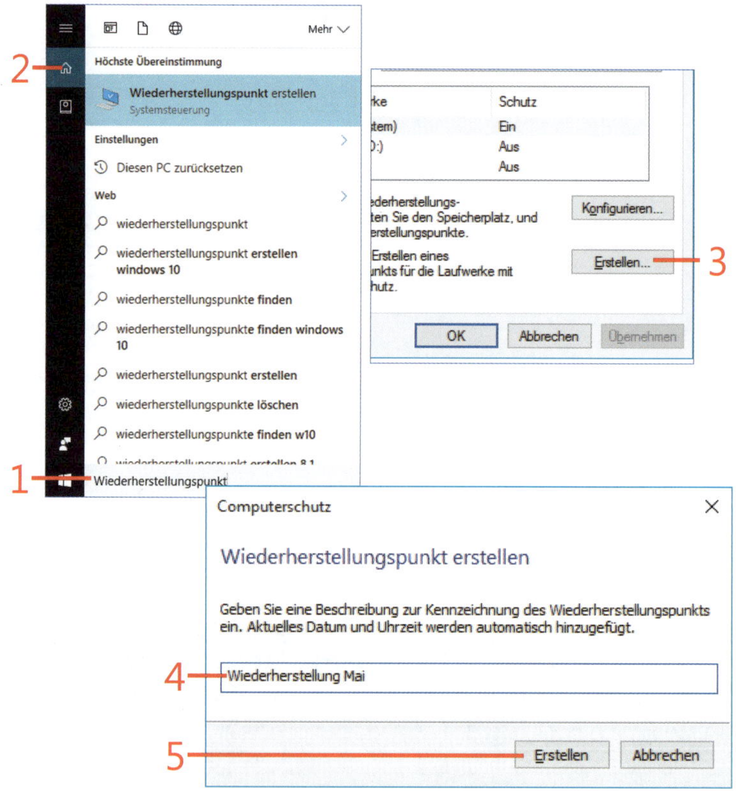

Hilfe von der Erste Schritte-App

Wenn Sie vor einem Problem stehen, für das Sie im Moment keine Lösung haben, lohnt es sich möglicherweise, die Erste Schritte-App zu Rate zu ziehen. Die Erste Schritte-App ist wie ein Benutzerhandbuch, das fortlaufend aktualisiert wird. Sie umfasst zahlreiche Artikel mit Bildern und Links zu weiterführenden Informationen, die unter Rubriken wie **Einrichtung** oder **Cortana** eingeordnet sind. Wenn Sie sich dafür interessieren, was unter Windows 10 neu ist, wählen Sie die Rubrik **Neuigkeiten**.

Die Erste Schritte-App aufrufen

1 Klicken Sie auf die Startschaltfläche.

2 Scrollen Sie in der Liste aller Apps nach unten und klicken Sie auf **Erste Schritte**.

3 Wählen Sie links eine Rubrik aus und lesen Sie den Artikel.

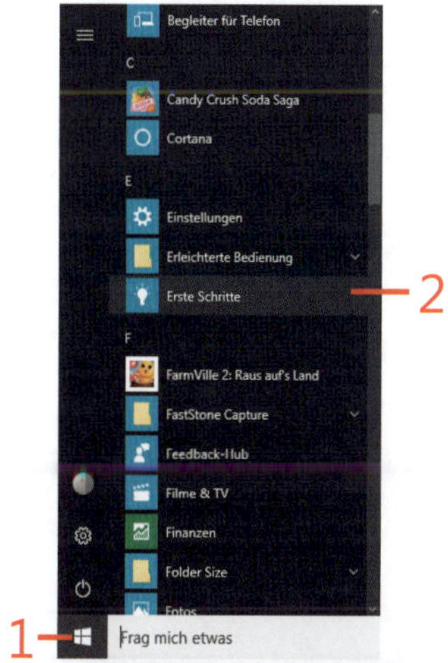

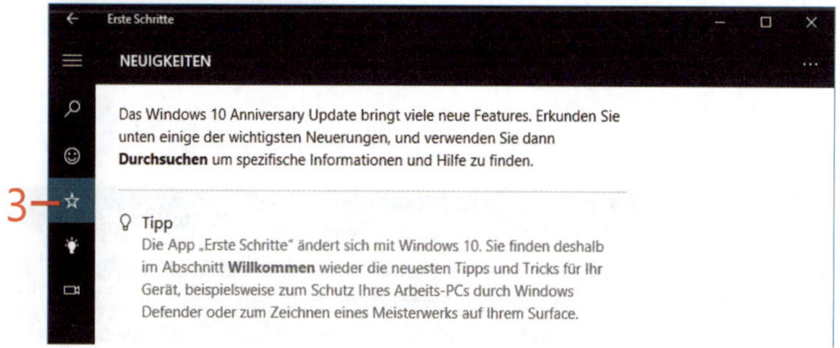

TIPP Die Erste Schritte-App hilft nicht nur bei Fragen zur Einrichtung des Systems und zu Systemeinstellungen. Schauen Sie ruhig einmal in die verschiedenen Rubriken hinein und informieren Sie sich über den Microsoft Edge-Browser, die Xbox oder Office.

Unterstützung von außen anfordern

Manchmal benötigt man zur Lösung eines Problems Hilfe von außen. Vielleicht haben Sie ja eine Bekannte oder einen Kollegen, die sich mit Computerproblemen auskennen und für solche Fälle schon ihre Hilfe angeboten haben. Tritt dann der Ernstfall ein, müssen Sie Ihre Bekannte bzw. Ihren Kollegen nicht unbedingt zu sich bitten. Stattdessen können Sie einen Remote-Zugang zu Ihrem Computer einrichten, über den Ihr Computer von außen, über ein Netzwerk, begutachtet und gewartet werden kann. Achtung: Für den Remote-Zugang müssen Sie die Firewall ausschalten.

Sich von anderen Anwender helfen lassen

1 Geben Sie in das Cortana-Suchfeld ***eine Person*** ein.

2 Klicken Sie auf das Suchergebnis **Eine Person zwecks Hilfestellung einladen**.

3 Klicken Sie auf **Eine vertrauenswürdige Person zur Unterstützung einladen**.

4 Klicken Sie auf **Einladung als Datei speichern**.

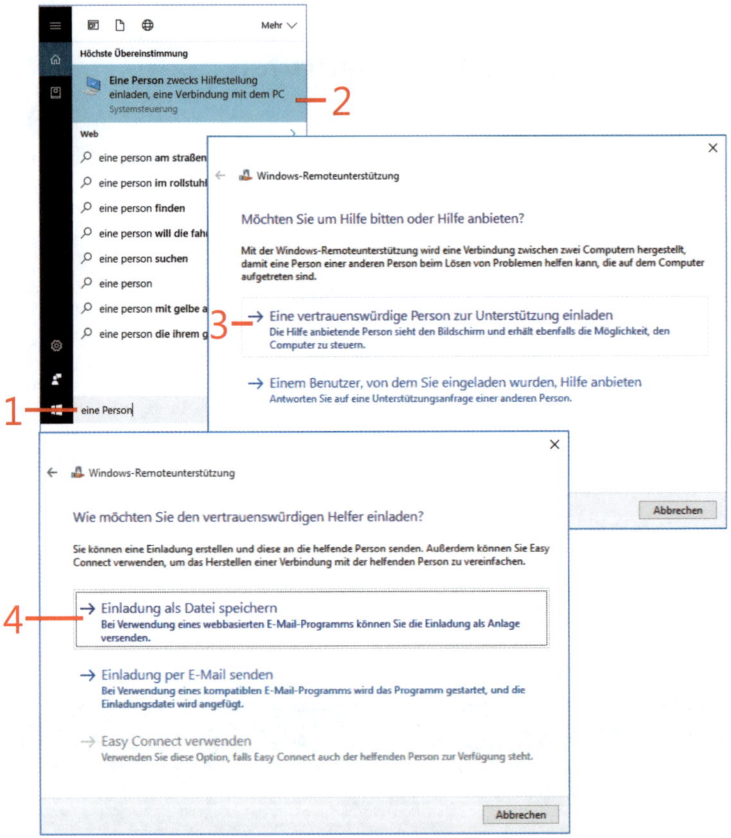

TIPP Falls der Aufbau einer Remote-Verbindung nicht möglich ist, können Sie auch die Bildschirmskizzen-Funktion von Windows Ink (siehe Seite 100) dazu nutzen, jemandem einen kommentierten Screenshot Ihres Problems zu schicken.

Sich von anderen Anwender helfen lassen

(Fortsetzung)

5 Wählen Sie den Ort aus, wo Sie die Einladung speichern möchten.

6 Ändern Sie den Namen, wenn Sie möchten.

7 Klicken Sie auf **Speichern** und senden Sie die Einladungsdatei per E-Mail an die Person, die Ihnen helfen soll.

8 Teilen Sie dieser Person das angezeigte Kennwort mit.

9 Wenn die Person den E-Mail-Anhang öffnet und das Kennwort eingibt, erscheint auf Ihrem Bildschirm eine Meldung, in der Sie aufgefordert werden, der Verbindung zuzustimmen. Klicken Sie auf **Ja**. Falls nötig, geben Sie auch die Steuerung über Ihren PC frei.

10 Nachdem Sie zusammen das Problem gelöst haben, beenden Sie – falls erforderlich – die Freigabe durch Klicken auf **Freigabe beenden**.

11 Schließen Sie das Remoteunterstützung-Fenster.

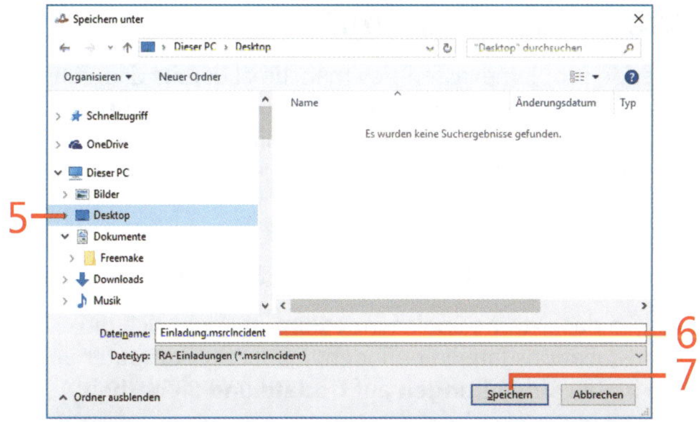

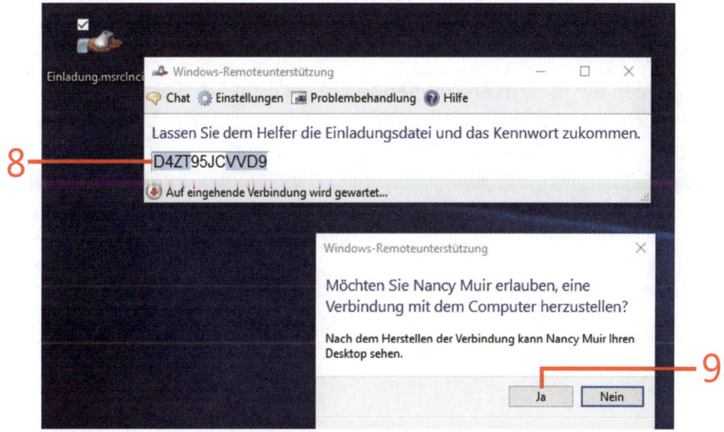

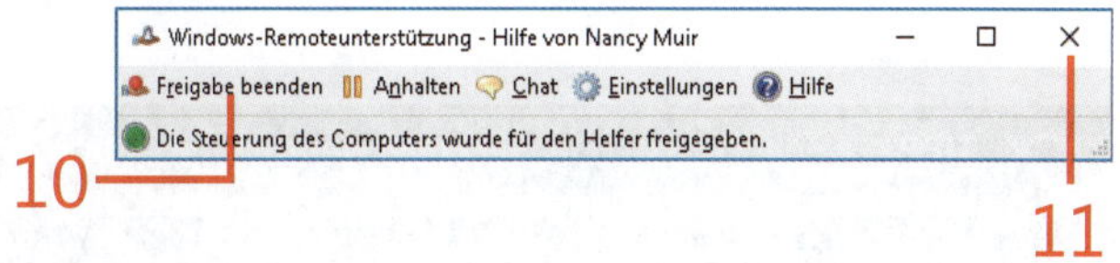

ACHTUNG Geben Sie den Remote-Zugang nur für Personen frei, die Sie kennen und denen Sie vertrauen können, da sich die Person über die Remote-Verbindung grundsätzlich frei auf Ihrem Computer bewegen und auch sensitive Daten einsehen kann. Denken Sie auch daran, nach der Sitzung die Windows Firewall wieder einzuschalten.

Den erweiterten Start nutzen

Selbst gravierende Probleme lassen sich manchmal bereits dadurch lösen, dass Sie den Computer neu hochfahren – d. h. indem Sie ihn aus- und dann wieder einschalten. Sollten allerdings die Systemdateien beschädigt sein, die Ihr Computer zum Hochfahren benötigt, müssen Sie unter Umständen auf einen anderen Weg zum Hochfahren ausweichen. Eine Möglichkeit ist, die Option **Erweiterter Start** von Windows 10 zu nutzen, um Windows von einem Installationsmedium (wie DVD oder USB-Stick) aus zu starten.

Von einem externen Gerät aus starten

1 Verbinden Sie das externe Speichermedium, auf dem sich die Windows-Installationsdateien befinden, mit Ihrem Computer und klicken Sie in den **Einstellungen** auf **Update und Sicherheit**.

2 Klicken Sie links auf **Wiederherstellung**.

3 Klicken Sie unter **Erweiterter Start** auf **Jetzt neu starten**.

4 Wählen Sie in dem erscheinenden Bildschirm **Ein Gerät verwenden** und wählen Sie in der erscheinenden Liste das Gerät mit den Installationsdateien aus (nicht abgebildet).

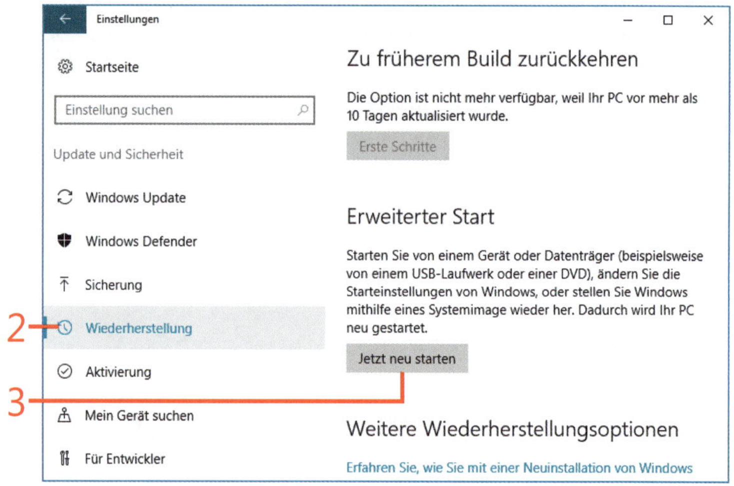

TIPP Wenn Sie statt **Ein Gerät verwenden** die Option **Problembehandlung** wählen, gelangen Sie zu einer Auswahl fortgeschrittener Optionen, die Ihnen beim Lösen des Problems nützlich sein könnten.

Anhang

Tastenkombinationen für Windows 10

Computernutzer interagieren mit ihren Computern auf ganz unterschiedliche Art und Weise. Manche arbeiten gern mit einem Touchscreen, andere kommen ohne Maus nicht aus und wieder andere versuchen, so viel wie möglich über die Tastatur zu erledigen. Tastaturkombinationen sind dabei eine große Hilfe. Denn viele Aktionen lassen sich mit diesen Tastaturkürzeln ausführen, ohne dass Sie die Hände von der Tastatur nehmen müssen. So können Sie beispielsweise mit [Strg]+[X] eine Textpassage aus einem Dokument ausschneiden oder mit [Strg]+[⇧]+[Esc] den Task-Manager aufrufen.

In Windows 10 gibt es Tastenkombinationen, die Sie vielleicht schon kennen, und einige neue für den Zugriff auf die neuen Features wie Info-Center, Taskansicht und Einstellungen. Die nützlichsten Tastenkombinationen für Windows 10 wurden nachstehend für Sie in einer Tabelle zusammengefasst.

Tastenkombinationen zum Bewegen in Windows 10	
[⊞]+[I]	Einstellungen öffnen
[⊞]+[D]	Desktop anzeigen (minimiert alle Fenster, ähnlich [⊞]+[M])
[⊞]+[Strg]+[F4]	Aktuellen Desktop schließen
[⊞]+[Tab]	Taskansicht öffnen
[⊞]	Das Startmenü öffnen oder schließen
[⊞]+[L]	Den Sperrbildschirm aufrufen
[⊞]+[Q]	Cortana aufrufen
[⊞]+[A]	Info-Center öffnen
[⊞]+[E]	Explorer öffnen
[⊞]+[X]	Desktop-Menü anzeigen
[⊞]+[D]	Zum Desktop wechseln
[F1]	Hilfe öffnen
[Alt]+[Tab]	Zwischen geöffneten Programmen wechseln
[⊞]+[H]	Das Teilen-Fenster von rechts einblenden
[⊞]+[K]	Das Verbinden-Fenster für Drahtlosgeräte von rechts einblenden

Tastenkombinationen für die Textbearbeitung	
Strg + C	Kopieren
Strg + X	Ausschneiden
Strg + V	Einfügen
Strg + B	Fett
Strg + U	Unterstreichen
Strg + I	Kursiv
Strg + Z	Letzte Bearbeitung oder Eintrag zurücknehmen
Strg + A	Elemente des aktiven Fensters markieren
⇧ + ←	Bewegt Cursor eine Position nach links
⇧ + →	Bewegt Cursor eine Position nach rechts
⇧ + ↑	Bewegt Cursor zur vorherigen Zeile
⇧ + ↓	Bewegt Cursor zur nächsten Zeile

Tastenkombinationen zur erleichterten Bedienung	
⊞ + U	Einstellungen für erleichterte Bedienung öffnen
⇧ (fünf Mal)	Aktiviert bzw. deaktiviert die Einrastfunktion
Alt LINKS + ⇧ LINKS + Num	Schaltet die Maustasten um
Alt LINKS + ⇧ LINKS + Druck	Aktiviert bzw. deaktiviert den hohen Kontrast

Tastenkombinationen für Dialogfelder und Fenster	
Windows + M	Minimiert alle offenen Fenster
Tab	Bewegt den Cursor zum nächsten Element in einem Dialogfeld
Umschalt + Tab	Bewegt den Cursor zum vorherigen Element in einem Dialogfeld
Esc	Bricht eine Aktion ab
Strg + Umschalt + Esc	Öffnet den Task-Manager
Windows + ←	Dockt das aktuelle Fenster am linken Rand des Bildschirms an
Windows + →	Dockt das aktuelle Fenster am rechten Rand des Bildschirms an
Windows + ↑	Maximiert das aktuelle Fenster
Windows + ↓	Minimiert das aktuelle Fenster
Alt + Enter	Zeigt die Eigenschaft für ein ausgewähltes Objekt im Explorer an

Glossar

A

Administrator Ein Benutzerkonto, das mit Administratorrechten ausgestattet ist, erlaubt Ihnen, die Sicherheitseinstellungen und die Benutzereinstellungen aller Benutzer zu ändern.

Aktives Fenster Das gerade ausgewählte Fenster.

Alle Apps Eine Option im Startmenü, die alle installierten Apps auf Ihrem Computer in alphabetischer Reihenfolge anzeigt.

Andocken Eine Methode, offene Fenster ganz schnell nebeneinander auf dem Bildschirm zu platzieren.

Anpinnen Die Aktion, eine Verknüpfung zu einem Programm, einer Website oder einer Datei an den Windows-Desktop oder dem Startmenü anzupinnen.

Anwendung Eine Anwendung, die mehr Funktionalität bietet als eine App, z. B. ein Textverarbeitungs- oder Tabellenkalkulationsprogramm.

App Eine Anwendung, mit der Sie eine bestimmte Funktion ausführen können, wie Währungen umrechnen oder Medien abspielen.

Auflösung Die Anzahl der horizontal und vertikal angezeigten Pixel. Dieser Wert kann von Ihnen in den Anzeigeeinstellungen geändert werden.

Ausführbare Datei Eine Datei, die den Computer veranlasst, bestimmte Anweisungen auszuführen. Ausführbare Dateien werden oft verwendet, um Computerviren zu verbreiten oder ungewollte Dateien herunterzuladen.

Ausschneiden Der Vorgang, ein Objekt oder eine Textpassage aus einem Dokument auszuschneiden, d. h. aus diesem Dokument zu entfernen und in der Windows-Zwischenablage zu speichern. Vor dort aus können Sie das ausgeschnittene Fragment an eine beliebige Stelle im gleichen oder einem anderen Dokument wieder einfügen.

B

BCC Ist ein Akronym für Blind Carbon Copy (Blindkopie), um anzuzeigen, dass eine Kopie einer E-Mail an einen Empfänger geschickt wird, ohne dass weitere Empfänger darüber informiert werden.

Befehl Eine Option in einem Menü wie **Datei** oder **Speichern**.

Benachrichtigung Informiert über eine Aktion oder eine Erinnerung im Info-Center von Windows. Sie erhalten Benachrichtigungen über empfangene E-Mails, Nachrichten, eingetragene Erinnerungen, Sicherheits- und Wartungshinweise usw.

Benutzerkonto Ein eindeutiges Konto, mit dem Sie sich bei Windows auf Ihrem Computer anmelden. Jedes Benutzerkonto verfügt über eigene Einstellungen und kann Dokumente speichern, auf die kein anderer Benutzer Zugriff hat.

Benutzerschnittstelle Wird auch GUI (graphical user interface) genannt und bezeichnet die visuelle Oberfläche, die dem Benutzer der Software angezeigt wird.

Betriebssystem Software, die Hardware- und Softwarefunktionen verwaltet und Systemdateien für Dienste bereitstellt, die Computerprogramme unterstützen.

Bildcode Ein Feature von Windows, das es Ihnen erlaubt, mit einer Kombination aus Gesten auf dem Touchscreen Ihren Computer zu entsperren.

Bildlaufleiste Ein Steuerelement einer grafischen Benutzeroberfläche, die gelegentlich am rechten Rand angezeigt wird und dem Benutzer erlaubt, durch Ziehen eines Schiebereglers oder Anklicken der Pfeiltasten oben und unten in der Bildlaufleiste den sichtbaren Ausschnitt eines Bildschirms oder einer Webseite zu verschieben.

Bildschirmauflösung Siehe Auflösung.

Bildschirmtastatur Eine virtuelle Tastatur, die auf Ihrem Bildschirm angezeigt wird, wenn Sie ein Textfeld aktiviert haben. Sie können diese Tastatur durch Anklicken mit der Maus oder durch Antippen auf dem Touchscreen bedienen.

Browsen Beschreibt die Nutzung einer Webbrowser-App, um online nach Inhalten zu suchen. Sie verwenden Browsen auch im Sinne von Navigieren nach einem Laufwerk oder Ordner auf dem Computer wie im Explorer.

C

CC Ist ein Akronym für Carbon Copy (Kopie), um anzuzeigen, dass eine Kopie einer E-Mail an weitere Empfänger geschickt wird.

Cloud Bezeichnet die Online-Speicherung von Inhalten, Apps und Dokumenten, auf die von jedem Computer aus zugegriffen werden kann, anstatt sie lokal auf einem Computer oder in einem privaten Netzwerk zu speichern.

Cookie Eine kleine Datei, die von einer Online-Site auf dem Computer eines Nutzers installiert wird, um dessen Online-Aktivitäten zu verfolgen. Cookies können von seriösen Unternehmen verwendet werden, um wiederkehrenden Kunden einen besseren Service zu bieten, aber auch für weniger seriöse Zwecke.

Cortana Die neue persönliche Assistentin in Windows 10, die es Ihnen erlaubt, per Sprachsteuerung oder durch Eintippen von Fragen/Befehlen Ihren Computer oder das Web zu durchsuchen und Aktionen auf Ihrem Computer auszuführen, wie eine App zu öffnen oder eine Erinnerung zu erstellen.

Cursor Ein blinkender Strich auf Ihrem Bildschirm, der Ihre aktive Position in einem Dokument anzeigt.

D

Datei Ein Speicherort für Daten, die zu einem einzigen Dokument gehören.

Datenträgerbereinigung Eine App, die ungenutzten Inhalt von einer Festplatte löscht, um die Leistung zu optimieren.

Defragmentieren Ein Verfahren, das Teile von Dateien, die an verschiedenen Stellen auf der Festplatte gespeichert sind, wieder zusammenführt, sodass auf den Inhalt schneller zugegriffen werden kann.

Designs Ein vorgegebener Satz an Anzeigeeinstellungen wie Farbe, Hintergrund und Schriftart, den Sie auf Ihren Windows-Desktop anwenden können.

Desktop Die Hauptschnittstelle in Windows 10, die aktive Apps, Desktopsymbole für Apps und Inhalte sowie eine Taskleiste für den Zugriff auf Apps und diverse Einstellungen enthält. Sie können in Windows 10 mehrere Desktops einrichten, die jeweils über ihre eigenen aktiven Apps verfügen.

Desktopsymbol Ein grafisches Symbol auf dem Windows-Desktop, über das Sie eine App, Einstellungen oder eine Datei bzw. einen Ordner mit nur einem Klick öffnen können.

Detailbereich Ein Bereich im Explorer, der Details zu einer ausgewählten Datei oder einem ausgewählten Ordner anzeigt.

Dialogfeld Ein Fenster, das beim Zugriff auf bestimmte Einstellungen angezeigt wird und Textfelder, Dropdownlistenfelder, Optionsfelder und mehr enthält, um eine App oder Windows zu steuern.

Dieser PC Ein Ordner im Explorer, der Dateien enthält, die sich auf Ihrem Computer oder angeschlossenen Speichermedien befinden.

E

Einfügen Ein Befehl, über den Sie die Kopie einer Datei oder eines Objekts an einem anderen Ort einfügen können, nachdem Sie das Element zuvor in die Windows-Zwischenablage ausgeschnitten oder kopiert haben.

Eingabe Eine Möglichkeit, dem Computer via Maus, Tastatur oder Gesten Daten zu übermitteln oder Anweisungen zu geben.

Einstellungen In Windows eine Gruppe von Steuerelementen, mit denen Sie bestimmte Features wie Hardware, Software und Sicherheit verwalten können.

Energiesparplan Anpassbare Pläne, in denen Sie energie-intensive Computereinstellungen, wie z. B. Bildschirmhelligkeit, vorgeben können.

Ethernet Eine Gruppe von Netzwerktechnologien, mit denen LAN-Netze verbunden werden.

Explorer Eine App, mit der Dateien und Ordner auf einem Windows-Computer gesucht und verwaltet werden.

F

Favoriten In Cortana ist dies die Liste der Lieblingsorte, die bei Fragen oder Suchen herangezogen wird; in Microsoft Edge ist dies auch eine Liste der bevorzugten Websites.

Feld Wird auch als Textfeld bezeichnet, in das Sie Ihren Text eingeben.

Fenster Ein umrandetes rechteckiges Element, das die Benutzeroberfläche einer App anzeigt.

G

Gesten Die Bewegung der Finger auf einem Touchscreen, um eine Aktion auszuführen, wie in einem Fenster zu scrollen oder die Anzeige zu vergrößern.

Gigabyte Eine Maßeinheit für Computerdaten, die einer Milliarde Bytes entspricht.

H

Hardware Computergeräte, wie die Zentraleinheit (CPU), Monitor, Drucker und so weiter.

Heimgruppe Der Name für eine Gruppe von Computern, die so eingerichtet wurden, dass Sie auf das gleiche Heimnetzwerk zugreifen.

Hub Schaltzentrale in Microsoft Edge, über die Sie Zugriff auf Favoriten, Leseliste, Verlauf und Downloads haben und bearbeiten können.

Hyperlink Code auf einer Webseite, der bei Anklicken oder Antippen den Browser anweist, von einem Ort im Web zu einem anderen zu gehen. Wird auch in Dokumenten verwendet, um eine Webseite zu öffnen.

I

Info-Center Ein Bereich, den Sie vom rechten Rand einblenden, indem Sie auf das Info-Center-Symbol in der Taskleiste klicken. Dieser Bereich zeigt Benachrichtigungen und Schaltflächen für den Schnellzugriff auf Einstellungen an.

InPrivate Browsing Eine Sicherheitsfunktion in Microsoft Edge, die es Ihnen erlaubt, das Herunterladen von Cookies sowie die Erstellung von temporären Dateien oder das Anlegen eines Verlaufs zu blockieren.

Instant Messaging Ein Verfahren, Nachrichten, Bilder oder Sounds in Echtzeit über ein Handy oder eine Messaging-App auf einem Computer zu verschicken.

Internet Eine Sammlung von Computernetzen, die das Speichern und Teilen von Dokumenten über das World Wide Web unterstützen.

Internet Service Provider Ein Anbieter, der Computernutzern eine Internetverbindung bereitstellt.

K

Kachel Eine grafische Repräsentation einer App im Startmenü. Siehe auch Live-Kachel.

Kennwort Eine benutzerdefinierte Folge von Zeichen, die aus Buchstaben, Zahlen und Interpunktionszeichen bestehen kann und den Benutzer authentifiziert.

Kilobyte Eine Maßeinheit für Computerdaten, die eintausend Bytes entspricht.

Klicken Den Mauszeiger auf ein ausgewähltes Objekt setzen und die linke Maustaste betätigen, um eine Aktion auszuführen.

Komprimieren Den Inhalt von Dateien mittels eines Algorithmus reduzieren, um diese Dateien auf Medien mit begrenzter Speicherkapazität zu speichern bzw. über Apps mit begrenzter Speicherkapazität zu teilen, z. B. als E-Mail-Anhang.

L

Laptop Eine tragbarer Computer, der CPU, Tastatur, Maus und Monitor in sich vereinigt.

Leseliste Eine Funktion des Microsoft Edge Browsers, mit der Sie Online-Artikel offline speichern können, um diese auch ohne Verbindung zum Internet lesen zu können.

Link Siehe Hyperlink.

Live-Kachel Eine Kachel im Windows-Startmenü, die aktive Inhalte wie Schlagzeilen anzeigt, wenn der Computer mit dem Internet verbunden ist. Über Anklicken der Kachel öffnen Sie die App.

Lupe Ein Werkzeug der erleichterten Bedienung, das die Elemente auf dem Bildschirm vergrößert anzeigt, damit Sehbehinderte sie besser sehen können.

M

Malware Bösartige Software, die Ihre Daten oder Systemdateien auf dem Computer zerstören kann oder jemandem ermöglicht, Ihre Computeraktivitäten auszuspionieren.

Menü Ein Steuerelement von Software, das Befehle anbietet, um Aktionen auszuführen, wie das Speichern oder Öffnen einer Datei.

Menüband In einigen Anwendungen eine grafische Symbolleiste, die Gruppen von Funktionen und Menüs verteilt auf mehrere Registerkarten anbieten.

Microsoft Edge Der neue in Windows 10 integrierte Browser.

Microsoft-Konto Ein E-Mail-Konto, über das Sie sich bei Windows anmelden, um Mail- und andere Einstellungen für das Betriebssystem verfügbar zu machen.

Modem Hardwaregerät, das die digitale Datenübertragung moduliert und demoduliert und so die Kommunikation zwischen Computer und Internet ermöglicht.

N

Navigationsbereich Ein Bereich auf der linken Seite vieler Fenster und Apps, das Auswahlmöglichkeiten für Aktionen bietet.

Netzwerk Ein Telekommunikationsnetz, das es Computern ermöglicht, miteinander zu kommunizieren.

O

OneDrive Ein Microsoft-Dienst für das Online-Speichern und -Teilen von Dateien.

Online Mit dem Internet verbunden sein.

Ordner Ein Speicherort für mehrere gespeicherte Dateien.

P

Papierkorb Ein Ordner in Windows, der gelöschte Dateien und Ordner eine Zeit lang speichert, bevor sie endgültig gelöscht werden.

Peripheriegerät Ein Hardwaregerät, das von Ihrem Computer getrennt steht, aber damit interagiert, beispielsweise ein Drucker.

PIN Ein vierstelliger numerischer Code, den Sie anstelle eines Kennworts verwenden können, um sich bei Ihrem Computer anzumelden.

Plug & Play Eine Technologie, die es Windows erlaubt, angeschlossene Peripheriegeräte zu erkennen und nach den geeigneten Treibern zu suchen.

Produktivitäts-App Eine funktionsreiche Anwendung wie Word oder Excel in der Microsoft Office Suite, die meistens beruflich für die Arbeit verwendet wird.

Q

Quickinfo Eine Kurzinfo, die auf dem Bildschirm eingeblendet wird, wenn Sie mit dem Mauscursor auf einem Bildschirmelement kurz verweilen.

R

Registerkarte Ein Feature von Menübändern, bei denen die Funktionen auf mehrere Tabs verteilt sind, oder von Browsern, die in jedem Tab eine neue Webseite öffnen, sodass Sie schnell zwischen den Seiten hin und her wechseln können.

Rippen Die Aktion, Musik von einem Speichermedium wie eine DVD auf den Musikplayer Ihres Computers zu kopieren.

Router Gerät des Netzwerksystems, das Daten zwischen den Computern in einem Netz und dem Internet hin und her leitet.

S

Schnittstelle Die grafische Darstellung von Software auf einem Bildschirm.

Software Ein Satz von Befehlen an Ihren Computer, um bestimmte Aktionen auszuführen.

Sperrbildschirm Der Bildschirm, der angezeigt wird, wenn der Computer in den Energiesparmodus versetzt wird.

Sperre Ein Status, in den Sie Ihren Computer mit dem Energiesparmodus versetzen. Ist der Computer gesperrt, müssen Sie ein Benutzerkonto auswählen und ein Kennwort oder eine PIN eingeben, um die Sperre aufzuheben.

Sprachausgabe Ein Werkzeug der erleichterten Bedienung in Windows 10, das Sehbehinderten die Beschreibung von ausgewählten Elementen auf dem Bildschirm vorliest.

Spracherkennung Eine App der erleichterten Bedienung, die es Ihnen erlaubt, über die Sprachsteuerung mit Ihrem Computer zu interagieren, anstatt zu tippen.

Spyware Eine bestimmte Art von Malware, bei der Code auf Ihrem Computer heruntergeladen wird, der es anderen ermöglicht, Ihre Computeraktivitäten auszuspionieren.

Startmenü Ein Menü in Windows 10, über das Sie die auf Ihrem Computer installierten Apps, den Explorer, die Einstellungen und die Ein-/Aus-Optionen öffnen können.

Startschaltfläche Die Schaltfläche unten links in der Windows-Taskleiste, die bei Anklicken das Startmenü öffnet.

Startseite Die erste Webseite oder Webseiten, die angezeigt werden, wenn Sie einen Browser öffnen.

Suchfeld Ein Textfeld, in das Sie ein oder mehrere Wörter eingeben können, um eine Suche nach übereinstimmenden Daten durchzuführen.

Suchmaschine Ein Programm, das es Ihnen erlaubt, durch Angabe von Schlüsselwörtern oder Sätzen nach Informationen im Internet zu suchen. Beispiele für Suchmaschinen sind unter anderem Bing und Google.

Symbol Eine grafische Darstellung von einem Element in einer Software-Schnittstelle, wie beispielsweise eine Schaltfläche.

Symbolleiste Eine Leiste in den Apps, die anklickbare Schaltflächen zur Ausführung häufig benötigter Funktionen beherbergt.

Synchronisieren Die Aktion, Dateien oder Einstellungen zwischen verschiedenen Computergeräten oder zwischen einem Computer und einem Dienst in der Cloud wie OneDrive zu koordinieren.

Systemsteuerung Die Schnittstelle, über die auf bestimmte fortgeschrittene Einstellungen zugegriffen werden kann.

Systemwiederherstellung Ein Feature von Windows, mit dem Sie Ihren Computer auf eine frühere Konfiguration zurücksetzen können, um Probleme zu beheben, die durch nachfolgende Änderungen an den Einstellungen verursacht wurden.

T

Tab Siehe Registerkarte.

Tastatur Ein Dateneingabegerät, real oder auf dem Bildschirm.

Taskansicht In dieser Ansicht werden alle aktiven Programme angezeigt, sodass Sie schnell zwischen ihnen hin und her wechseln können. In der Taskansicht können Sie auch mehrere Desktops erstellen.

Taskleiste Beinhaltet mehrere Funktionen, minimierte aktive Programme und Menüs und befindet sich am unteren Rand des Windows-Desktops.

Task-Manager Ein Feature von Windows, mit dem Sie jeden der laufenden Prozesse einsehen und anhalten können.

Teilen Beschreibt die Möglichkeit, Inhalte mit anderen über E-Mail, soziale Netze wie Twitter, Drucken oder andere Methoden zu teilen.

Tippen Auf einem Touchscreen-Computer können Sie durch Antippen des Bildschirms mit Bildschirmelementen interagieren, wie Sie es normalerweise mit der Maus machen.

Titelleiste Die Leiste am oberen Rand einer App, die den App-Namen sowie Symbole zum Minimieren, Maximieren und Schließen der App anzeigt.

Treiber Ein Programm, das die Einstellungen für Hardwaregeräte (z. B. Drucker) steuert.

U

USB-Stick Ein Speichermedium, das über einen USB-Anschluss an Ihren Computer angeschlossen wird.

Unterordner Im Explorer ein Ordner, der in einem anderen Ordner enthalten ist.

V

Verlauf In Microsoft Edge eine Liste der kürzlich besuchten Websites.

Virus Eine bestimmte Art von Malware, die sich nach dem Öffnen repliziert und die Festplatten und Daten des Computers zerstört.

Vorschaubereich Eine Explorer-Ansicht, die eine Vorschau des angeklickten Dokuments zeigt.

W

Web Die Dokumente, die im Internet in Form von Webseiten gespeichert sind. Wird auch als World Wide Web (WWW) bezeichnet.

Webbrowser Eine Software, mit der Sie im Web nach Dokumenten navigieren.

Wiedergabeliste Eine Funktion von Musik-Playern wie der Musik-App von Windows, die es Ihnen ermöglicht, Songs von verschiedenen Alben zu einem individuellen Album zusammenzustellen.

Wiederherstellungspunkt Der Zeitpunkt, an dem Sie oder Windows Ihre Systemkonfiguration gespeichert haben. Mit der Systemwiederherstellung können Sie Ihren Computer auf diese Einstellungen zurücksetzen und so Probleme beheben, die durch spätere Einstellungen entstanden sind.

Windows Ink In Windows 10 integrierte Unterstützung für die Stifteingabe; eingeführt im September 2016 im Zuge des Anniversary-Updates.

Windows-Zubehör Ein Satz von Programmen wie Point, Snipping Tool und WordPad, die von Windows bereitgestellt werden, um häufig anfallende Aufgaben zu erledigen.

Windows Defender Ein Sicherheitsprogramm von Windows, das Schutz gegen Malware bietet.

Windows-Firewall Wenn dieses Programm aktiviert ist, blockiert es den Internetzugriff von nicht vertrauenswürdigen Quellen auf Ihren Computer.

Windows Update Eine Windows-Funktion, mit der Sie Ihr Gerät und Ihr Betriebssystem, sei es durch manuelles oder automatisches Herunterladen und Installieren von Updates, immer auf dem aktuellen Stand halten.

Wischen Einen oder mehrere Finger über einen Touchscreen bewegen, um eine Aktion auszuführen.

WLAN Eine Netzwerktechnologie, mit der Daten zwischen Geräten im Netzwerk geteilt werden.

Z

Zeiger Der Bildschirmzeiger, der die Position Ihrer Maus auf einem Bildschirm oder in einem Dokument repräsentiert.

Ziehen Ein Verfahren, das Sie auf einem ausgewählten Objekt ausführen können, um es in einer App oder in Windows an eine andere Stelle zu verschieben.

Zurücksetzen Ihres PCs Ein Systemwerkzeug, mit dem Sie Ihren Computer auf eine frühere Version zurücksetzen oder Windows neu installieren können. Dabei haben Sie die Möglichkeit, Ihre Dateien zu behalten oder sie entfernen zu lassen.

Stichwortverzeichnis

A

B

C

D

E

F

G

H

I

K

L

M

N

O

T

U

V

W

X

Z